중세
교회사
다시
읽기

믿음이란 한 알의 밀알이 땅에 떨어져 죽음으로 많은 열매를 맺음과 같이 진리의 열매를 위하여 스스로 죽는 것을 뜻합니다. 눈으로 볼 수는 없으나 영원히 살아 있는 진리와 목숨을 맞바꾸는 자들을 우리는 믿는 이라고 부릅니다. 「믿음의 글들」은 평생, 혹은 가장 귀한 순간에 진리를 위하여 죽거나 죽기를 결단하는 참 믿는 이들의, 참 믿는 이들을 위한, 참 믿음의 글들입니다.

독자적
그리스도교
문명을 만든
유럽 ──

중세
교회사
다시
읽기

최종원 지음

홍
성
사.

차례

프롤로그
독자적 그리스도교 문명을 만든 유럽

'암흑시대'라는 규정을 넘어서

초대교회사는 476년 서로마의 멸망과 함께 막을 내린다. 루터의 종교개혁이 1517년에 일어났으니 중세교회는 천 년간 지속된 것이다. 이 책에서 '중세'는 유럽 중세를 의미하며 초기 형성기 5백 년을 '중세 초', 11~13세기를 '중세 전성기', 14세기부터 종교개혁까지를 '중세 말'로 구분한다.[1]

중세 유럽사나 중세교회사를 접하지 않은 독자라도 '중세' 하면 떠오르는 인상이 있다. 교황이 지배하는 교회 시대, 계몽되지 않은 암흑시대 등이지 않을까 싶다. 고대, 중세, 근·현대 등의 시대 구분은 가치 평가가 들어간 개념이다. 그렇다면 누가 고대, 중세, 근대를 나누고 평가했을까? 유럽 중세와 근대를 연결해 주는 시대인 14, 15세기 르네상스기의 인문주의자들은 자신들이 이전과 완전히 다른 시대에 살고 있다는 자의식이 있었다. 그들은 스스로 '르네상스인'이라 불렀다. 르네상스인들은 중세를 거슬러 올라가 고대 시대를 자신들의 뿌리로 잡았다. 14세기 이탈리아 인문주의자 페트라르카는 이 중세를 '암흑시대'로 규정했다.[2] 나아가 17세기 계몽주의자들은 중세 천 년을 이성이 사슬에 매이고, 사상이 노예화되어 지식에 아무런 진보가 없던 시기로 규정했다.[3] 이 혹독한 중세 평가는 20세기 중반까지도 유럽사를 관통하는 정설이었다.

하지만 20세기 중반, 중세를 새로운 각도로 바라보는 다양한 연구가 일어난다. 잃어버린 고대를 갑작스럽게 찾았다는 단절의 시각보다 중세의 열매가 르네상스였다는 연속성이 강조된다. 유럽 중세교회는 문명의 토대가 없는 불모지에서 출발했다. 중세는 흔히 '바버리언'이라 부르는 남하한 이민족과 그리스도교가 만나 생성된 문명이다. 12세기부터 15세기는 유럽 그리스도교가 독자적인 문명을 성취한 기간으로 평가된다.

어느 분야나 마찬가지이지만 중세교회사도 중세 유럽이 형성되는 콘텍스트와 같이 읽어야 이해할 수 있다. 유럽 그리스도교를 올바로 이해하고 진단하려면 서유럽 중세 형성기에 그리스도교가 맡은 역할부터 살펴보아야 한다. 이 수고를 외면한다면 '중세는 암흑시대'라는 피상적 이해를 넘지 못한다. 암흑시대, 종교 지배 시대라는 평가를 일단 유보해야 중세를 이해하는 출발선에 선다.

프로테스탄트 전통에 선 한국 개신교의 중세 이해, 중세교회 이해는 과도하게 도식적이었다. 종교개혁가들의 비판적 평가와 근대 이후 프로테스탄트 진영에서 가톨릭 유럽을 비판적으로 평가해 온 결과는 한국 개신교의 가톨릭 인식에 그대로 영향을 끼쳤다. 중세는 암흑기여야 했고, 중세교회는 타락의 결정체여야 했다. 하지만 이것으로 중세 천 년이 다 설명된다 하면 시대착오이다. 역사는 끊임없이 진보하고 진화한다. 16세기 종교개혁을 끌어낸 힘은 중세 문명에 내재했다. 진화하고 진보한 것은 프로테스탄트 진영만이 아니었다. 가톨릭으로 남아 있는 유럽 지역에서도 종교는 근대에 맞게 진화했다.[4]

중세의 콘텍스트를 이해해야

이제는 종교개혁자의 시각을 넘어 중세가 남긴 유산을 들여다볼 때다. 이 책의 목표 중 하나는 천 년 가까이 여백으로 존재하는 중세를 읽어낼 한 가지 독법 제시에 있다. 중세를 건설적으로 읽으려면 중세 말 가톨릭교회의 신학적·도덕적 타락에 주목하는 것을 넘어, 중세 교회가 어떻게 고대와 다른 문화 및 언어 토대에서 독자적 사상과 교회를 발전시켜 나갔는지 주목해야 한다. 문화적·언어적 전환을 이루어 낸 힘에 초점을 맞추는 것이 더 나은 독해이다.

전혀 다른 언어와 인종, 문화의 토대 위에 교회라는 제도가 전해져 천 년을 지속했다면 독자적인 종교 문화 생성은 당연하다. 그것을 초대교회에 비해 타락한 형태라고 바라보는 것은 단견이다. 중세 말의 타락에 대한 비판적 고찰과는 별개로, 중세가 어떻게 나름 독자적인 전통을 만들어 갔는지 주목하는 것이 공정하다.

그리스도교 성립 이후 2천 년 역사에서 절반을 차지하는 중세는 독자적 천 년을 유지했다. 다양한 상호작용 속에 발전했고, 중세교회는 중세 사회 속에 뿌리를 내렸다. 즉 21세기의 신학 잣대로 평가를 끝낼 대상이 아니라는 것이다. 중세는 천 년의 기간 동안, 우리가 오늘 경험하고 있는 대부분의 문제를 다 겪었다. 여러 부침을 경험하고 극복하면서 지금껏 이어져 온 것이나, 그 속의 경험을 통해 오늘에 적용하고 배울 거리를 찾아야 한다. 이렇게 해야 확고한 신학적(신앙적) 잣대로 중세를 재단하는 것보다 훨씬 유익한 역사적 교훈을 얻을 수 있다.

한국 개신교 맥락에서 중세교회사는 초대교회사나 종교개혁사에 붙은 부록처럼 다뤄졌다. 그나마 중세 스콜라학이 독자적 성취로 평가를 받지만, 천 년 역사가 대부분 우울하게 그려진다. 이 책은 중세를 암흑으로 규정하는 신화와도 같은 전제들을 다시 읽는다. 교황 지배의 시대로 중세를 보는 것 역시 지나친 단순화이다. 중세 천 년 중 엄밀하게 교황 지배 시대로 부를 수 있는 시기는 13세기로 백 년 남짓이다.

십자군으로 기억되는, 유럽 그리스도교와 이슬람 등 다른 문명권과의 관계도 다시 읽을 필요가 있다. 이 책에서는 그리스도교 문명과 이슬람 문명이 단순 적대 관계만 형성하지 않았으며, 때로 평화롭게 공존하며 문화적으로 긴밀하게 엮여 있었음을 밝힌다.

중세교회의 타락을 상징하는 면벌부는 그 등장부터 종교개혁기까지 약 4백 년간 유지된 공과를 공정하게 살펴보아야 선입관을 벗고 좀더 객관적으로 바라볼 수 있다. 의심과 경계의 눈초리, 이미 정해진 판단이 아니라 열린 마음으로 과거와 마주할 때 곱씹을 수 있는 요소들을 찾을 수 있다. 중세교회 나들이가 그런 기회가 되길 바란다.

책을 내면서

2년 전 《초대교회사 다시 읽기》를 내면서 같은 문제의식으로 중세교회와 종교개혁기 역사를 쓰겠다고 약속한 바 있다. 이제 '다시 읽기' 3부작의 두 번째 책을 선보인다.

유럽 대륙에서 천 년에 걸쳐 일어난 그리스도교 관련 사건들을 중세교회사라는 한 범주로 엮는 것은 쉽지 않은 작업이다. 유럽 중세사는 한국에서 활발하게 연구되는 분야가 아니며, 나 역시 14~15세기 잉글랜드 역사의 한 부분만 공부했을 따름이다. 그렇지만 서양 중세를 공부했다는 이유만으로, 중세를 관통했던 교회사를 써야겠다는 의무감은 의식에 자리 잡고 있었다. 그 무거운 숙제 하나를 마무리 짓는다.

이번 책은 《초대교회사 다시 읽기》에 비해 적용이나 평가는 덜어내고, 역사 기술 자체에 담백하게 집중하였다. 대부분 독자에게 중세교회사는 '다시 읽기'가 아니라 '처음 읽기'의 대상이라고 생각하기 때문이다. 그러나 오늘 한국 교회에 대한 문제의식들이 행간 곳곳에 녹아 있다.

첫 책을 향한 독자들의 예상을 넘은 관심과 호응은 후속작 출간에 부담이자 동기가 되었다. 실은 이런 책이 오늘 한국 교회와 사회 현실 앞에서 무슨 의미가 있을지 근원적 회의와도 싸워야 했다. 이 때문에 몇 달씩 손을 놓기도 했다. 그럼에도 작업을 마무리할 수 있었던 것은 무슨 거창한 내적 결단 때문은 아니다. 이 글을 쓰는 순간까지도 현재진행형인 '코로나-19'(COVID-19)가 벼락같이 나타나 모든 일상을 강제적으로 멈춰 세웠기 때문이다. 캐나다에서의 두 달간 사회적 거리 두기, 또 5월 초 귀국과 부친상, 장례 이후 이어진 자가격리 기간 동안 괴로움과 슬픔을 견디기 위해 작업에 몰두했다.

이 기간 동안 새삼 깨달은 것은 역사에서 희망을 찾을 수 있는가 질문할 것이 아니라, 희망은 역사의 성찰을 통해 오늘, 여기서 함께 만들어가야 한다는 당위적 명제였다. 시공간적으로 멀고 낯선 유럽 중세이지만 그 역사를 반추해 보면 현실을 곱씹을 수 있다. 그런 의미에서 모든 역사는 현재사여야 한다.

늘 부족하고 부끄러운 모습을 띨 수밖에 없지만, 한 권의 책이 선보이기까지 여러 사람의 고마운 수고가 모아졌음을 새삼 느낀다. 책 출판에 여러 배려를 해주신 홍성사에 감사드린다. 초고 작업에 많은 도움을 준 변희지 선생님과 원고를 읽고 유익한 조언을 해준 VIEW 원우분들 덕에 작업이 잘 마무리될 수 있었다.

한결같이 응원하고 지원해 주는 사랑하는 가족과, 외국에 나와 있는 나를 늘 배려하고 격려해 주시는 한국에 계신 어머니와 장모님, 형제자매들에게 깊은 고마움을 전한다. 마지막으로, 나의 길을 묵묵한 신뢰로 지켜봐 주셨던 돌아가신 부친의 기억을 이 책에 새겨 담는다.

캐나다 밴쿠버에서

2020년 9월 1일

1

중세사와 중세교회

–

중세 유럽의 형성

훈족의 왕 아틸라를 대면한 교황 레오 1세
(알레산드로 알가르디 작, 17세기, 성 베드로 성당)

훈족 지도자 아틸라와 담판을 지어 로마의 파괴를 막은 교황 레오 1세(400?~461)는 그 공로로 '대교황'이라 불린다. 훈족에 맞서 로마를 대표한 이가 황제가 아니라 로마 주교, 즉 교황이었다는 점은 서로마 지역에서 교회가 제국의 기능을 대신하고 있었음을 보여 준다. 16쪽

새로운 문명의 이식

중세 유럽 첫 5백 년간 민족들이 이동하고 유럽이 형성되었다. 물론 유럽은 그 이전부터 존재했다. 소아시아에서 시작된 초기 그리스도교는 사도 바울의 세 차례 로마 선교와 함께 서쪽으로 확장되었다. 사도행전에 언급된 '땅 끝'이란 에스파냐를 의미한다고 여겨지는데 그 후로도 그리스도교는 프랑스 골(Gaul) 지방과 잉글랜드 요크까지 확대되었다. 로마 제국에 그리스도교를 공인한 황제 콘스탄티누스는 요크 주둔 로마군 사령관이었다. 초기 그리스도교는 무역로와 로마군 주둔지를 따라 세력을 넓혀 갔다.[1]

그럼에도 4세기 무렵부터 유럽 세계가 형성되었다고 할 때 새로운 문명과 민족이 유럽의 토양에 이식되었다는 전제가 있다. 새로운 문명이란 로마 제국으로 대표되는 헬레니즘 문명이 아니다. 서로마 멸망[2]과 유럽 세계 형성은 동전의 양면으로, 서로마 멸망은 헬레니즘 문명의 쇠퇴이다. 유럽에 이식된 새로운 문명은 그리스도교를 토대로 자라났다. 로마 제국은 문명의 생태적 경계선인 포도와 올리브 재배 지역을 넘지 않았다. 유럽에서는 라인 강과 다뉴브 강이 그 한계선이었다. 그러나 그리스도교는 헬레니즘 문명의 한계를 넘어섰다.

고대 세계와 유럽의 구별점이 하나 더 있다. 즉 이민족의 이동이다. 흔히 게르만족이라 불리는 발트해 연안 민족들은 수렵과 목축으로 살아가던 유목민들이었다. 로마 제국은 이 지역까지 식민지로 만들려는 노력은 하지 않았다. 이 민족들이 국경 역할을 하던 생태적 완충 지역을 넘어 남하한다. 평화기가 오래 지속되면 인구가 늘어난다. 그러면 목축이나 경작에 필요한 땅이 부족해지고 이들이 비옥한 지역을 찾아 조금씩 내려와야 했다.[3]

그런데 이 남하는 대규모로, 급작스럽게 이루어졌다. 쫓겨 왔기 때문이다. 4세기 말 훈족의 침입으로 북방 연안의 이민족들이 남하한다. 흔히 흉노족이라 알려진 이 아시아 계통의 민족이 서유럽에 들어왔다. 450년경 훈족은 동서 로마 제국을 합친 것보다 더 큰 지역을 점유하고 있었다. 이탈리아 반도 로마까지 침입한 훈족은 백 년 가까이 조공을 받고 로마를 종속시켰다. 로마는 하루아침에 무너진 것이 아니다. 이미 상당 기간 제국의 기능을 상실하고 있었다.[4]

훈족 지도자 아틸라와 담판을 지어 로마의 파괴를 막은 교황 레오 1세(400?~461)는 그 공로로 '대교황'이라 불린다. 훈족에 맞서 로마를 대표한 이가 황제가 아니라 로마 주교, 즉 교황이었다는 점은 서로마 지역에서 교회가 제국의 기능을 대신하고 있었음을 보여 준다. 교황 레오 1세와 아틸라의 교섭 당시 제국의 수도는 이미 콘스탄티노플로 옮겨진 후였다. 훈족과 아틸라는 동양과 서양에서 극과 극으로 평가될 수밖에 없다. 제국을 수호해야 했던 레오 1세는 훈족의 지도자 아틸라를 '신의 천벌'(Flagellum Dei)이라고 불렀다. 훈족의 등장이 유럽에 얼마나 공포스러웠는지를 한마디로 표현한 것이다. 이 훈족의 침입이 고대 로마 세계를 무너뜨렸고 세계사의 지형도를 바꾸어 놓았다. 이민족 중심으로 유럽은 형성되기 시작했다.

훈족을 피해 남하한 여러 민족이 서유럽 각지로 흩어지고, 일부가 로마를 침략함으로써 결국 로마는 멸망한다. 프랑크족, 앵글로색슨족, 고트족, 반달족, 랑고바르드족 등이 현재 유럽 지역으로 남하하여 정착하거나 이동 중에 멸망한 민족이다. 이들 중 이동 경로가 가장 짧은 이민족은 앵글로색슨족과 프랑크족이다. 이들은 오늘날 잉글랜드, 프랑스, 독일과 중부 유럽 지역에 정착한다. 동고트와 서고트로 나뉘는 고트족 역시 이베리아 반도를 중심으로 남부 유럽에 자리 잡았다. 이동 거리가 짧다는 것은 정착하여 평화롭게 살 수 있는 기반을 신속히 마련했다는 것이다. 이들 민족이 유럽 문명의 핵을 이루었다. 중세 유럽 그리스도교 건축의 결정체를 고딕양식이라고 하는데 이 말은 '고트'에서 파생되었다. 후대 르네상스인들이 중세 문화를 야만으로 폄하하기 위해 '고딕'양식이라는 말을 썼다는 점이 흥미롭다.[5]

물론 모든 이민족이 유럽 문명 형성에 기여한 것은 아니다. 이동 경로가 가장 긴 민족은 '반달족'이다. 이들의 목표는 정착이 아니었다. 가는 지역마다 초토화를 시키고 다른 지역으로 반복해서 이동했다. 유목민의 근성을 버리지 못한 반달족은 결국 동로마 제국의 손에 멸망한다. 문명 파괴나 기물 파괴를 의미하는 '반달리즘'(vandalism)이 여기서 나왔다. 중세 유럽은 이런 과정을 거쳐 형성되었고 고대문명과는 구성 요소가 다르다. 로마가 남긴 법률과 제도, 그리스도교 정신과 게르만 전통이 맞물린 것이다.

사건들이 만든 '유럽' 개념과 봉건제

유럽이라는 개념을 더 들여다보자. 중세교회사를 유럽 교회사라고 할 때 유럽은 무엇일까? 중세 가톨릭교회는 유럽이라는 개념을 그리스도교 문화와 동일시했다. 가톨릭은 곧 유럽이었다. 그리스도교 문화를 함께 상속받은 그리스 정교 문화권은 여기서 제외된다. 소아시아 지역의 초대교회 문화권이 떨어져 나간 것이다. 6세기의 교황 그레고리우스 1세(540?~604)는 로마 교황을 수장으로 하는 지역으로 유럽을 정의했다.

유럽이라는 개념을 만드는 중요한 사건은 8세기 초반 일어난다. 프랑크 왕국 군주 카롤루스 마르텔루스(*Carolus Martellus*)는 732년에 투르 푸아티에 전투에서 이슬람 군대를 격파한다. 그 결과 이슬람 군은 유럽으로 들어오지 못하고 알프스와 피레네 산맥에서 저지당한다. 카롤루스는 자신의 군대를 유럽 공동체 군대라고 명명했다. 이슬람 세력에 저항한다는 의미가 유럽이라는 개념 속에 자리 잡은 것이다. 이후 이슬람 세력이 지속적으로 팽창하자, 처음에 제외되었던 동방 정교권도 유럽의 관념에 편입된다. 유럽과 그리스도교를 거의 동일시하는 정체성이 오늘날까지도 남아 있다. 그 예로 티키는 동방 성교회의 중요한 도시이자 제2의 로마로 건설된 콘스탄티노플을 품고 있으며 지리적으로노 유럽에 면해 있지만 유럽연합(EU)에 가입하지 못했다. 이슬람이 국교는 아니지만 국민 절대 다수가 무슬림인 터키는 지리적·문화적으로 그리스도교 공화국 유럽의 정체성에 부합하지 않는다는 이유로 유럽연합 가입이 번번이 거절되고 있다.[6]

로마 문명, 게르만 전통이 합쳐진 중세 유럽 사회를 지탱한 두 기둥은 그리스도교와 봉건제이다. '봉건제'는 게르만 민족 전통인 종사제도(從士制度)에 뿌리가 있다. 게르만 종사들은 주군과 계약을 맺어 군역을 제공하고, 주군은 전쟁을 하고 얻은 결과물을 분배했다. 고대 로마에서도 군주가 가신에게 경작할 땅을 제공하는 조건으로 군역 의무를 부과하는 은대지제도(*beneficium*)가 있었다. 이 두 제도가 결합하여 유럽 봉건제를 형성했다.

중세사가 조르주 뒤비(Georges Duby)는 기도하는 '사제', 전투하는 '기사', 일하는 '농노'의 세 위계가 봉건제를 지탱하는 상상의 체계라고 했다.[7] 중세에 이 세 위계만 존재한 적은 한 번도 없었지만 봉건제는 기본적으로 위계로 작동한 것이 맞다. 영주와 기사, 농노 계급이 군역 및 토지 전대와 계약을 체결한다. 한 당사자가 계약 조건을 위반할 때 취소할 수 있는 상호적 계약이다. 영주가 소유하는 장원을 통한 자급자족 경제는 이 봉건제를 작동시키는 기본 경제 체제이다. 장원을 소유한 영주들이 상위 영주에게 각각 같은 방식의 계약을 체결하여 사회가 돌아가는 피라미드 구조를 형성한다. 중세의 국왕이나 제후들은 이 봉건 사회에서 상위에 있었다.

주종 계약을 기반으로 하는 봉건제 작동 방식을 보여 주는 예가 잉글랜드 존 왕과 귀족 대표 간에 체결한 '대헌장'(Magna Carta)이다. 존 왕은 왕위에 오를 무렵 유럽 대륙 전체에서 넓은 영토를 상속받았다. 그러나 실지왕(失地王)이라는 오명을 남길 만큼 모든 영토 분쟁에서 패배하였다. 그 결과 1066년 노르망디 공 정복왕 윌리엄이 잉글랜드를 점령하고 노르만 왕조를 세운 이래, 존 왕은 최초로 잉글랜드에 묻힌 잉글랜드 왕이 되었다. 영토 회복에 대한 집착은 무리한 군역과 세금을 요구했고, 귀족 세력과 성직자들의 반발을 샀다. 대립 끝에 존 왕과 귀족 대표들 사이에 체결된 것이 대헌장이다.

중세 유럽이 교황 지배의 시대였다는 것은 유럽의 군주, 제후 세력들에 대한 견제와 균형을 통해 교황이 최상위 군주 권한을 행사했다는 의미이다. 하지만 이 의미를 지나치게 과장하면 안 된다. 교황이 그러한 권한을 행사한 기간은 2백 년이 채 되지 않을 것이다. 상징적으로는 그런 지위였다 하더라도 교황은 프랑스 국왕과 신성로마제국 황제 사이에서 끝없이 정치력을 발휘해야 했다. 중세 끝자락의 종교개혁은 이 위태한 교황 지배 시대가 제도적으로 종료되었다는 선언이다.

중세의 지배 세력은 권력을 한 손에 쥔 중앙집권적 통치자들이 아니었다. 중세 교황이나 세속 군주의 권한을 오늘에 빗대어 이해하면 시대착오적이다. 중앙집권적 왕권 강화는 국민국가가 형성되기 시작한 15~

16세기부터이다. 봉건제도와 장원제도는 전투와 경제라는 두 가지 목적이 있다는 점에서 군대 체제와 유사하다. 군대는 피라미드 질서로 이루어졌다. 사단 정도의 일정 규모 병력을 보유하는 곳은 독자적 사법권까지 지닌 작은 국가이다. 한국근대사에서 발생한 두 번의 군사 쿠데타는 사단이나 군단 예하 병력을 동원할 수 있는 소장 계급이 주도했다. 소장 위에는 더 높은 직급이 존재하지만 전투 병력을 즉각 소집할 수 있는 소장이 마음을 잘못 쓰면 뒤집어진다.

중세도 마찬가지였다. 봉건 위계에서 국왕은 가장 상위에 있지만, 병사 동원이 가능한 귀족이나 기사 계급에 의해 언제든 권력을 잃을 수 있었다. 견고해 보이나 허약한 구조였다. 그 허술한 틈새는 가문 간의 정략결혼 등 혈연관계 형성으로 메웠다. 각각의 주군과 봉신으로 이루어진 이러한 수많은 장원들과, 그 장원의 영주들을 지배하는 상위 군주들의 존재가 유럽 중세의 기본 구조이다.

중세의 농노계급이 군대 체제와 유사한 점이 또 하나 있다. 자신이 속한 장원을 넘어 이동할 자유가 없다는 것이다. 자급자족이 기본인 장원의 경제 체제에서는 장원과 장원을 잇는 교통로나 무역이 가능한 공간인 도시의 필요성이 크게 대두되지 않았다. 파리는 시장 경제가 생겨나며 중세 유럽의 가장 큰 도시가 되었는데 13세기 파리 인구가 20만 명 정도였으니 도시 발전은 매우 더디게 이루어졌다.[8]

중세 유럽을 형성한 그리스도교

뿔뿔이 흩어져 있는 중세인들을 하나로 묶어 준 최상위 가치는 종교였다. 그들의 정체성은 개별 국가 국민이라는 인식이 아니라 그리스도교의 충실한 일원이라는 고백 속에서 형성되었다. 교황의 요청에 따라 전 유럽이 일치단결하여 십자군 원정에 나선 것도 그리스도교 세계를 지킨다는 명분을 공유했기 때문이다.

잉글랜드인, 독일인, 스코틀랜드인, 프랑스인 등 민족을 기반으로 한 정체성 개념은 중세에서 꽤 오랜 기간 희박했다. 앞서 언급했듯 잉글랜드 왕조는 노르망디, 즉 프랑스 출신 가문이 차지했다. 잉글랜드 축구 팀의 상징인 '삼사자' 문양은 사자심왕 리처드(Richard the Lionheart, 1157~1199)가 처음 사용한 것으로 본래 프랑스 앙주 가문의 문장이었다. 즉 잉글랜드 왕조는 프랑스 혈통이다. 14세기까지 잉글랜드 재판문서는 프랑스어와 라틴어로 되어 있다. 백년전쟁(1337~1453)을 거치면서 비로소 잉글랜드 사람, 프랑스 사람이라는 자의식이 유럽에 형성되었다.

히에로니무스(제롬, 347~420)의 라틴어 성서 번역이 중세 그리스도교의 정체성 형성에 핵심 역할을 했다면 중세 말 잉글랜드, 체코, 독일에서의 자국어 성서 번역은 근대 국민국가 의식을 만들었다. 유럽에서 자국어 성서 번역이 중세 말기인 14세기부터 이루어졌고 이는 하나의 가톨릭이 분화되는 과정임을 보여 준다. 개별 국가 속에서 독자적인 민족의식이 자라났는데 라틴어가 속한 로망스어군을 기반으로 한 지역이 아닌, 게르만어족 지역에서 성서 번역이 이루어졌고 결과적으로 그 지역에 가톨릭교회와 분리된 프로테스탄트가 만들어졌다는 것은 흥미롭다. 언어와 민족의식은 새로운 종교를 만들어 낼 정도로 밀접하다.

중세가 형성될 때 그리스도교는 단순히 종교의 역할을 넘어서서 사회 전반을 이어 주고 작동시키는 기제 역할을 했다. 이민족의 침입으로 로마 제국의 행정체계가 무너졌을 때 그리스도교가 그 체제를 고스란히 계승했다. 유럽에서 교회는 공적 행정 조직이었다. 출생부터 죽음까지 한 인간의 일생을 교회 교적부로 관리했다. 이 호적 관리 기능을 국가가 넘겨받은 것은 프랑스혁명 이후이다.[9]

교회와 그 핵심 구성원인 사제와 수도사가 중세에서 가장 중요한 역할을 맡은 것은 자연스러웠다. 사회 유동성이 거의 무시된 봉건제 사회에서 일상적으로 사회적 경계를 넘어 활동했던 세력이 수도사였고, 사제였다. 그들은 중세 사회의 유일한 지식인, 식자 계급이었다. 국가 기관의 공직자들은 대부분 성직자였다.

그러나 봉건제와 교회 중심의 구조는 그 자체로 한계가 있었다. 교류를 통한 새로운 문명이나 지식을 얻고 교역하는 경제 활동이 매우 제한된 구조였다. 물론 유럽 내부에서 그리스도교 가치와 지식은 오랜 기간 숙성의 과정을 거친 포도주처럼 수도원이라는 밀폐된 공간에서도 발전했다. 그러나 유럽이 스스로의 한계를 깨닫고 각성한 계기는 의외의 경험을 거쳐서이다. 바로 십자군 원정이다. 십자군 원정의 큰 의미 중 하나는 알프스 이북 유럽이 중세 형성 이래 최초로 유럽 대륙을 벗어나 타자를 만났다는 것이다. 원정의 출발점은 종교적 열정이었지만 그들이 경험한 이슬람은 유럽보다 앞선 문명을 보유하고 있었다.

11세기 십자군 원정으로 이슬람 문명을 접하기 전까지 유럽 대부분은 고립된 삶을 살았다. 동쪽, 남쪽, 북쪽이 이슬람 세력에 포위되었기 때문이다. 지중해 제해권은 이슬람 세력이 장악했다. 배는 화물을 대량으로 가장 빠르게 수송하는 수단이다. 교황이 있는 이탈리아 로마는 알프스 이북 유럽 지역보다 동로마 제국과 교역을 하기 원활한 위치이다. 16세기 대서양 항로가 개척되어 신대륙과 연결되기 전까지 유럽은 내륙에 고립되었고 제한적 교역과 무역만 가능했다.

중세가 어둠을 벗고 독자적인 문명을 만들어 냈다고 평가받는 '장기 12세기'(long twelfth century, 약 1050~1250년)는 모두 외부 문명과의 교류를 통해 이루어졌다. 서로 다른 문명은 충돌하면서 파괴되기도 하지만 조화를 이루며 새로운 문명을 만들어 낸다. 이는 인류가 지혜를 쌓아 가는 방식이었고 중세 역시 마찬가지였다.

제도 교회와 세속 권력의 갈등

중세 유럽은 국가 제도와 교회 제도라는 두 가지 필수적인 제도 위에 성립되었다. 콘스탄티노플, 알렉산드리아, 안디옥, 예루살렘 교회와 더불어 5대 교구 중 하나였던 로마 교회는 381년 콘스탄티노플 공의회를 거치면서 다른 교회에 앞서는 특별한 지위를 인정받았다. 이는 로마 주교가 전 세계 교회를 관할하는 교황제 발전의 기초가 되었다. 하지만 한 가지 고려해야 할 사항이 있다. 로마 교회는 라틴 유럽 지역에 있고 나머지 네 교회는 황제가 종교 수장이었던 동로마 제국, 즉 비잔틴 제국 지역에 있었다는 것이다. 476년 서로마 제국의 멸망과 그 제국의 행정적 유산을 이어 가게 된 로마 주교는 비잔틴 제국 황제와 끝없는 힘겨루기를 해야 했다. 1054년 동서 교회가 정치적·신학적 문제로 분열되기 전은 물론, 그 이후에도 로마 주교는 유럽을 대표하여 비잔틴 제국을 상대했다.

중세 유럽 형성에 또 하나 핵심적 역할을 한 프랑크족을 살펴보자. 프랑크족은 현대 프랑스인의 뿌리라고 할 수 있다. 프랑스는 가톨릭의 장녀로 불린다. 교황은 로마에 있었지만, 신학의 발전은 프랑스 파리 대학을 중심으로 이루어졌다. 국적을 불문하고 신학을 공부하려는 신학자들이 파리를 중심으로 모였다. 그렇게 파리 대학은 최초의 대학으로 성장했다. 프랑스는 가톨릭교회에서 로마에 버금가는 중요성을 갖게 되는데 이는 여러 이민족 중 가장 먼저 가톨릭을 받아들였기 때문이다. 프랑크족은 491년 중반 이교도 왕 클로비스가 가톨릭으로 개종하면서 로마와 긴밀히 협력하게 되었다.[10] 로마가톨릭과 프랑스가 정치적으로 중요하게 연결된 첫 지점이다. 두 번째는 앞서 언급했던 투르푸아티에 전투에

서 이슬람 군대를 격퇴시킨 사건이다. 이 전투에서 졌다면 유럽은 이슬람화되었을 것이다.[11]

프랑크 왕국이 유럽에서 지속된 이유는 여러 가지이다. 이들은 가장 짧은 거리를 이동해 안정적으로 정착했다. 아리우스파를 받아들인 이민족들이 지배계급과 피지배계급 사이의 갈등을 겪어야 했지만 프랑크 왕국은 갈등이 적었다. 프랑스 골 지방을 중심으로 일찍부터 라틴 문화를 흡수했기 때문에 쉽게 라틴 문화와 일체감을 가졌다. 투르푸아티에 전투에서 승리한 카롤루스 마르텔루스의 아들 피핀은 쿠데타로 메로빙거 왕조를 무너뜨리고 프랑크 왕국을 차지한다. 그는 쿠데타의 정당성을 인정받으려 교황 자카리아스로부터 세례와 축성을 받았다. 이를 계기로 로마 교황과 세속 군주와의 관계에서 대단히 중요한 몇 가지 사건이 이어진다. 교황 스테파노스 2세는 이탈리아 지역의 랑고바르드족에게 괴롭힘을 당하고 있었다. 피핀은 랑고바르드족을 내쫓고 이탈리아 땅을 되찾아주겠다고 약속한다. 751년 랑고바르드족과의 라벤나 전투에서 이긴 피핀은 영토를 교황에게 기증한다. 오늘날 교황령의 근거가 되는 이 사건이 '피핀의 기증'이다. 이 기증의 함의는 교황이 단순히 종교적 지도자가 아니라, 영토를 보유한 세속 군주가 되었다는 것이다.[12]

그다음 중요한 날은 800년 12월 25일 성탄절이다. 이날 교황 레오 3세가 피핀의 아들 카롤루스 마그누스에게 서로마 제국 황제직을 수여한다.[13] 476년 서로마가 멸망했음에도 교황이 카롤루스에게 황제의 관을 씌웠다는 것은 비잔틴 제국, 즉 동로마와는 달리 서로마만의 독자 노선을 걷겠다는 선언이다. 교황과 프랑크 왕조와의 협력 관계가 본격화된 것이다. 그 주도권은 분명 교황이 쥐고 있었다. 카롤루스 마그누스 사후 프랑크 왕국은 분열된다. 843년 베르됭 조약으로 왕국은 동프랑크, 중프랑크, 서프랑크로 분리되고, 870년 메르센 조약으로는 동프랑크, 서

프랑크로 나뉜다. 동프랑크는 독일로, 서프랑크는 프랑스로 발전하며 중세 내내 교황권을 견제하면서 세력 균형을 이룬다.

교황과 유럽 군주의 관계에서 또 하나 역사적 이정표는 962년 2월, 교황 요한 7세가 로마에 온 독일왕 오토 1세를 신성로마제국(Holy Roman Empire) 황제로 세운 것이다. 당시 교황 요한 7세는 교황의 관할 영토인 교황령을 둘러싼 여러 분쟁에 휩싸인 상태였다. 이 위기 속에서 교황은 오토 1세에게 도움을 요청하고, 오토는 요한 7세를 교황이자 로마 통치자로 인정하고 교황의 보호자를 자처했다. 이에 교황은 오토를 황제로 세운다.

대관의 성격은 논란이 있다. 카롤루스의 대관과는 달리 이번 대관의 주도권은 황제에게 있는 듯 보인다. 그도 그럴 것이 대관을 마친 황제는 요한 7세에게 요청하여 마그데부르크 대주교직과 메르제부르크 주교직을 신설하도록 했다. 이튿날 황제는 '오토의 특권'(*Privilegium Ottonianum*)이라는 조약을 교황과 체결한다.[14] 이 조약에는 피핀의 기증을 재확인하는 내용도 포함되었다. 또 교회의 독자적 교황 선출권을 인정했지만 선출된 교황은 황제에게 서약한 후에만 취임식을 가지도록 규정했다. 교황령의 통치자로서 교황의 세속적 권한을 인정하고 교황 선출권이 교회에 있음을 확인했다는 것은 교회의 독립성을 약속한 것이지만, 교황 선출을 인정할 권리는 황제가 가져간 것이다. 이 내용만 본다면 과연 누가 우위에 있는 것인지 불명확하다. 교회가 속권에서 독립되었다는 것이 강조될 수도 있고, 황제가 교회 문제에 간섭할 합법적 수단이 생겼다는 점이 강조될 수도 있다.

역사가들도 이 조약의 평가에서 엇갈린다. 어쩌면 모호함이 의도된 것인지도 모른다. 황제도 교황도 자신들에게 유리하게 해석할 여지를 두고 있기 때문이다.[15]

그리스도교라는 종교가 정신적 구심점이었음은 분명하지만 제도 교회가 무소불위의 권력을 행사했던 것은 아니다. 로마 제국이 그리스도교를 공인한 이후 교회 문제의 주도권은 황제가 가졌다. 공의회를 소집하고, 사회를 보고, 결론을 내리도록 압박한 것도 황제였다. 추기경단이 교황을 선출한 것은 11세기 중반 이후이고, 콘클라베라고 불리는 현재의 교황 선출 절차가 자리 잡은 것도 13세기 중반의 일이다. 뒤집어 말하면, 오랜 기간 교황 선출이 세속 군주의 입김에서 벗어날 수 없었다는 것이다.

오토 1세의 요청에 따라 신성로마제국 제후들이 관리하고 황제가 관할권을 갖는 제국 교회들이 세워졌다는 것을 간과하면 안 된다. 황제가 성직자를 임명하거나 교회 재산을 수여 및 몰수할 권한을 가진다면 교회는 세속 권력의 간섭을 피할 수 없다. 성직자들에게는 세속 군주의 신하인 동시에 교황의 충복이 되어야 한다는 모순된 기능이 요구되었다. 중세교회는 이 간단치 않은 정치적 현실 속에서 자기 색깔을 만들어야 했다.

중세교회 역사는 소아시아 지역의 헬레니즘 문명의 세례를 받고 생성·발전한 초대교회에서 떨어져 나와 라틴어와 게르만족으로 구성된 낯선 유럽으로 옮겨져 독자적 정체성과 문화를 만들어 간 여정을 보여 준다. 그러기에 프로테스탄트적 시각에서 도식화하여 중세를 읽는 것은 권장하기 어려우며 바람직하지 않은 방식이다. 한 꺼풀 벗겨 보자면 프로테스탄트의 뿌리는 중세 라틴 그리스도교가 아닌가.

중세는 낯설다. 그렇기 때문에 필요 이상으로 재단하고 규정하려 들기보다 낯선 그대로 바라보는 것도 필요하다. 중세교회의 모든 행위를 낭만적으로 보거나 재가하자는 의미는 아니다. 그러나 맥락과 함께 읽어 나갈 때, 비슷한 현상 앞에 선 오늘의 교회가 성찰할 부분을 찾을 수 있다. 낯선 곳을 여행할 때는 두려움도 있지만 낭만도 있다. 낯선 곳을 잘 둘러보며 깊이 이해하려면 지도와 적절한 배경 지식이 필요하다.

중세교회는 중세 유럽사의 일부

정리해 보자. 중세 유럽은 4~5세기 게르만 민족 이동으로 형성되었다. 독자적 문명의 틀을 갖추지 못한 이들을 묶는 구심점으로 그리스도교가 큰 역할을 했다. 지정학적으로 갇힌 상황에 놓인 중세는 11세기 십자군 원정으로 외부 문명과 본격 조우하기 전까지 봉건제라는 자급자족 체제에서 살았다. 이 닫힌 사회 속에서 유동성을 지니고, 지적 활력을 제공하는 역할을 교회와 수도회가 맡았다. 십자군 원정 이후 선진 이슬람 문명이 유입되면서, 비로소 중세는 어두운 시기를 벗고 중세 전성기를 경험한다. 이 시기 대학이라는 제도가 생겨나고 그리스도교 신학이 발달한다. 11~13세기에 걸친 이 시기에 유럽 중세 문화는 절정을 맞는다. 라틴 그리스도교 문화가 꽃피운 이 절정의 시기를 12세기 르네상스라고 표현한다. 그러나 유럽이 경험한 확장은 흑사병과 교회 분열이라는 예기치 않은 자연적·인위적 변수를 겪으며 주춤했다. 이 미증유의 혼란은 종교와 인간에 대한 새로운 이해를 낳았다. 인간 이해는 르네상스와 인문주의라는 개념으로 발전했고, 종교개혁과 근대 세계 출현의 전조가 되었다. 14~15세기 유럽 중세의 가을이 도래했다. 가을은 푸르름이 사라지고 낙엽이 떨어지는 우울한 계절이기도 하지만 여름 내 수고한 결실을 거두는 계절이기도 하다. 이 중 무엇을 주목할 것인가는 상당 부분 평가의 문제이다.[16]

2

무너진 서로마

—

서유럽 선교와 가톨릭화

《켈스의 서》마태복음 첫 장의 카이로 모노그램

약 800년 무렵 화려하고 아름다운 성경 필사본 《켈스의 서》(*Book of Kells*)가 제작되었다. 현재 더블린 트리니티 칼리지 도서관이 소장하고 있는 이 책은 아일랜드를 넘어, 세계적 보물이라고 할 수 있다. 선교와 더불어 성서와 그리스도교 서적 필사 작업을 통해 아일랜드 교회는 이민족 교회 중에서 가장 든든하게 학문성을 갖추게 되었다. **44쪽**

이교 문화 변혁의 책무

1장에서 살펴본 대로, 유럽 중세 형성과 그리스도교의 상 관관계는 국왕과 교황의 정치 역학이 강하게 작용한 듯 보인다.[1] 초대 교회사에서 보이는 아래로부터의 역동이 보이지 않는다. 중세교회의 역 사적·정치적·사회적 맥락에서 살펴봤을 때 제도화된 그리스도교의 모 습만 강조된다. 하지만 동일한 시기의 역사를 조금은 다른 시각에서, 다 른 주제를 가지고 살펴볼 수도 있다. 중세교회는 위로부터 강화되는 제 도 교회의 흐름과 더불어 아래로부터 제도 교회와 긴장을 유지하고 생 성·소멸된 수많은 수도회의 흐름과 상호 교차한다. 두 흐름 사이의 끊 임없는 긴장과 갈등, 거기서 생성되는 상승과 하강이 중세교회 내내 이 어졌다.

본래 그리스도교는 도시 종교로 발전했다. 초대교회의 확장 역시 무 역로, 즉 도시의 연결을 통해 확장됐다. 유럽 중세 형성기에 교회는 새 로운 형태로 진화하는데, 헬레니즘 문명이 세운 도시를 떠나 야만의 세 계에 침투한 것이다.

중세 라틴 유럽은 로마와 카르타고 등 도시의 경계를 넘어 게르만 이 민족들의 삶에 침투하면서 생성되었다. 그리스도교가 도시를 넘은 것은 몇 가지 함의가 있다. 그간 문명권을 중심으로 퍼져 나가던 그리스도교 의 수준 하락이 불가피하다. 도시인들과 달리 대부분 문맹이고, 교육받 을 기회가 없던 사람들이 전파 대상인 것이다. 이에 따라 교회의 역할이 더 중요해진다. 단순히 개종자를 얻는 데 그치지 않고 이교 문화 자체를 변화시켜야 하는 책무까지 짊어진 것이다. 이것은 로마 제국 헬레니즘 문명에서 자란 초대교회는 직면하지 않았던 문제이다. 게르만 이민족들의 문화와 전통이 그리스도교와 공존할 수 없을 때 어떤 식으로 대안을 제시하고 이끌어 갈 것인지 교회가 고민하게 된 것이다.

대표적인 것이 결혼제도이다. 당시 게르만 이민족들은 일부다처가 흔했고, 문명세계의 윤리 규범이 확립되어 있지 않았다. 로마법의 영향을 받은 유럽에서도 이혼, 가정 파괴가 일상적인 문제였다. 예컨대 지참금을 돌려주기만 하면 쉽게 이혼할 수가 있었다. 교회는 가정을 교회의 기초 단위로 인식했기 때문에 가정이 제대로 서지 않으면 교회는 이루어지지 않는 것이다. 교회는 그리스도교의 가치관과 문화를 제도화하기 위해서 두 가지를 실시한다. 하나는 일부일처제 인정 및 이혼 금지이다. 이혼할 경우 피해를 보는 쪽은 주로 여성이었다. 남성 중심 사회에서 이혼한 여성은 사회적으로 정당한 대우를 받을 여지가 별로 없었다. 이러한 맥락에서 이혼 금지는 여성 보호 수단이었다. 또 하나 제도화된 것은 당사자의 동의를 얻어야만 성립되는 혼인이다. 여러 의미로 해석될 수도 있고 오용될 수도 있었지만, 여성을 보호하고 약자를 보호한다는 입장에서 당시 교회가 취한 혁신적 선택이었다.

그런데 가톨릭교회가 주관하는 칠성사(七聖事)에 결혼이 들어가면서 중요한 전환점을 맞는다. 고백성사에 내밀한 가정생활 고백이 포함된 것이다. 여성이나 가정을 보호한다는 명분과 가부장적 교회의 감시와 검열 사이의 경계는 모호해지기 쉽다. 혼인이 성사의 하나로 편입되고 교회가 결혼을 감독하면서 억압 기제로 활용될 수도 있다. 혼인의 교회법제화와 이혼에 대한 제도적 금지 등 가정사에 대한 교회의 절대적 간섭과 성직자의 혼인금지 등 성에 대한 독특한 인식은 동시대 비잔틴 교회와는 다른 라틴 중세교회만의 독특한 특징으로 자리 잡는다.

사회의 가장 기본 단위인 혼인에 대해 절대권을 소유했다는 점에서 중세 가톨릭은 가부장 종교의 완성체이다.[2] 교회가 혼인을 주관한다는 것은 교회가 혼인을 무효화하는 권한도 가졌다는 점에서 중요하다. 제도적으로 이혼을 금지하는 중세 시대에 공식적 이혼은 불가능했지만 편법은 존재했다. 교황에게 혼인 무효를 청원하는 것이다. 법적으로 혼인을 정당화할 수 없는 사유가 있으면 교황이 혼인 무효를 선언한다. 당시 혼인 무효 조건에 드는 사례들은 미성년자와의 결혼, 중혼, 당사자 동의 없는 강압적 혼인 등이 있다.[3] 그중에서 가장 흔했던 이유는 가까운 친인척과의 결혼, 즉 근친혼이었다. 해당되는 친인척의 범주는 위아래 7대까지로 넓었다. 인척은 양부모나 대부, 대모 등 혈연과 무관한 사람도 들어갔다.

교회법상 혼인하지 않은 사제가 가부장(pater)이 되었던 중세교회는 혼인과 성, 나아가 여성에 대한 부정적인 시각을 거두지 않았다. 혼인, 이혼, 사제의 결혼이라는 관점에서 종교개혁을 바라보면 흥미로운 사실이 발견된다. 종교개혁자들은 혼인을 성사에서 제외시켰다. 혼인을 성사로 삼는 성서의 전거가 잘못이라는 주장이다. 또한 이들 진영에서는 사제의 혼인을 제도적으로 인정했다. 널리 용인된 관행이었던 사제의 혼인을 프로테스탄트 진영에서는 아예 제도화한 것이다. 반면 트리엔트 공의회에서 가톨릭교회는 더 엄격한 독신주의로 돌아갔다. 이 두 변화에 버금가는 극적인 변화는 프로테스탄트 진영의 이혼 인정이다. 헨리 8세의 영국국교회 성립은 단순히 이혼이라는 사적 필요를 충족시키려는 사건은 아니다. 왕위를 승계할 아들을 얻지 못할 경우, 장미전쟁처럼 왕위 계승을 둘러싸고 갈등이 재현될 수 있기 때문이다. 신성로마제국과 교황의 정치적 역학 속에서 이미 혼인무효 소송을 거쳐 두 번째 아내를 얻었던 그는 두 번째 아내와의 혼인무효 소송을 교황이 들어주지 않자 가톨릭을 떠나 국왕이 수장이 되는 국교회를 성립했다. 이제는 교황이 혼인무효를 최종적으로 승인할 필요가 없어졌다. 토머스 크랜머(Thomas Cranmer)는 이혼에 대한 신학적 근거를 마련하여 혼인무효가 아닌 이혼을 이끌어 냈다.[4]

중세교회의 특징이 혼인의 성사화, 이혼 금지, 사제의 결혼 금지 등이라면, 종교개혁기에는 이에 대한 재고가 이루어졌다. 성과 가정이 중세교회와 종교개혁 교회를 가르는 의외의 핵심적 기재였다는 것은 매우 흥미롭다. 종교개혁은 중세교회의 단일하고도 최종적 권위인 교황의 권위만 무너뜨린 것이 아니라 하부에서 교회를 지탱하던 가부장제 가톨릭도 흔들었다. 그러나 가부장제는 없어지지 않았고, 다른 형태의 가부장제가 형성되었다. 중세교회 말기에 들어 교회는 성과 가정에 대한 새로운 프로파간다를 형성해 나갔다. 종교개혁이라는 혼란기, 가정과 여성에 대한 새로운 프로파간다가 형성된다. 그것이 여성들을 위한 것이었는지는 모호하다.

중세에는 결혼을 선택하지 않은 여성들이 선택할 수 있는 제도로 수녀원이 있었다. 제한적이기는 하지만 이곳에서 여성들의 사회참여가 이루어졌다.[5] 프로테스탄트 진영의 수녀원 폐쇄와 가정 강조는 여성의 사회참여를 막았고, 좋은 아내와 어머니로 여성의 역할을 축소했다.[6]

사제 독신과 노예제 폐지

다시 중세 초로 돌아가 보자. 중혼과 이혼을 금지하고, 사제와 수사들의 독신을 강조한 것은 당시 관행적인 문화에 대한 개혁인 동시에 그리스도교 가치를 높이는 것이었다. 또한 비잔틴 교회에서는 일반 성직자와 수도사들의 독신이 강조되지 않았지만, 라틴 교회에서는 척박한 유럽 세계에 그리스도교를 효율적으로 전파하기 위해 독신이 강조되었다는 점은 이 제도가 시대적 맥락 속에서 발전했음을 보여 준다. 가톨릭교회에서 사제의 혼인은 지금도 논쟁거리이다. 성직자가 부족한 남미 아마존 같은 척박한 지역의 부족한 선교 인력 확보를 위해 혼인한 남자도 사제로 서품하자는 주장이 논의되며 논란을 야기한 경우도 있다.[7]

또 하나 중세의 혁신적 변화가 있다. 고대 세계에 존재했던 노예제의 점진적 폐지이다.[8] 오늘날 시각에서 보면 혁신적이지 않지만 말이다. 정확히 말하면 노예제도가 없어졌다기보다는 같은 그리스도인을 노예 삼지 못하게 했다. 이 점에서 오랜 기간 중세에는 노예제 자체는 없었다. 중세에는 인구의 절대다수를 차지하던 농노(serf)가 있었다. 신분상으로는 평민이었던 그들은 그들이 속한 장원의 영주에게 경제적·사회적으로 예속되어 살았다. 고대 로마시대 노예처럼 완전히 자유를 박탈당하여 개별 인격체로 대접을 받지 못하는 수준은 아니었지만 거주 및 이전의 자유가 제한되었다는 점에서 신분제의 혁신이라고 부를 수는 없다.[9]

노예제는 유럽 내륙에서 농노제로 대체되었지만 해상 무역을 중심으로 하는 지역에서는 존속했다. 8세기 중엽 이탈리아 베니스에서는 북아프리카 노예무역이 활발했다. 그리스도인을 노예 삼는 것은 금지되었으므로 이슬람 지역 등 비그리스도교 지역에서 노예를 매매했다.[10]

교황 그레고리우스 1세 시기의 잉글랜드 선교에 단초를 제공한 에피소드는 노예 매매와 관련이 있다. 그레고리우스 1세가 교황이 되기 전 로마 광장을 거닐고 있었다. 마침 시장에 노예로 나온 금발에 푸른 눈의 청년을 본다. 그 청년은 앵글로색슨 지역에서 잡혀 온 노예였다. 그 지역은 그리스도교화된 지역이 아니어서 노예 사냥이 이루어졌던 것이다. 그는 앵글로 청년에 대한 인상을 지우지 않고 있다가 교황이 된 후 잉글랜드 선교를 실행한다. 초대 캔터베리 대주교인 아우구스티누스를 앵글로색슨족의 거주지, 오늘의 잉글랜드 지역에 보낸 것이다.

노예를 의미하는 영어 단어 'slave'는 중세 전반기부터 10세기까지 노예 공급처가 되었던 지역인 '슬라브'(Slav)에서 나온 단어이다. 슬라브족은 러시아, 키예프, 우크라이나 등을 포함한 동유럽 지역을 말하며, 그리스도교화 이전 슬라브인 노예들이 유럽에 다수 유입되었다.

중세 형성기 그리스도교는 이교도, 게르만 이민족의 문화를 그리스도교 가치 위에 세워 나가고자 했다. 물론 지금의 기준에서는 턱없이 부족하지만 노예제를 금지하는 흐름으로 나아갔다는 것은 의미가 있다.

그리스도교로 재해석된 이교 문화

그리스도교는 기존의 문화에 영향을 주기도 했으나 영향을 받기도 했다. 그 영향은 오늘날도 로마 가톨릭교회에 남아 있다. 로마에는 성 베드로 대성당을 비롯한 화려한 교회와 공공건물 등이 즐비하다. 로마 가톨릭의 본산인 로마를 보면 그리스도교 문화권인지, 이교 문화권인지 구별이 되지 않는다. 그 이유는 15~16세기 르네상스를 후원한 교황들의 르네상스 도시 계획으로 지금의 건물들이 대부분 들어섰기 때문이다. 이것은 무엇이 이교적인 것이며, 무엇이 그리스도교적인 것인지 질문을 제기한다.

그리스도교가 전파되었을 때 이교 신전과 이교 문화를 어떻게 할 것인가 고민이 있었다. 건축물의 경우 공공건물이나 이교 사원에 그리스도교를 상징하는 십자가를 달아서 교회로 바꾸는 타협을 했다. 고대에 공공건물이나 이교 건물로 사용되던 바실리카 양식 건축물은 교회 건물로 바뀌었다. 이 양식을 따라 지어져 오랜 전통과 권위를 상징하는 교회를 '바실리카'라 부른다.

건축물이나 예배 공간 변화가 긴장감을 일으켰지만 큰 갈등을 유발하지는 않았다. 그러나 그리스도교화된 지역에서 기존 토착 종교와 충돌이나 갈등은 다소간 불가피했다.

중세 그리스도교 선교의 특징은 그리스도교가 토착 이교 신앙과 혼합되며 형성되었다는 점이다. 독자적인 종교성을 간직하고 있던 아일랜드, 스코틀랜드 지방 등 켈트의 신과 종교문화는 그리스도교가 전파된 이후 새롭게 그리스도교적으로 재해석되었다. 일반 그리스도인들보다 뛰어난 종교성을 보여 준 이에게 성인(saint)이라는 칭호를 붙인 것이다.[11] '성인'은 가톨릭, 그리스 정교회, 동방 교회는 물론 성공회에서도 유지되는 관념이다. 여기에 더해 중세에는 이교신들을 그리스도교화한 수호성인이 다수 등장한다. 중세의 그리스도교화는 부족이나 국가 전체가 개종하는 하향식 개종이었다.[12] 이미 이교 전통과 문화를 향유하고 있던 게르만족 민중들에게 위로부터 부과된 그리스도교의 가치가 저항 없이 수용되기는 쉽지 않다. 고대 헬레니즘 세계라는 문명의 토대에서 생성된 그리스도교가 비문명의 이교 문화에 침투하기 위해 선택한 것은 양보와 타협, 수용 등 토착화였다. 각종 이교 신들이 그리스도교의 수호성인이라는 개념으로 대체된 것이다. 병원의 수호성인 성 요셉, 광부의 수호성인 성 안나 등과 같이 성인 개념이 확대된다.

개개인의 의지와 무관하게 집단적으로 이루어진 개종에서는 초대교회에서 목격했던 자발적 선택과 그 선택에 따른 박해의 감수 등 개인의 주도권이 보이지 않는다. 기존의 종교를 그리스도교에 편입하고자 한 시도는 이러한 한계를 극복하기 위해 고안한 것이다. 불가피함이 있었을지 모르나 이 흐름이 중세교회 내내 유지되면서 종교와 미신 사이의 경계가 흐려졌다. 제도 교회를 통한 교화 방식의 하나는 끊임없는 종교적 두려움과 그 너머의 신비를 주입하는 것이었다. 성인과 수호성인으로 모자라 성직자라는 차별적인 신분 계급이 생겼다. 중세 수도사들은 성인이 되려는, 삶의 모범이 되는 이들이었다. 그들의 삶은 일반인이 보기에 따라가기 어려운 극기와 금욕이었기 때문이다. 극단적인 이들일수록 더 관심을 받았다. 그들은 '구원'에 더 가까웠다고 여겨졌고, 일반 속인(俗人)들은 자동적으로 내세의 심판에 놓이게 되었다. 중세교회가 만들어 간 교회 중심의 구원 서사나 면벌부 등은 취약한 종교적 위치에 있는 속인들에 대한 효과적인 통제 수단이었다.

그레고리우스 1세의 서유럽 선교

서유럽 선교에서 대교황 그레고리우스는 중심적인 인물이다. 그는 초대교회 마지막 라틴 교부들과 더불어 4대 라틴 박사에 들어갈 정도로 명망을 얻었다. 무엇보다 그가 서유럽 선교에 힘썼다는 것을 주목할 필요가 있다. 역대 교황들 중 그레고리우스라고 이름 붙인 교황들은 대부분 선교적 열망, 그리스도교를 통한 사회개혁 열망 등을 추구했다.

수도사 출신이었던 그레고리우스 1세는 성직자 독신제도를 통해 서유럽 선교를 효과적으로 실행했다. 동방 정교회와 달리 서방 교회에서 성직자의 독신을 강조한 이유는 두 가지이다. 먼저는 수도사들의 종교적 모범을 통해 속인들을 교화하고자 한 것이다. 수도사로 살려면 가장 귀중한 가치를 위해 원초적 욕망을 포기해야 했다. 그리스도교 박해가 끝나고 마침내 그리스도교가 공인되자 많은 사람들이 수도원으로 들어갔다. 이제는 순교를 통해서 종교적 고결함과 신을 향한 결단을 표현할 길이 사라졌기 때문에 세속적 욕망을 포기하는 독신의 삶을 통해 신을 향한 사랑과 충성을 표현하고자 했다. 독신이 종교적으로 우월하다는 흐름, 수도사와 속인의 삶에 건널 수 없는 차이를 만든 흐름이 중세를 지배했다. 종교개혁은 이것을 깨트린 것이기도 하다. 중세의 맥락에서 사제의 독신 강조는 교회가 세속 가치와 비교할 수 없는 가치를 담보하고 있다는 효과적 선전 수단이었다. 실제적으로도 독신 수도사들은 선교 정책을 효과적으로 수행했다. 비문명권에 그리스도교 문명을 이식할 책임 감을 지닌 교회는 적어도 수도자들의 독신을 크게 강조한다. 이것은 사제의 혼인을 인정했던 동방 교회와의 차이를 보여 준다.

선교적 열정이 가득했던 그레고리우스의 정책은 잉글랜드의 가톨릭화라는 결실을 얻는다. 그레고리우스 1세는 로마 교황의 권위가 서유럽에 확산되고, 아리우스파 그리스도교에서 로마 가톨릭교회로 단일화되는 길을 닦았다. 그는 문맹지의 그리스도교를 위해 미디어를 효과적으로 다루었다. 그레고리우스 성가와 성화상은 탁월한 선전 도구였다. 훗날 동방 교회와 성화상 사용을 놓고 갈등이 빚어졌지만 성화상은 '문맹자들을 위한 책'이었다.[13] 그레고리우스 교황이 제정한 그레고리우스 전례(*Sacrementaria Gregoriana*)는 16세기 트리엔트 공의회에서 전례 개혁이 이루어지기 전까지 유럽에서 사용되었다. 이 전례 일치가 하나의 가톨릭교회를 형성하는 데 크게 기여하였음은 물론이다. 즉 동방 교회와는 전례 차이가 뚜렷해졌다.

그레고리우스 교황 이후 동서 교회의 관계는 새로운 국면으로 접어든다. 그레고리우스가 초기 중세 서유럽에서 교황의 권위를 높임으로써 헬라어를 기반으로 하는 비잔틴 제국과 다른, 라틴 그리스도교가 새로운 동력을 얻게 되었다. 서방 라틴 교회는 동방 교회의 그늘에서 벗어나 독자적인 예배 형식과 성직 요건 등을 발전시켜 나갔다. 이렇게 서방 교회가 수세기 동안 새로운 언어와 문화의 토대 위에서 축적해 온 경험은 큰 차이를 만들었다. 전에 없던 소소한 긴장이 등장하는 것은 자연스럽다. 그러나 작은 균열이 메워지지 않으면 돌이키기 어려운 결과를 낳는다.

비잔틴 교회는 이 균열에 민감하게 반응했다. 692년 황제 유스티니아누스 2세는 공의회를 소집한다. 콘스탄티노플에서 소집된 이 공의회는 독립적인 공의회이기보다는 이전에 콘스탄티노플에서 열렸던 다섯 번째와 여섯 번째 보편 공의회인 제2차, 3차 콘스탄티노플 공의회의 보완 공의회(Quinisextum)였으며 트룰로 공의회(Council in Trullo)로 불린다.

동방 교회 성직자들만 참여한 트룰로 공의회는 동방 교회가 고수하는 가치들을 재확인하였다. 서방 교회는 콘스탄티노플에서 결정된 사항들을 받아들이지 않았다. 이는 동방과 서방 교회의 갈등을 넘어, 당시 비잔틴 황제의 영향력이 서유럽에 미치지 않게 되었다는 의미이다. 비잔틴 황제는 동로마의 황제뿐 아니라 상징적으로 로마 세계 전체의 황제이기도 했다. 하지만 교황이 서방 지역에서 권위를 얻어 가자 비잔틴 제국 황제의 입김은 상대적으로 줄어들었다. 서방 교회가 독자적으로 새로운 로마를 건설할 수 있는 동력을 얻은 것이다. 이 정치적 역학관계 변화의 중심에 대교황 그레고리우스가 있었다.

울필라스와 패트릭

교회사나 일반 역사를 막론하고 역사는 왕후장상(王侯將相) 중심으로 기록된다. 그러나 기록은 많이 남기지 못했어도 고난과 죽음 앞에 의연하게 자신을 드린 이들을 통해 중세 문명의 기틀이 놓였다. 그 역사의 첫머리에 기록된 이가 '게르만의 사도'로 불리는 울필라스이다.[14] 그의 출생에 대해서 다양한 설들이 있지만 대개는 고트족 침략으로 노예가 된 헬라인이었다고 추정한다.

성년이 된 울필라스는 외교적 목적으로 콘스탄티노플에 갔다가 그리스도교를 접한다. 고트족 선교를 위해 주교로 임명된 그는 자기가 살던 땅으로 되돌아간다. 그의 위대한 업적은 성서를 고트어로 번역한 것이다. 이 사건은 그리스도교 선교사에 중요한 전환점이다. 헬라어를 쓰는 헬라 문화권에서 발전한 그리스도교가 고트어로 번역되었다는 것은 헬라-로마 문화권이 아닌 지역으로 그리스도교가 처음 전파되었다는 의미이다. 울필라스는 성서를 번역할 때 열왕기를 누락했다. 호전적인 게르만족에게 전쟁의 기록이 가득한 역사를 소개하지 않으려 했다고 한다.

울필라스가 전한 그리스도교는 삼위일체를 부정하는 아리우스파 그리스도교였다. 게르만족에게 전파된 최초의 그리스도교가 아리우스파였다는 것은 서방 교회에 두고두고 갈등의 불씨를 남겼다. 그리고 이것은 동방 교회와 서방 교회가 분리되는 예기치 않은 결과를 가져온다. 서로마가 멸망하기 백 년도 훨씬 전, 그리스도교가 로마 제국에서 공인되자마자 게르만 선교가 이루어졌다. 삼위일체를 신봉하는 교황 중심의 가톨릭교회가 서로마에서 주도권을 잡기 시작한 것은 그보다 한참 후의 일이다.

삼위일체를 이해하고 전할 수 있는 정밀한 신학이 존재하지 않은 시기에 아리우스파냐 아니냐는 큰 문제가 아니었을 수도 있다. 어쩌면 삼위일체 신학보다 아리우스파 신학이 고트족이 수용하기에 수월한 면이 있었을지도 모른다. 위대한 군사 지도자, 영웅이라는 부족 신 의미로 고트족이 그리스도를 수용한 것이다. 기초 단계의 그리스도교 이해로부터 서서히 정확한 신학으로 '전이'가 이루어졌다고 이해할 수 있다. 그리스-로마 문명과 철학, 법체계 위에서 이루어졌던 초대교회의 사변적 토론이 게르만족에게는 애초에 불가능했기 때문이다.

잠재된 이 차이는 후에 예기치 않은 갈등을 야기한다. 동방 교회에서 출발했던 아리우스파 문제가 비잔틴 지역에서는 해소된 반면, 서방 교회에서는 계속 남아 있었기 때문이다. 이 갈등의 불씨는 동·서방 교회의 분열로 폭발한다. 서유럽 최초로 아리우스파 그리스도교가 이교도에게 확산된 이후, 로마 교회는 서유럽의 가톨릭화를 전개한다. 이는 특히 프랑스 골 지역과 잉글랜드 지역에서 시작된다. 프랑크족은 다른 게르만족과 달리 로마의 지배를 받은 적이 있었다. 5세기 프랑크 왕 클로비스는 가톨릭을 신봉하는 여성과 결혼하고 세례를 받은 후 가톨릭 그리스도교를 수용한다. 교황청이 프랑스를 가톨릭의 장녀라고 부르는 그 사건이 생긴 것이다. 프랑크족은 여러 이주민 중 가장 안정적으로 정착하여 게르만 문화와 그리스도교를 조화시켜 문명을 만들어 간다.

중세 선교 역사의 핵심은 로마와 브리타니아 제도였다. 로마는 그레고리우스 1세가 앵글로색슨 선교를 시작한 공로가 있다. 고대 로마의 지배를 받았던 지역을 로만 브리타니아라고 한다. 브리타니아는 잉글랜드, 스코틀랜드, 웨일스로 구성되었고, 떨어진 섬으로 아일랜드가 있었다. 로만 브리타니아는 로마 주둔군과 상인들을 통해 그리스도교가 전파된 지역이다. 요크 주둔 로마군은 후에 서로마가 위험에 처했을 때 철수하지만, 로마군이 철수한 후에도 이 지역의 교회는 존속된다. 이는 로마 식민지였던 적이 없는 아일랜드까지 확장된다. 아일랜드는 정령 숭배, 미신, 인신공양 풍습 등이 행해지던 섬이었다. 그런데 그리스도교가 아일랜드로 전파된 후 수 세기 만에 중세 유럽의 종교와 학문의 핵심지로 떠오른다.

이 아일랜드 선교에 쓰임을 받은 사람이 패트릭이다.[15] 그는 아일랜드 수호성인으로 불린다. 패트릭은 잉글랜드 출신으로, 아일랜드 해적들에게 납치되어 아일랜드에서 노예 생활을 했고, 6년 동안 양치기 노릇을 했다고 한다. 원래 로만 브리타니아의 잔재가 남아 있던 그리스도교 가문에서 자랐으나 아일랜드에서 노예 생활을 하며 처음으로 진지하게 신을 찾았다. 하루에 백 번씩 밤낮으로 기도했다고 자서전(Confessio)에 기록되어 있다.

자서전에 따르면 잉글랜드로 돌아와 생활하던 그는 어느 날 꿈을 꾸게 된다. 마치 사도 바울이 '마게도냐로 건너와서 우리를 도우라'는 환상을 본 것처럼 자신이 돌아오기를 간청하는 수많은 아일랜드 사람들의 편지

를 본 것이다. 자신을 잡아서 노예로 삼았던 그들에게 다시 가라는 뜻이
었다. 그는 '심장에 칼을 맞는 듯한 고통을 느꼈'지만 그 요청을 마음에
서 지울 수는 없었다고 한다. 그는 또다시 꿈을 꾸는데 그것은 단순한 꿈
을 넘어, 아일랜드로 돌아가도록 요청하는 신적인 음성이었다. 패트릭
은 잉글랜드에서 신학 소양을 쌓아 아일랜드로 건너간다.

패트릭이 전한 그리스도교는 삼위일체를 신봉하는 그리스도교였다.
그는 삼위일체를 설명하기 위하여 샴록(shamrock)이라 불리는 세 잎 클
로버를 사용했다. 샴록은 현재 아일랜드의 국화이다. 아일랜드에는 성
부, 성자, 성령의 얼굴을 그려 넣은 원시 그리스도교 유물이 남아 있다.
패트릭은 굴곡지고 극적인 인생을 살다가 아일랜드에 묻혔다.

아일랜드는 로만 브리타니아의 지배를 받지 않았던 곳으로 대부분 산
악 지대이다. 촌락이 흩어져 있어 도시가 형성되지 못했다. 이런 지형적
영향으로 아일랜드 교회는 여타 로만 브리타니아 지역 교회와는 다른 특
징이 생겼다. 독특한 수도원 문화이다.[16] 수도원을 중심으로 교육, 선교,
문명의 발전이 이루어졌다. 아일랜드 그리스도교의 정체성은 처음부터
수도 공동체이자 선교 공동체였다. 이러한 독특한 특성을 발전시킨 아
일랜드 교회를 '켈트 교회'라고 한다.

선교 공동체를 지향했던 아일랜드 그리스도교는 아일랜드에 머물지
않고 같은 켈트족인 스코틀랜드 지역으로 간다. 수도사 콜롬바누스는 아
이오나 섬을 거쳐 스코틀랜드로 갔고, 스코틀랜드 수도사들이 다시 잉
글랜드 지역으로 내려간다.[17] 이 수도사들은 유럽 대륙으로 건너가 스위
스, 독일, 네덜란드 등에 흔적을 남긴다.

서유럽에서도 가장 서쪽에 있고 유럽 본토에서 떨어진 변방의 섬 아
일랜드가 스코틀랜드와 잉글랜드, 유럽 대륙 너머로 그리스도교를 확장
시킨 도구가 되었다.

2. 무너진 샬롬마

43

로마 교회의 특징이 교황을 정점으로 추기경, 대주교, 주교, 사제 등으로 이어지는 철저한 계서제(階序制)라면, 아일랜드 교회는 수도원장 중심으로 모두가 평등한 관계를 유지하고 있는 수도원 공동체라고 할 수 있다. 헬라어로 수도회를 의미하는 '모나스테리온'(monasterion)에서 파생된 용어인 '민스터'(minster)는 로만 브리타니아 시절 형성된 원시 그리스도교 공동체를 의미하는 용어이다. 지금도 잉글랜드에 남아 있는 '웨스트민스터 사원'이나 '요크민스터 사원'에서 그 유산을 찾을 수 있다. 로만 브리타니아 세계에서 교회란 곧 수도원과 동의어였다. 아일랜드 교회 역시 수도회를 지향하는 교회 공동체의 특징을 갖고 있다. 그들은 후일 로마 교황에게 편지를 쓸 때 교황을 '대수도원장'(abbot)이라고 불렀다. 독특한 선교 공동체의 정체성을 강하게 유지하고 있었던 것이다.

그리스도교 전통에서 아일랜드 교회는 이 선교적인 기여와 더불어, 성서와 서적 필사 전통으로 널리 알려져 있다. 켈트 수도원과 수도사들을 통해 이 전통이 유지되었다. 약 800년 무렵 화려하고 아름다운 성서 필사본《켈스의 서》(Book of Kells)가 제작되었다.[18] 현재 더블린 트리니티 칼리지 도서관이 소장하고 있는 이 책은 아일랜드를 넘어, 세계적 보물이라고 할 수 있다. 선교와 더불어 성서와 그리스도교 서적 필사 작업을 통해 아일랜드 교회는 이민족 교회 중에서 가장 든든하게 학문성을 갖추게 되었다. 선교와 학문 전승이라는 두 가지 과제가 병행되지 않았다면 아일랜드 교회의 기초는 튼실하지 못했을 것이다.

그 결과, 아일랜드 교회는 그리스도교 역사에서 켈트 그리스도교라는 독자적인 종교 문화를 형성한다. 십자가에 원형 장식을 두른 켈트 십자가가 그 전통의 일부이다. 태양신을 신봉하는 토착 종교 드루이드교와 그리스도교의 혼합으로 이 문장이 만들어졌다고도 하고, 창조주의 영원성을 강조하는 켈트 그리스도교의 독특한 특징이 반영되었다고 보기도 한다.

고대 로만 브리타니아 선교의 결과는 아일랜드, 스코틀랜드, 웨일스까지 남아 있었지만, 잉글랜드 동남부는 앵글로색슨족이 들어온 후 이교도 지역으로 남아 있었다. 이 앵글로색슨족의 선교를 위해 캔터베리 대주교 아우구스티누스가 파견된 것이다. 교황 그레고리우스 1세로부터 앵글로색슨 선교 요청을 받은 아우구스티누스는 문명화된 로마 수도원장이라는 안락한 삶을 버리고 야만족에게 다가서는 불안함이 있었음에도 597년 5월 26일 잉글랜드 남부 켄트에 도착한다. 당시 켄트 지역은 크고 작은 소왕국으로 분열되어 있었다. 켄트의 가장 유력한 왕인 에설베르트(Ethelbert, 550?~616)는 대륙에서 온 그리스도인과 혼인하였다. 그리스도인 아내를 맞는 것이 켄트 지역에서는 문명을 받아들인 것과 같이 인식되었다. 프랑크 왕국이 그리스도교화될 때와 유사한 방식이다. 아우구스티누스는 켄트에 도착한 지 7개월 후인 597년 12월 25일에 왕비를 포함하여 1만 명에게 세례를 준다. 그리고 이듬해 에설베르트 왕도 세례를 받는다. 아우구스티누스의 선교 이전에 켄트 지역에 이미 그리스도교를 받아들이고자 하는 자생적 움직임이 있었음을 알 수 있다.

보니파티우스의 독일 선교

캔터베리 대주교 아우구스티누스를 통해 잉글랜드에 전파된 로마 가톨릭은 곧 잉글랜드 중부 이북의 켈트 그리스도교와 만나게 된다. 로만 브리타니아 시기 전파된 원시 그리스도교를 바탕으로 독자적인 종교성을 확보한 켈트 그리스도교와 로마 가톨릭은 그 단절된 시간만큼이나 다양한 문화적 차이가 생겼다. 부활절 날짜, 수도사들의 복식과 머리 모양 등이 단적인 예이다. 교황 그레고리우스 1세의 정책대로 그의 지도 아래 통일된 그리스도교 전례를 확립하고자 했던 로마 가톨릭은 켈트 그리스도교와 협상을 시도했다. 664년 잉글랜드 왕 오스 왈드(Oswald, 604~642)의 주선으로 잉글랜드 중북부 요크 인근 휘트비 에서 양측 대표단이 만났다. 이 휘트비 교회회의에서 켈트 그리스도교 는 로마 가톨릭의 전례와 전통을 수용하기로 합의하였다.[19] 하지만 모 든 합의는 상호적이다. 로마 가톨릭은 켈트 그리스도교가 쌓아 올린 독 특한 전통을 무시하지 않았다. 가톨릭교회에서는 켈트 성인들을 그대로 수용했다. 이 교회회의의 합의로 로만 브리타니아 전통이 아닌, 로마 가 톨릭에서 설립한 캔터베리 대성당이 잉글랜드 교회를 대표하게 되었다.

헨리 8세가 국교회를 성립시켰지만 'Church of England'(영국국교회, *ecclesia anglicana*)는 헨리 8세의 이혼 이후 생긴 용어가 아니다. 이 용어 는 토착 그리스도교와 로마 가톨릭의 관계 속에서 발전한 잉글랜드 교회 를 지칭한다. 중도(*via media*)의 전통은 잉글랜드의 오랜 종교 토양이라 고 할 수 있다. 이미 14세기 말 로마 교황청에서 벗어나 독자적인 교회 를 꿈꾸었던 개혁가 존 위클리프 역시 이 잉글랜드 교회의 전통에 서 있 다. 이런 점에서 보자면, 종교개혁으로 로마 가톨릭과 결별한 헨리 8세 는 잉글랜드 교회를 본래의 독자적 뿌리로 되돌린 것이다.

브리타니아 제도와 아일랜드의 켈트 수도회 전통이 로마 가톨릭과 결 합되면서, 잉글랜드는 교황의 지원을 등에 업고 유럽 본토에서 그리스 도교를 확장하는 데 큰 동력을 얻게 된다. 그 대표적인 선교사가 잉글랜 드 출신의 성 보니파티우스(Bonifatius, 675~754)이다.

잉글랜드 데번에서 그리스도인 부모 밑에서 태어난 보니파티우스는 선교에 대한 열망이 있었다. 어려서부터 학문에 명민함을 보여 주었기 에 주변에서는 그가 잉글랜드 교회의 지도자로 자라기를 원했다. 교황 의 허락을 얻은 그는 선교사가 되어 독일로 간다. 그는 독일 헤세 지역 에서 이방신 '토르'를 섬기는 부족을 전도한다. 그 와중에 부족민들이 숭배하는 마을 어귀 큰 나무를 잘라 버렸다. 부족민들은 신의 진노를 두려워했지만 어떤 일도 일어나지 않았다. 보니파티우스는 그 나무로 교회를 지었다. 그는 유럽에 체류하는 동안 수도원을 창설했고, 그곳에서 교육받은 수도사 4백여 명이 중부 유럽 지역에 그리스도교를 전파하였다.

보니파티우스는 독일 지역에 가톨릭의 기초를 세운 공로로 747년 교황 그레고리우스 3세로부터 마인츠 대주교로 임명된다. 하지만 자신이 처음 선교를 했던 네덜란드 프리지아(Frisia)로 다시 돌아간다. 그는 프리지아로 가는 길에 책과 수의를 챙겨 갔다고 한다. 그곳에 어떤 미래가 기다리는지 예견한 것이다. 754년 오순절에 개종한 사람들에게 세례를 주다 폭도들의 습격을 받은 그는 세례받던 52인과 함께 순교했다.[20] 보니파티우스는 학자로서 수많은 저술과 업적을 남겼지만 그의 삶을 통해 더 큰 발자국을 남겼다. 이루어 놓은 성취에 안주하지 않고 치열함을 놓치지 않았던 결과, 그는 독일의 수호성인이 되었고 독일인의 사도라고 불리게 되었다.

아일랜드 수호성인 패트릭은 잉글랜드인이고, 위대한 스코트의 영웅이라고 불리는 스코틀랜드 선교사 콜룸바누스는 아일랜드인이다. 공교롭게도, 독일인의 사도라 불리는 보니파티우스는 잉글랜드인이다. 중세 유럽이라는 혹독한 환경 속에서도, 자기 세계의 경계를 넘어섰을 때 얼마나 깊고 넓은 변화를 만들어 낼 수 있는지를 보여 주는 사례들이다.

서유럽 선교를 보면 두 가지 전혀 다른 모습이 발견된다. 프랑크 왕국의 가톨릭 수용, 슬라브족의 동방 정교회 수용이나 앵글로색슨족의 그리스도교화는 통치자가 특정 종교를 수용하면 전 구성원이 개종하는 하향식으로 이루어졌다. 그리스도교를 수용하는 과정에도 폭력이 가해졌다. 그리스도교의 가르침을 따른다는 것이 무엇을 의미하는지 구성원들의 이해는 일천할 수밖에 없었다. 노르웨이 국왕 올라프(960~1000)는 그리스도교로 개종 후 자신의 지배하에 있던 노르드인들에게 그리스도교로 개종할 것을 명했다. 개종을 거부할 경우 처형하겠다고 위협했다. 호전적인 프랑크족들은 집단 세례를 받을 때 오른손을 물에 담그지 않았다. 세례를 받으면 그 손으로는 칼을 들고 싸울 수 없다는 의식이 있었던 것이다. 하향식 개종의 문제는 불가피하게 지배 종교인 그리스도교 문화와 대중들의 이교 문화의 혼합을 가져왔다. 이교신들이 지역의 수호성인으로 편입되거나 이교 문화와 그리스도교 문화가 긴장 없이 섞이는 사례들이 생겨났다. 지금은 전통으로 받아들이는 성탄절이나 할로윈 등은 이교 축제를 그리스도교화해서 수용한 것들이다.

지배자들의 선택으로 그리스도교가 전파되는 길은 열렸지만, 그리스도교만의 독특한 문화와 가치가 대중의 삶과 가치관에 스며드는 것은 다른 문제였다. 수도사들은 창과 칼로는 침투할 수 없는 민중들의 삶 속에 들어갔다. 위로부터의 변화와 아래로부터의 침투, 이 두 가지가 접점을 이루었기 때문에 서유럽의 그리스도교화가 이루어졌다. 어느 하나가 결여됐다면 라틴 그리스도교는 독자적인 문화와 신학을 형성하지 못했을 것이다.

중세 초기는 교황이나 세속 군주들 사이의 세력 다툼과 갈등, 화해 등이 그 얼개이다. 하지만 더 중요한 것은, 말해지지 않고 기록되지 않은 역사의 이면이다. 문자 그대로 야만의 시대에 그리스도교의 무명용사인 수도사들은 유럽 문명 개척의 선두에 서 있었다. 유럽은 그들을 통해 느리지만 내밀한 진전을 이루어 갔다. 유럽은 문명을 거저 얻지 않았다. 보이지 않는 것을 보는 것처럼 신뢰하고 자기가 맡은 영역을 묵묵하게 감당한 이들의 삶과 희생을 통해 그리스도교는 교회를 넘어 사회 변혁의 도구가 되었다. 어느 시대이건 교회의 역사가 정점을 향해 일직선으로 달음질한 적은 없다. 그리스도교 공인과 함께 끝없이 확장과 발전만 거듭할 것 같았던 초기 그리스도교회는 그 후 분리와 분열, 갈등으로 점철된 역사를 맞는다. 하지만 문명과 권력에 가까이 있던 교회는 이런 혼란으로 문명의 경계 너머 존재하는 타자를 향할 수 있었다.

이 새로운 조우는 그리스도교의 수준과 실력을 보여 주는 시간이 되었다. 길고 지루한 시간이 지났고, 명목상 그리스도교화된 유럽에 독자적인 그리스도교 문명이 꽃피우기까지는 근 5백 년이 걸렸다. 원시적으로 보이던 그리스도교가 시간이 지남에 따라 독자적인 체계를 마련해 갔다는 것은 중요하다. 법 없는 자에게 법 없는 자처럼 다가가되, 타협하지 않은 엄정함을 스스로에게 부과했다. 그것은 바로 수도사들의 금욕과 모범이었다. 그 긴 인고의 세월을 겪으며 교회는 자리를 잡았고, 그리스도교는 12세기에 들어 문화적·지적 혁명을 경험한다. 옥스퍼드 신학자이자 추기경 존 헨리 뉴먼(J. H. Newman, 1801~1890)은 유럽의 6~11세기를 '베네딕투스회의 시대'라고도 했다.[21]

대중을 견인한 그리스도교

역사는 끊임없이 순류와 역류가 교차한다. 암울해 보이는 현실에서 희망을 견인해 낼 수 있다면 역사의 진보를 맞이한다. 중세 초기는 암흑기라 비판받는 시기였다. 그리스도교는 거칠게 확장되었다. 하지만 그 시대를 비판의 대상으로만 보지 말고, 어떻게 그 어둠을 벗고 더 나은 미래를 향해 진화할 수 있었는가 생각해야 한다.

이교 문화와 혼합되었다는 비판에 머무르지 말고, 그리스도교가 적극 민중들 속에 파고들어 갔다는 것에 방점을 찍어야 한다. 그리스도교 문명이 생성되었다는 것은 종교에 녹아 있던 불순물이 정화되었다는 것이기 때문이다. 영국의 중세사가 이몬 더피(Eamon Duffy)는 중세 가톨릭을 전통종교로 규정했다.[22] 대중들의 욕구와 제도 교회가 부과하는 종교성이 만나 새로운 전통을 지속적으로 생성해 냈다는 것이다. 이 점에서 전통종교는 대중종교이다.

그 대중을 이끄는 힘을 생성해 나가는 것이 중세교회의 핵심이었다. 권력을 확보한 교황제 자체가 중세 그리스도교를 담보하는 힘은 아니었다. 야만의 전통과 관습 속에서 그리스도교 문명은 조악하게 혼합되었지만 그것으로 마친 것은 아니다. 민중들의 종교성을 수용하는 대중성을 잃지 않되, 그 대중을 견인할 힘을 생성해 나간 것이 라틴 교회의 특징적 지형이었다.

프로테스탄트에서는 성서 외의 교회 전통에 과도하게 가치를 부여하는 것을 경계한다. 하지만 성서의 권위에 대한 존중과 별개로, 성서 해석은 전통의 산물이다. 인류는 과거와 현재의 대화를 통해 전통을 오늘에 적용시키고 재구성하는 작업을 해왔다. 그것을 통해 역사는 진보했다. 역사에 대한 수정주의 해석이 다양하면 다양할수록 인간 세계의 복잡성은 더 잘 담길 수 있다. 변화하는 사회 속의 한 자리를 차지하고 있는 교회도 이 규칙에서 예외일 수는 없다.

3

교황제, 전통을 창조하다

—

교황제의 형성

로마와 이탈리아, 인근 서유럽 지역의 통치권을 증여한다는 내용의
문서를 건네는 콘스탄티누스 황제와 교황 실베스테르 1세(13세기, 프레스코화)

8세기의 이러한 상황을 정당화하는 문서가 '콘스탄티누스의 기증장'이다. …… 교황은 프랑크 왕국과 제
휴하여 일체성을 고양할 필요가 있었다. 기증장이 삼위일체 신앙 고백으로 시작한 목적이 그것이다. 결
과적으로 교황은 랑고바르드족의 위협을 모면했고, 비잔틴 황제로부터 독립성을 높일 수 있었다. 72~73쪽

점진적으로 발전한 교황 수위설

교황이 세속 통치자들과의 정치적 관계를 활용해 그리스도교를 국교로 만들어 낸 위로부터의 역사와, 수도사들이 대중들과의 접촉을 통해 그리스도교의 가치와 문화를 토착화해 나간 아래로부터의 역사가 가톨릭교회에서 만나 교차한다. 교황제의 역사와 수도회의 역사는 좀더 자세히 살펴보는 것이 필요하다. 종교개혁은 하나의 가톨릭을 지향하던 교황 중심 공동체의 균열인 동시에, 프로테스탄트 지역의 수도회 해산을 가져왔기 때문이다.

로마 가톨릭 조직과 교황 권력이 언제부터 시작되었는지는 딱 부러지는 답이 없다. 역사 속에서 장기간 형성된 것이다. 로마 주교가 그리스도교 세계의 수위권(supremacy)을 주장한 가장 큰 근거는 사도들, 그중에서도 사도 베드로의 권위가 로마 교회를 통해 계승되었다는 것이다. 초대교회 시기 형성된 다섯 개의 총대주교구는 이론적으로 평등했다. 그러나 유일한 서방 라틴 지역 교회라는 지정학적 특수성, 서로마 멸망 이후 라틴 세계의 질서를 주도했다는 현실, 동로마 황제의 정치적 개입에 맞설 권위의 필요, 로마 교회가 주도적으로 이민족에 그리스도교를 전파하여 서유럽을 형성하였다는 요인 등이 겹쳐 로마 주교가 로마 교회의 책임자를 넘어 그리스도교 세계의 중심이라는 헤게모니를 형성했다.

흔히 중세 교황제와 가톨릭을 혼용해서 쓰지만, 교황제를 어떻게 보아야 하는가는 간단치 않은 문제이다. 중세의 교황제와 오늘날의 교황제는 다르다. 하지만 우리의 관념 속에서 가톨릭 교황은 하나라는 선입관이 있기 때문에 이것을 어떻게 평가할 것인가는 중요한 문제이다.

중세사가 헤이코 오베르만(Heiko Oberman)은 그리스도교가 추구하는 전통을 크게 두 가지로 구분했다.[1] 프로테스탄트 종교개혁 전통은 성서만을 유일한 권위로 인정하는 반면, 가톨릭교회는 성서의 권위와 더불어 제도 교회가 형성해 온 전통 역시 권위의 한 축으로 인정한다. 오베르만은 종교개혁의 전통, 즉 성서를 신학적 문제에서 충분하고도 최종적인 권위로 인정하는 것을 '전통 1'이라고 이름 붙였다. 이는 위클리프와 후스 등 중세 말 개혁자들과 종교 개혁자들이 주장했다. 이와 대조적으로, 교회가 반포한 교령이나 법령, 교황의 서신 등을 성서와 더불어 중요한 권위로 인정하는 전통이 가톨릭교회에 남아 있다. 오베르만은 이를 '전통 2'라고 불렀다. 가톨릭교회가 교황을 중심으로 중세 유럽에 형성한 것은, 성서라는 경전의 권위 위에 제도 교회가 이어간 전통을 융화시킨 전통 2라 할 수 있다.

개신교의 시각에서 보자면, 가톨릭이 형성한 전통 2는 성서의 가르침에서 벗어난 것으로 비판의 대상이 될 수 있다. 반면, 전통 2의 긍정적인 역할이라고 본다면 시대 상황의 변화에 맞게 스스로를 탈바꿈해 간다는 적응성이다. 개신교에 비할 때 강한 보수성을 띠는 가톨릭이 단일체를 유지해 온 비결은 시대 상황에 맞게 전통을 변형시켜 왔기 때문이다.

현재의 시각에서 중세 역사를 보면 교황이 차지했던 두드러진 위상 때문에 교황이 유럽을 지배했다고 오해할 위험이 있다. 교황제의 정당성을 뒷받침하는 이데올로기들이 교황과 이론가들에 의해 제시되었지만, 실제로 교황이 행사한 권력은 예상과 다르다. 교황 수위설은 12세기 이후에야 현실로 구현되었다.[2] 이 과정은 점진적이고도 유기적인 발전이라고 할 수 있다. 동로마 지역은 고대로부터 이어진 역사와 제국의 지속이 가장 중요했던 반면, 라틴 서유럽은 새로운 내적 힘을 지탱할 사상적·

정치적 기구가 필요했다.[3] 새 토양에 맞게 사상을 형성해 나갈 탄력성이 필요했다는 점에서 라틴 그리스도교는 초대교회 공의회를 통해 이미 신학적 충족성과 완결성을 선언한 동방 그리스도교와 출발점이 달랐다.

교황제는 대략 네 단계의 발전 과정을 거쳤다. 1단계는 교회가 시작되고 그리스도교가 공인된 전후 로마 교회 형성기였다. 초기 로마 주교는 다섯 개의 총대주교구 중 하나였으며 다른 교회와 수위권이나 지상권을 다투지 않았다. 이 기간 동안 가톨릭교회는 교황을 중심으로 단일한 신학과 정치 체제를 형성시켰다.

2단계는 서로마 멸망 시점부터 11세기까지이다. 이 기간에 유럽에서 교황제가 새로운 발전을 이룬다. 제도 교황제의 발전기라고 할 수 있다. 종교적 권위체를 넘어 세속권까지 보유하는 교황제의 정당성을 뒷받침하는 이론들이 등장한다.

3단계는 11~13세기이며 완성된 군주제로서의 교황제이다. 교황은 유럽 봉건 질서 속에서 상위 군주가 되어 종교 문제는 물론 세속 사안에서도 강력한 영향력을 행사하게 된다. 끊임없는 교권과 속권의 세력 다툼이 이어짐은 물론이다. 교황이 전 유럽에서 최전성기를 누리던 시기가 이때이다. 3단계에서 교황제가 정점을 찍었다는 것은 그 후 쇠락이 이어짐을 예고한다. 프랑스, 신성로마제국, 잉글랜드 세속 군주의 권력이 커지면서 급속도로 교황의 세력이 위축된다.

4단계는 14세기부터 시작되는데, 이때 가톨릭교회에 분열이 일어난다. 대립 교황들이 난립하고 교황청이 분열된다. 이 시기부터 루터의 종교개혁까지 약 백 년 동안 로마 교황들은 스스로를 이탈리아 반도의 군주로 자리매김하고자 한다. 종교적인 색채가 그리 강조되지 않는 듯한 15세기 이탈리아 르네상스의 가장 큰 후원자가 교황인 이유이다. 유럽의 단일한 종교적 수장이었던 교황의 권력은 결국 1517년 종교개혁으로 분열된다. 루터의 종교개혁에 대응하여 가톨릭교회 개혁을 위해 소집된 트리엔트 공의회(1545)는 큰 틀에서 볼 때 현재까지 이어진다고 할 수 있는 종교적 권위체로서의 교황제를 확립했다.

로마 주교, 교황이 되다

중세 교황제의 역사는 가톨릭 사상 형성의 역사이다. 교황제의 기원과 구조는 중세 가톨릭교회가 발전시키고자 한 이데올로기의 표현이다. 로마 교회가 교회사와 유럽사에서 차지한 두드러진 위치는 서로마 멸망과 연결된다. 로마 교회는 서로마 지역과 라틴 유럽 지역의 언어와 문화를 공유하고, 세속 영토를 보유하게 되면서 비잔틴 제국과 경쟁하는 독자 구조를 만들어 갔다. 로마 제국 말기의 작은 가톨릭교회가 종교적·도덕적 권위를 획득하고 더 나아가 행정 구조로 정착되면서 중세 그리스도교 세계의 사상적 원천이 된 것이다. 중세 가톨릭교회는 그 자체의 종교 사상, 법률과 행정적 발전이 결합하여 교황제라는 제도를 형성했다.

313년 그리스도교 공인 당시 로마 교회는 다른 교회보다 우월한 도덕적 권위를 확보하고 있었지만, 법적으로 우월한 지위를 가진 것은 아니었다. 그럼에도 로마 교회의 종교적 권위는 교황의 수위권 사상 발전에 큰 영향을 주었다. 그 근거로는 사도들의 대표인 베드로가 로마에 교회를 세웠으며, 베드로와 수많은 초기 순교자들의 순교 터전 위에 교회가 발전했다는 것이다. 로마 교회의 신성 이데올로기는 이렇게 확고해졌다.

이 시기에 로마 주교인 교황이 성 베드로의 후계자로 간주되기 시작했다. 로마 제국이 멸망하기 전부터 로마는 교회의 중심지로 부상했다. 교황 다마스쿠스(305~384)가 '사도좌'(sedes apostolica)라는 용어를 4세기 후반 처음 사용하였다. 422년 보니파키우스 1세는 로마 교회의 수위성을 주장했다. 교황 레오 1세도 사도좌의 권위는 그리스도가 사도 베드로에게 지상의 교회를 맡긴 데서 유래한다고 했다. 613년 아일랜드 수도사 콜룸바누스는 베드로와 바울의 유물 때문에 로마는 신성하며, 그 위에 세워진 로마 교회는 세계 교회의 수장이라고 선언했다. 정밀한 교리적 뒷받침은 약했으며, 교황이 베드로의 후계자이고, 교황의 권력은 그로부터 나온다는 감정적 호소였다. 호소가 실제로 연결된 것은 476년 서로마 멸망으로 이탈리아 반도가 구질서하의 로마인들과 이민족 침입자들 사이에서 무정부적 상황을 겪었기 때문이다. 심지어 유스티니아누스 황제를 비롯한 동로마 황제들 역시 옛 서로마 제국을 회복하려 정복 활동에 적극적이었다.

서로마 멸망으로 인한 정치·행정 부재의 상황에서 로마 교회는 종교적 권위를 기반으로 우월하고 정교한 내부 조직을 갖추는 데 성공했다. 무너진 제국 정부의 체제를 교황군주제는 자연스럽게 모범으로 채택했다.

4세기부터 로마 교회는 테르툴리아누스, 키프리아누스 등이 주장했던 베드로 계승 이론(Petrine succession theory)에 관심을 두고 다듬어 나가기 시작했다. 이는 로물루스 형제의 로마 건국 신화와 비견될 만한 주제로, 사도 베드로가 이 땅에서 그리스도를 대리할 사도직을 받았고 베드로의 계승자들이 그 직을 물려받는다는 것이다. 베드로 계승 이론의 핵심은 베드로의 지위와 기능을 로마 교회와 연결시켜 베드로의 계승자인 로마 주교를 정점으로 하는 군주제 교회의 완성에 있다.[4]

베드로가 로마에서 순교하여 그곳에 묻혔을 가능성은 4세기 후반부터 일반적으로 합의가 되어 있다. 베드로의 무덤 위에 성 베드로 대성당이 건축되었다고도 한다. 하지만 그것이 곧 베드로가 로마 교회의 창시자이거나 초대 주교였음을 보장하지는 않는다. 사도 바울이 로마의 그리스도인들에게 보낸 서신인 로마서는 대략 55년에서 57년경 작성된 것으로 보는데, 그 서신에 베드로는 언급되지 않는다. 베드로는 64년경 순교했다고 한다. 바울이 로마서를 쓴 후 베드로가 로마로 가서 활동했을 가능성도 있지만, 타 지역에서 활동하다 체포되어 로마로 압송된 후 사형당하고 묻혔을 가능성도 배제할 수 없다. 하지만 베드로와 로마를 연결시키는 전설과 전승은 이어졌고, 초대 로마 주교가 베드로라는 공식은 형성되었다. 《쿠오 바디스》 같은 소설도 베드로 전승의 연장이라 할 수 있다.

그런데 로마 주교가 이런 지위를 인정받은 배후에는 비잔틴 천도 이후 황제의 역할도 있었다. 수도를 옮기면서 이탈리아 반도에서 제국의 지리적 중심인 콘스탄티노플로 제국의 추는 급속히 옮겨졌다. 하지만 이민족의 손에 서로마가 멸망하면 동로마 제국 황제도 유리할 리는 없었다. 동로마 황제는 서로마 지역 관할권을 주장하는 한편, 이민족의 침입에 맞서 제국의 전통과 그리스도교를 전파하려는 로마 교황의 노력에 힘을 보탰다. 로마 교황이 서로마 황제 역할을 대리한다는 것은 동로마에서도 인정되었다. 비잔틴 제국은 잃어버린 서유럽 지역의 정치적 통일을 위하여 로마 교회와 종교적 통합을 유지해야 했다. 로마 교회는 정치적·종교적으로 교황이 떠맡은 지위를 정당화하는 작업을 진행한다. 로마의 주교에게는 로마 제국 황제의 거처였던 라테란 궁전에 주거지가 주어졌다. 비잔틴 황제는 라테란 궁전 옆에 로마 주교좌 교회를 건축했다. 현재 성 베드로 대성당인 이곳은 사도 베드로의 순교터로 알려진 곳 위에 세워졌다. 완공 이후 사도들의 유적이 교회로 옮겨졌다.

교황은 서로마 제국의 실질적 계승자였다. 교회는 제국의 행정을 떠맡을 행정 조직을 구성했다. 성직자들은 제국의 행정 관료가 되었으며,

로마 교회는 동로마 제국의 간섭을 벗어나 독자적인 사법권을 보유하게 되었다. 로마 교회는 외적으로만 제국의 형태를 모방한 것이 아니라, 실제로 황제의 권위를 확보하려 여러 내부 조치를 단행했다. 제국 황실의 전통 계승을 정당화하는 이데올로기 형성, 제국의 전통과 문화 채택이 그것이다. 이는 교황제의 초기 발전에서 매우 중요한 특징이다. 다마스쿠스 교황이 로마 교회를 사도좌 교회로 최초 선언하였지만, 그 선언이 인정을 받으려면 명확한 성서적·역사적 근거가 필요했다. 예기치 않게, 5세기 초 히에로니무스의 라틴어 성서 번역이 모호한 연결고리를 이어주는 단서를 제공했다. 사도 베드로 전승 이론의 핵심 본문으로 읽히는 마태복음 16장 18절, 19절("또 내가 네게 이르노니 너는 베드로라 내가 이 반석 위에 내 교회를 세우리니 음부의 권세가 이기지 못하리라 내가 천국 열쇠를 네게 주리니 네가 땅에서 무엇이든지 매면 하늘에서도 매일 것이요 네가 땅에서 무엇이든지 풀면 하늘에서도 풀리리라 하시고")의 라틴어 번역문을 그리스도와 교회의 관계를 알레고리적으로 표현했다는 이해를 넘어 로마법의 용어와 개념을 빌려 이해하기 시작한 것이다. 라틴어로 매고(ligare) 푼다(solvere)는 표현은 로마 계약법상 대리인에게 위임한 권한을 뜻한다. 로마법적으로 이 땅에서 그리스도를 대리하여 땅의 제국과 천상의 제국을 연결하는 전권을 행사하도록 해석하면 베드로와 그 후계자들은 배타적·포괄적인 위임장을 받은 것이다. 이 해석을 교황제의 근거로만 보는 것은 충분하지 않다. 이 위임장은 서로마 제국의 멸망 이후 지상의 제국을 대리할 교황청을 인정하는 정치적 성격을 강하게 지니기 때문이다.

실제 저자는 알 수 없지만 초대 라틴교부 성 클레멘스(30?~99)가 썼다고 알려진 '클레멘스의 서신'은 로마 주교였던 클레멘스가 그리스도의 동생 야고보에게 쓴 서신이다. 이 서신은 베드로가 그리스도로부터 위임받은, 이 땅에서 매고 푸는 권한을 클레멘스 자신이 베드로로부터 직접 승계받았다는 주장을 한다. 클레멘스가 베드로의 뒤를 이어 로마 주교, 즉 교황이 되었다는 이 언급은 로마에서 어떤 역할을 했는지 구체적으로 알려지지 않은 베드로가 로마 주교였다는 것과 실제 그로부터 주교직을 승계받았다는 '역사적' 연결을 주장했다는 점에서 관심을 끈다. 이 문서의 저자는 다른 주교들과 경쟁하는 상황에서 로마 교회의 유일성과 수위성을 법적으로 강조하기 위하여 베드로를 인용했다. 교황은 베드로의 유일한 후계자로서 베드로에게 부여된 권한을 같은 방식으로 행사하는 것을 정당화했다. 문서의 진실성이 의심되는 '클레멘스의 서신'은 교황군주제를 합법화하기 위한 의도가 명백하다.[5] 실제로 중세 교황제의 법적 정당성을 주장하는 데 중요한 근거 자료로 활용되었다.

로마 교회의 수위성

이제 로마 교회는 사도좌 교회라는 권위를 주장하게 되었으며, 중세 천 년 동안 이 표준적인 지위를 주장하였다. 로마 교회의 수위성은 종교적 선언이 아닌, 제도적이자 법리적인 선언이었다. 로마라는 지리 영토 안에서 출생한 교황청과 그 역사가 중세 유럽에서 형성한 유산은 부정될 수 없다. 서로마 제국은 헬레니즘 문명과 같은 다른 문명권이 아니라 야만적인 게르만족의 손에 멸망했다. 야만적인 게르만족과 고대 로마 문명 사이에서 로마 문명을 장려하고 이어가는 매개로 로마 교황청 이외의 연결고리는 찾기 어려웠다. 비록 로마 교황청이 종교적 특징을 강하게 내포하고 있지만 법적인 지위를 지닌 제국 정부로서도 기능을 했다. 교황청이 중세 유럽 형성에 근본적이고도 가장 중요한 공헌을 한 기관이라는 것을 부정할 수는 없다. 입법 및 행정을 담당하는 기관으로서 교황청이 오랜 로마 제국의 황실 관행을 적절하게, 적극적으로 차용한 것은 불가피한 선택이었다. 가톨릭교회의 행정 구역으로 일반적으로 쓰이는 교구(diocese)는 4세기 무렵 여러 지방을 관할하는 로마 제국의 행정 구역을 일반적으로 의미하는 것이었다. 이처럼 제국의 지역 구분 방식을 로마 교황청은 그대로 차용했다.

　로마 황제는 중앙집권적으로 제국을 통치하고 유지하기 위해 정기적·비정기적으로 칙서나 칙령을 제국 전체에 발행해 왔다. 서로마 멸망 전에 이미 교황이 그 역할을 이어 받았다. 교황 시리키우스(Siricius, 334~399)는 현존하는 가장 오래된 교황청 법률 문서 모음인 교령집을 발행해 에스파냐 주교들에게 보냈다.[6] 교령집은 교회의 문제에 대해 최종 결정을 내린 권위 있는 서신이었다. 교황이 교령집을 반포했다는 것은 교황청이 중앙집권적으로 교회를 통제하겠다는 의지이자, 최종적인 권위를 지닌 교황의 위상을 드러낸다. 구체적인 사안에 대한 법률적 결정을 담은 것이 교령집이다. 이 교령집이 권위를 획득하게 된 것은 바로 교황의 권위가 보편적으로 수용되었기 때문이다. 교황은 베드로의 계승자로서 그리스도교 세계 전체의 대중들에게 최종 책임을 진다고 스스로 주장했다. 법률적 관점에서 보면 시리키우스의 교령집은 교황제가 법에 의한 지배를 추구했던 로마 제국의 방식을 승계했음을 인정받은 결과물이기도 하다.

　동로마 제국에서는 콘스탄티노플과 알렉산드리아 그리고 안디옥 사이에 정치적·신학적 경쟁이 있었다. 그리고 황제는 교회에 대한 지배적인 위치에 있었다. 4세기 아리우스파 논쟁을 다룬 콘스탄티누스 황제의 사례에서 보듯이 황제는 제국과 교회의 일치를 위해서라면 심지어 신학적 타협도 마다하지 않았다. 반면 라틴 교회는 로마 교황청 중심으로 단일한 라틴신학을 공식화할 수 있었다. 동로마의 신학적 지배로부터 벗어날 수 있는 기회였던 것이다. 이 신학적 전통은 곧 정치적으로도 활용되어 교황청의 정치적·신학적 수위성을 공고하게 하는 기틀을 제공했다. 교황은 문명을 가진 정부는 반드시 법이라는 매개를 통해 작동한다는 메시지를 명확하게 전한 것이다. 교황의 교령집은 가톨릭교회를 중심으로 중세 사회가 형성되는 데 의미 있는 기여를 했다.

로마를 구한 대교황 레오 1세

처음으로 '대교황'이라 불린 레오 1세 때에 교황제 형성의 첫 단계가 완성된다. 레오 1세로 인해 콘스탄티노플이나 동방 교회와 다른 신학과 교회 구조, 교회 정치를 갖춘 독자적인 가톨릭교회가 이루어졌다. 그는 성서의 권위와 신학 교리를 로마법과 접목시켜 교황군주제의 이상을 제시했다. 로마인으로 실리적인 외교 무대의 경험을 쌓았던 레오 1세는 철학적이자 추상적인 동방 신학의 틀을 넘어 법률 체계를 따라 명료하고 단순한 신학을 독립적으로 세웠다. 그 결과 무너지는 서로마 제국 위에 라틴 그리스도교라는 또 다른 제국과 문명을 구축했다. 황제가 떠난 폐허의 도시 로마에서 가장 중요한 인물은 교황이었다.

교황이 완전한 군주적 지위를 실현하는 데는 5세기 초 이탈리아 반도의 상황이 기여했다. 410년 로마는 동고트 족 알라리쿠스의 대규모 침략을 맞았다. 로마를 포함한 제국 서쪽 지역은 사실상 무방비 상태였다. 452년 훈족 지도자 아틸라가 로마로 진격했을 때 로마는 공포에 휩싸였다. 서로마 황제 발렌티니아누스 3세는 아무런 대책이 없었다. 황제를 대리하여 아틸라와 협상하고 로마를 파괴와 약탈에서 구한 사람은 레오 1세였다. 그로부터 3년 후 반달족의 살인, 방화, 약탈의 위협에서 로마를 구해 낸 것도 레오 1세였다. 로마인들과 야만인들 모두에게 교황은 로마를 구원할 마법과 권위를 지닌 인물로 인식되었다.

정치적으로 로마를 구한 레오 1세는 클레멘스 1세와 마찬가지로 사도좌 교회로서의 로마 교회와 베드로를 연결한다. 그것을 규정하는 '레오 테제'를 정리해 보면 다음과 같다. 첫째, '로마법에 따라 직책 보유자라는 면에서 베드로와 그 직책의 승계자인 교황은 법적으로 차이가 없다'. 둘째, '직책 보유자로서의 교황은 최초 교황에게 주어졌던 법적 자격을 동일하게 보유한다'. 셋째, '교황의 판결이나 교령은 교황 개인의 윤리나 도덕 등 주관적 기준이 아니라, 교황직이라는 객관적인 직책에 의거해 수행한 것이므로 유효하다'.

교황이 베드로의 권한을 총체적으로 승계했다는 레오 테제의 핵심은 제국의 황제 계승과 흡사하다. 레오 테제는 법에 기반하여 교황 절대군주제로 가는 길을 열었다. 7세기 무렵부터 1963년까지 교황 착좌식에서는 삼중관을 씌우는 대관식이 행해졌다.[7] 레오 테제는 가톨릭교회의 사제주의, 교권주의와 교황무류설로 연결되는 근거가 되었다. 서로마 멸망 이후에도 동로마 제국은 교황에 대한 통제권을 행사할 기회가 적었다. 동로마 황제는 교황이 이미 로마에서 행정 기관으로 주도적인 역할을 맡고 있음을 인정하게 되었다.

겔라시우스의 양검론

레오 테제는 가톨릭교회가 교권을 넘어 속권을 지배하는 것까지 정당함을 암시한다. 이후로도 교황과 학자들이 발행한 문서를 통해 교황 수위권 이론이 지지된다. 이 이론의 발전에 기여한 또 한 사람의 교황이 겔라시우스 1세(?~496)이다. 그는 약 4년 7개월 정도 재임했으며 그 시기는 서로마 멸망 직후이다. 476년 로마를 무너뜨린 오토아케르가 다시 동고트족 지도자 테오도릭의 손에 죽임을 당하면서 지배 체제가 바뀌던 혼란과 공포의 시기이다.

서로마 멸망은 분열된 형제 동로마 제국과의 관계에 대한 고민을 낳는다. 동로마 황제는 당연히 서로마 관할권을 주장할 수가 있다. 하지만 실질 권한은 제한된다. 그래서 동로마 황제의 영향력 확대를 방지하고 서로마에서 자신의 수위권을 강조하기 위해 교황청은 여러 이론을 발전시킨다.

494년 교황 겔라시우스는 비잔틴 황제 아나스타시우스 1세(430~518)에게 '양검론'(*Duo sunt*)이라고 알려진 서신을 보낸다.[8] 양검론이라는 표현의 성서적 출처는 그리스도가 체포당할 때 베드로가 '말고'라는 이름의 종의 귀를 칼로 벤 사건이다. 전승에 의하면 베드로에게는 두 개의 칼이 있었다고 한다. 여기서 비롯된 게 양검론이다. 베드로의 두 칼을 유비로 해석한 것이다. 하나는 종교적 권위, 또 하나는 세속적 권력을 의미한다.

그 내용은 세상을 통치하는 국가와 교회라는 이중 권세가 그 대상이다. 세상을 지배하는 두 권력은 신성한 교황의 권위(*auctoritas sacrata pontificum*)와 세속 군주의 권위(*regalis potestas*)이다.[9] 종교의 권위와 세속의 권위는 독립적으로, 이상적으로는 서로 조화롭게 작동한다. 그런데 죽음 후의 심판대에서는 교황이 왕을 변호할 궁극적 책임을 지기 때문에 두 권세 중 사제의 책임이 더 무겁다고 주장한다. 양검론을 쓸 당시 대상은 동로마 황제지만 그 후 서유럽의 여러 세속 군주들에게도 적용된다. 이 문서는 세속과 교권의 갈등 속에 서로의 입장에서 각기 활용된다.

8세기 프랑스 랭스 대주교 힝크마르(806~882)는 교회 문제에 세속 권력 간섭은 부당하다고 이 문서를 인용하여 주장한다. 그는 사제와 세속 군주의 직분을 구약의 제사장과 왕에 비유하여 사제가 왕을 안수하는 한 사제의 위엄이 더 높다고 주장한다. 사제가 최후의 심판대에서 세속 군주를 변호하기 때문에 사제의 권한이 더 크다는 것이다.[10]

레오 테제가 로마 교회가 다른 교회보다 우월하다는 이유로 모든 교회에 대한 감독권을 주장한다면, 겔라시우스는 한 걸음 더 나아가 로마 교황이 세속 권력과 견주어 실질적 우위에 서는 길을 제시했다. 이 이론은 교황제 발전의 두 번째 단계인 교황의 수위권 주장으로 연결된다.

중앙집권적 교회 형성

교황제가 완성되기까지는 또 한 명의 대교황이 필요했다. 그의 역할은 이론을 만들기보다는 이론을 실제 유럽 역사에 구현하는 것이었다. 그레고리우스 1세 때 중세 형태의 교황직이 나타났다. 그는 교황의 직접 통제를 받는 유럽 교회의 위계를 설정하려는 노력을 기울여, 유럽 전체를 하나의 가톨릭 공동체로 만드는 첫발을 내디뎠다. 로마 귀족 가문 출신의 그레고리우스는 다양한 전통들을 그리스도교 세계 안에서 하나로 통합하고자 시도했다. 그 전통에는 로마 문명과 그리스도교만이 아니라, 야만적이고 이질적인 게르만 문화까지 포함되었다. 그레고리우스 교황을 통한 유럽 선교는 일방적인 그리스도교 문명만의 전달이 아니라, 토착 게르만 문화와의 조화를 꿈꾸는 양방향이기도 했다.

무너진 로마를 대체할 문명이 존재하지 않았다는 점에서 로마의 멸망은 한 문명의 붕괴를 넘어서는 의미였다. 도시 로마는 이민족들의 각축장이 되었다. 그레고리우스는 이러한 이탈리아의 상황 속에서 자체 활로를 모색했다. 579년 교황 펠라기우스 2세로부터 부제직을 받은 그는 교황의 사절로 콘스탄티노플에 파견된다. 불안정한 이탈리아 방어를 지원해 달라고 요청하기 위해서였다. 하지만 비잔틴 황제는 동부 국경 분쟁으로 서부에 파병할 여력이 없었다. 6년간 콘스탄티노플에 체류한(579~585) 그는 아무런 결실을 얻지 못하고 돌아왔다. 결국 로마의 명운은 교황의 역할에 전적으로 의존할 수밖에 없었다. 590년 펠라기우스 교황이 죽자 로마인들은 그레고리우스를 교황으로 세우고자 했다. 베네딕투스회 수도사로 교황직에 욕심이 없던 그는 사람들을 피해 숨다가 억지로 교황직에 오르게 된다. 그는 스스로를 낮추어 '하느님의 종들의 종'(servus servorum Dei)이라고 자신을 칭했다. 그 후 이 명칭은 교황을 지칭하는 대명사가 되었다.

교황직에 오른 그레고리우스 1세는 랑고바르드족의 침입과 비잔틴 황제의 권력 행사 속에서 로마의 안정과 독립을 지켜내는 것이 무엇보다 중요했다. 교황 그레고리우스는 세력 균형에 대한 모색 속에서 친히 군대를 소집하여 랑고바르드족과 전투에 나서기도 했다. 이 사건은 수 세기 후 전개되는 십자군의 예표로 읽히기도 한다. 아직 완벽한 체계를 갖춘 정부가 아니었지만 교황이 군대를 소집할 정도로 정치 참여가 이루어졌다는 것이다.

더 나아가, 그레고리우스는 영토적 이해관계가 있는 이탈리아를 넘어 유럽 전역에 영향력을 효과적으로 확대하고자 했다. 그러자면 프랑스 왕과 같은 세속 군주와의 상호 견제와 갈등은 불가피했다. 교황제 확대는 유럽 교회를 세속 군주가 아닌 교황의 영향력하에 둔다는 의미이다. 그러나 프랑스나 신성로마제국에서 교회는 국가에 소속된 부속 기관으로 간주되었다. 이 긴장은 중세와 근대를 거치며 지속되었다. 근대 프랑스에서는 교황의 간섭을 배제한 국가교회 이데올로기를 프랑스 지명 골에서 파생된 '갈리카니즘'(Gallicanism)이라 불렀다.

세속 군주들은 교황의 상징적 권위는 인정했지만 프랑스 내에서 교황의 영향력 행사는 바람직하지 않다고 생각했다. 중세 초기는 국왕과 황제가 교회 주교를 임명하는 것이 관행이었다. 그러나 주교로 지명된 이들의 종교적 역량이나 도덕적 수준이 높을 리 없었다. 그레고리우스는 성직자의 혼인을 금지하고, 교황이 각 국가 내 교회의 도덕과 수준을 감독할 권한을 지니고 있음을 주장했다. 하지만 수위권에 대한 이론적 주장만으로 각 지역의 교회를 통제할 수는 없었다. 그레고리우스 교황이 주도적으로 시행한 잉글랜드 선교는 교황의 지역 교회에 대한 직접 통제의 모델을 형성했다. 교황은 캔터베리 대주교구와 요크 대주교구 등 대주교구를 정하고 그 아래 여러 주교구와 지역 교구를 엮어 교회 행정망을 구축했다. 그리고 교황은 대주교에게 영대(팔리움, pallium, 대주교가 제의를 입고 어깨에 띠는 양털 장식띠로 본래 로마 황제가 귀족에게 하사하던 것)를 하사하는 전통을 세우고, 그 후로부터 지명된 대주교가 로마로 와서 교황으로부터 직접 영대를 받도록 했다. 영대 하사는 단순한 의식이 아니다. 이는 사라진 제국이 이제 교황을 통해 독창적으로 재건되었다는 상징적 선포이다.

이 교회 행정체계는 잉글랜드뿐 아니라 여타 유럽 지역에서도 유사하게 형성되었다. 잉글랜드 출신의 선교사들이 다시 대륙으로 건너가 프랑스와 독일 지역에 교회를 세웠을 때 그들은 로마로 가서 교황의 허락을 받았다. 예를 들어 잉글랜드 선교사 윌리브로드(Willibrord)와 윈프리스(Wynfrith)는 교황으로부터 위트레흐트와 마인츠의 대주교 서품을 받고 영대를 하사받았다.[11] 교황 세르기우스 1세는 그들에게 클레멘스와 보니파티우스라는 새로운 이름을 부여했다. 교황은 지역 주교회의에서 어떤 결정이 내려지더라도 그것을 최종적으로 비준하고 확인할 권리가 교황에게 있음을 주장한다. 그레고리우스 교황의 잉글랜드와 대륙 선교는 종교적인 성취임은 물론, 교황이 정치적으로 중세 유럽을 장악하는 데 필요한 핵심 기반을 구축하는 기회이기도 했다.

그레고리우스가 대교황으로 칭송받는 것은 로마 제국 몰락의 시기에 교회를 통해 유럽을 건설할 기틀을 마련했기 때문이다. 이탈리아는 여전히 이민족과 동로마의 각축장이었고 취약했다. 알프스 이북의 프랑스와 독일 교회는 세속 군주가 지배력을 행사했다. 여러 악조건 속에서 그레고리우스는 교회를 조직하고, 세속 권력에 맞서 독립성을 이끌어 냈다. 국가 권력에 독립적인 지역 교회를 구축하고, 교황의 중앙 집권적인 통제가 가능했던 중세교회의 형성은 그레고리우스 교황의 업적이었다.

8세기의 위작

교황이 이탈리아와 유럽 지역에 영적·세속적 지배권을 가지고 있다는 근거로 인용되는 문서가 '콘스탄티누스의 기증장'(*Donatio Constantini*)으로 불리는 문서이다. 그리스도교를 공인한 황제 콘스탄티누스는 현재 터키 이스탄불 위치에 콘스탄티노플을 세우고 330년 제국 수도로 공식 선언했다. 로마 황제가 로마를 떠난 것이다. 4세기의 맥락에서는 천도라기보다는 이민족의 침입으로 위태한 도시 로마를 버리고 안전한 곳으로 옮겼다는 것이 진실에 가깝다. 어쨌든 로마는 황제가 더 이상 기거하지 않는 곳이 되었다.

8세기 어느 순간, 로마의 천도 당시 정황을 기록했다는 문서 하나가 교령집에 포함되면서 모습을 드러냈다. '콘스탄티누스의 기증장'이라고 이름 붙여진 이 문서는 콘스탄티누스 황제가 로마를 떠나면서 로마와 이탈리아와 인근 서유럽 지역에 대한 통치권을 당시 교황 실베스테르 1세에게 증여했다는 것이다. 교황이 이민족과의 다툼에서 이탈리아 영토 지배권을 주장하기 위해 이 문서를 실제 활용했는지는 명확하지 않지만, 중세 내내 이 문서는 교황이 유럽 전체에 적법한 통치권을 가진다는 근거로 인용되어 왔다.

'콘스탄티누스의 기증장'은 교황의 유럽 지배 정당성을 확인하는 정점에 서 있다. 결론부터 말하자면 이 문서는 8세기 무렵 위조된 것이다.[12] 위조가 밝혀진 것은 7백 년 이상 지난 15세기이다. 독일 신학자이자 추기경을 지낸 니콜라우스 쿠사누스(Nicolaus Cusanus)가 문서의 진정성에 문제제기를 했고, 이탈리아 문헌학자 로렌초 발라(Lorenzo Valla)가 위작임을 주장했다.[13] 역사 비평이나 사료 비평 방식으로 분석하면 4세기에는 존재하지 않는 용어나 표현 등 시대착오적 기술이 여럿 드러난다. 지금은 이 문서가 위작이라는 사실에 이견이 없다.

이 위작 문서가 나오게 된 배경을 살펴보자. 그리스도교로 개종한 프랑크 군주들은 그 지역의 세속·종교 집단을 관할하고 규제하는 법령을 교회법이라는 이름으로 반포했다. 교황만이 교회법령을 제정하고 선포하는 주체는 아니었다. 774년 카롤루스 마그누스는 교황 하드리아누스로부터 교회법령집을 받았다. 〈디오니시오-하드리아나〉(Dionysio-Hadriana)라 불리는 이 교령집은 프랑크 교회의 행정과 규율을 상세하게 다루고 있었다.

카롤루스 사후 유럽에서 가장 유명한 교회법령집인 〈위(僞) 이시도르〉(Pseudo-Isidore) 교령집이 등장했다. 제목에 암시되듯 이 교령집은 위작이다. 그러나 교령집에 있는 법령 전부가 위조된 것은 아니다. 이 교령집은 교회회의에서 결정된 사항들과 교황이 반포한 법령 등에 대한 정보가 풍부하게 담겨 있었다. 그중 교황이 반포했다는 백여 개의 조항이 위조로 알려졌다. 이 〈위 이시도르〉 교령집에 '콘스탄티누스의 기증장'이 있다.

이 교령집은 교황의 통제권을 주장하는 대주교들과 그 지역 세속 군주 간 분쟁의 산물이다. 즉 주교들이 교황과의 직접적인 관계를 강조하고 세속의 간섭으로부터 교회를 보호하려는, 이른바 왕권을 견제하려는 포석에서 나온 것이다.[14] 770년경 교황청에서 작성했으리라 추정되지만 누가, 언제, 어디서 위조했는지는 정확하게 밝혀지지 않은 채 교황권을 뒷받침하는 도구로 사용되었다.

콘스탄티누스의 기증장은 의례적인 서신 형식을 띠고 있다. 첫 부분은 콘스탄티누스 황제의 신앙고백이다. 콘스탄티누스 황제가 이 시기에 삼위일체 신앙을 고백했다는 것은 몇 가지 점에서 중요하다. 삼위일체 교리가 확정된 것은 325년 콘스탄티누스가 직접 주관한 니케아 공의회에서였다. 그러나 적어도 황제에게 이 결정은 정치적 사건 이상은 아니었다. 그는 삼위일체를 부정하는 아리우스파 지도자 니코메디아의 유세비우스에게 결국 세례를 받았기 때문이다.

이 삼위일체 교리에 대해서는 두 가지를 이해해야 한다. 4세기의 상황을 8세기의 위작자가 위조했다면, 위작자는 4세기의 내용도 담아야 하지만 8세기의 상황도 담아야 한다. 8세기의 현실을 지지하려 4세기 상황을 위조한 것이기 때문이다. 4세기는 삼위일체를 부정하는 아리우스파 문제가 중요한 사안이었다. 공교롭게도 8세기 서유럽에도 프랑크 왕국 바깥의 게르만인들 중 아리우스파를 신봉하는 세력이 많았다. 그런데 서유럽 지역을 지배하던 콘스탄티누스 황제가 삼위일체 그리스도교를 공인하고 수용했다는 것을 명시적으로 고백하면, 유럽에 삼위일체 그리스도교가 확립될 수 있는 근거와 목소리가 생겨나게 된다.

기증장에서 황제가 교황을 지칭할 때 '보편교황', '실베스테르로부터 배웠던 종교적 신조', '짐의 아버지요 스승인 주교 실베스테르' 등 최상위 표현을 사용한다. 비잔틴 황제가 로마 교황에게 최상의 예우를 한 것이다. 이를 8세기 맥락에서 읽어 보자. 여전히 도시 로마가 속해 있는 이탈리아는 랑고바르드족의 공세로 위태했고, 동로마 황제는 이 문제에 대해 더 이상 교황을 도울 여력이 없었다. 이제 교황은 교회를 물리력으로 보호해 줄 수 있는 세속 군주를 유럽에서 찾은 것이다. 그 제휴 대상이 가톨릭을 수용했던 프랑크 왕국인 셈이다. 이제 동로마의 대체자로 프랑크 왕국이 역사에 등장한다.

위작자는 '사도 중의 사도인 베드로', '나의 주이신 성 베드로와 바울'

등과 같은 표현을 사용함으로써 로마 교회가 사도 베드로와 바울을 계승했다는 사실을 강조한다. 특히 강조되는 것은 베드로의 권위이다. 로마 주교가 베드로의 사도직을 계승했다는 근거가 되는 마태복음 16장이 '콘스탄티누스의 기증장'에서도 재인용된다. 베드로가 로마 교회의 초대 주교이고, 로마 주교가 그 베드로를 계승하는 정통의 계승자라면 로마 주교가 우월적 권위를 누리는 것은 자연스럽다.

전승에 따르면 콘스탄티누스는 나병에 걸린 자신을 치유해 준 대가로 교황에게 제국 서쪽을 양도하였다고 한다. 기증장에는 좀더 극적인 표현들도 등장한다. '짐(황제)은 순금의 왕관을 벗어서 손수 교황에게 씌우려고 하였으나 교황은 베드로의 영광을 위하여 쓰고 있는 이 면류관 위에 왕관을 씌우는 것을 허락하지 않았다.' '짐은 성 베드로에 대한 존경심에서 교황이 탄 말에 굴레를 잡고 가는 마부의 예를 수행하였다.' 황제는 세속의 지배자보다 더 큰 영광과 권한을 누리도록 실베스테르 교황에게 황제의 궁전, 로마 시와 속주, 이탈리아 서부 지방과 도시를 양도하였다고 기록하고 있다. 황제가 머물던 라테란 궁전, 황제의 관, 황제의 의복, 휘장 등 황제를 상징하는 모든 것을 교회에게 주었다. 로마 교회의 성직자들은 원로원의 지위와 특권과 영예를 보장받았다.

이것은 교황이 종교 수장을 넘어 세속의 소유권과 지배권을 겸하는 직분이라는 해석까지 가능하게 한다. 황제로부터 적법하게 양도받은 권력 기반 위에 세워진 가톨릭 공화국의 이데올로기가 점차 발전한다. 이탈리아와 유럽의 지배권은 동로마 황제가 아니고 교황에게 있다는 주장이다. 콘스탄티누스의 기증장은 이탈리아와 유럽 전역에서 교황이 세속 군주를 넘어서서 세속지배권을 행사하는 현실적 욕망이 투영된 문서이다.[15]

이미 기증장의 내용처럼, 로마 교황은 스스로 황제의 승계자라는 정체성을 확고히 했다. 교황이 입는 흰색 의복은 순교자와 같은 삶을 사는 백색 순교를 지칭하며 추기경의 자색 의복은 언제든 순교할 것을 준비하라는 의미가 있다고 해석하지만, 그 역사적 연원은 황제와 로마 귀족들의 의상이다. 교황 즉위식에서 교황은 머리에 삼중관을 쓴다. 이 삼중관이 역사에서 사라진 것이 1963년이니 그전까지 모든 교황이 황제의 대관식을 치른 것이다. 영대를 하사하는 관행 역시 제국 황제의 관행임은 이미 언급한 바 있다.

그러면 왜 8세기에 이 문서가 만들어졌을까 하는 질문으로 돌아가 보자. 8세기 이탈리아 반도는 랑고바르드족의 괴롭힘을 계속해서 겪는다. 동로마는 도울 힘이 없다. 현실적으로 프랑크 왕국의 조력이 필요하다. 상식적으로 생각해 보자. 프랑크 왕국이 랑고바르드족을 몰아내고 영토에 대한 점유권을 주장한다면, 로마 교황은 어떻게 대응할 수 있을까? 이 역사적 현실이 '피핀의 기증'이 나온 배경이다. 프랑크 왕 피핀은 기존 메로빙거 왕조를 전복하는 쿠데타를 시도한다. 그 정권의 정당성을 교황 자카리아스가 승인해 준다. 이에 대한 보답으로 피핀은 754년 이탈리아 원정에서 랑고바르드족에게서 라벤나를 되찾아 교황에게 기증했다.

8세기의 이러한 상황을 정당화하는 문서가 '콘스탄티누스의 기증장'이다. 교황권과 세속권의 극적인 대비를 통해 8세기 세속 군주와의 세력 갈등에서 교황 소유권 주장의 정당성을 확보하려는 위작자의 의도가 명확하다.

유럽에서 최초로 삼위일체 그리스도교를 받아들인 이들은 프랑크족이었다. 그러므로 교황은 프랑크 왕국과 제휴하여 일체성을 고양할 필요가 있었다. 기증장이 삼위일체 신앙 고백으로 시작한 목적이 그것이다. 결과적으로 교황은 랑고바르드족의 위협을 모면했고, 비잔틴 황제로부터 독립성을 높일 수 있었다.[16]

사료 위조, 사실과 허구의 중세적 기준

살펴본 것처럼 군사적 강제력이나 억제력을 보유하지 않은 교회 권력이 중세 권력의 정점을 차지할 수 있었던 이유는 그리 쉽게 해명될 문제가 아니다. 교황권의 형성과 발전은 오랜 기간 서서히 사건들이 이어져 온 결과물이다.

과거의 영욕, 심지어 거짓 위에 세워진 것이라 할지라도 전통을 형성하는 데 없어서는 안 될 재료이다. 전통을 사실과 허구의 관점에서만 판단한다면, 온갖 초자연적 내러티브가 포함된 건국신화가 한 국가의 정체성을 형성하고 전통을 만드는 역할을 설명할 길이 없어진다. 중세에 형성된 교황제의 전통 역시 다르지 않다. 물론 전통이 모든 것을 정당화하지는 않는다. 중세 가톨릭교회가 쌓아 올린 전통은 르네상스 종교개혁을 거치면서 허물어진다.

위조라는 단어 없이 중세 가톨릭을 이해할 수 없다. 중세는 위조의 황금시대라고들 한다.[17] 피핀이 전복시켰던 메로빙거 왕조가 남긴 사료의 절반 이상이 위작이다. 11세기 이전 교황의 서신들은 대부분 원본을 찾을 수 없다. 그러므로 남아 있는 문서들은 대부분 위·변조되었을 가능성이 높다. 당시 글을 읽고 쓸 줄 아는 이들은 대부분 성직자였으므로 위조 역시 이들 몫이었다.

르네상스 이후 근대 계몽주의 시각에서 바라본 문서 위조 사례들은 중세가 타락했다는 사례 또는 도덕적 무감각의 전형이라고 할 수도 있겠다. 그러나 오늘의 잣대를 곧이곧대로 대입하면 시대착오가 되기 쉽다. 중세 사람들의 세계관, 심성에서 바라볼 필요가 있다. 당시 성직자들이 죄의식을 갖고 문서를 위조한 게 아니다. 이들은 위조라는 인식보다는 각색을 통해 신의 뜻을 드러내고 사람들의 종교심을 고양한다고 생각했다.

중세 시대에는 사실(storia)과 허구(fabula)를 나누는 기준이 실제 역사성 여부가 아니었다. 역사적 사건은 아닐지라도 종교성 혹은 도덕심을 고양하고 사람들의 일체감을 함양하는 등 공동체의 덕을 세울 수 있다면 역사라는 이름으로 불렸다.[18] 목적이 신성하고 정당하다면 허구도 역사로 인정되는 것이 중세의 심성이었다.

이 심성이 위조의 정당성, 위조된 사료의 합법성을 옹호했다. 당시 세속 군주들도 위조를 했지만 위조한 사람이 발각된 경우에는 처벌을 받았다. 화폐 위조는 사형에 처하기도 하는 등 엄격한 잣대를 들이댔다. 반면 성직자들이 위조문서로 처벌을 받았다는 사례는 찾기 어렵다. 위조라기보다 교회를 보호하고 교회의 이익을 가져오는 행위는 정당하며 신의 보상을 받았다고 본 것이다. 위조자는 자신의 위조 행위가 신의 재가 없이는 성립될 수 없다는 믿음을 가졌다.

대표적 위조문서인 '콘스탄티누스의 기증장'을 르네상스 학자들이 위조문서로 밝혀 냈다는 것은 비로소 위조를 식별해 낼 능력이 생겼다기보다는 세계관이 바뀐 것이다. 중세의 심성, 즉 모든 것이 신의 이름으로 용인이 되는 중세에서 이제는 객관적인 사실의 가치를 추구하는 것으로 세계관이 변화된 것이다. 중세 가톨릭교회와의 다툼 속에서 마르틴 루터가 '콘스탄티누스의 기증장'의 위조를 공격한 것 역시 세계관의 변화라는 맥락에서 읽을 수 있다. 중세 말의 타락은 면벌부 매매 같은 욕망에서도 나타났지만, 정제되지 않고 쏟아져 나오는 성인전 등 서적들을 통해서도 확산되었다. 목적이 수단을 정당화한다는 논리로 사실을 과장하거나 부풀리는 것이 교회의 건강을 해치는 독이 되었기 때문이다.

종교심을 자극하여 사실과 허구의 경계를 무너뜨리고 혼란을 가져올 중세적 정서가 오늘도 남아 있다는 점은 고민해 봐야 할 주제이다. 우리 삶의 선택 기준이 정서적 만족이나 감동이어서는 곤란하다. 이것에 천

착하는 것은 불안한 기초를 보상받으려 추구하는 방어 기제이다. 방어 기제에 집착할수록 나타나는 것이 반지성주의이다. 유럽 중세 말, 교회는 맹목이 지배하는 반지성주의의 온상이었다. 중세교회의 지배력은 창조력에 있었다. 그러나 역사학자 아놀드 토인비는 역사를 변혁하는 주체인 창조적 소수가 창조력을 상실하면 지배적 소수로 군림한다고 지적한 바 있다.

반지성주의는 한국 교회에도 깊이 뿌리를 내렸다. 한국 교회는 창조성을 상실한 채 억압하며 존속하는 지배 기제로 바뀌어 가고 있다. 더 가슴 아픈 것은 사악한 의도를 관철시키기 위해 사실과 거짓을 적절히 섞는 행위에 거리낌이 없다는 것이다. 교회가 과장과 왜곡을 신앙의 이름으로 포장해 온 습관이 감각을 마비시켰다.

전통이라는 것으로 돌아가 보자. 중세의 틀을 벗어난 가톨릭은 근대에 또 다른 모양으로 탈바꿈하여 생존하고 있다. 종파적인 편견을 넘어, 그 저력이 무엇인지 이해해야 한다. 중세 가톨릭이 어떠한 조직이며, 어떻게 형성되었는지 인식하고 이해하려는 시도가 개신교에서는 많지 않았다. 가톨릭 전통의 특징은 시대 속에서 끊임없이 변해 왔다는 것이다. 중세의 교황제와 지금 프란치스코 교황이 이끄는 교황청은 매우 다른 모습이지만 여전히 전통을 이어 가고 있다. 전통은 지키는 것이기도 하지만, 시대 속에서 끊임없이 진보하는 것이기도 하다. 초대교회이건 종교개혁기이건 돌아가기에는 지나치게 모호한 과거에 집착하기보다, 만들어 갈 전통이 무엇인지 고민이 필요한 때이다.

4

아래에서 형성되는 힘

—

켈트 수도회와 베네딕투스 수도회

임종 전까지 요한복음을 고대 영어로 번역하는 베다

(제임스 도일 펜로즈 작, 1902)

이 지역이 배출한 가장 걸출한 학자는 존자(尊者) 베다(Venerable Bede, 672/3-735)였다. 이 시대 가장 독창적인 사상가로 평가받는 베다는 웨어머스 출신으로, 7세 때 재로 수도원에 들어갔다. 그는 일생 동안 출생지와 수도회 지역을 벗어나 본 적이 없었지만 중세 초기의 가장 위대한 역사가이자 과학자로 추앙받는다. 85쪽

수도회, 중세 가톨릭의 시작과 끝

가톨릭교회에는 교황을 포함하여 아무도 모르는 세 가지 수수께끼가 있다는 말이 있다. 첫째, 여성 수녀회의 숫자가 얼마나 되는가. 둘째, 도미니크회 수도사들은 얼마나 많은 지식을 가지고 있는가. 마지막으로는, 예수회 수도사들은 무엇을 믿는가이다. 각각에 대한 답은 둘째 치더라도 세 궁금증 모두 수도회와 관련이 있다는 사실은 가톨릭교회에서 수도회가 차지하는 위상을 단적으로 보여 준다.

중세 유럽에서 수도회는 세속 통치자나 귀족, 고위성직자들로부터 재산을 기부받아 일반인들과 다른 차원의 종교적·정신적 완전성을 추구하는 사람들의 공동체였다. 철회할 수 없는 종신 서약을 하고 수도회에 입회하는 것은 그 자체로 신에 대한 전적 헌신을 의미했고, 이들은 일반인들이 감히 넘볼 수 없는 숭고미를 간직했다. 하지만 그 이상이 고결한 만큼이나 그것을 지켜내는 것은 또 다른 과제였다. 중세의 종교적 타락은 곧 수도회의 타락이었고, 개혁 운동은 수도회 개혁이기도 했다는 것이 그 역설을 보여 준다. 가톨릭과 절대다수 개신교 교파의 큰 차이점 중 하나는 수도회가 있느냐 없느냐이다.[1]

'수도회'는 두 단어를 연상시킨다. 첫째는 수도원 영성이고 또 하나는 수도원 운동이다. 영성과 운동은 정적이고 동적이라는 점에서 얼핏 모순된 듯 보인다. 초대 사막 교부들의 삶과 같이 신적 추구, 신과의 합일, 신의 임재를 추구, 신과의 신비적이고도 인격적인 교감 추구가 수도원의 삶이라면 수도사의 삶은 '영성'을 추구하는 삶이다. 여기서 영성이라는 단어는 상당히 정적이라고 볼 수 있다. 반면에 교회의 시작부터 오늘날까지 넓은 스펙트럼으로 볼 때 수도원은 각 시대마다 필요한 영성이나 방향을 제시하고 이끌었다는 점에서 '운동'이다. 각 부분을 떼어 낸 모습은 정적으로 보일 수 있지만, 시대 속에서의 역할은 역동적이었다.[2]

가톨릭 중세는 수도원에서 시작해 수도원으로 끝난다. 프로테스탄트 종교개혁이 일어난 곳마다 수도원이 폐쇄되었고 그 재산은 국가로 귀속되었다. 중세 가톨릭교회가 무너진 것은 수도원 전통이 무너진 것이기도 하다. 중세 가톨릭교회는 위로는 교황제, 아래로는 수도회가 조화를 이루며 존속했다. 가톨릭이 시대마다 개혁이라는 탈바꿈을 할 수 있었던 것은 교황 중심제였기 때문이 아니라, 거대한 제도 교회를 견인할 아래로부터의 개혁 압력이 있었기 때문이다.

이 점에서 보자면, 중세가 로마 가톨릭교회 중심이었다고 평가하는 것은 과도한 단순화이다. 분명 유럽 종교의 정치적 핵심은 로마 교황청이었다. 그러나 그리스도교 신앙과 신학은 정치적 영향력만으로 형성될 수 있는 것은 아니다. 그리스도교의 종교성을 지탱해 줄 사상적 기반과 영감의 원천은 중심이 아닌, 주변부에서 생성되었다. 그 주변부의 핵심은 수도회였다. 그러므로 중세 유럽 그리스도를 형성하는 데 고려해야 할 두 가지 요소는 종교·정치의 중심지인 로마 교황청와 사상적 기반을 제공해 준 수도회이다.

프랑스, 독일, 잉글랜드 등 알프스 이북의 중심지와 알프스 이남의 로마는 문화적으로 여러 차이가 있었다. 수도회 전통 역시 하나는 아일랜드(북쪽)에서, 다른 하나는 이탈리아(남쪽)에서 생성되었다. 켈트 수도회와 베네딕투스 수도회의 학문과 경건, 전통이 그것이다.

켈트 수도회의 선교와 학문

그리스-로마 문명이라 일컫는 고전 문명을 대체할 새로운 문명의 흐름들이 8세기 무렵 명료하게 구분되기 시작했다. 고대 로마의 상업과 행정, 지식 생활의 중심지였던 지중해 지역은 이제 유럽, 비잔틴, 이슬람 세력이 각축하는 현장이 되었다. 7세기부터 형성되기 시작한 이슬람은 괄목할 만한 세력 확장을 이루었다. 지중해 세계의 한 축인 북아프리카 지역을 이슬람 세력이 정복함으로써 고대 라틴 그리스도교의 중심지가 한순간에 역사에서 사라졌다. 예루살렘, 이집트, 알렉산드리아, 시리아 등지도 이슬람에 넘어가 콘스탄티노플이 이슬람에 포위당한 형국이 되었다.

제국 통일을 꿈꾸었던 동로마의 유스티니아누스 황제가 565년 사망한 이래 서로마 지역에 대한 동로마 제국의 정치적 영향력도 서서히 줄어들었다. 시간이 흐르면서 유럽은 더욱 라틴화되고, 동로마 제국은 더욱 헬라화되었다. 유럽이 로마법과 라틴어를 중심으로 독자적인 정체성을 형성해 나감과 동시에 비잔틴 제국에서는 헬라어가 유일한 법률 언어 및 행정 언어가 되었다.

지중해 세계를 삼분한 비잔틴, 유럽, 이슬람 세력은 각각 헬라어, 라틴어, 아랍어를 중심으로 새로운 문화 발전을 꿈꾸고 있었다. 다른 두 지역과 달리 유럽은 이질적인 언어와 인종, 종교가 어우러진 상태에서 문명의 틀을 놓아야 하는 복잡한 숙제가 있었다. 이미 유대-그리스도교 문화와 그리스-로마적 요소가 게르만 이주자들과 만나 라틴 그리스도교를 형성한 상태였다. 이제 8세기에 접어든 유럽은 이슬람 및 비잔틴 세력과 구별되는 정치적·문화적 정체성을 형성했다. 8세기 에스파냐 비시고트 왕국과 이탈리아 롬바르디아가 각각 이슬람과 프랑크 왕국에 점령당하면서 중세 유럽은 교황청이 있는 로마, 현재 프랑스와 독일을 구성하는 프랑크 왕국, 브리타니아의 앵글로색슨족 중심으로 문명을 형성해 가게 되었다.

종교 권력을 가진 교황이 프랑크와 정치적 동맹을 맺은 것은 그리스도교 중심으로 유럽이 통합되고, 그 위에 새로운 질서가 형성될 것을 예고했다. 실제로 이 동맹은 유럽을 정치적·종교적으로 하나로 묶는 데 기여했다. 그러나 유럽을 형성한다는 것은 국교를 그리스도교로 정하고, 로마 제국의 유산을 계승한다는 의지에 국한되지 않는다. 그리스도교로 정체성을 통합하고 그 위에 문명을 만들려면 그리스도교가 지향하는 가치가 대중들의 삶에 영향을 주고 내재화되어야 가능하다.

교황과 프랑크 왕국이 위로부터 그리스도교를 확립했지만, 그리스도교가 유럽으로 실질적으로 확산되고 정착된 것은 아일랜드와 앵글로색슨 수도사들의 활약 때문이었다. 알프스 이북 그리스도교는 고대 로만 브리타니아 전통 위에서 형성된 켈트 그리스도교의 영향력이 컸다. 유럽 문명 생성은 로마나 파리 같은 구심점이 주변을 끌어들이며 형성된 것이 아니라, 변방에서 본토로 확장되는 방향이었다. 그레고리우스 교황이 앵글로색슨 선교를 위해 선교사 파송을 했지만, 선교사의 압도적 다수는 아일랜드와 잉글랜드에서 나왔다. 유럽 그리스도교 문명은 수도회를 통해 아래에서 서서히 만들어졌다.

당대의 수도회는 이탈리아에서 시작된 베네딕투스 수도회와 브리타니아 제도에서 대륙으로 이식된 켈트 수도회 두 축으로 나뉜다.[3] 그중 켈트 수도회는 고대 로마 시대에 브리타니아까지 확장한 그리스도교 초기 형태이다. '민스터'라고 불리던 교회는 초기 수도회 전통을 따라 매우 금욕적이었으며, 교회란 곧 수도 공동체를 뜻하기도 했다. 아일랜드에서 수도회는 6~7세기가 전성기였다. 7세기 무렵에는 아일랜드, 잉글랜드, 중부 유럽, 에스파냐까지 켈트 수도회가 확장되었다. 그리스도교 초기 이집트 수도회의 영향을 받은 것으로 추정되는 이 수도회는 그 후 유럽에서 형성된 베네딕투스 수도회보다 훨씬 엄격한 수도 규칙을 적용했다. 그리스도의 가르침을 삶 속에서 완전하게 실천하기 위해 강력한 고행과 금욕의 삶을 살았다. 수도사들에게는 매일 금식과 기도, 노동과 학문 정진이 요구되었다. 수도원장을 중심으로 공동체를 이루며 실천한 절대 순종과 자기 비움은 당시 그리스도인이라면 요구되는 삶의 기준이기도 했다. 켈트 그리스도교 전통은 서유럽 라틴 그리스도교에서 고행과 참회가 중요한 자리를 차지하는 데 중요한 역할을 했다.

수도회의 삶과 재속의 삶을 연결한 것은 켈트 수도회가 강조한 금욕에 대해 더 적극적인 해석을 낳았다. 이는 참회 고행이라는 형태로 나타났다. 아일랜드의 험한 지형만큼이나 척박하고 괴로운 이 땅에서 약속된 내세를 성취하기 위한 순례자의 삶에 대한 강조는 구체적으로 참회 고행을 라틴 그리스도교 신앙의 중심으로 만들었다.

그러나 금욕만큼이나 학문과 교육에 대한 열정이 아일랜드 수도원을 유럽에서 가장 유명하게 만들었다. 아일랜드 수도사들은 그리스도교의 전파자인 동시에 문명의 형성자이기도 했다. 켈트 수도회는 유럽 선교와 학문 증진이라는 두 가지 면에서 뚜렷한 자취를 남겼다. 아일랜드 선교사 패트릭 때부터 켈트 그리스도교는 스코틀랜드와 잉글랜드 등으로 선교사를 파견했을 뿐 아니라, 고대 로마 문명의 흔적을 간직한 유일한 유럽 지역으로서 로마 브리타니아 문화의 독자성을 유지 및 발전시켰다. 켈트 수도회는 그런 점에서 학문의 보고였다.

중세 아일랜드는 '성인들과 학자들의 섬'이라고 불린다.[4] 아일랜드에 심긴 그리스도교는 몇 세기 만에 유럽사에 지대한 영향을 준 인물들을 배출하였다. 아일랜드 수도원은 학문의 중심지로서 유럽 문명을 형성하는 역동적인 동인이 되었다. 라틴신학의 중심지인 북아프리카 지역은

7세기 이슬람 세력의 손에 사라졌다. 그러나 문이 하나 닫히자 다른 문이 열렸다. 아일랜드는 외부의 위협 없이 라틴어를 중심으로 교육과 신학을 발전시켜 나갈 수 있었다. 라틴어는 예배 언어이자 교육 언어, 행정 언어였다.

7~8세기 아일랜드 수도사들은 높은 수준의 라틴어를 구사했다. 수도사들은 교부들의 저작과 성서를 손으로 옮겨 썼다. 이 필사 전통은 라틴어의 발전과 더불어 다양한 서체, 화려하게 장식된 삽화 등을 통해 책 자체의 가치를 높였다. 아일랜드는 대륙에서 건너온 수도사들로 붐볐고, 그들을 통해 아일랜드의 성서와 교부 서적들은 다시 대륙의 도서관에 꽂히게 되었다. 아일랜드 수도사들은 선교 활동, 학문 전수라는 두 가지 면에서 서구 문명에 기여했다. 그 결과 아일랜드에 버금가는 학문 중심지가 잉글랜드에 생겨났다.

아일랜드 그리스도교의 확장

아일랜드 그리스도교는 지역에 머물지 않고 선교 운동으로 확장된다. 그 첫걸음은 5세기 아일랜드 출신으로 스코틀랜드 선교에 큰 발자취를 남긴 수도사 콜룸바누스이다. 그는 아일랜드와 스코틀랜드를 잇는 아이오나 섬에 수도 공동체를 만들고 스코틀랜드와 잉글랜드 북부 지역에 직접 그리스도교를 전했다.[5]

그중 남쪽 요크에서 북쪽 에딘버러까지 이르는 잉글랜드 북동부 노섬브리아 왕국은 켈트 문화 전파의 핵심지였다. 활기찬 학문의 중심지가 된 노섬브리아는 중세 초 그리스도교 역사에 결정적인 순간을 만들어 냈다. 노섬브리아는 아일랜드 수도회의 영향하에 있었지만 로마에서 온 가톨릭교회가 북진하면서 서로 마주친 지점이었다. 그 결과 아일랜드의 그리스도교 전통과 잉글랜드의 학문 및 예술 전통이 융합되어 하이버노-색슨(Hiberno-Saxon) 또는 인슐라 아트(Insular art)라 불리는 독특한 혼합 양식을 만들었다.[6] 아일랜드로 대표되는 그리스도교 전통과 로마가 담지하고 있던 세속 고전 문명이 만나 새로운 가능성을 만든 데 두 문화의 만남이 의미가 있다. 노섬브리아의 학교에서는 성서와 교부들의 서적뿐 아니라 법학, 문학, 음악, 천문학 등 다양한 학제가 교수되었다. 학생들은 라틴어뿐 아니라 헬라어도 학습했다. 이 두 문화의 융합이 만들어 낸 대표적인 예술품은 복음서 연작 《린디스판 복음서》(*Lindisfarne Gospels*)라 할 수 있다. 런던의 영국 도서관에 영구 전시되어 있는 이 책은 그 화려한 장식과 채색 기법이 《켈스의 서》에 필적한다는 평가를 받는다.[7]

노섬브리아 귀족 가문 출신인 베네딕트 비스콥(Benedict Biscop, 628~690)은 캔터베리에서 활동했으며, 잉글랜드에 학교를 세우는 데 힘쓴 인물이다. 그는 수차례의 로마 여행을 통해 상당한 양의 서적, 그림 및 유물 등을 입수했다. 비스콥은 681년 고향 노섬브리아로 돌아와 왕이 기증한 땅 위에 수도원을 세웠다. 수도원이 들어선 웨어머스(Wearmouth)와 재로(Jarrow)는 학문의 거점이 되었다.[8]

이 지역이 배출한 가장 걸출한 학자는 존자(尊者) 베다(Venerable Bede, 672/3~735)였다. 이 시대 가장 독창적인 사상가로 평가받는 베다는 웨어머스 출신으로, 7세 때 재로 수도원에 들어갔다. 그는 일생 동안 출생지와 수도회 지역을 벗어나 본 적이 없었지만 중세 초기의 가장 위대한 역사가이자 과학자로 추앙받는다. 《잉글랜드 교회사》(*Historia ecclesiastica gentis Anglorum*)를 썼으며, 천문학과 우주론에 관한 책도 여러 권 썼던 그는 일생 동안 20권의 성서 주석과, 6권의 연대기, 다수의 성인전과 찬송, 시, 서신 등을 남겼다. 수도원에 거주한 그는 로마를 포함한 유럽에 사람들을 보내어 다양한 자료들을 구했다.

《잉글랜드 교회사》가 걸작으로 평가받는 이유는 당시 유럽 대륙에 비해 정치적으로 고립되어 있던 잉글랜드를 그리스도교라는 공통의 가치로 대륙과 연결시켰기 때문이다. 베다는 이교도였던 잉글랜드가 어떻게 아일랜드 그리스도교와 연결되고, 후에 로마 가톨릭으로 전환되는가를 촘촘하고도 체계적으로 그려 냈다. 그는 마치 아우구스티누스의 역사관이 그러하듯 역사를 그저 과거에 일어난 사건에서 교훈을 얻는 대상으로 그리지 않았다. 역사란 사람들이 터를 내리고 살아가는 삶 속에서 신의 뜻이 구현되는 역동적인 사건이었다. 베다는 가능한 한 정확하고 신빙성 있는 역사상 기록을 추적하고 분석하여 궁극적으로 신이 이끄는 역사의 목적을 찾고 그 의미를 이해하고자 했다.

베다가 살아 있는 동안 재로는 '유럽의 로마 문명 중심지'라는 평가를 받게 되었다. 베다의 제자 중 노섬브리아 귀족 가문 출신의 에그버트(Egbert)는 732년 요크 대주교가 되었다. 대주교가 된 그는 요크에 학교를 세웠다. 재로 지역을 넘어 노섬브리아의 가장 핵심적인 지역인 요크에 세운 이 학교는 곧 노섬브리아의 학문 중심지가 되었다. 수많은 귀족 가문의 자제들이 교육을 받기 위해 몰려왔고, 도서관의 장서는 계속 늘어났다. 에그버트의 후계자인 요크 대주교 에셀베르트(Ethelbert)하에서 이 학교는 유럽에서 가장 훌륭한 도서관을 갖추게 되었다.[9]

이제 요크의 명성은 노섬브리아의 지리적 경계를 넘어 확산되기 시작했다. 에셀베르트 대주교 재임기에는 유럽사에 또 다른 획을 그은 인물이 등장했다. 바로 요크의 알퀸(Alcuin, 735?~804)이다. 그는 프랑크 통치자 카롤루스 마그누스의 초청을 받아 왕국의 궁정이 있는 아헨으로 갔다.[10]

이쯤에서 664년 '휘트비 교회회의'를 다시 평가해 보자. 오스왈드 왕이 로마의 전통을 따르기로 한 이 결정은 켈트 그리스도교가 로마 가톨릭에 종속되어 독특한 특징을 상실했다는 의미가 아니다. 승자와 패자를 결정하는 회의가 아니었다는 의미이다. 오히려 켈트 그리스도교가 로마 전통과 합쳐지면서 유럽 교회에 켈트 영성을 통합시키는 기회이기도 했다. 로마 가톨릭 전통에 깊숙하게 영향을 준 켈트 전통은 엄격하고 독특한 참회의 전통이었다. 수도회에서 일반적으로 통용되던 참회의 형식과 내용이 대중들을 대상으로 정밀하게 기술되었다. 유럽 전역에 아일랜드 켈트 전통을 따른 수도회와 부속 교육기관이 등장하고, 프랑크 왕국의 궁정에도 이 켈트 전통과 로마 가톨릭 전통을 통합한 잉글랜드 출신 학자들이 다수 활약하였다. 597년 캔터베리 대주교 아우구스티누스가 잉글랜드에 처음 상륙했을 때, 그리스도교 전도자의 자의식 외에는 찾기 어려웠다. 그들이 가져온 것도 성서나 예배 의식에 관련된 것을 넘지 않았다. 그런데 그로부터 200년이 지난 시점에 이른바 유럽의 학문이 이제 잉글랜드로부터 시작된 것이다.

카롤링거 르네상스와 수도사 알퀸

아일랜드인들이 창조한 교육학은 후에 잉글랜드 수도사 알퀸에 의해 카롤루스 궁정에까지 전해져 중세 보편적 언어의 후속 학습에 큰 영향을 끼쳤다. 수도원은 도덕 개혁을 이끄는 곳이자 지식과 학문을 선도하는 진보의 중심지가 되었다. 프랑크 왕국 통치자 카롤루스 시대에는 그리스도교를 근간으로 하는 중세 문화의 틀을 놓았다.[11]

카롤루스는 유럽 최초의 중세 르네상스를 이룩한 프랑크 왕으로 그리스도교 안에서 유럽의 정치, 경제, 종교를 하나로 묶었다. 그는 통일된 중앙 정부의 수립과 문명 국가 건설을 위해 그리스도교를 활성화하였다. 교회와 국가는 상호 의존 관계였다. 800년 성탄절, 교황 레오 3세가 카롤루스에게 황제의 관을 수여하는 장면은 유럽사의 결정적 장면 중의 하나였다. 그들 문명의 토대로 여기고 의존했던 동로마, 즉 비잔틴 제국에 종속되기를 유럽이 거부한 것이다. 로마 교황청 역시 비잔틴 황제가 이탈리아의 명목상 주인이며, 라벤나에 비잔틴 총독부를 두어 관리하는 것을 못마땅하게 여긴 것이다. 교황과 유럽의 통치자의 상호 이해가 맞아떨어진 것이 카롤루스의 황제 대관식이다. 이제 그리스도교를 매개로 한 서방 교회와 세속 국가의 연합은 되돌릴 수 없는 흐름이 되었다. 서로마 황제 즉위식은 고대 제국 로마와 새로운 그리스도교 로마를 명확히 구분하려는 유럽의 선포였다. 그러나 새 시대 선포를 뒷받침할 새로운 철학과 사상, 문화가 형성되지 않는다면, 그 선포는 공허할 수밖에 없다. 카롤루스의 선택은 알프스 이남의 로마가 아닌, 잉글랜드의 요크였다.

장차 황제가 될 카롤루스는 782년 잉글랜드 노섬브리아의 수도사 알퀸을 궁정 교사로 초청하여 왕국의 교육 정책을 입안하도록 했다. 노섬브리아 선택은 유럽 그리스도교의 지향이 바뀐 것이다. 전통적인 라틴 그리스도교의 지적 중심인 북아프리카가 사라진 시점에, 알프스 이북 서유럽에 독자적인 라틴 그리스도교를 발전시켰던 잉글랜드를 주목함으로써 잉글랜드와 아일랜드가 지켜왔던 고대 그리스도교의 전통은 서유럽 전역의 그리스도교 문화 형성에 기여했다. 참회와 금욕이 중심이 된 수도회 전통이 중세 가톨릭의 에토스가 된 것이다. 그런 점에서 14세기 이후 여전히 라틴 그리스도교의 전통을 이어간 서유럽과 달리, 고전의 가치를 주목한 인문주의와 르네상스의 중심이 이탈리아와 남부 유럽이 된 것은 자연스러운 귀결이기도 하다.

카롤루스의 교육 개혁은 카롤링거 르네상스라고 불리는 초기 유럽의 학문의 성취로 이어진다. 카롤링거 르네상스에 가장 큰 영향을 준 것은 앵글로색슨의 선교사 요크의 알퀸이다. 노섬브리아 태생의 알퀸은 요크 성당학교에서 교육받고 그곳에서 교사로 가르치다 후에 성당 학교의 책임자가 되었다. 요크 성당학교는 대중들에게 라틴어를 읽고 쓰게 하고, 문법과 수사학을 가르쳐 성서와 그리스도교 서적을 읽을 수 있도록 하는 작업이었다. 고대 시대에 비해 현저하게 대중들의 문해력이 떨어진 시점에 라틴어 대중화를 통한 그리스도교 교양 교육 확대가 요크 성당학교의 주 역할이었다.[12]

카롤루스가 주목한 것이 바로 이 지점이었다. 요크의 성당학교는 유럽 이민족이 고대 로마와도 다르고, 비잔틴과도 다른 독자적인 그리스도교 전통과 학문을 발전시킨 독특한 사례였다. 서로마 제국이라는 장차 형성될 새로운 제국의 일체성과 정체성을 높이기 위해 라틴어와 그리스도교의 가르침을 통합하는 것은 최선의 선택지였다. 그렇게 프랑크 왕국은 노섬브리아를 모델로 삼았다.

카롤루스는 아헨을 방문한 알퀸에게 프랑크 왕궁 궁정학교의 자문으로 올 것을 설득했다. 알퀸은 이 초청을 수락하고 아헨에서 본격적으로 그리스도교 학문 전통에 근거한 학습 프로그램을 시행하였다. 궁정학교의 전통은 카롤루스 이전에도 프랑크 왕국 내에서 존재했다. 그러나 거기서 교수되는 과목들은 라틴어와 문법, 신학 교육 등의 범주를 벗어나지 못했다. 그 핵심은 그리스도교의 가르침을 성직자와 사제들에게 잘 전달하는 것이었다. 세속 궁정의 관리들 대부분이 성직자인 점을 감안하자면, 성직자 교육은 곧 관료 양성 교육이기도 했다.

그러나 알퀸과 같은 유명한 학자들은 기초적인 수준의 라틴어 교육을 넘어 교양학이라고 부를 수 있는 학문까지 연구한다. 궁정학교에서 알퀸은 고대 로마 사상가 보에티우스로부터 유래된 것으로 알려진 3학(문법, 수사, 논리)과 4과(산수, 기하, 음악, 천문) 등 7개의 교양학예를 교육의 기본으로 정립했다.[13] 이 3학 4과는 이후 12세기에 형성된 대학(*universitas*)의 하위 학부 과정을 구성했다. 이 과정을 마친 경우에만 상위 학부인 신학, 법학, 의학 공부가 허용되었다.

이 교육은 이제 성직자라는 특수 계층만이 아니라, 귀족 자제 등 일반인들을 위해 열렸다. 카롤루스가 프랑크 왕국의 미래를 위해 실시한 학문 교육이 자녀들까지 공유된 것이다. 카롤루스의 이상은 그리스도교 성직자 양성을 넘어 전문 관료 집단을 양성함으로써 국가의 미래를 만드는 데 있었다.

자연히 카롤루스의 교육 개혁은 아헨의 궁정 경계를 넘었다. 그는 주교구를 넘어 지역 교구에까지 부속 학교의 설립을 강조했다. 787년 풀다(Fulda)의 수도원에 보낸 국왕 칙서에서 그는 모든 수도원과 주교좌 성당에 교육 기관을 설립할 것을 지시했다. 그 대상은 비단 성직자 후보생들에 제한되지 않았다. 소년들은 글자와 문법을 배웠고, 의술과 법률 교육도 강조되었다. 이렇듯 성인 교육이 아닌 소년 교육을 통해 미래 세대의 학자와 성직자, 관료를 양성하는 기틀이 카롤루스의 철학을 통해 유럽에 본격적으로 등장한다.

그리스도교는 단순히 윤리 지침 제공을 넘어 왕국의 미래를 이끌 교육의 산실이었다. 수도원은 중세 지적 활동의 핵심지였다. 교육과 학문적 성과를 향한 추구는 중세 개혁 운동의 가장 중요하고도 지속되는 주제였다. 유럽 대륙과 잉글랜드에서 수도원 교육은 성직자와 여성들의 문해력을 증진하고 학문의 성장에 기여하였다. 그리스도교는 실질적인 사회적 효용을 생성하는 상상력의 원천이 되었다.

예를 들어 카롤루스의 궁정학교에서 학자들은 카롤링 서체(Carolingian minuscule)라는 라틴어 소문자를 개발했다. 기원전 900년경에 라티움 지역에서 라틴어가 처음 등장한 이래 라틴어는 통일된 서체가 없었다. 문맹으로 알려진 카롤루스는 효과적으로 라틴어를 식별하고 교육하기 위해 표준 서체를 만들었다. 이전 서체보다 읽기 쉬운 이 서체는 소문자의 모델이 되었다. 라틴어가 세상에 등장한 지 1,600년 만에 생겨난 사건이었다. 카롤링 서체가 유럽 전역에 활용되면서 공통의 기반을 가진 라틴어 신학과 문학이 형성되었음을 상상하기는 어렵지 않다.

7세기에 추구했던 교육 혁명은 라틴어와 문법 등 기초 교육 확대에 있었다. 카롤링거 문화는 초기 그리스도교, 고대 로마, 프랑크 왕국의 문화를 결합하려는 시도였다. 고전 연구를 통해 모방이 아닌 독창적 사상이 등장하여 학문 전통이라고 부를 만한 것이 생성되기까지는 몇 세기가 더 소요되었다. 독창적인 사상가라 칭할 인물들이 등장하기에는 11세기 이전까지는 기초가 빈약했다.

카롤링거 르네상스를 대표하는 학자는 요한네스 스코투스 에리우게나(Johannes Scotus Eriugena, 810?~877)이다. 카롤루스의 궁정에서 철학과 사상을 가르쳤던 아일랜드 출신 에리우게나는 아우구스티누스와 신플라톤주의, 위-디오니시우스의 신비주의에 깊은 영향을 받았다. 그는 신으로부터 시작된 우주적 질서는 인간의 이성으로 이해할 수 없다고 주장하며, 무한자요 초월자인 신에 대한 관념을 주장했다. 동시에 인간의 인식 범주를 넘어 존재하는 신을 이성으로 이해하고자 시도했다는 점에서 이성과 신학을 통합하는 스콜라철학의 선구자로 인정된다.[14]

카롤링거 르네상스는 교육과 사상 진흥과 더불어 예술과 건축도 활성화했다. 곧 제국의 수도가 될 아헨은 콘스탄티노플의 비잔틴 제국과 로마 문명의 발상지 이탈리아 로마와도 경쟁하고자 했다. 아헨 대성당(Aachen Cathedral)은 고전 양식, 비잔틴 양식, 라틴 그리스도교가 독자적으로 발전시킨 로마네스크 양식 초기 형태가 조화된 기념비적인 건축물로 인정받는다. 8~9세기 사이에 약 100개의 공공 건축물이 세워졌다고 추정된다.

카롤루스의 업적은 문화적 토대를 이루고 있는 게르만적 가치를 그리스도교와 융화하여 독자적인 게르만 그리스도교를 만들어 갔다는 데 있다. 알퀸과 같은 학식 있는 수도사들을 통해 멸망한 서로마 제국의 영광을 회복하고자 한 카롤루스의 시도는 아헨에 머물지 않았다. 그는 교육 개혁을 통해 교회 내부적 수준 향상과 더불어 왕국의 지리적 경계를 확대하고자 했다. 엄격한 수도회 규칙에 따라 생활하는 수도사들은 카롤루스의 의지를 뒷받침하는 중요한 역할을 했다. 카롤루스의 후계자들은 수도원 전통과 기강을 재확립함으로써 그리스도교 기반의 왕국 통치 이념을 강화시켰다. 816년 아헨 교회회의는 프랑크 왕국 내에 베네딕투스 수도회만을 정식 수도회로 인정했다.[15] 수도회와 서유럽 왕국의 전통은 같은 시기에 이루어졌다. 그리스도교 전통으로 형성된 왕국은 압바스족, 색슨족, 에스파냐 무어족 등 이교도들에 군사적 조치도 시행했다.

국가 정책의 선전 도구

수도회는 그리스도교 유럽이라는 하나의 정체성 이상(理想)을 만드는 데 폭넓게 활용되었다. 그리스도교 유럽을 만든 카롤루스의 영향력은 그 후 11세기에 만들어진 〈롤랑의 노래〉(Song of Roland)에 극적으로 묘사된다. 프랑스어로 된 가장 오래된 시로 알려진 〈롤랑의 노래〉는 카롤루스 시대가 배경이다. 카롤루스의 군대를 이끌던 롤랑이 에스파냐의 잔혹한 이슬람 세력과 싸우다 내부의 배신으로 전사한다. 이에 카롤루스가 이슬람 군대를 무찌르고 롤랑의 원수를 갚는다. 실제 카롤루스 통치기에 살았던 역사적 인물 롤랑의 죽음 외에는 대부분 허구로 알려진 〈롤랑의 노래〉는 역설적으로 그리스도교를 중심으로 유럽의 정체성을 형성하고자 했던 카롤루스의 이상을 유럽이 실현했음을 보여 준다.[16]

국가의 지배 구조에 도움을 주기 위해 카롤루스와 이후 통치자들은 수도원에 여러 특혜를 주었다. 왕국 내 수도회 장려는 그리스도교 신앙의 고양이라는 목적과 세속의 통치 목적이 함께 있는 것이다. 수도원에 재산을 기증하면 수도원은 기증자를 위한 기도 등 현재적 보상과 내세의 보상을 약속했다. 이 수도원의 호소는 중세 종교 관행을 만드는 데 중요한 역할을 했다. 수도회 공동체를 설립하고 기부를 하면, 기증자와 그 친척들은 생전과 사후에 활용할 수 있는 죄책의 사면과 내세의 보장 등 약속 어음을 받았다. 또한, 국가로부터 토지를 부여받아 세워진 수도회 공동체는 그리스도교 구성원인 개인에 대한 관심 위에도 국가의 공공 정책을 지원하는 중요한 역할을 하도록 요구받았다.

수도회에 대한 토지나 특권 부여에는 대체로 왕국의 안정과 안녕을 위해 기도해야 할 의무가 포함되어 있었다. 교회는 국가의 안녕을 위해 수시로 수호성인의 중재를 탄원하였다. 수도사들은 특히 이교도들의 침략에 대항하여 국가를 방어할 종교적 군대에 비유되었다. 수도사들의 수행과 기도를 통해 대중은 신의 진노에서 벗어나고, 국가는 이교도와의 전투에서 승리하게 된다. 그러나 수도사들이 기도와 탄원과 같은 정신적 역할로만 왕국의 안정을 도모한 것은 아니었다. 정복된 영토의 식민지화는 곧 그리스도교 문명 이식과 같은 말이었다. 카롤루스는 작센 지역의 이교도를 정복하고 프랑크 왕국의 일원으로 통합하는 과정에서 수도회를 적극 활용했다. 유럽에서 수도회란 이교도와의 전쟁에서 국경을 확대하는 국가 정책 이행의 가장 효율적 선전 도구였던 것이다.

로마를 새롭게 한 베네딕투스

중세 유럽의 8~11세기는 베네딕투스 수도회의 세기로 불린다. 베네딕투스회 창시자인 성 베네딕투스(480?~547)는 유럽의 수호성인이다. 그가 제정한 것으로 알려진 베네딕투스회 회칙은 유럽의 표준적인 수도회칙으로 자리 잡았다. 베네딕투스회는 선교, 교회의 발전 및 학문 장려 등에서 큰 명성을 얻었다.

서로마 멸망 직후에 태어나 이탈리아에서 살았던 베네딕투스에 대해 알려진 것은 그리 많지 않다. 베네딕투스가 마련했다고 알려진 회칙의 출처 역시 불명확하다. 서로마 제국은 게르만 이민족에게 멸망했다. 제국의 영화는 사라졌고, 폐허 위에서 아직 어떤 재기의 몸부림도 가시적으로 보이지 않았다. 고대 로마가 만든 사상과 학문은 깊은 동면에 빠져들었다.

멸망한 제국을 대신하여 이탈리아와 로마의 회복을 책임지게 된 로마 가톨릭은 이 어려움을 극복해 나갈 정신적 구심점이 필요했다. 그것은 척박한 땅에 새로운 교양과 학문의 싹을 뿌려 대중들의 종교심을 고양하는 것이었다. 여기에 대교황으로 알려진 그레고리우스의 역할이 있었다. 그는 593년 《성 베네딕투스의 생애》라는 책을 저술하는데, 현재 베네딕투스에 대해 알려진 대부분은 그레고리우스가 남긴 것이다. 베네딕투스가 죽은 지 45년이 지난 후 구성한 이 책을 통해 그레고리우스 교황이 의도한 바는 무엇이었을까?

그레고리우스는 전 유럽을 그리스도교로 개종하려는 의지에 가득 차 캔터베리 대주교 아우구스티누스를 파견한 교황이다. 그는 유럽에 그리스도교를 중심으로 표준화된 전통을 만들기 위하여 베네딕투스 수도회칙을 활용하였다. 9세기 카롤루스 마그누스에 의해서 이 회칙이 서방에 표준적으로 받아들여졌으니 약 2백 년은 소요된 셈이다.

그레고리우스 교황이 쓴 《대화록》 2권은 베네딕투스의 일생을 다룬다. 이탈리아에 수도회를 세운 베네딕투스 성인전이라고 할 수 있는 이 대화록은 중세 시대 내내 큰 인기를 얻었다. 《대화록》에는 여러 시험을 이기고 성스러운 인품을 소유하게 된 베네딕투스와 그가 일생 동안 이룬 다양한 기적들을 소개하고 있다. 하지만 그레고리우스가 남긴 이 연대기 성격의 성인전의 진위 여부를 확인해 줄 또 다른 출처는 남아 있지 않다.[17]

중세의 성인전들이 대부분 일반 대중들을 그리스도교 가르침으로 교화하고, 신앙심을 고양하려는 목적에서 나온 것임을 감안한다면, '허구냐 사실이냐'라는 기준은 충분하지 않다. 가톨릭교회는 이민족의 침입으로 무너진 제국을 그리스도교를 통해 회복해야 한다는 절대적 사명의식을 갖고 있었다. 본받을·만한 모범적이고도 영웅적인 그리스도인의 모습을 찾는 것은 신에게 버림받았다고 느끼고 있던 로마인들에게는 새로운 희망을 전해 주는 것이기도 했다. 이집트 초대교회에서 그랬던 것처럼 금욕적인 삶의 모범을 보이는 수도사들과 성인들이 이탈리아에도 존재하고 있음을 보여 주는 것은 미래를 열어 나갈 희망의 이유가 되었다.

그런 점에서 교황 그레고리우스는 충분히 지혜로웠다. 수도원적 삶의 가치가 사라지고 기존의 사회 질서가 붕괴된 가운데 대중들의 한탄은 높아만 갔다. 그랬기 때문에 세속의 질서에 연연하지 않고 더 높은 가치를 위해 헌신하고, 그 속에서 기적을 구현해 내는 베네딕투스의 삶은 성직자와 수도사와 일반 대중 모두에게 상징적인 가치를 지니고 있었다. 이 점에서 그레고리우스 교황은 베네딕투스라는 인물을 힘입어 유럽에 새 힘을 불어넣으려는 꿈을 꾼 것이라고 할 수 있다. 놀랍게도 그 전통은 이민족의 말발굽에 폐허가 된 바로 그 땅, 그 시점에서 출발했다.

그러니 역사적 사실 여부와 별개로 그레고리우스가 그려 내고자 했던 베네딕투스를 따라가 보는 것도 의미가 있다. 그레고리우스에 따르면 베네딕투스는 이탈리아 중부 누르시아의 로마 귀족 가문에서 480년에 태어났다. 로마로 유학했으나 그곳의 방탕한 분위기에 실망하여 학교를 떠난 그는 수비아코 근처의 동굴에 3년간 은거한다. 그는 인근 수도원의 수도사들에게서 먹을거리를 공급받으며 금욕을 실천했다. 수도사로서 이름이 알려지자 제자들이 모이게 되었다. 마침내 베네딕투스는 로마와 나폴리 사이에 있는 몬테카시노 언덕으로 이주했다. 그는 그곳에 평생 머물며 제자들과 공동주거 수도회를 발전시켰고, 그곳에 묻혔다. 이것이 그레고리우스가 남긴 베네딕투스에 대한 기록이다.

베네딕투스가 서구 수도원의 창시자는 아니다. 하지만 베네딕투스는 이집트에서 이어진 수도회의 정신을 6세기 이탈리아에 맞게 적용하여 운용했다는 점에서 탁월했다. 그 결과 베네딕투스가 마련한 회칙은 그 이전의 회칙들을 넘어 유럽에서 가장 보편적이고 유명한 회칙이 되었다. 베네딕투스 수도회는 수도사들 간 상호 평등한 공동체를 지향했다. 기존 수도회의 과도하게 가부장적이자 권위주의적인 성격은 베네딕투스 회칙에서 완화되었다. 베네딕투스회는 수도사들이 수도원장을 선출한다. 따라서 공동체에서 가장 어린 사람이라도 인격과 학식 면에서 수도원장이 되기에 적합하다고 인정받으면 수도원장이 될 수 있었다. 의사결정도 공동체 구성원 전체의 의견을 따르도록 권고하고 있다.

수도원장은 회칙에 반하는 것은 결코 명령할 수 없지만, 임명, 해임, 상벌 등의 사안은 상당한 재량권을 가진다. 원장은 수도회 내의 행정적·정신적·종교적 관련 업무의 최종 책임을 진다.

베네딕투스 수도회에 들어가고자 하는 후보자가 수도원의 문을 두드리면 수도회는 바로 열어 주지 않고 4~5일간 밖에 세워 두었다. 이 기간 동안 수도사가 되고자 하는 결심의 자발성이나 순수성을 마지막으로 고민하게 하는 것이다. 그러고 나서 정식으로 수도 공동체에 입회하기까지 견습 기간 1년을 주었다.

이 견습 기간을 통과하고 수도회에 입회하면 모든 사유 재산을 포기하고, 수도 공동체 규칙을 준수하며, 공동체에서 평생 머문다는 수도 서약을 하게 된다. 이것은 베네딕투스 회칙의 기본 원칙으로 대부분의 수도회도 이 지침을 따르게 되었다. 베네딕투스회 내에서 혼자 은거하는 은수자의 삶도 필요시 허용되었지만, 베네딕투스 수도회는 공동체를 지향했다.[18]

정확한 편찬 연대는 알려져 있지 않지만, 서문과 73개 장으로 구성된 이 회칙은 수도 공동체 운영을 위한 일련의 지침들을 세부적으로 설명한다. 회칙의 서문에는 그리스도를 위한 학교를 설립한다고 명시하고 있다. 즉 수도회가 '스콜라'로 표현되어 있다. 그를 위해 가혹하지도 부담스럽지도 않은 회칙을 마련하며, 다만 잘못을 교정하고 신적인 사랑을 보존하기 위해 아주 약간의 엄격함만을 도입한다고 적었다. 처음에는 좁고 힘든 길이지만 신뢰 속에서 정진할 때 표현할 수 없는 기쁨을 얻게 될 것이 약속된다.

배움의 터, 특수 부대

여기서 수도회가 가지는 정체성이 밝혀진다. '스콜라'는 배움의 터라는 의미에서 학교라고 할 수 있다. 지식의 보존자 역할, 그리스도교를 전파하는 두 가지 역할이 베네딕투스 수도회에 담겨 있다. 가혹하거나 부담스러운 것을 서문에 규정하기보다 초심자를 위한 아주 작은 규칙을 마련하고, 신에게 봉사하기 위해 배우는 학습 공동체를 지향한 것은 금욕을 지향하는 동방 지역 수도원과는 다른 매력이 있었다.[19] 인근의 유력한 가문에서 자녀들을 수도회에 보내는 자녀 봉헌 전통도 생겼다. 자녀 봉헌 전통은 오랫동안 수도사 유입의 통로였다. 또한 자녀 봉헌은 장자 상속이 자리 잡은 중세에 가족 재산을 합법적으로 양도할 수 있는 수단이었다. 수녀원에 딸을 보내는 것 역시 그와 비슷한 맥락에서 평가할 수 있다. 자녀 봉헌 전통은 1215년 제4차 라테란 공의회에서 금지되었는데, 그 결과 베네딕투스 공동체의 규모는 현저히 줄어든다.

스콜라는 그리스도를 위한 군사들을 길러내는 특수 부대라는 의미도 있다. 수도회들은 세상에 만연한 악과의 싸움을 싸우는 군대의 이미지를 차용하는 것이 일반적이었다. 베네딕투스 회칙에서 인용한 '스콜라'도 로마 시를 방어한 특수부대를 의미하는 용어에서 따온 것이다. 이 전투는 혼자 치르기에는 지나치게 위험하기에 수도회 안에서 삶을 공유하며 훈련을 받아야 했다.

수도회에 들어온 수도사들은 노동과 학문, 기도 생활 등에 전념했고, 개인 공간이나 사생활은 보장되지 않았다. 수도사들은 함께 자고 대략 하루 한 끼만 먹었다. 이것은 혹독하게 금욕생활을 했던 이집트 은둔수사들보다는 당시 이탈리아 농민의 삶에 가까웠다. 수도사 개인의 삶과는 별개로 수도회 자체는 빈곤하지 않았다. 베네딕투스 수도회는 당시 이탈리아 주택 형태인 빌라 및 경작할 토지를 보유했다. 정신적 고행 못지않게 육체적 고행인 가난과 노동을 강조했지만 역설적으로 그것이 막대한 후원을 얻는 동기가 되어, 수도회는 동시대의 일반적 농민 가구에 비해 여유가 있었다.

베네딕투스 회칙은 서문에서 7장까지는 금욕적 삶에 대한 권고로 시작하여 금욕의 목적과 유익을 설명한다. 그리고 수도사가 길러야 할 가장 중요한 덕목으로 '순종과 겸손'을 강조한다. 회칙 중 순종과 겸손을 다룬 조항이 절반 이상이다. 베네딕투스 수도회의 핵심은 신에 대한 순종과 수도회에 대한 복종에 있다. 68번째 회칙은 부담스럽거나 불가능한 명을 수도원장에게 받았을 경우의 자세를 설명한다. 먼저 겸손한 마음으로 순종하고자 하고, 능력 밖일 때에는 순종하기 불가능한 이유를 설명한다. 그럼에도 계속 같은 지시를 받을 경우 신에 대한 신뢰 속에 순종하라고 한다.

베네딕투스 회칙은 수도사의 일과를 구성하는 기도, 독서 및 예배 등을 상세히 기술하고 있다. 하루 8시간의 수면 시간이 보장되고, 여름에는 6시간의 수면과 시에스타(낮잠) 시간이 있다. 식사는 빵과 두세 가지 채소 요리로 이루어졌고, 아플 경우 제한적으로 육류가 제공되기도 했다. 수도원 생활의 가장 중요한 의무는 공동 예배와 기도였다. 베네딕투스 회칙은 이를 '성무일도'(Opus dei)라는 이름으로 발전시켰다. 매일 일정한 시간에 기도하고 예배하는 이 행위는 아침 기도(Matins)로 시작하여 오전 6시, 9시, 12시, 오후 3시경 기도 시간을 갖고 저녁 기도(Vesper)를 한 후 끝기도(Compline)로 하루를 마친다. 베네딕투스 회칙은 음악적으로도 매우 정교하게 만들어져 유럽 교회의 일상적 예배 표준을 만들었다. 기도 시간 외에의 일상은 식사와 오전 일과, 오후 일과 및 저녁 기도 이후의 거룩한 독서(Lectio divina) 시간으로 채워졌다. 식사 시간에는 말을 해서는 안 되며, 침묵 가운데 식사하는 동안 공동체 수도사 중 한 사람이 책을 낭독했다.[20]

베네딕투스회는 기도와 노동, 학습을 세 가지 중요한 삶의 축으로 만들었다. 하루 일과 중 노동이 강조된 것은 경제적 목적 외에 영혼을 나태하게 만들지 않으려는 목적도 있었다. 하지만 유력한 자산가들의 후원이 늘고 성무일도가 정밀해지면서 노동과 기도라는 균형이 무너지게 되었다. 그 결과 수도사들은 육체노동을 하지 않고 큰 수도회의 토지를 관리하거나, 성무일도 등의 종교의식에만 집중하게 되었다. 중세 기간 동안 생겨났던 대부분의 수도회 개혁 운동은 노동과 기도 사이의 불균형을 회복하여 베네딕투스 회칙을 엄격히 적용하려는 운동이었다.[21]

베네딕투스회의 일과 중 '거룩한 독서'는 수도원을 중심으로 고전 문화가 보전되고 중세의 학문 전통이 이어지는 데 핵심적인 기여를 한다.[22] 중세 초기 베네딕투스 수도원은 고대 학문을 중세 세계에 전달하는 매개체였다. 서유럽이 12세기 들어 대학을 통해 독자적인 학문의 성취를 이어가기 전까지 학문 세계에서 활동하던 사람은 대부분 수도사들이었다. 물론 베네딕투스회가 중세 학문계에 어느 정도 기여했는지에 대해 다양한 주장이 있다. 베네딕투스 수도회에서 명시적으로 허용한 책은 성서와 교부들의 서적이며, 그리스-로마 고전이나 이교도 서적은 배제되었다.

이교 서적을 어떻게 볼 것이냐는 베네딕투스회에만 적용되는 문제가 아니라, 중세 그리스도교 전체가 가진 고전 문명에 대한 모호한 태도에서 기인한다. 무너진 제국 위에 그리스도교의 가치로 새로운 제국을 형성하고자 했지만 그리스도교 사상의 토대는 고전 문명과 비교할 수 없을 정도로 취약했다. 라틴 그리스도교를 형성한 교부들 모두 로마의 사상가와 시인들에게 영감을 얻었다. 움베르트 에코의 소설 《장미의 이름》에서 이교도 서적을 읽지 못하게 하려는 수도사와 목숨을 내놓더라도 금서를 읽으려는 수도사들의 갈등은 중세 내내 지속된 것이기도 하다.[23]

베네딕투스가 세운 몬테카시노 수도회 건물은 베네딕투스가 죽고 난 후 랑고바르드족이 이탈리아 반도에 침입했을 때 불타 버렸다. 베네딕투스 회칙을 따르는 인근의 다른 수도회들도 유사한 운명을 겪었다. 수도사들은 흩어졌고, 몬테카시노는 140년간 폐허로 버려졌다. 베네딕투스의 직접적인 영향을 받은 수도회는 맥이 끊겼다. 우리가 일반적으로 베네딕투스회 수도회라고 부르지만, 엄밀하게 말하자면 이는 베네딕투스 수도 회칙을 따르는 수도회를 통칭하는 말이다. 그리고 이 회칙은 이탈리아가 아니라 알프스 이북의 게르만 왕국에서 새롭게 생명을 이어갔다.[24]

알프스 북쪽 프랑크 왕국의 골 지방에 존재했던 다양한 형태의 수도회는 통치자 카롤루스 마그누스가 보편적이고도 통일된 형태의 수도회를 구상하면서 베네딕투스 회칙을 표준으로 지정한 이후 획기적 전환을 경험한다. 이미 들어와 있던 콜룸바누스 수도 회칙보다 더 온건한 수도 회칙을 최상의 것으로 수용함으로써, 수도회의 이상은 단순히 수도회 내에 머물지 않고 보편적으로 확대될 수 있었다. 베네딕투스회 회칙은 어떻게 표준 회칙이 되었을까? 켈트 수도 회칙에 비해 덜 가혹하고 실천 가능성이 높았기 때문이라는 점을 간과할 수 없다.

수도원 정신의 회복

중세교회를 이해할 때는 정통 교회사 흐름과 수도회 흐름, 중세 후기로 갈수록 확산된 이단 흐름 등 세 흐름을 동시에 조망하여야 더 정확하게 이해할 수 있다. 중세교회 이해는 대부분 제도 교회 중심으로 형성되어 있어 교황제의 역사나 그 속에서 빚어진 교권과 세속권 사이의 갈등이 중요하게 인식되어 왔다. 하지만 중세는 수도회 역사만 가지고도 통시적으로 조망할 수 있을 정도로 제도 교회와 대등한 영향력을 가지고 있었다.

물론 교황이나 세속 군주가 주도권을 다투는 제도 교회와 비교하면 수도회의 삶은 끊임없는 주변부의 삶이라고 짐작할 수 있다. 그러나 규모나 역사의 기록 이면에 나타나 있는 수도회는 위로부터 아래로 부과되는 중세 종교성에 견제와 균형의 역할을 감당했다. 특히 문명이 없던 지역인 유럽에서 문명의 원형을 찾아 만들어 가는 과정에서 아일랜드와 스코틀랜드 중심으로 형성된 켈트 수도회의 영향은 상상 이상의 위치를 차지한다. 9세기 들어 베네딕투스 회칙이 유럽 수도회의 표준으로 자리 잡을 때까지 브리타니아와 아일랜드는 유럽 문명의 밑거름이 되는 수고를 감당했다. 초기 그리스도교에서 전해진 고대 학문은 아일랜드, 스코틀랜드, 잉글랜드 수도사들을 통해 보존·계승되고 유럽 대륙으로 전해졌다. 카롤루스는 잉글랜드 요크 출신의 수도사 알퀸을 자신의 궁정 학자로 초청하여 교육 진흥을 이끌도록 했다. 또한 대륙에서 멀리 떨어진 영국이 유럽 본토에 학문을 도입하는 데 기여했다. 가장 학구적인 학문의 중심지가 아헨의 카롤루스 궁정과 만나 유럽 문명에서 결정적 순간을 만들어 낸 것이다.

수도원을 통해 바라본 유럽 그리스도교는 본래 수도사들의 버림과 비움의 수준이 능력의 지표가 되었다. 그들이 버린 만큼 유럽 문명은 채워졌다. 지금은 성취의 수준이 능력으로 인정받는 가치 전도의 시대가 되었다. 그렇기에 수도원 정신의 회복이 어느 때보다 절실하다.

5

두 외부 세력

—

비잔틴 제국과 이슬람, 동서 교회 분열

유스티니아누스 황제와 수행원들
(산비탈레 성당 모자이크화)

서로마 재정복 전쟁, 유스티니아누스 법전의 편찬과 하기아 소피아 재건은 유스티니아누스를 비잔틴 제국의 기틀을 놓은 황제로 기억하게 한다. ······ 그는 그리스도교로 하나 된 통일 로마 제국을 회복하는 꿈이 있었다. 109쪽

비잔틴 제국과 이슬람교

어떤 문명도 고립되어 형성될 수 없다. 유럽 형성에 가장 큰 영향을 준 두 세력이 있다. 바로 비잔틴 제국과 이슬람교이다.[1] 이 두 세력은 중세 유럽의 지리적 경계를 형성했을 뿐 아니라 때론 충돌하고, 때론 협력하고 공존하며 중세 유럽 문명을 형성해 왔다. 예컨대 비잔틴 제국의 유스티니아누스(527~565) 황제가 남긴 로마법 유산은 12세기 중세 유럽이 독자적으로 지적 토대를 마련하는 데 기초가 되었다. '유럽의 아버지'로 불리는 카롤루스 마그누스는 무함마드가 만든 이슬람교와 지리적·문화적·종교적으로 대척점에 서며 유럽의 정체성을 형성했다.[2]

가톨릭은 동방 교회와 가까울까, 개신교와 가까울까? 가톨릭에서 개신교가 나왔기 때문에 개신교가 가톨릭과 친밀성을 지닌다고도 할 수 있지만 실제로는 동방 교회와 로마 가톨릭이 더 가깝다. 상징적인 사례를 하나 들어 보자. 교황 요한 바오로 2세의 장례미사가 2005년 4월 바티칸에서 있었다. 이 장례 미사의 공식 순서에 여러 정교회 수장들이 참여하였다. 그러나 성공회를 포함하여 개신교는 그 순서에 없었다. 동방 교회와 서방 교회는 지금도 특정 절기에 공식적 교류를 하고 있다. 전례 중심이라는 특징은 로마 가톨릭과 그리스 정교를 일치시켜 주는 매개라고 할 수 있다. 그러나 이것만으로 서방 교회와 동방 교회의 관계가 설명되지는 않는다.

11세기의 동서 교회 분열은 동·서 로마가 각각 유럽과 비잔틴이라는 독자 문명을 만들어 간 6세기 관점에서 보면 그리 놀랄 일도 아니다. 오히려 자연스러운 귀결로 보아야 한다. 이민족 이주자들과 그리스도교가 결합한 라틴 그리스도교 문명과, 비잔틴 제국의 운명과 한 배를 탄, 헬라어를 쓰는 동방 그리스도교는 서로 만나지 않는 길로 나뉘었다.

독자적 비잔틴 문명 형성

동로마 제국은 흔히 비잔틴 제국으로 불린다. 거칠게 구분하자면, 동로마 제국의 역사는 그리스도교를 공인한 콘스탄티누스 황제가 330년경 수도를 비잔티움으로 옮기면서 시작되어 오스만 튀르크에게 멸망당한 1453년까지로 잡을 수 있다.

스스로를 '비잔틴'이라 일컫는 이들이 그리스-로마 문명에서 급진적으로 이탈한 것은 아니다. 비잔틴 사람들은 스스로를 로마인으로 인식했고, 그들의 제국을 '로마 제국'으로 일컬었다.[3] 동로마와 서로마라는 구분은 실상 오늘의 시각에서 당대를 소급해서 부르는 명칭이다. 다만 동로마 제국은 라틴어권과의 접촉이 끊긴 헬라어 문명권으로 남았다.

비잔틴화되어 가던 때는 유럽 중세교회사의 첫 번째 시기인 암흑기와 대별된다고 할 수 있다. 제국 수도 콘스탄티노플은 소아시아와 유럽, 흑해와 지중해가 나뉘는 제국 전체를 연결하는 전략적 요충지였다. 콘스탄티노플은 인구가 백만이 넘는, 중세 최대의 도시로 산업과 상공업 중심지였다. 비잔틴 제국은 초기 5백 년 동안 무역과 건축, 미술 등 문화를 선도했다. 영토 확장에 이은 비잔틴 제국의 절정기는 서유럽보다 훨씬 빨리 다가왔다.

동로마 제국이 발전함에 따라 영토 내의 동로마 교회와의 관계도 변화된다. 초대교회에 대한 다양한 기록과 정보를 남겨 교회사의 아버지로 불리는 가이사랴의 유세비우스는 그 명성만큼이나 그림자를 남긴 인물이다. 그는 콘스탄티누스 황제를 중심으로 제국 교회사를 기술했는데 콘스탄티누스 황제를 열세 번째 사도로 칭했다. 중세적 의미의 왕권신수설이 탄생한 것이다.[4] 그 후 동방 교회에는 서방 교회와 다르게 황제(caesar)가 교회의 수장(papa) 역할을 하는 황제교황주의(caesaro-papism)가 정착된다. 황제는 지상에서 신을 대리하여 통치하는 대리자요, 로마 제국은 신국(神國)의 모형이자 그림자가 된다. 그래서 신의 뜻을 따라 사람들을 돕고, 신의 자비와 보호를 구현하고, 이민족의 침입으로부터 제국을 보호하고 평화를 증진하는 역할을 하게 된다.[5]

유세비우스는 콘스탄티누스 통치 30년을 기념한 조찬기도회 연설을 통해 "신의 사랑을 받는 황제는 하늘로부터 제국의 통치권을 받았으며 거룩하게 불리는 권위를 지녔다"고 칭송했다. 사제가 아닌 황제가 열세 번째 사도로 불린다는 것은 황제가 곧 사제의 권능을 동시에 수행한다는 주장이다.[6] 독자적 비잔틴 문명이 생성된 시기는 6~7세기 유스티니아누스 황제와 헤라클리우스(575~641) 황제 때로 본다. 먼저 유스티니아누스 황제부터 살펴보자. 476년 서로마 제국의 멸망 이후 동로마 제국은 스스로 생존하기 위하여 변화된 상황에 적응해야 했다. 그리스도교는 이 제국의 새로운 변화와 적응에 중요한 정신적·종교적 지주였다. 그러나 초대교회의 역사에서 나타났듯이 그리스도교 내의 교리 논쟁은 쉽게 해소되지 않았다. 일례로 그리스도의 인격과 신격에 대한 의견 불일치로 네스토리우스파가 떨어져 나간 이후 451년의 칼케돈 공의회에서는 단성론(monophysitism)을 따르는 교회를 단죄하였다. 그러나 칼케돈 공의회의 결정이 곧 모든 긴장을 해소하지는 못했다. 제국 내의 그리스도교 신앙에 대한 포괄적인 지침을 마련한 칼케돈 공의회는 그 결정과는 무관하게 비잔틴 제국의 너른 울타리 내에서 칼케돈파, 비칼케돈파, 네스토리우스파로 흩어지는 결과를 낳았다.[7]

중세에서 서방 교회는 로마 가톨릭을 의미한다. 서방 교회의 맞은편에는 동방 교회가 있다. 이때의 동방 교회는 초대교회가 그리스도의 인성과 신성, 즉 기독론을 논의하기 위해 모였던 칼케돈 공의회의 결정을 따르는 교회를 의미한다. 지금은 비잔틴 교회와 칼케돈 결정을 받아들인 동방 정교회를 동일시하는 것이 가능하지만 당시는 그렇지 않았다. 유스티니아누스 황제가 통치한 6세기에도 이 문제는 존재했고, 제국 일치에 걸림돌이 되었다. 네스토리우스파는 이집트, 시리아, 팔레스타인 등지에서 살아남았으며, 시리아, 이집트, 에티오피아, 아르메니아, 페르시아 등지에는 단성론파가 그때까지 세력을 유지했다.

유스티니아누스 황제의 치세에도 종교적 분열은 현저했다. 하지만 정통과 이단을 간단하게 결론 내릴 수 있는 상황은 아니었다. 유스티니아누스 황제의 가장 큰 조력자로 역사에서 언급되는 황후 테오도라(500~548)가 단성론 신봉자였기 때문이다.

여기에서 한 가지 짚고 넘어가자. 테오도라 황후를 포함하여 유스티니아누스 황제와 그 시대 역사는 대부분 동시대 역사가 프로코피우스가 남긴 기록에 의존한다. 프로코피우스의 역사 서술 자체는 논쟁이 있다. 그가 생전에 공식적으로 남긴 기록과 사후에 그가 쓴 것으로 밝혀진 역사 사이의 간극이 매우 크다. 그가 생전에 남긴 역사 기록은 유스티니아누스의 정복 전쟁을 수행한 벨리사리우스 장군의 비서로 종군하여 쓴 《전사》(戰史, De Bellis), 그리고 유스티니아누스 황제의 하기아 소피아 성당 건축을 찬양한 《건축론》(De Aedificiis)이다. 두말할 것 없이 이 기록들은 유스티니아누스 치세의 영광을 서술한다. 하지만 사후 공개된 《비사》(秘史, Historia Arcana)는 공식 기록에 나타나 있지 않은 황제와 황후의 이면과 제국의 어두운 그림자를 가감 없이 기록하고 있다.[8] 그러나 테오도라의 이력은 중상하는 소문을 부풀린 것일 수도 있으며 그런 점을 감안하더라도 테오도라가 걸출한 인물이었음은 분명해 보인다.

테오도라는 서커스 곰 조련사 딸로 태어나 무희이자 매춘부로 살았다. 이혼 이력을 지닌 테오도라는 단성론파 그리스도인들의 도움으로 새 삶을 살 수 있었다고 전해진다. 콘스탄티노플에서 유스티니아누스를 만난 테오도라는 우여곡절 끝에 525년 결혼하고 황후의 지위를 얻는다. 황후가 된 테오도라는 뛰어난 정치술과 전략으로 황제를 도왔다. 황후는 단성론파 지역인 이집트와 시리아에 거주했던 적이 있고, 제국 내에서 그 지역을 결코 소외시키지 않으려 했다. 테오도라는 제국 내에서 단성론파의 박해를 막으려 칼케돈파와 화해를 시도했다. 결국 533년 유스티니아누스는 제국 내에서 단성론파 교리를 설파할 권리를 부여하였다. 그러나 황제의 중재 노력은 정통파와 단성론파 누구도 만족시키지 못했고, 오히려 불만이 높아 갔다. 유스티니아누스의 화해 시도는 실패하고, 단성론파 교회는 제국의 중심부에 발을 붙이지 못했다. 이들은 시리아, 이집트, 아르메니아를 중심으로 번성했다.[9]

유스티니아누스의 서로마 정복 전쟁

서로마 재정복 전쟁, 유스티니아누스 법전 편찬, 하기아 소피아 재건은 유스티니아누스를 비잔틴 제국의 기틀을 놓은 황제로 기억하게 한다. 유스티니아누스는 헬라어가 아닌 라틴어를 모어(母語)로 쓴 마지막 황제였다. 그는 그리스도교로 하나 된 통일 로마 제국을 회복하는 꿈이 있었다. 북아프리카, 이탈리아, 에스파냐, 갈리아 등 게르만 민족 이동으로 멸망한 서로마 제국은 동로마 제국 편에서 되찾아야 할 옛 영토였지만 유스티니아누스에게 서로마 정복은 종교적 목적도 있었다. 그는 니케아 공의회, 콘스탄티노플 공의회와 칼케돈 공의회에서 각각 결정된 교리와 신학이 제국 전체에 확산되기를 원했다. 옛 서로마 제국 내에 세력을 유지하고 있던 아리우스파를 몰아내는 것도 유스티니아누스가 서방 정벌을 꿈꾼 주된 이유 중의 하나였다.

하지만 서방 원정은 간단하지 않았다. 서방으로 진출하려면 동쪽 국경을 맞댄 페르시아와 평화가 전제되어야 했다. 조로아스터교를 신봉하는 페르시아와 동로마 제국 사이에는 늘 종교적 긴장이 있었다. 유스티니아누스는 서로마 재정복에 군사 자원을 총동원하기 위하여 페르시아에 큰돈을 주는 조건으로 페르시아 통치자 호스로 1세(Shah Khosrau I)와 평화조약을 체결하였다.

벨리사리우스 장군이 이끄는 원정대는 533년 북아프리카 원정을 시작으로, 20여 년에 걸쳐 이탈리아와 에스파냐 정복 전쟁을 감행하였다. 유스티니아누스가 몸소 참여하지는 않았다. 초반에는 매우 성공을 거두는 듯 보였지만 승리는 영속적이지 않았다. 20년 넘게 이어진 원정으로 비잔틴의 군사 자원과 식량이 고갈되었다. 오랜 전쟁으로 옛 서로마 제국의 문명도 크게 훼손되었다. 그리스-로마 문명의 상징과도 같던 거대한 공중목욕탕이 폐쇄되고 로마로 연결되는 수로가 끊겼다. 11세기 말엽 예루살렘 성지 회복을 위해 나선 유럽 십자군이 일시적 성취 이후 처참한 패배를 맛보듯, 동일한 상황이 6세기 옛 서로마 영토에서 발생했다.[10] 십자군은 유스티니아누스 원정의 데자뷔였다. 정치적 목적이었든 종교적 열망이었든, 그리스도교 제국을 통일하려는 시도는 좌절되었다. 비잔틴 제국은 점령한 서방 영토를 유지할 수 없었다. 이탈리아는 유스티니아누스 황제가 죽은 지 3년이 채 못 되어 랑고바르드족에게 넘어갔다. 에스파냐도 사정은 다르지 않았다. 남동부 에스파냐 지역에도 동로마는 진출했지만 정복이라고 할 수 없는, 각축하는 여러 세력 중 하나에 머물렀다. 그 후 에스파냐 이베리아 반도는 이슬람 세력에 넘어갔다.

서로마 제국 영토 회복이라는 목표에서 볼 때 유스티니아누스의 재정복 전쟁은 값비싼 대가를 치른, 단명한, 실패한 도박으로 평가된다. 재정복 전쟁 실패로 비잔틴 제국과 서로마 지역은 완전히 분리되었고, 각각 상호 이질적 문화를 발전시키게 된다. 라틴어를 사용했던 마지막 동로마 황제인 유스티니아누스가 사망할 무렵 동로마 제국은 이제 비잔틴 제국으로 불리는 것이 더 어울렸다. 그러나 역사는 그의 서로마 정복 전쟁을 단순히 영속적 영토 회복 관점으로만 평가하지 않는다. 그의 장대한 통치 이념 속에 시작한 정복 전쟁이 서유럽 문명에 남긴 자취가 작지 않기 때문이다.

유스티니아누스 황제와 황후 테오도라를 담은 유명한 모자이크화가 비잔틴 제국 본토가 아닌 이탈리아 라벤나 산비탈레 성당에 남아 있다는 것이 그 역설 중 하나이다. 비잔틴 제국군이 이탈리아를 정복하자 유스티니아누스는 자신의 초상화를 걸어 통치권을 선포하려고 했다. 그리하여 라벤나의 산비탈레 성당에 황제와 황후의 모자이크 초상화가 창조되었다. 이탈리아 북부 도시 라벤나는 동로마 황제 총독부가 있던 곳이다. 《신곡》(*La Divina Commedia*)의 저자 단테 알리기에리의 무덤이 있는 곳으로 유명한 라벤나는 서로마 멸망 이후 동고트족의 수도였다. 여기에 비잔틴 건축 양식의 산비탈레 성당이 있다. 이 성당은 정복 전쟁 전인 527년 비잔틴 양식으로 건축 작업이 시작되어 548년에 완공되고 봉헌되었다.[11]

비잔틴 양식으로 된 팔각형 구조의 산비탈레 성당을 돋보이게 만드는 것은 내부의 화려한 모자이크들이다. 그중에서도 마주 보고 선 유스티니아누스와 테오도라의 모자이크화가 눈길을 끈다. 황제는 페르시아 문양의 의복을 입고, 다양한 보석으로 장식된 관을 쓰고 있다. 황제의 얼굴에는 성인을 나타내는 후광이 드리워 있고, 제국의 관리와 최고 성직자, 근위병 등을 좌우에 새겨 넣어 세속권력과 종교권력 모두를 장악했음을 강렬하게 보여 준다. 테오도라의 모자이크화는 유스티니아누스와 같은 크기로 만들어졌다. 황제와 마찬가지로 얼굴 주위로 황금빛 후광이 드리워진 테오도라의 모자이크는 제국 내에서 그녀의 위상이 어떠했는지를 단적으로 보여 준다.[12]

재정복한 이탈리아에서 유스티니아누스의 통치는 오래 지속되지 못했다. 그러나 황제와 황후의 초상화는 라벤나에 보존되어 서유럽 역사에 끼친 영향력을 기억하고 있다. 한 번도 이탈리아에 온 적이 없었던 비잔틴 황제의 가장 선명한 자취가 라벤나에 남아 있다는 것이 낯설지만, 이 모자이크화는 유럽 역사에 비잔틴 황제가 남긴 영구적인 성취를 기념한다.

산비탈레 모자이크에서 보이듯 황제이자 그리스도교의 수호자로서 유스티니아누스는 제국을 완전한 그리스도교 통치하에 두고자 했다. 그는 그리스도교를 따르지 않은 이교도들을 핍박했다. 팔레스타인에 남아 있던 이교도 사마리아인들과 그리스도교 비잔틴 제국 사이에는 5~6세기 내내 여러 차례의 갈등이 표출되었다. 유스티니아누스 황제 치세 때인 529년에도 사마리아인들의 봉기(Ben Sabar Revolt, 529~531)가 발생했다. 유스티니아누스는 잔인하게 봉기를 진압했고 2만 명 이상의 사마리아인들을 살육했다. 그는 제국 내에 있는 이교도들을 효과적으로 제어하기 위하여 이교 사원들을 파괴했다. 황제의 이교도 불관용을 상징적으로 나타내는 사건은 그리스-로마 세계의 지적 중심지로 명성을 얻고 세기를 넘어 명맥을 이어오던 아테네의 플라톤 아카데미를 폐쇄한 것이다.[13]

유스티니아누스 법전 편찬

유스티니아누스는 산비탈레 모자이크화와는 비교할 수 없는 영향을 유럽에 남겼다. 그의 통치 기간 동안 집대성된 로마법이 바로 그것이다. 《로마법대전》(Corpus Juris Civilis)으로 후대에 이름 붙여진 이 유스티니아누스 법전은 편집 당시 즉각적으로 유럽에 수용되거나 영향을 주지는 않았다. 11세기에 접어들면서 가톨릭교회는 유럽 전역에 그리스도교의 가치를 효율적으로 확산시키기 위해 교회법 체계를 만들고자 했다. 이러한 시도에 유스티니아누스의 《로마법대전》이 모델이 되었다. 이 유스티니아누스 법전이 토대가 되어 유럽에 교회법(Canon law)이 발전하였다.[14]

6세기 비잔틴에서 편찬된 법전이 11세기에 전 유럽에서 활용되었으니 둘 사이에 시공간의 간극이 존재한다. 이 간극을 연결해 주는 한 가지 동기는 법전 편찬의 종교적 목적이다. 유스티니아누스의 서로마 영토 회복에 종교적 목적이 담겼던 것만큼 그의 법률 집대성 시도 역시 그리스도교 세계를 하나의 법률로 다스리고자 하는 종교적 열망을 배제하고는 충분히 설명되지 않는다.

유스티니아누스 황제는 그리스-로마가 남긴 이교 문명을 넘어 명실상부한 그리스도교 토대에 제국 질서를 재편하고자 했다. 그가 선택한 방식은 기존의 로마법을 재정비하고 새롭게 적용하여 영구히 보존하는 것이었다. 라틴어로 된 로마의 법률들을 토대로 새로운 법전을 편찬하기까지는 여러 복잡한 문제가 야기되었다. 6세기 비잔틴 제국의 공식 언어는 라틴어였지만 실제 제국 내 다수어는 헬라어였다. 그리고 7세기 초반부터는 제국의 공식 언어가 헬라어로 바뀐다. 유스티니아누스가 라틴어를 사용한 마지막 황제였다는 사실은, 라틴어 중심의 로마 제국이 헬라어 기반의 비잔틴 제국으로 전환되고 있었다는 것이다. 유스티니아누스 법전은 라틴어에서 곧 헬라어로 번역된다.

트리보니아누스(Tribonianus, 500~547)가 책임자였던 위원회에서는 방대한 법률을 정리하였고, 고대 로마 시대의 법률 문서를 당대의 상황에 맞게 조율하는 작업을 거쳤다. 로마법 편찬의 기저에 흐르는 정신은 그리스도교 윤리와 로마법 사상의 통합이었다. 위원회는 체계적으로 법률을 정비하여 534년 마침내 4,652개 조항을 담은 법전 초안을 완성하였다. 이 법전은 비잔틴 제국이 유럽사에 남긴 가장 큰 업적으로 칭송된다.

유스티니아누스 법전이 전통적인 이교도 법체계를 그리스도교적 가르침과 통합하려는 시도는 제1권 서두(De summa trinitate, 가장 높으신 삼위일체)에 명확하게 선포되어 있다. 법전은 교회와 관련한 사항을 다루고 있는데, 교회의 행정과 교회에 부여된 특권, 성직자와 수도원 생활 규정들이 포함된다. 이러한 교회 행정의 제도적 규정 외에도 법전은 그리스도교 윤리를 제국 통치에 담으려는 시도를 했다. 사형 제도를 규제하였고, 노예 지위 향상을 꾀해 노예에서 해방될 방편들을 마련하였으며, 여성의 사회적 지위 향상도 언급한다. 여성의 재산 소유권을 인정하고, 친권(親權)도 가질 수 있도록 하였다.[15]

유스티니아누스의 법전 편찬으로 비잔틴 제국은 그리스도교 이념을 통해 효율적으로 통치하는 제국이 되었다. 제국의 통치 이념이 개인 윤리와 사적 삶에 적용되어 사람들의 행동을 규제하게 되었다. 이미 6세기경에 이 같은 시도가 이루어졌는데 이는 유럽의 상황과 비교할 때 놀랍다. 서로마 지역이었던 유럽에서는 11세기 들어서 교황청을 중심으로 이 같은 시도가 본격적으로 이루어졌기 때문이다. 물론 그 토대 역시 유스티니아누스가 집대성한 법전이었다. 이 사실만 놓고 보더라도 유럽사에 끼친 비잔틴 제국의 영향력은 현저하다.

니카 반란과 하기아 소피아 성당 재건

유스티니아누스 황제의 종교적 열정은 당시 세계에서 가장 거대한 성당이었던 하기아 소피아 성당 재건에서 정점을 찍는다. 그의 서로마 재정복 전쟁도, 법전 편찬도 하기아 소피아 성당이 없었다면 두 드러지지 않았을 것이다.

동로마 제국은 전제 정치의 전통이 생기기 전, 오늘날 정당에 해당되는 당파에 의한 자유 시민의 전통이 있었다. 전차 경주장인 히포드롬은 '청색당'과 '녹색당'으로 양분되어 각 파가 지지하는 경주마를 응원했다. 이 경주장은 단순히 오락을 넘어 정치적 의사를 표현하는 민회 역할을 하였다. 황제가 경주장에 등장하면, 시민들이 필요한 사항을 황제에게 직접 청원하기도 하였다. 황제가 된 유스티니아누스는 서방 원정을 기획하였고, 이를 위해서는 시민의 의사가 양분되지 않는 강력한 전제정이 필요하였다. 황제의 꿈은 시민들에게 과중한 부담을 지우는 것이었다. 이는 청색당과 녹색당 지지자 모두의 반발을 샀다.

532년 1월 발생한 '니카 반란'은 전제정을 추구하는 황제와 시민 정치를 지키려는 대중의 갈등이 폭발한 사건이다. 사람들은 경주장에서 '니카'(*Nikka*, 승리하라)라고 외치며 폭동을 일으켰다. 분노한 시민들은 거리로 몰려나와 건물에 불을 질렀다. 테오도시우스 황제 때 건축한 하기아 소피아 성당도 불탔다. 시위대의 거센 저항에 두려움을 느낀 황제는 배를 타고 도주할 계획을 한다. 이 상황에서 황제를 설득한 것이 테오도라였다. 프로코피우스가 쓴 《전쟁사》에 따르면, 황후 테오도라는 "황제의 자주색 의복은 가장 고귀한 수의"라며 황제에게 폭동에 맞서라고 한다. 고무된 황제는 장수 벨리사리우스와 문두스에게 반란 진압을 명한다. 제국 병사들은 기습적으로 히포드롬에 진입하여 시위대 3만 명을 살해하고 반란을 진압하였다.[16]

니카 반란은 동로마 역사에서 아주 중요한 사건이다. 이는 비잔틴 제국이 고대 로마 전통과 완전히 결별하고 황제교황주의라는 전제군주정으로 가는 길을 결정적으로 열었다. 그 결과 비잔틴 지역에 그리스도교를 기반으로 하는 새로운 정치체제와 문명이 탄생했다. 이제 황제가 선택할 길은 명확했다. 신으로부터 제국의 통치권을 받았음을 만천하에 선포할 기획이 필요한 것이다. 폭도들이 불 지른 하기아 소피아 성당 재건은 비잔틴 제국 창건을 상징하는 프로젝트였다.

높이 50미터, 폭 30미터가 넘는 이 거대한 성당은 유스티니아누스 황제의 독려로 불과 5년 10개월 만에 완공되었다. 향후 비잔틴 양식의 모델이 될 우아한 외관에 하늘 높이 치솟은 웅장한 내부는 종교적 경외감을 자아내어 보는 이들을 압도했다. 537년 12월 유스티니아누스 황제는 하기아 소피아 성당 축성식에서 "솔로몬, 내가 그대를 이겼노라"라고 외쳤다 한다.[17]

이 웅장한 성당이 러시아가 정교회를 국교로 정하는 데 결정적 기여를 했다는 것은 익히 알려져 있다. 10세기 러시아 키예프 대공국의 블라디미르 1세(958~1015)는 국가의 일체성 고양을 위해 국교를 수립하고자 여러 국가에 사신을 보냈다. 그는 가톨릭, 정교회, 이슬람, 유대교 등을 고려했다. 각각의 장단점을 따지던 중, 콘스탄티노플로 보낸 사절들이 하기아 소피아 성당에 대해 보고했고 이는 블라디미르의 마음을 사로잡았다. 사절들은 성당에 들어서자 자신이 천상에 있는지, 지상에 있는지 알 수 없을 정도로 형언할 수 없는 위용과 아름다움에 압도되었다고 전했다. 989년 블라디미르는 그리스 정교를 키예프 대공국의 국교로 선포했다.[18]

그러나 화려한 건축물은 신의 영광보다는 가려진 인간의 욕망과 역사의 어두운 이면을 드러내는 경우가 많다. 시민의 저항을 내리누르고, 전제정을 향한 첫걸음으로 선택한 것이 종교적 영광을 기리는 성당 건축이었다는 점은 슬픈 역설이다. 시민의 피의 대가로 세워진 이 대건축물은 역사 속에서 수많은 부침을 겪었다. 웅장함만큼이나 대중들의 탄식이 깃든 것이 대형 건축물이다. 유스티니아누스는 솔로몬을 능가했다고 주장했지만, '솔로몬의 모든 영광으로도 입은 것이 이 꽃 하나만 같지 못함'(마 6:29)을 역사는 웅변한다. 하기아 소피아 성당이 대표하는 비잔틴 제국의 위용은 백 년이 채 지나지 않아 신흥 세력 이슬람의 손에 급속히 무너지기 시작했다.

비잔틴과 이슬람의 조우

유스티니아누스 황제의 서방 정벌은 실패했다. 랑고바르드족이 이탈리아를 차지하자 비잔틴이 영향을 끼칠 수 있는 유럽 지역은 동로마 제국의 총독부가 위치한 라벤나가 유일했다. 동로마 제국 권력은 지리적으로 로마에서 멀어졌을 뿐 아니라, 고대 로마의 정치 구조와도 영원히 결별했다. 제국의 비잔틴화는 사실 의도치 않은 결과였다. 콘스탄티노플과 소아시아 지역을 제외한 대부분의 제국 영토를 잃어버렸기 때문이다.

이 혼란한 시기를 헤쳐 갔던 헤라클리우스 황제(575?~641)는 기억해 둘 만하다. 그는 동로마 제국의 공식 언어를 라틴어에서 헬라어로 바꾼 황제이기도 하다. 619년 페르시아 군대가 알렉산드리아를 점령하면서 5대 총대주교구의 하나인 알렉산드리아 교회가 페르시아의 지배를 받게 되었다. 이에 헤라클리우스는 직접 페르시아 원정길에 나섰다. 622년의 일이다. 6년간의 원정에서 페르시아 제국 수도까지 진격한 그는 628년 페르시아와 강화조약을 맺는 성과를 거둔다. 이집트, 시리아, 팔레스타인을 수복한 제국의 수호자 헤라클리우스를 맞이하는 성대한 개선식이 하기아 소피아 성당에서 열렸다.[19]

그러나 헤라클리우스는 비운의 황제였다. 혼신을 다한 6년의 원정과 승리는 비잔틴 제국의 마지막 불꽃 같은 것이었다. 가장 큰 불행은 그가 이슬람교의 창시자 무함마드(570~632)와 동시대에 살았다는 점이다. 헤라클리우스가 페르시아 원정에 나선 622년은 공교롭게도 무함마드가 박해를 피해 메카에서 메디나로 피신한 '헤지라'가 일어난 이슬람 원년이다.

570년경 메카에서 태어난 무함마드는 유일신 알라를 따르는 엄격한 일신교를 40세에 창시했다고 한다. 그는 단기간에 정치적·종교적 추종자들을 확보했다. 632년 그가 사망했을 때 아라비아 사막의 베두인족을 포함한 부유한 상인들에게까지 무함마드의 가르침이 퍼져 나갔다. 종교, 사회, 정치 등 여러 면에서 분란을 겪던 페르시아 제국과 비잔틴 제국 내 여러 지역이 무슬림 세력에 굴복하였다. 팔레스타인, 시리아, 메소포타미아 지역을 아우르는 비옥한 초승달 지역과 이집트도 점령당했다. 이집트는 비잔틴 황제가 지배하는 곳이었지만, 과중한 과세와 이집트 단성론파 그리스도교 차별 등을 겪으며 비잔틴 제국에 대한 충성심이 상실되었다. 이슬람 세력이 잔혹한 로마인의 손에서 자신들을 구원했다고 믿는 이들도 있었다. 그리스도교의 최대 성지인 예루살렘은 638년 함락되었다. 밀물처럼 밀려오는 아랍인들 앞에 비잔틴 제국은 속수무책이었다. 한때 제국의 수호자였던 헤라클리우스는 거듭된 패전의 충격으로 병을 얻어 641년 쓸쓸하게 세상을 떠났다.

무슬림의 서진(西進)은 북아프리카 카르타고를 넘어 대서양까지 이어졌다. 무어족으로 불리는 북아프리카 베르베르인 무슬림들은 이베리아 반도에 침입하였고, 서고트족 수도인 톨레도가 함락되고 코르도바도 무너졌다. 피레네 산맥 이남 전역이 무슬림 통치하에 들어왔다. 끝 모를 이슬람의 확장은 프랑크 왕국의 카롤루스 마르텔루스가 732년 투르푸아티에 전투에서 무슬림 군대를 격퇴하면서 비로소 멈췄다. 피레네 산맥은 중세 가톨릭 유럽과 무슬림 세계의 경계가 되었다. 아라비아 반도에서 등장한 이슬람은 백 년이 채 되지 않아 유럽 본토까지 진출하여 유럽의 지리적 경계를 만들었다. 이로써 중세 유럽은 두 거대 세력과 마주했다. 첫 번째는 지중해를 두고 비잔틴 그리스도교와 만난 것이었고, 피레네 산맥을 경계로 이슬람과 마주한 것이 두 번째였다.

무슬림 정복 전쟁과 그에 따른 이슬람 개종은 유럽 이민족들의 개종 때보다는 잔인함이 덜했다. 무슬림 정복자들은 관용 정책을 폈다. 이슬람교로 개종하지 않더라도 세금을 추가로 내면 자신의 종교를 유지할 수 있었다. 세율은 비잔틴 제국이 거두는 것보다 대체로 낮았다. 그 때문에 이슬람은 거센 저항 없이 꾸준히 확장했다. 이집트에서는 콥트 정교회가 유지될 수 있었고, 에스파냐의 무슬림 지배하에서도 모사라베 그리스도교는 토착 종교로 살아남았다.

동서 교회의 갈등

중세 초 교황이 유럽의 정치 지형을 이끌었다면, 그에 맞선 동로마의 정치 지도자는 동로마 황제였다. 초점을 교회에 맞춰 보자면 교황은 5개의 총대주교구 중 하나인 로마 주교로서, 동로마 지역의 다른 4개 총대주교구(콘스탄티노플, 알렉산드리아, 안디옥, 예루살렘)와 동등한 지위였다. 다만 로마의 상징성과 라틴 지역의 유일한 총대주교구라는 점에서 서방 교회 대표성을 부여받았다.

유럽 가톨릭과 비잔틴 교회의 관계를 설명하기 전에, 먼저 황제교황주의를 내세운 비잔틴 제국하에서 제국과 교회의 관계를 살펴보자. 동로마 제국이 비잔틴 제국으로 불리는 것은 제국이 천연 요새인 수도 콘스탄티노플(비잔티움) 중심으로 축소되었다는 의미이기도 하다. 고대 로마가 건설한 찬란한 도시 문명은 전염병과 지진 등을 겪으며 서서히 붕괴되었다. 페르시아가 소아시아 지역으로 영토를 넓혀 갔고, 이슬람은 동로마 제국에 큰 타격을 가했다. 고대 로마의 유산인 극장, 화려한 건축물과 섬세한 조각상, 분수대, 전차 경기장 등은 사라졌다. 비잔틴 제국과 고대 로마 전통을 연결하는 것이 오늘의 시각에서는 낯설게 보일 수 있지만, 현 터키 지역의 일곱 초대교회 유적 여행은 다름 아닌 고대 로마의 흔적을 찾아가는 여행이기도 하다.[20]

7세기 무렵 비잔틴 세계에서 도시라고 부를 만한 곳은 콘스탄티노플 외에는 없었다. 수도 콘스탄티노플에는 여전히 고전 교육을 받은 관료와 지식인들이 모여들었지만, 그 외의 지역에서는 점차 고대 로마의 흔적이 사라지고 지역성이 강화되었다. 한때 거대했던 동로마 제국은 콘스탄티노플과 그 주변으로 축소된 제국의 삶에 적응해 갔다. 급격하게 변하는 비잔틴 사회를 지탱하는 중요한 축은 교회였다. 교회는 사회관계를 형성하고, 공공 활동을 촉진하는 중심이 되었다. 위축된 공립학교의 기능도 교회가 흡수하였다. 제국의 기능이 위축된 상황에서 비잔틴 교회는 병원과 구호 기관 등 자선 기관들을 발전시켰다. 이는 중세 유럽 형성 초기 무너진 서로마 제국의 체제를 계승하여 가톨릭교회가 수행했던 역할과 무척 닮았다.

서방 지역은 서로마 멸망 이후 교황이 패권을 장악해 가고 있었으나, 동방 지역은 여전히 황제가 막강한 권한을 쥐고 있었다. 하지만 종교 문제에서 교황의 상대는 콘스탄티노플 총대주교였다. 이슬람 확장으로 동방의 나머지 세 총대주교구가 이슬람 지역으로 편입되면서 콘스탄티노플이 동방의 유일한 총대주교구로 살아남게 된다.

동방 교회를 대표하는 콘스탄티노플 총대주교는 비잔틴 황제와 로마 교황이라는 두 세력과 버거운 긴장 관계를 유지했다. 동서 교회의 분열은 이 세 축이 맞물린 결과이다. 비잔틴 제국 내에서 황제가 교회에 영향력을 행사했다 해서 속권과 교권의 긴장이 없었다는 의미는 아니다. 비잔틴 제국의 공공 기능을 교회가 흡수했다면, 황제의 간섭에 대응하는 교회의 위상이 확대됨은 당연하다. 동서 교회의 갈등은 비잔틴 황제와 교황과의 갈등이 한 축이었고, 콘스탄티노플 총대주교와 교황과의 갈등이 또 다른 한 축이었다. 동서 교회가 분열에 이른 두 핵심 쟁점인 성상 파괴 논쟁과 필리오케 논쟁에 이 갈등이 고스란히 드러난다.

성상 파괴 논쟁과 보편적 제국 이념 상실

그리스 정교회나 러시아 정교회를 떠올릴 때면 가장 먼저 연상되는 것이 흔히 이콘(icon)이라 불리는 성상 혹은 성화상이다. 로마 가톨릭교회에서도 사용되지만 광범위하게 퍼진 곳은 정교회 문화권이다. 성화상은 그리스도, 마리아 혹은 성인들을 그림이나 조각상으로 표현한 예술 작품이다. 또 성서의 이야기를 표현한 그림도 포함된다. 성화상은 대중들의 신앙심을 고취하고, 더 나아가 교육하는 목적을 지녔다.

692년 비잔틴 황제 유스티니아누스 2세가 소집한 트룰로(퀴니섹스트) 공의회는 진리의 그림자요 상징으로서 성화의 역할을 인정했다. 그리스도의 성상을 통해 사람들은 인간의 몸을 입은 신의 겸손과, 그리스도의 육체와 고난, 죽음, 부활을 더 깊이 이해할 수 있다고 설명한다(규범 82조). 유스티니아누스 2세는 제국에서 발행하는 금화 앞면에 그리스도의 형상과 '왕 중의 왕'이라는 글을 새기고, 뒷면에는 자신의 초상과 '그리스도의 종'이라는 글자를 새겨 넣었다.

성화상이 신적 숭배의 대상이 아닌 공경의 의미로 일단락되면서 지금은 비잔틴 교회의 독특한 종교성을 차지하지만, 상징과 숭배의 대상 사이에서 그 경계는 분명하지 않았다. 성화상 자체가 숭배의 대상이 될 위험성은 항상 존재했다. 교회는 숭배가 아니라고 하지만 실제 대중들은 성상에 주술적 믿음을 투영했다. 성화상으로 표현된 그리스도는 신성이 배제된 인성만을 드러내는 것이기에 그리스도의 본성에 대하여 칼케돈파, 네스토리우스파, 단성론파 사이의 갈등도 증폭시켰다. 곧 비잔틴 제국의 사회적 분열이 심화된 것이다. 성상을 거부하는 이들은 성상 소유를 우상숭배로 비난했고, 성상 소유자들은 이 혐의를 강력하게 부인하였다.[21]

성화상이나 그리스도의 얼굴이 주조된 화폐는 이웃하는 이슬람이나 유대 세계에 부정적 영향을 미쳤다. 이 두 세계는 '너를 위하여 새긴 우상을 만들지 말라'는 십계명에 따라 성화상을 금했기 때문이다. 성상을 둘러싼 갈등은 제국 내에서도 터져 나왔다. 유럽과 가까운 교회는 성화상에 우호적이었지만, 이슬람 인근의 소아시아 지역 교회들은 성화상을 거부했다. 그들은 성화상을 옹호하는 콘스탄티노플 총대주교에 반대했다. 성화상을 둘러싼 갈등은 폭발 직전까지 도달했다. 결국 비잔틴 제국은 성화상을 인정한 지 채 30년이 지나지 않아 전혀 다른 정책을 펴게 된다.

730년 비잔틴 황제 레오 3세는 교회에 성상 및 화상을 금지하는 성상파괴령을 내린다. 제1차 성상파괴 운동이다. 이 정책은 제국과 교회의 관계뿐 아니라 비잔틴 제국 전체를 혼란에 빠뜨렸다. 서방 교황 그레고리우스 2세도 이 정책에 크게 반발하여 이탈리아 총독부가 있는 라벤나에서 반(反)황제 시위를 부추겼다.

비잔틴 황제 콘스탄티누스 5세는 성화상 논쟁을 해소하기 위해 754년 히에리아 공의회(Council of Hieria)를 소집한다. 이 공의회는 황제의 성상파괴 정책을 지지했고, 예배 의식이나 사적인 종교 활동에서 성화상 사용을 금지했다. 제국 전역에 성화상 파괴 운동이 확산되었다. 콘스탄티노플의 하기아 소피아 성당도 이 소동을 비껴가지 못했다. 수많은 교회와 수도원에 있던 성화상이 불타고 파괴되었다.[22]

성화상 금지는 우상숭배적 요소를 경계하는 목적이었지만, 다른 한 편으로는 황제의 권력과 교회가 겪은 갈등의 표출이기도 했다.[23] 성화 상의 주 생산지는 수도원이었다. 성화상이 활발하게 활용될수록 수도원 은 부를 축적하게 되고 이로써 교회가 경제력을 확보하면 정치적 입김 이 강화되는 건 당연하다. 콘스탄티누스 5세의 성상 금지 조치는 교회 와 수도회 폐쇄, 재산 몰수로 이어졌다. 저항하는 수도사들은 박해를 당 했고 처형당하기도 했다. 수도사들은 박해를 피해 제국 너머로 흩어졌 고 일부는 로마로 도망하여 교황에게 도움을 청했다. 이제 동방 교회와 수도사들이 비잔틴 황제에 반발하여 로마 교황과 제휴하게 되었다. 교 황 그레고리우스 2세는 황제에게 성화상 파괴 중지를 요구한다. 더 나 아가 교회 문제는 황제가 간섭할 성격의 것이 아니라며 황제에게 교회 문제 불간섭을 요구한다. 초기 비잔틴 황제가 동방 교회 및 수도회와 겪 었던 성상파괴 논쟁의 대립 구도가 다시 교황과 비잔틴 황제의 갈등으 로 진화된 것이다.

비잔틴 제국 내의 논쟁

비잔틴 제국 내에서도 성화상 논쟁은 이어진다. 이 첫 번째 성상파괴령은 비잔틴 황제 레오 4세의 황후 아테네의 이리니(Irene of Athene, 752~803)의 기획으로 철회된다. 본래 성상 옹호자였던 이리니 는 혼인 시 성상 숭배를 거부하겠다는 맹세를 했다. 그러나 그는 은밀하 게 성상을 보관하고 있다가 남편의 갑작스러운 죽음 이후 아들 콘스탄티 누스 6세의 섭정이 되자 본격적으로 성상 복원을 시도했다.

이리니는 교황 하드리아누스 1세와 협의하여 787년 제2차 니케아 공 의회 개최에 성공한다. 이 공의회는 동로마 황제가 성상을 금지했던 표 면적 이유인 우상숭배의 위험성에 대해 성상은 숭배가 아니라 공경하는 것이라고 결정한다. 이것은 754년 히에리아 공의회의 결정을 뒤집은 것이고, 앞선 공의회 자체를 무효로 만들었다. 이리니는 섭정 역할에 만족하지 않고 아들의 눈을 멀게 만든 후 스스로 황제의 자리에 올랐다. 그녀는 비잔틴을 통치한 최초의 여성 황제였다. 그 잔혹함에도 불구하고 성상파괴령을 철회한 데 기여한 공로를 인정하여 동방 정교회는 이리니를 성인으로 추대했다. 이로써 제1차 성상파괴령은 막을 내렸다.

그러나 이리니를 비롯한 성상 옹호론자들의 통치 시기에 제국 정부는 군사 원정에서 잇따라 패배하면서, 반대파들에게 성상 숭배로 인한 신의 진노라는 빌미를 제공하였다. 815년 제2차 성상파괴령이 내려졌다. 이는 제국 의회가 제국 개혁의 한 방편으로 시작한 것이었다. 우연히도 이 성상파괴령 역시 어린 아들의 섭정이 되어 제국을 통치하던 황후 테오도라에 의해 843년 철회되었다. 테오도라는 유스티니아누스 2세가 그랬던 것처럼 그리스도의 형상을 금화에 새겨 넣었다. 그 후 비잔틴 제국에서는 성화상을 두고 더 이상 분란이 생기지 않았다.

백 년 이상 성상의 허용 여부를 두고 벌어진 비잔틴 제국 내의 분쟁은 표면적으로는 성상을 숭배의 대상으로 놓느냐에 대한 신학 논쟁이지만, 실제로는 사회·정치적인 성격이 훨씬 컸다. 섭정을 한 두 여성이 성화상을 복원했지만 여성이 성상에 더 애착을 가졌다고 일반화할 수는 없다. 성상파괴령은 비잔틴 제국이 교회를 포함한 사회 전체를 더 강력하게 제국주의적으로 통치할 수 있던 시기에 내려졌다. 섭정이 통치하던 시기 성상파괴령이 철회되었다는 것은 제국의 통제가 약화되었다고 읽을 수도 있다. 황제가 종교 정책을 통제했지만, 교회나 수도회가 황제와 군대의 통제를 거부하고 성상 옹호 정책을 관철할 수도 있었기 때문이다.

사실, 결과만 놓고 보면 동방 교회와 서방 교회는 성화상을 보는 입장에 신학적 차이는 없다. 오늘날 성화상은 가톨릭이나 정교회 문화에서 모두 중요하다. 하지만 이 성화상 논쟁은 비잔틴 황제와 로마 교황과의 정치적 대립을 심화시켜 동·서방의 독자적 세력화를 가속화했다는 점에서 잠재적 분열의 단초가 되었다.[24] 726년 성상파괴령 이전까지 교황은 동로마 황제를 군주로 인정했다. 그러나 성상파괴령은 교황이 더 이상 동로마 제국에 예속되지 않고 서방의 카롤링거 왕조와 제휴하는 단서를 제공했다. 동로마 황제 편에서 보자면 자신의 세력 강화를 목적으로 시작된 성상파괴 정책으로 서로마 교황이 비잔틴에서 벗어날 명분과 실리를 확보하게 된 것이다. 이 점에서 성상파괴 논쟁은 신학 논쟁을 넘어 정치적으로 더 중요한 함의를 지닌다.

필리오케 논쟁과 포티우스

동방 교회와 서방 교회를 분리시킨 결정적 신학 논쟁은 '필리오케'(Filioque) 논쟁이다. 초대교회에서는 제1차 니케아 공의회와 제1차 콘스탄티노플 공의회를 통해 삼위일체를 부정하는 아리우스파를 이단으로 정죄하고, 삼위일체를 정통 교리로 확정한다. 니케아-콘스탄티노플 신경은 성령에 대해서 '성령께서는 성부에게서 발하시고 성부와 성자와 더불어 영광과 찬송을 받으시며 예언자들을 통하여 말씀하셨다'고 한다. 필리오케란 라틴어로 '~와 성자'(and the son)를 뜻하는 단어이다. 이 니케아-콘스탄티노플 신경에 추후 서방 가톨릭교회에서 '~와 성자'를 포함시켜 동·서방 교회가 분열되는 논쟁을 야기한다.[25]

325년 니케아 공의회에서 삼위일체를 수용했다고 해서 아리우스파가 사라진 것은 아니었다. 정치적으로 아리우스파가 재기하면서 삼위일체 교리를 수용하는 이들이 핍박을 받았다. 동로마 제국은 그리스도의 인성과 신성 논쟁으로 칼케돈파, 단성론파, 네스토리우스파로 나뉜 것이 주 갈등이었던 반면, 서방 지역은 아리우스파 문제가 중세 초반에 지속되는 문제였다. 동방에서는 한 발 비켜난 주제였지만 서방에서는 해결해야 할 중요한 이슈였다.

아리우스는 성자와 성부의 동등함을 부정한다. 니케아 신경에서 '성령이 성부로부터 발한다'는 표현은 성부와 성자가 같지 않다는 의미로 읽힌다. 그래서 성자 그리스도가 성부와 동일한 본성을 지녔음을 명확히 하기 위하여 '성령이 성부와 성자로부터 발한다'고 표현했다. 이를 위해 '필리오케'라는 단어를 포함시킨 것이다. 아리우스파가 세력을 떨치던 에스파냐에서 이는 신학적으로 중요한 문제였다. 그래서 589년에 열린 제3차 톨레도 교회회의(Toledo Synod)에서는 공식적으로 381년의 니케아-콘스탄티노플 신경에 '필리오케'를 덧붙인다.

서방 라틴 교회에서 이 문구를 삽입하면서 동방 교회 논쟁이 일어난다. 이 신학 논쟁을 정치적으로 비화시킨 인물이 콘스탄티노플 총대주교 포티우스(810~893)였다. 필리오케를 삽입한 로마 교회에 대한 비판은 순수한 신학적 문제라기보다 교황과의 오랜 악연이 원인이다. 포티우스는 성직자가 아닌 평신도 출신이다. 동로마 황제 미하일 3세는 콘스탄티노플 총대주교 이그나티우스를 강제 폐위하고 포티우스를 사제로 안수한 뒤 총대주교로 임명한다. 이에 로마 교황 니콜라우스 1세(820~867)는 일련의 과정의 불법성을 주장하며 포티우스를 파문하고 이그나티우스를 정당한 총대주교로 선포한다. 이에 대한 보복으로 포티우스는 교황을 이단으로 파문한다. 니케아-콘스탄티노플 신경에 필리오케를 삽입한 것이 이유였고 이는 동서 교회 분열의 시작이었다.

문제를 해결하기 위해 869년 동로마 황제와 로마 교황이 합의하여 제4차 콘스탄티노플 공의회를 개최한다. 황제 바실리우스는 교황의 뜻을 존중하여 포티우스를 폐위하고 이그나티우스를 총대주교로 복권하였다. 그러나 이것으로 갈등이 일단락되지는 않았다. 슬라브족인 불가리아 선교를 둘러싸고 로마 교회와 콘스탄티노플 교회 사이의 관할권 문제가 터졌다. 로마 교황의 지원으로 복권된 이그나티우스가 로마 교황과 상의 없이 불가리아에 주교를 선임함으로써 지역 세력 확장을 둘러싼 갈등이 생겼다. 게다가 이그나티우스의 후임으로 포티우스가 다시 선임되었다.

십 년 후인 879년에 두 번째로 열린 또 다른 공의회에서는 결국 니케아-콘스탄티노플 신경에 '필리오케' 삽입을 금지했다. 포티우스가 관여한 이 두 차례의 공의회는 동방 교회의 뜻이 관철되었다고 볼 수 있다. 그러나 로마 가톨릭교회는 879년의 공의회를 인정하지 않고 869년의 공의회를 제4차 콘스탄티노플 공의회라고 인정한다. 물론 당시에 이 갈등이 영구적인 분열로 진화하지는 않았다. 그러나 분열의 불씨는 지펴졌고 필리오케 논쟁으로 11세기에 다시 동·서방 교회는 분열되었다. 분열은 교리를 매개로 한 정치적 갈등의 산물이었다. 이를 '포티우스 분열'이라고 한다.[26]

쌍방의 파문, 동서 교회 분열

비잔틴 지역에서 시작된 성상파괴령과 서방에서 촉발한 필리오케 논쟁은 헬라어 문화권과 라틴어 문화권으로 나뉜 동·서방 교회의 차이를 확인해 주는 사건이었다. 여기에 여타의 교리 논쟁도 한몫했다. 서방 교회에서는 성찬식 때 누룩이 들어가지 않은 무교병을 사용한 반면 동방 교회에서는 누룩이 든 빵을 사용했다. 서방 교회에서는 사제의 결혼이 금지되었지만, 동방 교회에서는 주교 이상만 결혼이 금지되었다.

포티우스 분열에 나타났던 불가리아 선교를 두고 발생한 로마 교회와 콘스탄티노플 교회의 갈등에 나타나듯, 이미 동·서방 교회는 하나의 보편 교회라기보다는 세력 확장을 꿈꾸는 경쟁자였다. 보편 교회에서 가장 우월한 지위를 주장하는 로마 교황에 대해 콘스탄티노플 총대주교는 모든 교회가 동등한 지위를 지닌다고 맞서게 되었다.

1054년에 발생한 동방 교회와 서방 교회 분열은 콘스탄티노플 총대주교 케룰라리우스와 로마 교황 레오 9세와의 갈등 속에 발전하였다. 케룰라리우스는 라틴 교회와 일련의 신학 논쟁을 벌이기 시작한다. 그 논쟁은 필리오케를 비롯하여, 무교병 사용, 성직자의 결혼 금지 등 이미 비잔틴 교회와 라틴 교회에서 오랜 기간 차이를 보이던 사안이었다. 총대주교는 교황에게 일련의 문제제기를 담은 서한문을 발송한 이후 콘스탄티노플에 있는 라틴 교회와 라틴 수도원을 폐쇄한다.

이에 교황 레오 9세는 로마 교회의 수위권을 재천명한다. 당시 황제 콘스탄티누스 9세는 양편의 중재를 시도하는데 교황에게 세 명의 성직자를 사절단으로 보내 콘스탄티노플 총대주교와 합의하고 화해할 것을 요구한다. 그러나 교황 레오 9세가 보낸 사절단이 콘스탄티노플 총대주교와 벌인 논쟁은 합의점을 찾지 못한다. 강고한 교황권주의자인 추기경 훔베르트는 교황만이 사도 베드로의 권위를 이어 받았고, 로마 교회만이 유일한 정통성을 지닌 교회라고 계속해서 주장한다.

이 와중에 예기치 않은 사건이 발생한다. 이탈리아에 침입한 노르만족에 맞선 로마의 동맹군이 1053년 치비타테에서 패배한다. 이때 로마 교황 레오 9세가 포로로 잡혀 옥살이를 하다가 풀려나 사망한다. 이 '치비타테 사건'은 훔베르트 추기경이 사절로 가 있는 와중에 발생했다. 비잔틴 제국에서는 이 상황에서 로마 교회에게 도움을 주지 못했다. 교황의 사절단이 이에 대해 섭섭함을 느끼는 것과는 별개로, 사절단을 보낸 레오 9세의 사망으로 사절단은 자격 시비에 휩싸이게 된다. 총대주교로부터 홀대를 받은 추기경 훔베르트는 1054년 7월 16일에 케룰라리우스와 지지자들에 대해 로마 교황의 이름으로 된 파문장을 하기아 소피아 성당에 투척하고 떠나 버린다. 이에 대응하여 총대주교 케룰라리우스는 로마 사절단을 파문하며 '로마 교회는 정통 그리스도인 동방 교회와는 상관이 없다'고 선언한다.[27]

역사는 1054년에 발생한 이 쌍방 간의 파문 사건을 동·서방 교회의 분열이라고 규정한다. 그러나 이 사건을 당대 사람들이 동방 교회와 서방 교회가 공식적으로 분열된 사건이라고 인식했는지는 의문이다. 아마도 포티우스 분열처럼 추후에도 해결될 여지는 있다고 보았을 것이다. 그럼에도 이 사건을 영구적인 분열로 보는 것은 그 이후 서방 교회와 동방 교회 사이가 궁극적으로 회복되지 않았기 때문이다. 1054년 이후 동·서방 교회는 공의회 등을 통해 화해 및 통합을 시도한다. 13~15세기 동안 유럽 리옹과 페라라 등지에서 개최된 공의회에서 여러 차례 동방 교회와 일치 안건이 상정되었고, 한때 양측이 일치에 도달한 적도 있었다. 그러나 비잔틴 지역 교회들이 합의안을 거부하면서 통합은 무산되었다.

정치적 목적이 다분히 포함된 신학 논쟁으로 갈라진 이후 서방 교회는 독자적인 라틴신학 전통을 12세기부터 본격적으로 만들어 갔다. 이때 라틴신학에 들어온 대표적인 교리가 칠성사와 연옥, 면벌부 등이다. 동·서방 일치를 위한 공의회에서 결국 동방 교회는 서방 교회의 연옥 교리와 같은 새로운 신학적 발명을 거부하였다.

몇 차례의 화해 시도는 1453년 비잔틴 제국이 멸망하면서 결국 실패했다. 그로부터 5백 년 이상이 흐른 1965년, 교황 파울루스 6세와 콘스탄티노플 총대주교 아테나고라스 1세가 만나 상호 파문을 철회하는 공동선언문을 발표함으로써 화해와 일치의 길이 다시 열렸다.

동서 교회 분열은 동로마와 유럽이 각각의 독자적 정체성을 형성해 나가면서 점진적으로 진행된 일련의 흐름의 결과였다.

유럽 형성의 외적 토대가 되다

비잔틴 제국은 동·서방 무역로의 중심지에 있다. 서쪽으로는 유럽, 동쪽으로는 페르시아와 인도까지 연결되는 관문이자 전략적 요충지이다. 중세 초 유럽의 더딘 걸음에 비해, 고대 로마의 터 위에 서 있던 비잔틴 제국은 빠르게 제국의 번성기를 맞았다.

비잔틴 제국은 헬라어를 공식적으로 사용해서 고전 작품들과 학문적 성과를 보존했다. 오리엔트 문명과 그리스—로마 문명, 이슬람 문명 등과 교류하면서 독자적인 비잔틴 정교회 문화가 형성되었다. 따라서 수도원을 중심으로 발전을 꾀하고 나아가던 서유럽에 비해서 문화적 수준이 높았다.

7세기 아라비아 반도에서 시작된 이슬람은 엄청난 기세와 속도로 세력을 얻으며 지리적·문명적 경계를 확대했다. 페르시아와 북아프리카, 남부 에스파냐 등 아시아, 아프리카, 유럽까지 세력 확산을 이루었다. 문명의 토대가 없는 황무지에서 출발한 중세 유럽의 그리스도교와 달리 상인의 교역로에서 형성된 종교인 이슬람교는 그 출발이 늦었음에도 훨씬 세련된 방식으로 다른 문명권과 조우했다.

비잔틴 제국과 이슬람, 이 두 세력은 유럽 문명과 물리적 충돌을 겪으며 갈등하기도 하지만, 유럽이 문명을 만들어 가는 데 필요한 토대를 제공하였다. 11세기에 시작된 십자군 원정은 문명의 충돌을 증명하는 듯하나, 적어도 유럽에서는 비잔틴과 이슬람의 앞선 학문을 수용하여 독특한 라틴 그리스도교를 완성하는 성과를 거두었다.

6

세속권력과의 투쟁과 교황권

—

클뤼니 개혁 운동과 서임권 논쟁

카노사 성 앞에 선 하인리히 4세

(에두아르트 슈보이저 작, 1862)

역사는 카노사의 굴욕을 교황권이 확대되는 상징적인 사건으로 평가한다. 그러나 누가 승자인지 따지는 것은 핵심이 아니다. 핵심은 이 사건으로 한 국가 내의 성직자 임명과 성직자 역할에 대한 장기 논쟁이 지속되었다는 것이다. 146쪽

교권과 속권의 갈등 시작되다

초대교회사는 생생하다. 교회의 형성과 박해 속에서 교회
는 어떻게 자라 갔으며, 교회가 지켜 낸 가치는 무엇인지 그 고민이 녹아
있다. 이에 비해 중세교회사는 그 역사가 오늘 어떤 의미가 있는지 의문
을 던지게 한다. 중세교회사 전반을 통해서 근본적으로 생각하고 고민
해야 될 부분은 무엇일까? 시대도 다르고 사건의 양상도 다르지만, 교회
란 무엇이며, 교회는 사회와 어떤 관계를 맺어야 하는지 역사적 경험에
서 배울 수 있다는 것이다.

유럽 중세가 자리 잡아 가면서 교권(*sacerdotium*)과 속권(*regnum*)의
갈등이 첨예하게 전개된다. 중세 초 몰락한 서로마의 행정체계를 교황
제가 대체하면서 교황제 및 로마 가톨릭교회가 강화되었다. 동로마와도
점차 멀어지면서 유럽의 여러 국가들과 로마 교황은 견제와 균형 속에
공생관계를 형성했다. 피핀의 기증과 카롤루스의 서로마 황제 대관은 그
핵심 사건이었다. 이와 같은 역사 속에서 성직자들이 국가와 교회에 봉
사하는 이중 역할을 했다는 사실에 주목하게 된다. 교회와 국가 사이의
구분이 명확하지 않은 국가교회나 교회국가 형태로 운영되다 보니 귀족
과 더불어 성직자들이 국가의 관리직을 채웠다. 이 이중 구조 속에 중세
내내 면면히 이어 내려온 갈등의 뿌리가 놓여 있다.[1]

교황이 주교를 임명할 때는 자신의 필요, 뜻과 의지를 따라 줄 사람
을 원한다. 마찬가지로, 국왕은 주교가 성직자이긴 하지만 궁정에서 봉
사하고 섬겨야 하므로 국왕의 정책을 이해하고 이행할 사람을 임명하는

것이 인지상정이다. 충돌되는 두 가지 역할이 한 사람에게 요구된다면 성직 임명권은 누가 행사해야 할까?

성직 임명권을 놓고 벌어진 갈등을 서임권 논쟁(Investiture Controversy)이라고 한다. 성직 임명에는 일관된 원칙이 있던 것은 아니다. 처음에는 로마 시민들이 로마 주교를 선출했었다. 그러나 중세 그레고리우스 1세 교황은 독일 지역에 대주교구 교회를 설립하고 직접 주교를 임명했다. 결국 충돌하는 두 관계 속에서 원칙을 정립할 필요가 대두되었다. 서임권 논쟁이라고 하면 교황 그레고리우스 7세와 신성로마제국 황제 하인리히 4세 간의 갈등을 대표로 들지만, 이는 하나의 예일 뿐 서임권 논쟁은 중세 내내 반복되었다.[2]

중세 초 5백 년은 대교황 레오 1세와 그레고리우스 1세 등으로 대표되는 교황권 형성기였다. 10세기경부터는 유럽 국가의 지형도가 마련되었다. 카롤링거 왕조가 유럽을 통괄하고 있다가 870년 메르센 조약이 맺어지면서 독일, 프랑스, 이탈리아로 삼분된다. 이 조약 이후 상호 공존하는 관계에서 갈등 관계로 바뀐다. 교황권과 황제권을 상징하는 인물로 교황 니콜라우스 1세와 신성로마제국 황제의 관을 받은 오토 1세(912~973)를 들 수 있는데, 이들을 살펴보자.

니콜라우스 1세는 중세 초반 가장 강력한 힘을 발휘한 교황 중 한 명이다. 그는 단순히 종교적 권위를 행사하는 데 그치지 않고, 세속 지배자들의 행위에 대해 도덕적 판단을 내릴 권리까지 주장했다. 한 예로, 서로마 제국 황제 로타리우스 2세(835~869)는 아들을 낳아 준 첩과 결혼하려고 아내에게 누명을 씌워 이혼하고자 했다. 제국 내 주교들의 묵인 하에 그는 아내와 이혼하고 첩과 결혼했지만 교황이 이를 무효화했다. 또한 황제의 불법행위를 눈감아 준 독일의 고위 주교 두 명을 파문했다. 로타리우스 2세는 이미 마음이 떠난 첫 번째 아내에게로 돌아가야 했다.

이로써 니콜라우스 1세하에서 교황권은 세속 군주의 도덕적 문제를 판단하고 결정할 정도로 높아졌다.[3] 이 사건은 세속 문제 관여에서 후임 교황들에게 중요한 선례를 남겼다.

니콜라우스 1세 때 교황은 일시적으로 최고 권력을 누렸지만 그 이후 교황권은 암흑기(*Saeculum obscurum*)에 접어든다.[4] 7세기부터 9세기까지 유럽은 또 다른 민족 대이동으로 격변을 겪는다. 북쪽에서는 바이킹과 노르만족, 동쪽에서는 마자르족, 전방위적으로는 사라센 이슬람이 남부 이탈리아 반도에 진격하였다. 시칠리아 섬과 남부, 남서부 지역이 이미 이슬람화되었고 이탈리아는 정치적 혼란 상태에 빠졌다. 이들 세력을 막아 줄 강력한 왕이나 황제가 곁에 있지 않았다. 10세기 초반, 교황권은 크게 위축되었다. 마치 종교개혁 전 15세기, 교황권이 이탈리아 반도 내로 축소되어 이탈리아 도시 국가의 유력 가문에서 교황들을 배출하였던 것과 마찬가지로, 당시 교황도 종교 지도자로서의 정체성을 기준으로 선출되기보다 로마 귀족들 사이의 당파 논쟁을 통해 선출되었다.

이 위기의 때에 역사가 다시 반복된다. 피핀은 랑고바르드족의 이탈리아 침입을 막아 주고 교황령을 교황에게 넘긴 후, 그 보답으로 카롤루스 마그누스는 서로마 제국 황제의 관을 받았다. 이와 유사한 반복이 오토 1세 때 일어난다. 오토 1세는 교황 요한 12세의 요청으로 사라센인들을 몰아내기 위해 이탈리아 원정에 나선다. 그는 독일 국왕 신분이었다. 이탈리아 원정에서 승리한 그는 962년에 신성로마제국 황제의 관을 받는다. 800년에 카롤루스 마그누스가 받은 것은 서로마 제국 황제의 관이었다. 이제 한 걸음 더 나아가 오토 1세는 로마 제국 전체의 황제로 대관되었다.

중세 신성로마제국과 독일의 관계는 미묘하다. 프랑스 왕은 중세 내내 프랑스 왕이었고, 잉글랜드 왕 역시 마찬가지였다. 그런데 독일 왕은 어떤 경우 신성로마제국 황제라고 표현하고, 또 다른 경우 그저 독일 왕이라고 한다. 962년 독일 왕 오토 1세 이후 독일에서 왕위를 계승받는 자는 독일 왕이 되지만 자동적으로 신성로마제국 황제가 되는 것은 아니다. 교황의 대관식이 있어야만 했다. 로마 제국 황제 앞에 '신성'(Holy)을 붙인 것은 14세기부터다.[5] 교황이 대관을 했기 때문이다. 교황과 독일 왕 사이에 갈등이 생기면 황제의 관을 쓸 수가 없어 독일 왕으로만 남은 경우가 몇 차례 있었다.

오토의 대관이 카롤루스의 대관과 가장 차이 나는 부분은 신성로마제국 황제 권한이 더 커졌다는 것이다. 황제의 관을 받을 때에 독일 왕이 로마 교황에게 요구했던 것은 주교와 수도원장 선출권이었다. 이후부터 황제가 이탈리아 및 교황 정책에 깊이 개입하고 지속적으로 유럽의 최고 지배권을 놓고 교황과 대립한다. 오토 1세는 신성로마제국 황제의 관을 받은 지 1년 후 자신을 대관한 요한 12세를 폐위한다. 그 이후부터 일련의 교황들은 신성로마제국 황제가 임명한 독일인으로 채워지게 된다. 이에 교황권에 심각한 위기가 닥쳤다.

교회 역시 세속 군주의 보호 아래 있는 것이 자연스럽고 현명한 선택으로 보였다. 그러나 세속 군주가 교회를 쥐고 흔들면서 다른 세속 기관과의 차별성이 사라졌다. 세속 권력이 임명한 성직자는 교회법에 규정된 전통적인 종교적 의무와 관행을 이행하는 데 태만했다. 혼인을 하거나 동거인을 두고 있는 교구 사제들도 많았다. 그리고 많은 사제들이 자신의 교회 직분을 사고파는, 이른바 성직매매(simony)를 행했다. 한 사람의 성직자가 여러 교회의 성직록(benefice)을 받는 복수겸직도 발생하면서 성직자가 부재하는 부재 성직도 생겼다. 복수겸직 성직자는 자신이 부재한 교회에 고용 사제를 두어 관리를 맡기고 수익을 챙긴다. 이것이 일반적으로 행해졌던 성직매매이다.[6]

클뤼니 수도회의 개혁 운동

그리스도교의 본질적 의미를 재확인하고 그 근원으로 되돌아가고자 하는 시도는 교회 역사의 고비마다 등장했다. 9~10세기 교회가 세속 사회 속에서 고유성을 상실하고 있었을 때, 교회의 올바른 생존을 위한 개혁과 갱신의 필요가 대두되었다. 이 개혁 움직임은 11세기에 분출되었다. 기존의 전복된 관계를 바로잡는 것이 목적이었기에 이 개혁 운동은 급진적이었다. 이 운동은 크게, 아래로부터 상향식 개혁을 주도한 클뤼니 수도회의 개혁 운동과, 그 개혁 운동을 동력화하여 가톨릭 교회를 개혁한 그레고리우스 7세의 개혁으로 나뉜다.

성직자가 아닌 왕이나 귀족이 교회에 토지를 제공하고 성직자를 임명하는 현실을 누구나 반긴 것은 아니었다. 이 상황을 개혁하려던 세력들이 있었다. 개혁의 동력은 중세 유럽 형성에 아래로부터 기여했던 수도원이었다. 11세기 수도원 개혁 운동이 독일, 프랑스 및 잉글랜드에서 동시다발로 발생했다. 이 중 가장 영속적으로 영향력을 끼친 것이 11세기 초반의 클뤼니 수도회 운동이었다.

10세기 후반부터 11세기 초반까지 프랑스 중부 클뤼니에서 시작된 이 운동은 유럽 전체 수도회 운동으로 확산되었다. 909년 아키텐 공작 기욤 1세(Guillaume d'Aquitaine, 875~918)가 토지를 후원하는데, 자신의 작위를 물려줄 아들이 죽자 재산을 수도원에 헌납하고 종교생활에 귀의한 것이다. 그는 유럽의 표준 수도회인 베네딕투스 수도회 회칙을 엄격하게 고수하도록 해 세속 사회와 과도하게 연결된 교회와 수도회를 개혁하려고 했다. 이 수도원의 영향을 받아 부유한 후원자들이 후원하여 전 유럽에 수백 개의 개혁적 수도회가 생겨났고, 이들은 그리스도교의 가치를 재확립하고 흐트러진 종교성을 바로잡고자 했다.[7]

이 수도원 설립이 유럽 사회에 가져온 파장은 컸다. 먼저, 유럽을 세우는 데 기여했지만 잊혔던 그리스도교의 가치가 주목되었다. 클뤼니 수도회는 세속의 가치를 포기하고 가난한 자들과 세상의 평화를 위하고자 하는 정신을 설립 헌장에서 분명히 하였다. 설립자인 기욤 1세는 수도원과 관련된 공식 직책을 맡거나 수도원 운영에 영향을 행사하지 않았고, 수도원장이 전적으로 수도회 운영을 맡도록 했다.

이 수도 공동체는 지역 주교나 영주의 간섭에서 벗어나 오직 교황에게만 책임을 지는 조직이었다. 교황은 수도회의 독립과 자주권을 철저하게 보호했다. 클뤼니 수도회는 성 베네딕투스 회칙 아래 수도원장의 감독과 관할하에 공동생활을 했다. 수도원장이 죽으면 수도사들이 베네딕투스 회칙에 따라 자체적으로 수도원장을 선출했다. 설립자 기욤 1세는 이 신생 수도회의 수도사들이 수도원장을 선출할 권한을 명시적으로 부여하였다. 클뤼니의 이상을 공유하는 수백 개의 수도회가 프랑스, 북이탈리아, 잉글랜드, 스코틀랜드에 세워졌다.

클뤼니 수도회의 영향은 수도회 설립 운동에 머물지 않았다. 10세기말 클뤼니 수도회가 추구하던 종교의 가치는 유럽에서 강력한 정신적 지주 역할을 했다. 교회 개혁을 이끌어 성인으로 시성된 수도원장 오딜로(961~1049)와 후고(1024~1109), 교황 우르바누스 2세(1035?~1099)와 파스칼리스 2세(1062~1118)가 클뤼니 수도회에서 배출되었다.

클뤼니 수도회 운동은 교황권의 암흑시대로 불리는 9세기를 극복하도록 아래로부터 형성된 전환점이었다. 이 운동으로 교황권이 세속 군주로부터 독립하며, 교황은 한 걸음 나아가 관행처럼 이어지던 세속 군주에 의한 성직 임명권에 반대한다. 하지만 세속 군주의 영향력에서 벗어나는 것만이 모든 해결책은 아니었다. 교회 스스로 변해야 할 요소들이 적지 않았기 때문이다. 그중 대표적인 것이 성직매매와 관행적으로 이루어지던 성직자의 혼인이었다. 수도원의 이상은 수도원 담벼락을 넘어

재속 성직자 갱신 운동으로 연결되었다.[8]

교황의 하향식 개혁

수도회 운동의 부활과 그에 따른 금욕생활 준수는 교회 개혁의 기반이 되었다. 수도회는 교황으로 대표되는 교회 권력에도 상당한 변화를 가져왔다. 교회 개혁을 주도하던 교황이나 고위 성직자들은 대부분 수도회라는 배경이 있었다. 교황 스테파노스 9세와 빅토르 3세 등은 몬테카시노 수도원장 출신이며, 앞서 언급한 우르바누스 2세와 파스칼리스 2세도 빼놓을 수 없다. 수도회 출신이 교회의 상위 직책을 차지하면서 재속 교회에도 영향을 주게 된 것이다. 수도회 출신이 주도한 11세기 개혁 운동은 전방위적으로 퍼져 나갔다.[9]

수도회라는 교회 내부의 힘도 교회 개혁을 이끄는 원동력이었지만, 교회가 자정력을 보여 주지 못했을 때 세속 군주의 간섭이 역설적으로 교회를 갱신하는 힘으로 작용하기도 했다. 독일 왕 하인리히 3세(1017~1056)는 1046년 황제 대관식을 위해 로마로 갔다. 그곳에서 그는 자신이 적법한 교황이라고 주장하는 세 명의 교황들을 만난다. 이는 당시 교황권의 현실을 보여 주는 단적인 사례였다. 하인리히 3세는 이 세 명의 대립 교황을 폐하고, 자신이 데려온 독일 주교를 즉석에서 교황으로 임명한다. 그가 클레멘스 2세(1005~1047)이다. 황제의 절대적 영향력하에서 교황이 된 클레멘스 2세는 성직매매를 금지하는 규정을 만드는 등 교회 개혁을 시작한다. 이때부터 한동안 독일 출신이 교황직을 차지하는 시기에 접어든다.

이 당시 임명된 독일 교황 중 가장 큰 자취를 남긴 교황이 레오 9세(1002~1054)이다. 그는 교황청을 개혁 운동의 새로운 핵심으로 삼아 도덕적 개혁을 이끌어 나갔다. 성직매매와 사제가 결혼하는 관행도 실질적으로 뿌리 뽑으려 애썼다.

　교황이 된 직후인 1049년 4월 라테란 교황궁에서 개최한 첫 번째 교회회의에서 그는 성직매매를 통해 주교가 된 이들을 치리하는 안건을 상정했다. 성직매매 혐의를 받던 주교 중 무혐의를 입증하지 못한 이들은 즉시 폐위되었고 성직 서임이 무효가 되었다. 성직매매는 불법성이 명확했고 그 관행이 널리 비난받았다. 하지만 성직자의 독신 문제는 복잡하다. 이 문제는 선악으로 나뉘는 문제가 아니었다. 많은 사제들이 아내를 두고 있었고, 동방 교회에서는 사제의 결혼을 허용했다. 성직자의 혼인 문제는 지역별로, 때로 교황의 성향에 따라 태도가 달랐다. 그러니 명시적인 규정과는 별개로, 사제의 혼인은 관습적으로 용인되었다.[10]

　왜 사제의 독신이 이 시점에서 다시 논쟁거리가 되었을까? 그것은 클뤼니 수도회가 대표하는 수도회 정신의 부활과 무관하지 않다. 사제의 독신을 주장하는 이들은 대부분 수도회 출신이었다. 이것은 그리스도교가 추구하는 이상이 무엇인가의 문제이다. 수도사의 삶이 가장 이상적인 삶이라면 재속 성직자들도 그들처럼 독신생활을 해야 했다. 제2차 라테란 공의회(1139)에서는 재속 성직자의 결혼을 금지하는 결정을 확인했다. 그러나 종교개혁이 일어난 16세기에도 가톨릭교회 내부에서 사제의 혼인 허용 문제는 지속적으로 제기되던 이슈였다. 성직자의 혼인을 허용했던 루터의 종교개혁에 대응하여 가톨릭교회는 더 엄격한 태도를 취했고 독신 정책은 유지되었다.

　성직매매 금지와 사제의 독신에 대한 레오 9세의 정책은 연쇄적인 파장을 낳았고, 고위 성직자와 일반 사제 모두의 반발을 일으켰다. 특히 성직자의 독신제를 거부한 루앙, 파리, 에르푸르트와 파사우 지역 등에서는 폭동에 가까운 소동도 생겼다. 그러나 개혁 의지에 불타던 교황 레오 9세는 아랑곳하지 않았다. 그는 이탈리아, 독일, 프랑스 지역 등을 순회하면서 지역 교회회의를 개최하여 개혁 의지를 실천했다. 5년의 재임 기간 동안 레오 9세가 로마에 머문 시기는 6개월이 채 되지 않았을 정도로 교황은 전례 없이 전방위적으로 개혁을 이끌었다. 그 정도로 당시 교회가 처한 문제는 절박했다.

레오 9세가 가톨릭교회 개혁의 역사에서 지닌 중요성은 이에 그치지 않는다. 황제의 지명으로 선출된 교황 레오 9세는 교황의 복장이 아닌 순례자의 복장으로 로마 거리에 섰다. 그리고 로마 성직자들과 로마 시민들에게 교황으로 인정받기 전까지 교황 대관식을 거부했다. 그는 교황 선출에 황제의 영향력을 배제하고 교회법에 의거해 성직자와 로마 시민들이 참여해야 한다고 주장하였다. 레오 9세의 후계자인 빅토르 2세(1018~1057)는 황제가 지명한 마지막 교황이었다. 그 후 추기경단이 교황을 선출하는 방식이 도입되었고, 이 교황 선거 과정에 황제는 포함되지 않았다. 그 후 지속적인 제도 변화가 있었고 오늘날 교황선출법으로 정해진 '콘클라베'가 정착된다. 레오 9세가 염두에 둔 교회 개혁의 궁극적인 모습은 도덕적·윤리적으로 무결한 모습을 지녔을 뿐 아니라, 세속 군주의 영향력에서 독립된 교회였다.

교황 선거제 도입의 목적은 독일 황제와 로마 귀족 등 외부의 영향력을 배제하는 것이었다. 이 제도를 놓고 황제와 교황 사이의 충돌은 불가피했다. 이 대립은 교황 그레고리우스 7세(1015~1085)와 독일의 하인리히 4세(1050~1106) 사이에서 극적으로 분출되었다. 이것이 서임권 논쟁이다.

힐데브란트 개혁과 서임권 논쟁

1073년 교황으로 선출되어 그레고리우스 7세라 이름 붙인 힐데브란트는 교권과 속권 사이에 이정표를 세운 인물로 기억된다. 그는 하루아침에 등장하지 않았다. 교황 레오 9세의 행정관으로 20년 이상 교황청에서 여러 교황을 보좌했던 그는 교회 개혁의 핵심 역할을 해 왔다. 레오 9세 때부터 비롯된 일련의 교회 개혁 운동을 '그레고리우스 개혁' 또는 '힐데브란트 개혁'이라고 통칭한다. 물론 그가 한 세대 이상 진행된 교회 개혁의 대표성을 지닐 수 있는지는 논란이 분분하다. 세속화된 교회에 대한 개혁의 첫 동력은 교황청이 아닌 클뤼니 수도회에서 나왔기 때문이다. 클뤼니 수도회와 교황 그레고리우스 7세 사이의 직접적인 관계도 모호하다.[11] 또한 그가 야심차게 속권과 대립하며 높이고자 했던 교황의 권위는 그의 쓸쓸한 죽음을 볼 때 실패로 보이기도 한다. 이 모든 논란에도 불구하고 그레고리우스 7세는 당대에 지대한 영향을 남겼다. 그의 개혁은 그다음 세기까지 다양하고 복잡한 형태로 전개되며 궁극적으로 교회의 권위를 높여 갔다.

그레고리우스가 가진 교회의 이상은 동시대인들이 공유하던 것과는 차이가 있었다. 그는 교회가 당시 봉건 사회의 상위 계서를 차지하여 토지와 세속 권력을 향유하여 결과적으로 신적 기관으로서의 교회의 의무가 약화되었다고 보았다. 당대의 교회는 정치적·세속적 권력을 향유하고 통제하기 위하여 종교를 수단화한 집단이었다. 그레고리우스 개혁의 핵심은 본래 가졌던 종교 본연의 의무와 가치를 교회법에 따라 구현하는 데 있었다. 과도하게 세속과 결탁한 모습을 벗고 수도원적 계율과 가치를 복원하는 것이었다. 1075년 선포된 교황 교서(*Dictatus Papae*)에는 그가 추구하는 교회의 모습이 무엇인지 뚜렷하게 나와 있다. 그는 교황만이 제국 문장을 사용할 수 있는 유일한 권력(10조)이고, 교황은 황제를 퇴위시킬 권한(12조)도 가지고 있으며, 성직임명권에 대한 권한(14조)도 있다고 선포한다.[12] 레오 9세와 그 후계자들이 교황권을 교회 개혁 수단으로 사용하였던 데 비해 그레고리우스 7세는 세속 지배자들에 대응하여 교황권 자체를 강화하는 목적으로 개혁 운동을 활용했다.

앞에서 살펴보았듯이, 클뤼니 수도회 개혁 운동과 교황 레오 9세의 개혁 운동은 성직매매와 사제의 결혼으로 대표되는 교회 권력의 부패가 원인이었다. 교회의 부패는 곧 교황청의 영향력이 쇠퇴한 것으로, 세속 권력에 기생하는 성직자들을 통제할 수 없었다. 일련의 개혁 교황들은 성직매매, 사제 혼인 금지와 함께 교황 선출에 세속 황제의 영향력을 배제하는 조치를 마련하게 되었다. 그런데 그레고리우스 7세는 이러한 통상적인 개혁에 머무르지 않고 새로운 문제를 추가했다. 그가 추구한 개혁의 정점은 황제나 왕과 같은 세속 권력이 주교를 선출하는 관행, 즉 속인의 성직자 서임 금지였다. 11~12세기 교황청과 유럽 국가들 사이에 벌어진 서임권 논쟁은 속권과 교권 사이의 복잡하고 포괄적인 정치적 역학 관계의 산물이다.

하인리히 3세 이후로 독일 출신의 교황들이 선출되면서 교회는 신성로마제국이라는 제국의 권력 작동 방식을 배웠다. 그 권력이 작동하고 유지되는 데 핵심적인 역할을 한 것은 제국 내의 교회와 그에 속한 성직자들이었다. 황제는 이들에 대한 임명권을 행사하여 교회를 통제하고, 교회에 재산과 권한을 부여하는 방식으로 교회의 협력을 이끌어냈다. 그레고리우스 7세는 신성로마제국과 프랑스, 잉글랜드 등지의 교회 주교에 대한 임명권을 교황에게로 돌리고자 했다. 그렇게 될 경우, 교회가 정치적 독립을 넘어 제국 권력을 장악할 수 있게 된다. 그레고리우스 7세는 교회가 속권에서도 가장 높은 권력을 행사해야 한다고 믿었다. 그의 목적은 세속 권력과의 권력 논쟁을 불가피하게 야기할 수밖에 없다. 이 권력 논쟁은 당대에 끝나지 않고 한 세기 이상 이어졌다. 그레고리우스 개혁과 그가 촉발시킨 서임권 논쟁은 한 세기 이후 교황청이 유럽 권력의 정점에 선 발단이다.

자신의 절대적 영향력으로 교황을 임명한 하인리히 3세는 교회 개혁에 동력을 제공했다. 이른바 제국 교회의 모습이 등장한 것이다. 한 사람이 주교로 임명되면, 그 의식은 성직자가 주관하지만 세속 지배자가 그들에게 주교를 상징하는 반지와 지팡이를 서임하는 관행이 있었다. 이는 군주가 주교에게 세속 지위를 부여하는 것을 넘어, 종교적 지위까지 부여하는 것이기 때문에 마찰이 생길 수밖에 없다. 세속 통치자가 교회 문제에 간섭하는 제국 교회의 상징이기 때문이다.

넓은 의미에서 서임권 논쟁은 세속 군주의 성직자 임명에 반대하는 것이지만, 좁게는 세속 군주가 주교에게 지팡이와 반지를 주는 관행에 제동을 걸려는 시도였다. 1075년 그레고리우스 7세는 이러한 서임식 관행을 비판하고 누구든지 속인에게서 주교나 수도원장직을 받을 경우 그 직책을 인정하지 않겠다고 선포했다. 그리고 황제나 왕 등 세속 권력자가 주교를 임명할 경우 처벌할 것이라고 했다.

서임권 논쟁의 전개

교황의 이 대담한 주장은 당시 독일 왕 하인리히 4세와 갈등을 증폭시킨다. 하인리히 4세는 하인리히 3세의 아들로 어린 나이에 독일 왕이 되었지만 아직 대관식을 치르지 않았다. 그레고리우스는 교황이 되기 전부터 하인리히 4세와 긴장 관계에 있었다. 그레고리우스는 하인리히 4세 휘하의 고위 성직자 다섯 명을 성직매매로 파문할 정도로 알프스 북부까지 권력을 행사했다. 그 갈등은 밀라노 주교 선출 문제로 폭발한다. 밀라노는 알프스 남부 이탈리아에 속했지만 황제의 관할권에 있는 지역이기도 했다. 밀라노 주교구에는 수년간 서로 자신이 주교임을 주장하는 두 명의 대립 주교 문제가 있었다. 밀라노 주교 선출에 대해 교황과 하인리히의 입장이 서로 달랐는데, 하인리히 4세는 두 주교를 폐하고 제3의 인물을 임명하였다. 교황은 이 임명이 제국과 교황청 간의 평화를 깨트린 사건이라고 격노하였고, 1075년 12월 8일 서임을 취소하지 않으면 파문하겠다고 하인리히 4세를 위협했다. 그레고리우스 7세는 밀라노 주교 서임 문제로 하인리히 4세에게 편지를 보내, 이 문제를 처리하기 위하여 독일 여행을 계획 중이니 자신이 가는 길을 고쳐 놓고 밀라노에 대한 간섭은 중지하라고 명령한다.

밀라노 주교 선출권을 누가 행사하는가 여부는 그레고리우스 7세의 개혁이 성공하느냐를 판단하는 시금석이었다. 하인리히 4세는 작센 지역에서 벌어진 반란을 무마하고 승리한 직후였다. 승리 후 그는 자신이 밀고 있는 밀라노 주교 지원을 재개한다. 하인리히 4세는 제국 내 교회 회의를 개최하여 교황 선임이 무효라고 선포하고, 교황이 정당한 이유 없이 독일 교회와 주교들을 공격했다고 비난하였다.

1076년 2월 22일 그레고리우스 7세는 하인리히 4세를 파문하고 폐위를 선포한다. 중세 세계에서 파문당한 당사자는 모든 그리스도교 세계에 속하지 않는 적으로 분류된다. 파문은 교황이 가지고 있는 가장 강력한 정치적 무기였다. 교황의 파문 결정에 대해 독일 제후들과 주교들은 교황에 줄을 선다. 결국 하인리히 4세는 독일인들의 지지를 오판했던 것이다.

왜 독일 제후들은 하인리히 4세에 등을 돌렸을까? 제후들은 왕권이 지나치게 강해지는 것을 원하지 않았다. 작센 반란군 진압 후 그의 세력이 커지는 것을 제후들은 위협으로 느끼고 있었다. 제후들 입장에서는 교황의 파문으로 독일 왕 하인리히 세력을 견제하고, 반란을 도모할 구실을 얻은 것이다. 제후들이 돌아서자 주교들도 돌아섰다. 하인리히는 고립되었다.

교황에게 사죄하고 독일 제후들의 요구에 굴복한 하인리히 4세는

1077년 아우크스부르크에서 교황의 주재 아래 귀족 및 주교회의를 개최하기로 합의한다. 교황에게 항복하고 왕위 복귀 자격 여부를 결정하는 회의였다. 하인리히 4세의 입지는 풍전등화였다. 선택의 여지가 많지 않았다. 이 회의에서 우호적 결정이 나기가 쉽지 않다는 것을 그는 알았다. 그래서 회의가 열리기 전인 1076년 12월에 용서를 빌기 위해 교황을 찾아간다. 교황이 알프스를 넘어 북쪽으로 올라오기 전에 하인리히가 먼저 이탈리아로 내려간 것이다. 그는 이탈리아 북부 카노사 성에 묵고 있는 교황을 찾아갔다. 그곳에서 '카노사의 굴욕'이라는 역사에 길이 남을 사건이 전개된다. 교황은 하인리히에게 왕의 의복 대신 회개를 상징하는 백의를 입고 맨발로 참회할 것을 명했다. 왕은 맨바닥에 엎드려 사흘 동안 눈물을 흘리며 교황의 사면을 간청했다. 교황은 이 모습을 내다보고 있었고, 성주인 토스카나의 마틸데(Matilde)와 클뤼니 수도원장 후고가 교황에게 용서를 청했다. 교황은 하인리히를 사면하고 함께 미사를 드렸다.

서임권 논쟁의 타협

하인리히가 교황 앞에 무릎 꿇었던 이유는 종교적 신념 때문이 아니었음이 곧 드러났다.[13] 교황이 파문을 해제하자 하인리히는 독일로 돌아와 세력 규합에 절치부심 힘쓴다. 정치적·군사적으로 왕권을 강화해 나가자 제후들은 분개했다. 제후들은 왕이 적법한 자격을 상실했다면서 폐위를 주장했고 루돌프를 대립왕으로 세운다. 교황의 파문 해제로 독일 내부에 격렬한 내란이 생긴 것이다. 1080년 교황은 하인리히 4세를 다시 파문한다. 그러나 하인리히는 대립왕 루돌프를 패배시키고 자신의 왕권을 안정화했다. 그리고 1081년 이탈리아 원정에 나선다. 가는 길에 그는 자신에게 굴욕을 안겨 준 카노사 성주 마틸데를 굴복시켰다. 당황한 그레고리우스 7세는 지지자들과 함께 로마를 떠나 몬테카시 노로 도망했다가, 마지막으로 살레르노로 이동했다. 1085년 5월 25일 교황 그레고리우스 7세는 그곳에서 쓸쓸히 생을 마감한다. 한편 하인리 히는 1084년 라벤나 주교를 교황 클레멘스 3세로 임명하고, 신임 교황 에게서 신성로마제국 황제의 관을 받는다.

역사는 '카노사의 굴욕'을 교황권이 확대되는 상징적인 사건으로 평가 한다. 그러나 누가 승자인지 따지는 것은 핵심이 아니다. 핵심은 이 사 건으로 한 국가 내의 성직자 임명과 성직자 역할에 대한 장기 논쟁이 지 속되었다는 것이다. 양대 세력이 이 서임권 논쟁에서 타협점을 찾기까 지 30년이 더 걸렸다. 이것은 한순간에 결말이 날 수 없고 지속적으로 합의점을 찾을 수밖에 없던 사안이다. 교회의 기본적인 관심은, 속인 지 배자가 세속 권한을 주교에게 부여하는 것은 인정하지만 성직을 부여하 는 상징인 지팡이와 반지는 수여할 수 없다는 것이다. 반면 세속 군주 는, 왕이 주교들에게 세속 권한을 부여했으므로 왕이 상위에 있다는 것 을 인정하기를 원했다.

이 논쟁은 결국 신학자들과 교회법 학자들 사이의 신학 논쟁으로 이 어졌다. 세속 군주인 왕이 주교를 서임하는 것이 정당한지 왕권주의자 와 교황권주의자들은 아전인수격 주장을 펼쳤다. 잉글랜드 출신으로 요 크의 무명인(Anonymous of York)으로 알려진 이는 왕의 권한을 지지하 는 입장을 취했다. 잉글랜드는 로마 교황과 거리상 멀리 떨어져 있어서 왕이 주교를 서임하는 것이 관행으로 이어졌다. 따라서 그는 사제를 그 리스도의 인성으로 표현하면서 왕이 그리스도의 신성을 대변한다고 주 장했다. 신이 인간보다 위대한 것처럼, 왕은 사제보다 위대하며 세속 군 주가 우월성이 있음을 주장한 것이다. 이는 왕의 성직 서임의 정당성을 높였다.

반면 극단적 교황주의자로 알려진 독일 출신의 라흐텐바흐의 마네골트는 교황이 세속의 권력을 능가하는 권력을 가진 반면, 왕은 세속의 행정가에 불과하다고 주장한다. 그는 교황이 왕이라면 세속 왕의 역할은 치안을 담당하는 경찰총수라며 격하시킨다. 또한 왕은 인민에 의해서 임명되기에 인민에 의해서 폐위가 가능하다는 주장을 펼친다. 이 주장은 14~15세기 교황권과 세속권 간의 갈등이 다시 빚어질 때 인민주권론으로 재등장한다.

극단적인 견해만 나왔던 것은 아니다. 샤르트르의 이보(Ivo of Chartres, 1040~1115)는 두 가지가 반드시 상충될 필요는 없다고 보았다. 그는 교회법을 따라 성직자를 선출한 이후 왕이 선출 후보에게 세속권만을 부여하는 절충안을 낸다. 플루리의 휴(Hugh of Fleury)는 반지와 지팡이는 주교의 영적 권위를 상징하기 때문에 교황이 추천한 후보를 왕이 서임할 때 이 두 상징물을 사용하지만 않으면 된다는 의견을 낸다.[14]

세속 군주가 서임하던 관행에 교황청이 제동을 걸었다는 것은 그만큼 세속 군주에 대한 교황의 영향력이 확대되었음을 보여 준다. 교황 우르바누스 2세(1035~1099) 때에는 교황권이 세속 군주의 도덕성에 간섭하는 정도까지 이른다. 그레고리우스 7세가 주장했던 대로 교황이 세속 군주의 행위에 대해 판단할 수 있는 권리를 실천한 것이다. 교황은 프랑스 왕 필리프 1세의 중혼 문제를 지적하고 그 책임을 물어 파문한다. 또한 그는 잉글랜드 캔터베리 대주교 안셀무스가 펼친 속인 서임 거부 논쟁을 지원했다.

각기 고유한 영역을 가지고 있는 교권과 속권의 충돌에 대한 해결책을 교황 파스칼리스 2세(1050~1118)가 제안했다. 교황 파스칼리스 2세와 독일 왕 하인리히 5세 사이에 황제 대관식을 앞두고 서임권 문제가 다시 불거졌다. 하인리히는 주교들이 왕의 토지를 보유하고 있기 때문에 국왕의 봉신이 되며, 국왕이 주교들에 대한 관할권을 행사하므로 당연히 주교 임명권이 있다고 주장했다. 파스칼리스 2세 역시 서임권 논쟁의 핵심이 주교와 수도원장이 세속 군주로부터 봉토를 하사받아 세속적 지배자가 되는 관행임을 인정했다. 따라서 주교와 수도원장에 대한 세속 군주의 관할권은 부정하지 않았다. 파스칼리스 2세가 고안한 해결책은 주교와 수도원장이 세속 군주로부터 토지와 권력을 수여받는 관행을 중단하는 것이었다.

교황의 제안은 예리했다. 황제는 서임권을 포기하고, 그 대가로 교황은 독일 주교들의 재산을 황제에게 넘기는 안에 협의한다. 교황은 주교들이 베드로의 사도권을 계승한 종교 지도자이므로 세속 소유물인 봉건 영지를 포기할 것을 명령했다. 그렇게 되면 황제나 세속 군주가 주교를 서임할 근거 자체가 사라진다. 교황이 황제와 이같이 협상했다고 알려지자 로마의 추기경들과 독일 주교들은 거세게 반발하였다. 이 소요의 와중에 하인리히 5세의 대관식은 취소되고 하인리히는 교황을 인질로 잡고 로마를 떠났다. 파스칼리스 2세의 제안은 중세 교황이 내놓은 안 중에 가장 대담한 것이었다. 역사학자 아널드 토인비는 파스칼리스의 이 제안을 주교들이 수용했다면 전 세계가 강력한 정신적 제국으로 통합되어서 서양 문명의 미래가 온통 달라졌을 것이라고 했다.[15] 그 정도로 받아들이기 어려운 현실성 없는 제안이었을 수도 있다. 교회는 성직매매나 성직자의 혼인 등은 끊을 수 있었지만, 땅을 소유하는 욕망은 포기하지 못했다. 이미 기득권을 갖고 있던 독일 주교들의 집단 저항으로 파스칼리스 2세의 제안은 실현되지 못했다.

서임권 논쟁의 핵심을 지적한 파스칼리스 2세의 제안은 해결의 실마리가 되었다. 결국 그의 후임인 칼릭스투스 2세(1065~1124) 때 교황과 황제가 모두 만족하는 타협안이 의결되었다. 1122년 보름스 협약(Concordat of Worms)에서 황제는 주교권을 상징하는 지팡이와 반지 서임 관행을 포기했다. 그 대신 세속 군주가 주교에게 영토를 하사하고 정치적인 권리를 부여하는 대가로 주교로부터 봉신의 충성서약을 받는 것으로 결정했다. 이 합의는 1107년 잉글랜드 국왕 헨리 1세와 캔터베리 대주교 안셀무스 사이에 주교 서임을 놓고 발생했던 분쟁 합의를 차용한 것으로, 잉글랜드 방식이라고 할 수 있다.

잉글랜드의 서임권 논쟁

11~12세기 서임권 논쟁이 유럽 각처에서 벌어졌지만 그 전개 양상은 차이가 있었다. 잉글랜드에서의 서임권 논쟁도 조금 다른 방식으로 진행되었다. 1066년 노르망디 공 윌리엄이 잉글랜드를 점령하고 왕조를 세우면서 자신의 노르만 부하들을 주교로 임명했다. 잉글랜드 내의 고위 관직에 성직자들이 많이 배치되면서 오랫동안 세속 군주인 왕이 성직자를 서임하는 전통이 유지되었다. 그런데 헨리 1세(1068~1135) 때 캔터베리 대주교 안셀무스 서임을 놓고 갈등이 빚어진다.

국왕 헨리 1세는 안셀무스를 캔터베리 대주교로 임명한다. 서임식에서 반지와 지팡이를 수여하려 할 때 안셀무스는 왕으로부터 반지와 지팡이를 받으면 교회가 세속 군주에게 예속되는 것이라 판단하여 거부한다. 세 차례에 걸친 안셀무스의 완강한 거부로 교황과 국왕은 타협안을 마련한다. 즉 주교는 국왕이 추천하며, 교황은 거부권을 행사할 수 있다. 또한 국왕은 반지와 지팡이를 주교에게 서임하지 않는다. 주교는 왕의 봉신으로서 왕에게 충성서약을 하고 봉토를 받는다. 이 합의에 따라 잉글랜드에서는 왕이 서임식에서 반지와 지팡이를 수여하는 것을 포기한다.[16]

잉글랜드 방식의 타협이건 보름스 협약의 체결이건, 형식적 합의가 담지 못하는 핵심은 주교 임명권이다. 교황이 국왕의 주교 임명에 거부권을 행사할 수 있다는 것은 언제든 주교 임명을 둘러싸고 분쟁이 일어날 수 있음을 보여 준다. 그 대표적 사건이 헨리 2세(1133~1189)와 캔터베리 대주교 토머스 베케트(1118~1170) 사이의 갈등이다. 이 갈등은 조금 다른 양상이다. 헨리 2세는 사법개혁을 통해 왕권을 강화하고자 했다. 이를 위해서는 세속 법정에 면책권을 가진 교회를 장악하는 것이 필수적이었다. 헨리 1세가 성직 서임으로 겪었던 갈등을 알고 있던 헨리 2세는 자신의 최측근 토머스 베케트를 교황에게 추천하고 캔터베리 대주교로 임명한다. 토머스 베케트는 본래 성직자가 아니었지만, 왕의 의지에 따라 성직 서임을 받고 곧바로 대주교가 되었다.

캔터베리 대주교가 되자마자 돌변한 베케트는 교황과 교회의 입장을 철저히 대변하면서 속권과 교권을 철저히 분리하는 태도로 왕을 곤혹스럽게 한다. 1164년의 클라렌던 헌장(Constitutions of Clarendon)을 둘러싸고 왕과 대주교 사이에 분쟁이 생겼다. 이 헌장은 성직자의 범죄를 최종적으로 교회 법정이 아닌 세속 법정에서 처리하도록 하고, 그 판결에 대해 교회 법정이나 교황청에 상소하지 못하도록 한 것이다. 캔터베리 대주교는 이 정책이 교회의 자율성을 침해하는 것이라고 격렬하게 저항한다.[17]

이 갈등의 와중에 프랑스로 망명하기도 했던 베케트는 헨리 2세와 평화 협정을 맺은 후 잉글랜드로 돌아올 수 있었다. 그러나 왕과의 갈등은 사그라지지 않고 그는 눈엣가시 같은 존재가 되었다. 곤혹스럽게 된 왕을 위해 기사 몇 명이 캔터베리 대성당을 찾아가 베케트를 무참히 살해한다. 온 잉글랜드는 동요하고 베케트는 순교자로 추앙된다. 당황한 헨리 2세는 참회하면서 베케트가 죽은 캔터베리 대성당까지 순례를 한다. 토머스 베케트의 순교 이후에 캔터베리 대성당은 순례객들의 성지가 된다.

잉글랜드의 경우, 교황권과 왕권 사이의 갈등에서 국왕이 주도권을 좀 더 잡게 된다. 14세기에는 성직임명법(Statute of Provisors)과 교황존신죄법(Statute of Praemunire) 등이 법제화된다. 전자는 1350년 에드워드 3세 때 제정된 교황의 잉글랜드 성직 지명을 금지하는 법령으로 교황이 잉글랜드 국왕의 상위 군주가 아님을 주장한 것이다. 후자는 1392년 리처드 2세 때 제정된 것으로 잉글랜드 재판소에서 내린 판결을 교황에게 상소하는 것을 금지한 법률이다.[18] 실효성보다 선언적 성격이 강했던 이 두 법률은 결국 16세기에 헨리 8세가 주도한 잉글랜드 종교개혁을 정당화하는 근거로 활용된다. 헨리 8세의 종교개혁은 왕의 이혼 문제로 야기된 단순한 사건이 아니다. 수 세기 동안 이런 갈등이 있다가 왕권으로 세력이 기울면서 생겨난 결과물이다.

교황권 강화의 길을 열다

서임권 논쟁의 결론은 애매하다. 보름스 협약으로 종결된 결과를 보면 타협이다. 교황권이 급격하게 신장했다고 볼 수도 없다. 그럼에도 서임권 논쟁을 카노사의 굴욕과 연결시켜 교황권 신장을 가져온 사건이라고 표현하는 이유는 무엇일까? 당장의 결과는 모호했지만, 교황권이 강화되는 길을 장기적으로 연 결정적 사건이었기 때문이다. 하인리히 4세의 파문 등 그레고리우스 7세가 취한 행동은 세속 정치 영역에서 전통적으로 우위에 있던 황제의 권한에 이의를 제기했다. 그레고리우스 7세의 요구가 완벽하게 수용되지는 않았지만 종교 문제에 관한 한, 그리스도교 세계의 최고 지도자인 교황의 권위가 재천명된다. 그 점에서 교황권이 신장했다는 것을 부정할 수 없다.

또한 논쟁의 결과, 주교 등 고위성직자들이 로마를 방문해 서임식을 치르는 것이 권장되었다. 이것은 오늘날까지 관례로 자리 잡았다. 주교의 직무는 교황이 영대를 하사한 직후 시작된다. 황제가 로마 제국 황제의 관을 받은 이후에만 황제의 직무를 수행할 수 있듯이, 주교도 교황의 최종 재가가 있어야 임명된다. 교황 중심제가 안착된 것이다. 그 결과 12세기는 교황군주제(papal monarchy)가 완성된 시기로 평가된다. 이 교황권의 자신감이 낳은 하나의 반작용이 십자군 원정이다.

주교의 관점에서 보면 종교 권력과 세속 권력을 보유하는 이중 소속은 여전하다.[19] 서임권 논쟁이라는 중세의 사건을 종교개혁과 연관시켜서 확대해 보면 종교개혁은 정치적으로는 국왕권과 교황권 대립의 결과이다. 국왕권의 승리로 교황군주제가 붕괴되고, 각 국민국가가 형성되어 그 안에 국가교회가 생긴다. 중세 전체를 포괄하는 보편 가톨릭교회는 개별 근대 국민국가에 맞는 국가교회로 변모한다. 종교개혁은 민족의식 형성과 국민국가의 발전과 더불어 생긴 것이다. 이 시각에서 보자면, 종교개혁은 교회가 자율성을 상실하고, 국가권력에 깊숙이 예속된 사건이다. 종교와 국가권력의 관계에 대한 고민은 현대에서도 찾아볼 수 있다. 가장 극명한 것으로는 중국과 바티칸 사이의 주교 선임 갈등이 있었다. 2006년 중국은 바티칸과 무관하게 주교를 선임하여 갈등을 초래하였고, 그 후 잠정 합의문을 작성하였다. 이 합의에 따라 교황청과 중국이 공동으로 승인하는 주교가 탄생하기도 했다.[20]

또 하나 기억해야 할 것은, 서임권 논쟁은 속인 통치자의 종교 지배 관행에 교황권이 제동을 건 사건이라는 점이다. 이는 클뤼니 수도회 운동이 서임권 논쟁과 연결되는 지점이다. 313년 콘스탄티누스 황제의 그리스도교 공인 이래 제도 교회는 국가권력에 종속되었다. 성직매매, 사제의 결혼 관행이나 속인의 성직 서임 관행은 그리스도교의 독특성이 상실된 사례이다. 클뤼니 수도회를 통한 아래로부터의 개혁 운동은 제도

교회가 수도회의 방식으로 개혁하면서 종교 본연의 가치를 회복한 모범 사례라 할 수 있다. 수도회 운동은 세속과 종교가 구별되지 않았을 때 발생한 운동이다. 이 운동은 침체된 종교 정신이 다시 반등할 변곡점이 되었다. 교황이 서임권 논쟁을 제기할 수 있었던 힘은 제도 교회가 수도회 운동을 통해 자정 노력으로 권위를 회복했기에 나올 수 있었다.

7

문명의 공존과 충돌

—

콘비벤시아와 십자군

1099년 7월 15일, 예루살렘을 함락시킨 십자군
(에밀 시뇰 작, 1847)

십자군이 유럽의 시각에서 볼 때는 방어 전쟁에서 시작한 것이지만, 절제되지 않는 종교적 열정은 광기로 바뀔 수 있음을 보여 준다는 것이다. 제대로 정리하거나 반성하지 않을 때, 근대 제국주의 침탈에서 보듯 어느 시대, 어떤 방식이든 십자군의 행태는 옹호될 수 없다. 십자군에 대한 평가는 끝나지 않았다. 188쪽

일관된 해석이 없는 십자군

십자군은 중세교회사에서 가장 큰 논쟁거리이다. 1095년 첫 십자군 원정을 시작으로 1300년경까지 약 2백 년간 이어진 십자군에 대해 다양한 역사적 해석과 평가가 있다. 유럽 지역에서는 십자군이라는 용어가 금기어다. 종교개혁 이후부터 근대 계몽주의 시대인 18세기에 이르기까지 잃어버린 천 년으로 중세를 그리는 과정에서 가장 추악했던 범죄로 십자군을 보고, 십자군이 신앙의 시대를 대변하며 그 시대의 부정적 측면을 극대화한다고 여기기 때문이다.[1]

서임권 논쟁의 결과 교황권이 강화되면서 나타난 결과 중 하나가 십자군이다. 이 십자군 원정은 중세 보편 가톨릭교회와 교황권의 우위를 상징적으로 보여 준다. 유럽 중세 초반 5백 년 동안 유럽은 봉건사회의 닫힌 세계 속에 위치하고 있었다. 십자군 전쟁은 유럽이 내적인 응집과 팽창을 통해서 닫힌 세계를 열고 나가는 새로운 돌파구를 마련하는 힘을 보여 주는 사건으로 평가할 수 있다.

여기에는 다양한 계층, 다양한 사람들이 참여했다. 지극히 종교적인 목적도 있었던 반면 세속적인 목적도 있었다. 십자군 원정 초기의 전반적인 흐름은, 좋은 의미에서든 나쁜 의미에서든, 종교의 시대 혹은 신앙의 시대라고 부를 수 있을 정도로 신앙적 열망으로 시작되었다는 것이다. 7세기 후반부터 서진한 이슬람 세계에 유럽이 고립된 상황에서 유럽 역사상 처음으로 유럽 그리스도교가 공세를 취하고 반격을 가하는 사건이다.[2]

십자군이 시작된 1095년부터 1200년 무렵까지 교황권은 신장되다가 1215년 정점에 이르러 1280년대를 기점으로 쇠퇴했다. 십자군은 교황권의 흥망과 직접적으로 연관되어 있다. 즉 교황권이 신장했기 때문에 교황과 십자군의 기치 아래 온 유럽이 동으로 나아갈 수 있는 길이 열렸고 그것은 다시 교황권의 극대화를 낳았다. 하지만 원정의 실패는 교황권의 극적인 쇠퇴를 낳아 이후부터 교황권은 상황을 제대로 수습하지 못하게 된다. 쉽게 말하면 1304년 혹은 1290년대 말에 십자군이 끝난 이후부터 교황권이 세속권에 눌리는 역전 현상이 일어난다. 중세 교황권과 십자군은 불가분의 관계였다고 할 수 있다.

그러나 십자군이라고 부르는 유럽발 정복 전쟁은 그 시작과 동기, 결과에 일관된 해석이 없다. 1095년 우르바누스 2세가 주창한 예루살렘 성지 회복 전쟁을 십자군의 시작으로 보아야 할까? 그 이전 이베리아 반도 내의 이슬람을 몰아내기 위한, 레콩키스타(Reconquista)로 불리는 재정복전쟁을 포함해야 할까? 십자군 운동은 종교 간, 문명 간 극적 충돌을 전제로 하지만, 라틴 그리스도교와 이슬람 세력이 항상 충돌한 것은 아니다. 유럽 대륙 내에서 그리스도교와 이슬람교는 에스파냐 이베리아 반도를 중심으로 조우했으며, 이곳에서는 그리스도교와 이슬람교, 유대교가 평화롭게 공존했다. 이 공존의 선례에 비추어 보면 십자군이 당연한 귀결이 아니었음을 알 수 있다.

예루살렘 회복 전쟁인 십자군 원정의 의미를 정확하게 이해하려면 먼저 11세기 말에 그리스도교 세계와 이슬람 세계 간의 갈등이 왜 증폭되고 폭발되었는지 살펴야 한다. 언제, 어디서부터 십자군 운동에 대한 기대 혹은 열풍이 불었는지 고찰이 필요하다. 먼저 이슬람과의 조우나 전투 혹은 십자군 원정을 의도하고 계획했던 사람들, 그런 필요를 느낀 사람들은 아이러니하게도 접경 지역에서 이슬람을 접하고 살던 이들이 아니라, 이슬람과 가장 멀리 떨어져 있던 프랑스와 로마 교황 등이었다.[3] 즉 이슬람 원정 계획과 추진은 이슬람에 대한 무지에서, 객관적인 지식이 없는 상태에서 시작됐다는 것이다. 크나큰 열망에도 불구하고 십자군 원정이 실패할 수밖에 없었던 가장 중요한 요소라고 할 수 있다.

이베리아 반도의 공존 실험

이슬람과 문명을 맞댄 에스파냐 지역은 유럽의 끝자락에 있고 북아프리카 위에 있다. 약 8세기부터 무슬림들이 아래에서부터 그라나다, 코르도바, 톨레도 지역으로 북진해 온다. 다른 지역과 다르게 에스파냐는 유럽에서 거의 유일하게 그리스도교와 이슬람이 직접 조우한 지역이다. 이슬람 세력이 북진함에 따라 그리스도교 지역은 위축되고 긴장이 조성되기 마련이다. 하지만 유럽 여타 지역에 비해 이곳은 종교 간 갈등이나 분쟁이 심하지 않았다.

그 독특한 전통은 공존이란 의미의 '콘비벤시아'(Convivencia)로 정의된다.[4] 중세 에스파냐 이베리아 반도에서는 그리스도교, 이슬람, 유대교가 평화로운 공존을 만들어 냈다. 서로 다른 세 종교가 이룩한 공동체의 평화는 이슬람 통치 내의 유대교도와 그리스도인들에게, 또 그리스도교 지역 안의 무슬림이나 유대인들에게 동시에 구현되었다.[5]

이베리아 반도의 무슬림 통치 지역인 알안달루스(Al-Andalus)에서는 유럽의 어떤 지역보다 소수자의 권리가 우대되었다. 그리스도인들과 유대교인들은 이슬람 사회와 분리되기보다 이슬람 사회에서 자신들의 종교, 문화와 생활방식을 유지하면서 공통의 사회 가치를 향유하였다. 또한 무역이나 상업 등 경제 활동에 종사하는 데도 차별이 없었고, 무슬림으로 개종하지 않고도 관직에 오르는 것도 가능했다. 교회나 회당을 짓는 것도 허용되었다. 하지만 비무슬림들에게는 인두세(jizyah)와 토지세

(kharja)를 부과하는 등 차별도 존재했다.[6]

이슬람이 이베리아 반도를 정복하자 그곳에 거주하던 많은 서고트족이 떠났지만, 그리스도인들은 여전히 에스파냐에 머물렀다. 무슬림 사회 속에 살던 그리스도인을 '모사라베'라고 했는데, 그들은 개종을 강요받는 대신 세금을 내는 조건으로 보호받는 계약을 무슬림 통치자와 체결하였다. 이 계약에 따라 그들은 독자적인 사법권을 소유했고, 종교 행위를 할 수 있었다. 이들은 코르도바, 세비야, 그라나다, 발렌시아, 톨레도 등 주요 도시에 정착했다. 대체로 농업이나 상업 활동에 종사했지만, 관직에 오르거나 무슬림 군대의 용병으로 활동하기도 했다. 이들은 이슬람의 생활양식과 그리스도교의 생활양식 모두를 알고 아랍어와 라틴어를 말할 수 있었다. 그 장점을 살려 알안달루스의 이슬람교와 에스파냐 북부의 그리스도교 사이를 경제적·지적으로 연결하는 문화적 가교 역할을 했다.[7]

알안달루스에서는 8세기부터 11세기까지 그리스도인, 무슬림, 유대교도 사이에 종교적 관용을 넘어서는 사회적 통합도 발생했다. 무슬림 남성과 그리스도인이나 유대교 여성 사이의 종교적 개종과 혼인이 허용되기도 했다. 그리스도인 남자와 무슬림 여성의 결혼도 가능했다. 중세 이베리아 반도에서 이 세 집단을 나누는 가장 현저한 차이는 종교였다. 전쟁이라는 적대적인 방식을 통해 세 종교가 한 지역에 모이게 되었지만 배타나 적대가 아니라 관용하는 틀로 발전했다는 데 의미가 있다.

알안달루스 유대인들의 사정도 비슷했다. 이슬람의 정복 전까지 유대인들은 서고트족 지배하에 살고 있었다. 이 아랍인들을 서고트족의 억압에서 자신들을 구해 준 해방자라고 여겼기에 유대인과 아랍인은 더 깊이 연대할 수 있었다. 이베리아 반도 유대인들의 형편은 유럽 다른 지역보다 나았다. 알안달루스의 유대인 공동체는 랍비의 관할하에 자신들의 전통과 종교를 유지했다. 그리스도인들과 마찬가지로 유대교도들도 농업이나 상업, 은행업 등에 종사하며 사회의 적극적인 일원이 되었다.[8] 알안달루스의 유대교도들은 사상과 철학, 법률을 발전시켜 황금시대를 구축했다고 평가받는다. 이 시기에 히브리어 문법과 어휘 체계가 완성되었고, 유대교가 발전시킨 종교적 관행은 유대교의 최종적인 형태를 형성했다.[9]

이베리아 반도의 무슬림들

　　그렇다면 그리스도교가 지배하는 에스파냐 북부, 이베리아 반도 지역에서의 무슬림들은 어땠을까? 이 지역에서 무슬림은 소수였다. 1085년 이슬람 통치 지역인 톨레도가 정복되면서 이슬람교도들이 그리스도인들 사이에서 살기 시작했다. 일부는 그리스도교로 개종하였지만, 대다수는 자신들의 종교를 유지하며 살았다. 이 무슬림들을 '남는 것을 허락받은 자'라는 의미인 '무데하르'(Mudéjar)라 부른다. 무슬림으로 살아가고 보호받기 위해서 그들은 그리스도교 왕국에 세금을 납부했다. 알안달루스의 그리스도인나 유대교도들처럼 무슬림들은 자신들의 종교, 문화, 관습을 유지하며 자치권을 누렸다. 이들 역시 그리스도교 세계와 지적으로 교류하며 유럽의 지적 발전에 크게 기여하였다.[10]

　이베리아 반도 정복 이후 무슬림 통치자들은 아라비아 양식, 비잔틴 양식 및 서고트 건축 양식을 혼합한 독특한 건축 양식을 발전시켜 궁전, 사원, 도서관, 정원 등을 건축하였다. 이 새로운 건축 양식은 유대교와 그리스도교에도 영향을 주어 종교적 경계를 넘는 건축 양식이 발전했다. 이베리아의 독자적인 건축 양식의 형성은 세 종교가 종교적 의식도 공유할 수 있는 공간적 토대를 마련했다. 유대인들은 그리스도인의 세례식을 후원하기도 하고, 이슬람교도가 그리스도인 친구와 함께 미사에 갈 수 있었다. 교회에서 무슬림 음악이 연주되는 것도 드물지 않았다. 코르도바에서는 이슬람교도와 그리스도인들이 한 건물을 모스크와 교회로 나누어 사용한 예도 있다.

중세 에스파냐에서 그리스도인, 무슬림, 유대인들 사이의 문화적 교류와 상호작용은 예술, 건축, 경제, 문학과 학문 분야에서 다양한 결과물을 생성했다. 콘비벤시아가 만들어 낸 가장 두드러진 성과는 세 종교가 발전시켰던 지적인 성취였다. 이 지적 성취의 토대는 라틴어, 아랍어, 히브리어를 구사할 수 있는 사람들이 뒤섞여 있는 이중 언어 지역이라는 점이다. 각 종교의 경전과 문학작품 등이 활발하게 번역되었다. 그리스도교가 재정복한 톨레도에서는 주교 레이몬드의 주도하에 아랍어 텍스트들을 히브리어, 라틴어 등으로 번역했다. 이때 아리스토텔레스의 저작들이 유럽에 소개되었다. 특히 카스티야 국왕 알폰소 10세(1221~1284)의 역할은 주목할 만하다. 그는 스스로를 '세 종교의 왕'이라 불렀고, 무슬림과 유대인들이 포함된 기구를 설립하여 알안달루스의 문화를 그리스도교 세계에 소개하는 데 힘썼으며, 아랍어 작품들을 라틴어로 번역하는 작업을 후원했다. 이때 유대교의 경전인 《탈무드》와 이슬람의 경전인 《쿠란》이 라틴어로 번역되었다.[11]

이슬람 통치 지역에서도 유사한 흐름이 있었다. 946년에는 코르도바에서 복음서가 아랍어로 번역되었다. 코르도바의 칼리프인 알 하캄 2세(915~976)는 세 종교의 예술과 철학을 적극 후원했다. 그는 그리스도교, 이슬람, 유대교 철학자, 시인, 예술가들이 함께하는 궁정과 40만 권의 장서가 보관된 도서관을 만들었다. 세 종교 공동체가 이베리아 반도에 추구했던 공존 정책인 콘비벤시아는 아랍, 비잔틴, 서고트족 양식이 혼합된 건축, 활발한 아랍어, 히브리어, 라틴어 번역 활동을 통한 문화적 교류, 학자들을 후원하기 위한 궁전, 도서관 등으로 지적 세계의 확장을 가져왔다. 공존 정책은 경제적인 측면에서도 성과를 거두었다. 이렇듯 콘비벤시아는 종교 문화의 공존이 가져올 수 있는 여러 유의미한 결과를 남겼다. 콘비벤시아의 결실은 이베리아 반도에만 머물지 않았다. 알안달루스 지역을 넘어 포르투갈, 이탈리아와 피레네 산맥을 넘어 에스파냐 북부로 이어졌다. 에스파냐 북부는 곧 중세 유럽 가톨릭 핵심 지역과 연결된다.[12]

7백 년 이상의 각축

세 종교가 평화롭게 공존하던 시기는 여러 이유로 끝이 났다. 711년 이베리아 반도를 이슬람이 차지하면서 공존이 시작되었고, 이베리아 반도를 두고 마주하던 두 거대 세력인 라틴 그리스도교와 이슬람 세력 중 하나가 영구히 물러날 때 공존은 끝이 났다. 공존이 끝나고 갈등이 시작된 원인을 그 지역의 종교 세력에 두는 것은 공정하지 않다. 공존을 훼손하는 외부 요인들이 더 크게 작용했기 때문이다. 대표적인 요인으로 교황청과 이탈리아 북부 유럽 국가들의 개입, 관용 정신을 훼손한 이슬람 강경파들의 득세, 그리스도교 세력과 무슬림 세력 사이의 전쟁 증가 등이 있다. 이베리아 반도에서 양 세력의 지루한 갈등은 에스파냐를 통일한 페르난도와 이사벨라가 마지막 무슬림 국가 그라나다를 점령한 1492년 끝났다. 이후 이슬람교도와 유대인들은 '개종이냐 추방이냐'라는 가혹한 선택의 기로에 섰다. 콘비벤시아 전통은 완전히 무너졌다.

711년 남부 에스파냐를 점령한 이슬람 세력의 등장부터 에스파냐에서 이슬람을 완전히 축출한 1492년까지 이베리아 반도를 놓고 7백 년 이상 벌어진 일련의 각축을 유럽에서는 '레콩키스타'라고 한다.[13] 이것을 과거 서고트 왕국 지역에서 무슬림을 추방하고 영토를 회복하려는 목적으로 벌인 전쟁으로 보는 것은 철저히 유럽 중심 시각이다. 이 용어는 9세기 무렵 에스파냐 서북부 왕국 아스투리아스의 알폰소 3세(848?~910) 연대기에 언급되었다. 그렇다면 9세기 텍스트에 '레콩키스타'가 언급되었다고 해서 실제 그 단초가 당시 도입되었다는 의미일까? 그 시기에 이슬람에 대한 실질적 군사 조치는 없었다. 이 용어는 유럽에서 이베리아 반도의 상황을 추후에 설명하려고 차용한 것이다. 이 긴 시기 동안을 재정복 전쟁 시기로 규정하는 것은 같은 시기 세 종교가 한 지역에 공존했던 콘비벤시아의 전통을 평가절하하는 것이다. 그뿐만 아니라 이러한 규정은 서유럽에서 이루어진 십자군 원정과 겹쳐지면서 종교 세력 간 갈등을 증폭시킨다.

중세 이베리아 반도에 공존하던 세 종교 세력의 역사를 재정복 전쟁이라는 관점으로 시작과 끝을 맞추는 것은 공정하지 않다. 오히려 평화로운 공존의 시기에 집중하는 것이 에스파냐의 고유한 문화와 역사를 이해하는 데 도움이 된다. 따라서 주목해야 할 것은 이 평화로운 공존과 정치적 관용에 균열이 생긴 이유이다. 공존에서 대결로, 콘비벤시아에서 레콩키스타로 전환된 이유에 초점을 맞추는 것이 더 유용하고 의미 있다.

여기에 복잡한 이슈들이 겹쳐진다. 레콩키스타 시기에 십자군 원정이 끼어 있다는 것이다. 십자군으로 그리스도교 세계와 이슬람 세계 간에 적대감이 증폭되어 공존의 가능성이 상실되었다. 따라서 레콩키스타를 711년 이슬람 정복 시점부터 상정하는 것은 큰 의미가 없다. 우선 체계적이고도 본격적으로 재정복 전쟁이 시작된 시점을 언제부터 상정할 것인지 따져봐야 한다. 또 하나 살펴볼 것은 이 재정복 전쟁 시기와 십자군 원정과의 관계이다. 레콩키스타는 십자군에 포함되어야 하는가, 아니면 십자군의 원형(proto-crusade)인가.

레콩키스타나 십자군 원정을 이야기할 때 한 가지 짚고 넘어갈 것이 있다. 11세기 전까지 유럽은 유럽 외 지역을 침공해서 정복한 사례가 없다. 반면에 이슬람은 아라비아 반도, 페르시아를 중심으로 계속해서 외연을 확장했다. 북아프리카를 정복한 이후 남부 이탈리아와 에스파냐 남부 이베리아 반도까지 진출했다. 유럽은 늘 수세적 입장이었다. 이베리아 반도의 레콩키스타나 십자군 원정은 유럽이 집단적으로 그리스도교의 경계를 넘어 군사 원정에 나선 최초의 사례이다.

11~12세기는 유럽이 형성한 사회 체제와 종교, 문화의 안정성 위에 유럽의 경계를 넘어서는 자신감이 생긴 시기이다. 그 자신감의 표현이 이베리아 반도에서 북진하던 무슬림을 축출하는 전방위적 정복 전쟁으로 나타난다. 십자군도 같은 맥락에서 이해할 수 있다. 이 두 전쟁의 공통점은 교황을 중심으로 유럽 그리스도교 세계가 안정되고, 그 자신감이 외부 세계에 대한 무력 원정으로 표현되었다는 데 있다.

오스만 튀르크 등장 전부터 이베리아 반도의 이슬람과 그리스도교의 군사적 분쟁은 시작되었다. 하지만 그리스도교 세력의 점진적인 남하 정책이 본격화된 것은 11세기부터이다. 이 원정의 중심 세력은 클뤼니 수도회 수사들이었다. 클뤼니 수도사들은 에스파냐와 프랑스를 잇는 피레네 산맥 남부에 클뤼니 수도회를 건립하면서 프랑스 귀족들에게 무슬림들을 쫓아내고 에스파냐 옛 영토를 회복할 것을 요청한다. 프랑스는 그리스도교 지역으로 남아 있던 레옹과 카스티야, 아라공, 나바르 왕국 등을 지원하여 이베리아 반도에 군사 원정을 벌인다. 클뤼니 수도회의 개입은 재정복 전쟁이 과거 서고트족에 속했던 땅을 회복하는 정치적·경제적 성격이기도 하지만, 본질적으로 종교적 동기와 신학적 이데올로기가 개입된 것임을 시사한다.[14]

레콩키스타의 시작을 11세기부터로 보고, 그 동기에 종교적인 성격이 가미되었다고 한다면, 12세기에 본격화된 유럽의 십자군 원정과 레콩키스타가 더 밀접하게 연결된다. 즉 예루살렘 회복을 위한 동방 지역 정벌로 십자군을 국한하지 않고, 이베리아 반도의 무슬림을 축출하는 전쟁까지 십자군으로 포함될 수 있다는 주상이 세기된다. 레콩키스다를 시기별로 구분하거나 십자군을 1차 원정부터 9차 원정까지 구분할 때 이것이 당대가 아니라 후대의 생성물이라고 한다면, 레콩키스타와 십자군의 거리는 더 좁혀진다. 레콩키스타를 시대별로 분할한다면 11세기 전쟁을 원형 십자군, 12세기부터를 십자군으로 볼 수 있다. 시기만 중첩되는 것이 아니라 레콩키스타와 십자군 사이에 유사점이 더 늘어난다. 클뤼니 수도회와 프랑스가 에스파냐와 손잡고 본격화된 레콩키스타는 이후 종교적 성격이 강화되면서 교황이 주도적으로 개입해 들어온다. 그래서 레콩키스타에 교황 칙서가 발행되고, 프랑스나 에스파냐 외에 타 서유럽 국가도 레콩키스타에 참여하기 시작한다. 그들은 그리스도교 세계를 회복하려는 목적으로 이슬람에 대항하여 전쟁을 벌였다.[15]

물론 레콩키스타와 십자군에는 차이도 존재했다. 교황이 십자군 원정대에 발행했던 면벌부는 레콩키스타에는 존재하지 않았다. 여기에서 십자군 원정만큼의 강력한 종교적 동기를 찾기는 어려웠다. 정치적인 이해나 경제적 이익이 더 큰 추동력이었다. 그러나 이 차이도 점차 모호해졌다. 십자군이 진행되면서 종교적인 목적보다는 부가적인 정치적·경제적 요인이 더 커졌기 때문이다.[16]

따라서 역사적으로 예루살렘과 동방 원정을 뜻하는 것으로 통용되는 것과 별개로 에스파냐의 재정복 전쟁의 성격이나 전개 양상은 십자군의 범주를 넓힌다. 전쟁이 성전의 성격을 지니는지 여부와 별개로, 십자군 원정대의 조직 명령이 교황칙서에서 비롯되었다면 십자군이라고 불리는 것은 무리가 없다. 실제 동방 원정이 끝난 이후에 십자군이라는 명칭은 유럽 대륙 내 이단 세력을 몰아내는 군대에도 사용되었다. 프랑스 알비파라는 이단 세력을 없애기 위해 교황 인노켄티우스 3세가 소집한 군대도 알비파 십자군으로 불렸다. 15세기 보헤미아 개혁가 얀 후스 화형 후에도 교황청은 보헤미아 후스파를 제거하려고 십자군을 소집했다.

십자군의 범위보다 유의해야 할 것은 교황청이 군사 조치에 주도권을 쥐게 되었다는 점이다. 또한 그 대상이 유럽 내부가 아닌 외부 세계를 향했다는 점이다. 이는 교황권 신장과 무관하지 않다. 교황권이 세속 권력의 우위에 서게 되었다는 것은, 종교적 이데올로기가 다른 정치적·경제적 상황을 압도한 것과 연결된다. 교회는 그리스도교 세계를 지키고 넓힌다는 종교적 이데올로기를 만들어 전쟁을 성전(聖戰)으로 승화시킨다. 이는 이슬람 세력 확대라는 외부 요인도 있었지만, 가톨릭교회의 힘이 막강해지면서 종교적 불관용이 내부로부터 싹튼 것이다. 이 대결 이데올로기는 다르면서도 공존하던 공동체에도 직접적 위협이 되었다.

무관용의 지배

이베리아 반도에서 오래 이어졌던 종교적 관용과 사회적 공존이 11세기에는 전환점을 맞았다. 이베리아 반도는 반란과 폭동 등 여러 정치적·사회적·종교적 혼란을 맞았다. 이 혼란상을 틈타 에스파냐 북부 왕국들은 이슬람교도와 유대인들을 이베리아 반도에서 몰아내기 위해 도모하였다. 이슬람교도들 역시 이에 맞서 에스파냐와 포르투갈과 전투를 벌였다. 이베리아 반도에 처음으로 무관용이 들어섰다. 그 책임은 그리스도교 세계와 이슬람 세계 모두에게 돌릴 수밖에 없다.

서로 다름을 용인하던 공존에서 종교적 색채가 강화되면서 차이가 두드러졌다. 그리스도교 세계에서는 클뤼니 수도회가 이교도로부터 이베리아 반도를 해방시키려는 시도를 이끌었다. 12세기 초 교황청이 이베리아 반도 상황에 적극 내정 간섭을 하면서 종교 소수자 문제는 더욱 악화되었다. 1차 십자군 원정 성공 후 교황청은 모든 이슬람교도를 없애야 한다는 생각을 공공연하게 표현하기 시작했고, 에스파냐 그리스도교 통치 지역 내 무슬림을 강하게 탄압하도록 했다. 이는 이슬람이 통치하는 지역에서도 마찬가지였다. 12세기 초 이베리아 반도의 베르베르인 무슬림 왕조 통치자 아브드 알무민(Abd al-Mu'min)은 자신의 영토에서 무슬림으로 개종하지 않는 모든 비무슬림의 추방을 명했다. 두 종교 세력이 앞다투어 이베리아 반도의 오랜 관용과 공존 전통을 무너뜨렸다. 제3차 라테란 공의회(1179)에서는 그리스도인과 이슬람교도들이 서로 접촉하지 말 것을 선언하고, 정복지 내 이교도 재산은 몰수하도록 결정했다.[17]

이베리아 반도에서 반이슬람 정서는 여러 소왕국으로 분열된 에스파냐가 통일을 향한 걸음을 내딛으면서 강화되었다. 이는 아라곤의 페르난도 2세와 카스티야 왕국의 이사벨이 결혼하여 에스파냐 통일 왕국을 세우면서 절정에 이르렀다. 이 시기 알안달루스에서는 이슬람교도와 유대인이 쫓겨난다. 1492년 이베리아의 마지막 이슬람 국가인 그라나다가 함락된 후 극단적인 종교정책이 실시된다. 그라나다에서 이교도들은 그들의 관습과 언어, 종교를 금지당하고 모든 권리를 박탈당했다. 유대인들은 아무런 재산도 챙기지 못하고 쫓겨났다. 무슬림들은 세례와 추방 중에서 선택해야 했다. 사회의 일원으로 공존하던 소수 종교 추종자들이 그리스도인들로부터 공격받게 되었다. 모스크와 회당은 파괴되거나 교회로 바뀌었다. 1492년의 그라나다 함락은 레콩키스타가 완성된 해이기도 하지만, 이베리아 반도에서 종교적 다원주의에 기반한 오랜 사회적 관용과 공존이 공식 폐기된 때이기도 하다.[18]

중세의 이베리아 반도는 8세기 초부터 15세기 말, 즉 이슬람교도인 아랍인이 이베리아 반도를 정복한 이후 유럽인이 아랍인을 축출하기까지 레콩키스타라 명명하는 긴 기간 동안 군사적 갈등을 안고 있었다. 그러나 전쟁이라는 단어 하나로 7백 년의 시기를 설명하는 것은 적절하지 않다. 오히려 이베리아 반도는 아브라함계 세 종교가 관용과 공존 정신 아래 평화로운 시대를 구가한 독특한 역사가 있다. 정복과 전쟁, 박해와 차별, 추방으로 그 시작과 끝은 얼룩졌지만, 이 시기에 그리스도인, 무슬림, 유대인들이 이베리아 반도에 평화를 구축한 것은 사실이다. 그리스도교 통치하의 소수자들이나, 무슬림 통치하의 그리스도인이나 유대인들은 사회 속에서 사회, 경제, 문화, 종교적 지분을 보유하였다. 그들을 구별하는 가장 큰 정체성은 종교였지만, 중세 이베리아 반도는 이 차이를 극복했다. 서로의 신념, 문화, 전통, 관습을 존중하여 공존할 수 있는 구조가 있었다.

중세 이베리아 반도의 독특한 문명은 7세기 정복과 15세기 축출이라는 구도, 그리고 십자군의 원형이라는 설명만으로는 풀어낼 수 없다. 그들이 공존과 관용으로 이룩한 성취는 서유럽으로 전파된다. 11~13세기는 아랍어 문헌이 라틴어로 가장 많이 번역되었던 시기였다. 코르도바, 톨레도, 그라나다 등에서 활발한 번역 활동이 이루어졌다.

레콩키스타 이후 교황청은 무슬림 통치 지역의 모사라베 그리스도교 정비 작업을 수행한다. 서고트 그리스도교 예배 전통을 지키던 지역에 라틴 사제들이 파견되고, 토착 그리스도교는 로마 가톨릭으로 전환된다. 식자 계층이었던 이 사제들이 임무를 마치고 귀환하면서 무슬림들이 남겼던 아랍 문명과 서적들을 가져와 번역한다. 이는 유럽에 이슬람 문물과 고전 그리스 문물이 대규모로 퍼지는 단초가 된다. 콘비벤시아의 전통은 고전 문화를 보존 및 계승하고, 다양한 언어로 확산하는 모판이 되었다. 이 지역에 공존하며 발전했던 고대 문명과 이슬람 문명이 서유럽에 전파되어 서유럽의 지적·문화적·예술적 성취를 가져왔다.

전쟁은 그 자체로 모든 것을 파괴할 수도 있다. 기존의 구조와 정신을 산산이 부스러뜨리기 때문이다. 그러나 문명 간 관용과 공존으로 새 문화를 만들어 낸 경험이 있을 경우, 전쟁은 파멸로 끝나지 않고 새로운 시대, 새로운 구조를 만드는 힘으로 작용할 수 있다. 인간사의 복잡한 다면성과 모순은 어쩌면 전쟁에서 극대화된다.

십자군이라는 관념의 등장

여기서 십자군 원정에 대해 자세히 짚어 보자. 교황 그레고리우스 7세와 독일 왕 하인리히 4세의 서임권 논쟁으로 유럽 전역에 교황의 영향력이 장기적으로 확대되었다. 교황의 말이 영향력을 지닐 수 있음을 보여 준 극적인 사건이 십자군이다. 일반 신자들의 삶이 어느 정도 안정되고 경제적으로 유산 계층이 출현하면서 신앙적 관심이 고조되어 예루살렘 순례가 유럽에서 활발하게 이루어졌다. 이는 십자군이 끝난 후 서유럽 가톨릭 신앙의 형성과도 밀접하게 연관된다.

십자군 원정은 중세 유럽사에서 왕이나 군주가 아닌 민중들이 등장하는 첫 번째 사건이다. 아무리 교황이나 세속 군주가 십자군을 주창했다 할지라도 대다수 대중이 그 대의에 신앙적 이유를 찾아 동참하지 않으면 원정은 불가능했을 것이다. 특히 1차 십자군이 위로부터의 조직과 더불어 아래로부터 자발적으로 모였다는 점은 당시 사람들이 예루살렘 성지순례를 얼마나 중요하게 생각했는지, 그리스도교 가치 수호에 얼마나 절박함을 느꼈는지 보여 준다.

에스파냐 남부의 사례에서 보듯 라틴 그리스도교는 수 세기 동안 이슬람 지하드(Jihad, 聖戰)의 영향을 받았다. 이슬람은 이슬람의 지배가 이루어지는 세계인 '다르 알-이슬람'(Dar al-Islam)과 지하드를 벌여 이슬람화해야 할 '다르 알-하르브'(Dar al-Harb) 지역을 구분하여 후자에서 지하드를 벌인다. 지하드에는 반드시 무력만이 아니라, 평화적인 선교, 상거래 등을 통해 무슬림을 확장하는 것이 포함된다. 무력과 상거래를 통해 유럽은 이슬람의 끊임없는 확장을 경험했다.[19]

반면 그리스도교 내에서는 '성전'을 소극적으로 해석했다. 성전(Holy war) 또는 정전(Just war)이라는 관념은 초대 교부 아우구스티누스에게서 찾을 수 있다. 아우구스티누스는 정당한 전쟁의 조건을 제시하지만 이슬람과 같은 공세적 성격은 내세우지 않는다. 강제 개종이나 이단과 이교도들을 멸하기 위한 전쟁은 반대한다. 전쟁을 방어적인 차원에서 최대한 소극적으로 해석한다. 교회가 전쟁의 도구로 사용되는 것을 그는 용인하지 않았다.[20]

기존의 유럽 그리스도교는 교회와 신앙을 수호하고, 약자들을 보호하기 위한 방어적 관점에서 전쟁을 생각했다. 그런데 예루살렘 십자군은 유럽인들이 접경에서 직접 마주한 적이 아닌, 미지의 적을 대상으로 한 공세적 차원의 전쟁이었다. 십자군이라는 개념은 1095년에 등장했다. 십자군의 특징 중 하나는 전쟁과 종교적 헌신을 연결한 것이다. 중세 때는 예루살렘 성지 순례를 포함하여 순례 활동에 낭만보다 종교적 참회와 고행의 관념이 포함되어 있었다. 십자군은 단순한 전쟁이 아니라 이교도의 수중에 떨어져 더 이상 가볼 수 없게 된 예루살렘 성지를 회복하려는 종교적 목적이 강했다. 평화로웠던 예루살렘 순례가 셀주크 튀르크족이 예루살렘을 지배하면서 불가능해졌고, 이로써 순례자들이 예루살렘에서 겪었던 모멸감, 참담함이 교황이나 군주들에게 전해지면서 대응의 필요성이 제기되었다. 그러므로 최초의 십자군 관념은 이슬람교도로부터 성지 예루살렘을 탈환하기 위한 가톨릭교도의 전투 행위, 즉 무장 순례이다.

비잔틴의 원조 요청에 응답하다

십자군 원정의 배경을 좀더 살펴보자. 십자군 원정 전에 비잔틴 제국과 신흥 무슬림 왕조인 셀주크 튀르크 사이에 군사적 충돌이 있었다. 1071년의 '만지케르트 전투'(Manzikert War)에서 비잔틴 제국이 패배하고 황제 로마노스는 포로로 잡혔다. 그 결과 비잔틴 제국은 아나톨리아 지역, 즉 옛 소아시아 영토의 상당 부분을 잃고 콘스탄티노플까지 위협받게 된다. 혼란의 와중에 비잔틴 황제가 된 미하일 7세(1050~1090)는 그레고리우스 7세 교황에게 도움을 요청한다. 하지만 그레고리우스 7세는 하인리히 4세와의 서임권 투쟁으로 내부 갈등이 있어 도움을 주지 못한다. 무력한 황제는 콘스탄티노플 폭동으로 쫓겨나고 알렉시오스 콤니노스(1048~1118)가 1081년 제위를 차지하고 제국의 부흥을 꾀한다. 1090년경 알렉시오스는 로마 교황이 된 우르바누스 2세에게 군사 원조를 요청하여 영토 회복 전쟁을 준비한다. 이는 1054년 동·서방 교회 분열로 갈등하던 교황과의 화해를 위한 모색이기도 했다.[21]

명목상으로 십자군은 이 비잔틴 황제 알렉시오스의 군사 원조 요청에 로마 교황 우르바누스 2세가 응답한 것이다. 황제의 군사 원조 요청이 없었다면 십자군 원정도 없었을 것이라 보아도 합리적이다. 그런데 십자군이 성전에 무장 순례 개념을 포함한 것이라 한다면, 황제의 요청에 응한 것을 십자군이라 보기는 적절치 않다. 언제, 어떻게, 왜 십자군 원정은 예루살렘 성지 회복과 연결되었을까? 비잔틴 황제 알렉시오스 1세는 교황에게 셀주크 튀르크와 전쟁하는 데 필요한 군대 파병을 요청했다. 그러나 비잔틴 제국이 위기 상황은 아니었다. 황제는 제국의 정치 상황을 충분히 관리하고 있었고, 아나톨리아 지역을 회복할 용병 성격의 군대가 필요했다. 알렉시오스는 군사적 지원을 받아 아나톨리아에서 셀주크 튀르크를 몰아낼 수 있다고 판단했다. 이를 위해 알렉시오스는 1095년

3월 피아첸차에서 열린 교황청 회의에 사절단을 보냈다. 사절단은 알렉시오스 황제를 위해 군대를 파병하면 셀주크 튀르크가 막고 있는 예루살렘 성지 순례길이 다시 열릴 수 있다고 설득했다.

황제와 교황의 관심을 연결시켜 준 교집합은 '예루살렘'이었다. 군사 원정을 설득하려는 황제이든, 성전을 정당화하려는 교황이든 예루살렘 회복 목적이 부각되었다. 그해 11월 교황 우르바누스 2세는 클레르몽 교회회의에서 예루살렘 성지를 회복할 십자군을 설파하였다.

그렇다면 어떻게 예루살렘 순례길 회복이 교황과 서유럽 전체를 움직이는 대의명분이 될 수 있었을까? 예루살렘은 7세기 중엽 이슬람 점령 지역으로 바뀌었지만, 그리스도교 순례자들은 수 세기 동안 제약 없이 방문할 수 있었다. 유럽에서는 종교적 열정이 깊은 귀족들이 기사와 수도사들을 데리고 예루살렘을 방문하였다. 이 숫자는 꾸준히 늘었다. 이 탈리아 서해 항구를 출발하는 대규모 순례단의 경우, 아드리아해를 건너 발칸반도에 도착해 육로를 이용했다. 헝가리가 그리스도교로 개종한 975년 이후에는 육로로만 갈 수 있었다. 일차 집결지는 콘스탄티노플이었다. 거기에서 순례자들이 대규모로 아나톨리아를 지나 예루살렘으로 내려갔다.

팔레스타인을 지배하는 파티마 칼리프는 그리스도교 순례자들을 가로막지 않았다. 11세기 중앙아시아에서 셀주크 튀르크가 등장해 현 이란, 이라크 지역까지 확대되었다. 1071년 셀주크 튀르크는 파티마 칼리프를 무너뜨리고 예루살렘을 빼앗았다. 기존의 이슬람 통치 세력보다 호전적인 셀주크 튀르크하에서 아나톨리아를 통과하여 예루살렘에 들어가는 순례객이 크게 줄었다. 예루살렘에 거주하는 그리스도인들은 고립되었다. 유럽인들에게 비잔틴 제국이나 아나톨리아는 중요하지 않았다. 그들에게 의미를 지니는 지역은 예루살렘뿐이었다.

성지를 회복하겠다는 우르바누스 2세의 호소는 유럽 그리스도인들의 종교 감수성을 깊이 자극했다. 우르바누스는 설교에서 '해방'이라는 말을 자주 사용했다. 해방의 대상은 예루살렘과 거기 있는 그리스도인들이다. 제1십자군의 모든 관심은 예루살렘이었다. 무장 순례의 목적은 성도의 해방이었다. 비잔틴 제국은 예루살렘으로 가기 위한 통로일 뿐이었다.

황제와 교황의 동상이몽 탓에 상황은 엇나갔다. 알렉시오스가 원한 것과 우르바누스가 의도한 것은 달랐다. 알렉시오스는 공격받는 콘스탄티노플을 지켜 줄 기사들을 원했다. 그런데 우르바누스 2세가 행한 것은 콘스탄티노플을 거쳐서, 예루살렘 성지를 회복하는 것이었다.[22]

우르바누스 2세와 클레르몽 교회회의, 여기에서 십자군의 필요성이 역설되고 시작된다. 1095년 11월 프랑스 클레르몽에서 열린 교회회의에서 약 6백 명의 주교, 수도원장들이 모여 무슬림에 맞서 예루살렘 고토 회복을 다짐한다. 교황의 연설을 들은 대중들은 '신의 뜻이다'라고 소리 높여 외쳤다. 교황은 프랑스 전역을 순회하며 십자군의 필요성을 역설하고 사람들을 모집했다.

교황의 약속과 민중의 호응

유럽과 소아시아를 횡단하는 군사 원정이 어떻게 사람들에게 동기를 부여했을까? 수많은 사람들이 십자군 참전을 위해 가족과 고향과 나라를 떠났다. 그리고 많은 사람들이 다시 돌아오지 못했다. 다양한 사회적 신분과 출신 국가만큼이나 참전의 이유는 복합적일 것이다. 명예나 부가 아니라, 이교도의 손에 넘어간 성지회복이라는 종교적 열정이 공통의 대의명분이었다고 할 수 있다. 예루살렘에 들어가 성묘 앞에 무릎을 꿇고 그리스도의 십자가를 경배할 수 있다는 기대가 경건한 그리스도인들의 마음을 움직였다. 클레르몽 교회회의에서는 십자군 참전으로 교회에서 부과하는 종교적 참회와 고행을 면제할 수 있음을 선포했다. 십자군 참전이라는 고행을 통해 내세에서 영원한 보상을 약속받는 것은 중세인들의 심성에 큰 호소력이 있었다. 가톨릭교회는 면벌부라는, 이른바 천국을 보장하는 어음을 발행하였다. 조직화되지 않은 대다수 민중이 자발적으로 농민 십자군 등을 구성해서 원정에 참가하였던 이유를 여기에서 찾을 수 있다.

그러나 십자군은 내세만 약속한 것은 아니었다. 십자군에 참여하는 사람들은 현재의 부채나 여러 의무조항에서 해방되거나 일정 기간 유예를 얻었다. 십자군 참전 서약은 개인이 사회에서 지고 있던 채무를 벗겨주었다. 교황의 약속과 민중의 호응, 이 둘이 만나지 않았다면 십자군은 약 2백 년간 이어질 수 없었을 것이다. 십자군을 가능하게 했던 것은 교황의 극대화된 영향력과 더불어 당시 민중들이 품은 가톨릭 신앙의 적극적 표현이었다. 교황은 십자군이라는 전쟁과 폭력을 교회 해방의 행동으로 관용하고, 완전한 용서를 약속했다. 잔혹한 행위는 그리스도를 향한 성화를 갈망하는 병사들의 강력한 종교적 열망으로 이해되었다.

1095년의 첫 십자군 이후 약 2백 년간 십자군이 지속된 데는 종교적 요인뿐 아니라, 사회적·정치적 이유도 찾을 수 있다. 9세기에 들어 중세 유럽에 봉건제도가 정착하면서 사회가 안정화된다. 이 봉건사회에서 장자 상속제가 완성되었다. 이는 장자가 아닌 자식들이 부를 합법적으로 상속받거나 사회의 신흥 계급을 형성하는 움직임이 둔화되었다는 의미이다. 이에 새로운 활로가 필요한 기사 계급 등이 존재했다. 유럽을 벗어나 새로운 곳에서 부를 창출하고 경제 활동을 이루려는 열망들이 자리 잡고 있었다. 십자군 원정이 유럽에 신흥계급 성장을 가져왔는지는 회의적이나, 새로운 사회 질서를 열망하는 계급이 십자군 원정과 연결되었다는 점은 중요하다.

영주들의 정복욕에도 불이 붙었다. 당시 세계관에서 보면 예루살렘은 그리스도가 탄생한 곳이므로 세계의 중심이고 그것을 확보해야 한다는 분명한 대의가 있었다. 유럽 내에서 영지를 확보하지 못한 기사들은 예루살렘에 나라를 세우고 번성하고자 하는 욕심이 있었다.

하지만 영토와 부의 성취는 대부분 현실적이지 않았다. 실제 예루살렘 지역에 정주한 사람은 거의 없었고 부자가 되어 돌아간 사람도 거의 없었다. 십자군 참전에 필요한 재정 조달, 가족과의 긴 이별, 험난하고 위험한 오랜 여정, 결정적으로 원정길에서 만날 미지의 적에 대한 공포 등은 매우 현실적인 난관이었다. 그러니 지극히 세속적 동기와 욕망 이면에 자리한 종교적·정신적 요소를 고려해야 마땅하다.

교황이나 가톨릭교회 입장에서는 유럽 사회 안정에 따른 내부 불만을 해소하는 통로로 십자군을 활용할 수 있었다. 사회 구조가 안정화되면 전투를 통해 영토를 확보하고 입지를 다져야 하는 기사 계급들의 불만이 예상된다. 10~11세기 교황들은 기사들이나 세속 영주들 사이의 사적 전투를 없애려는 시도로 '신의 평화'(Peace of God) 혹은 '신의 휴전'(Truce of God)이라는 평화 운동을 전개한다. 전투원의 비전투원에 대한 전투 행위를 금지하고, 사유 재산을 보호하며, 특정 축일에는 전쟁을 금하는 행위 등의 지침이 마련된다. 이에 대한 불만은 십자군은 사적 전투가 아니라 그리스도교 세계를 위한 정의로운 전투라는 명분으로 전환했다. 대내적인 평화를 고취함과 동시에 기사들이 대외 전투를 통해 세력을 확장하고 영토를 확보하는 것도 충분히 설득력 있는 시도였다.[23]

십자군에는 당시 지속되었던 신성로마제국 황제와의 갈등에서 황제를 견제하려는 의도도 있었다. 제1차 십자군 때 신성로마제국 황제군은 배제되었다. 그 대신 프랑스와 잉글랜드 등에서 군사를 모집했다. 교황은 유럽의 실질적인 지배자가 자신임을 증명하고 싶었다. 비잔틴 제국과의 관계에서도 우르바누스 2세는 서방이 비잔틴 제국을 지원함에 따라 교황권의 우위를 주장하고 싶었다.

십자군 운동의 전개 — 유럽에서 콘스탄티노플까지

일반적으로 십자군은 1095년 1차 원정에서 1291년 아크레(Acre) 함락으로 막을 내린 제8차 원정으로 구분된다. 편리하게 보이는 이 구분은 18세기 중반에 생겨났다. 그러나 레콩키스타나 14세기의 백년전쟁과 마찬가지로, 이 시기가 전쟁으로 점철된 것은 아니었다. 11~13세기 중세 유럽 역사에서 십자군은 여러 요소 중 하나였다는 점을 인정하는 것이, 이 시기를 과도한 대립과 갈등으로만 이해하려는 유혹을 극복할 수 있다.

역사에서 되짚어 계산한 조직화된 여덟 차례의 원정에서 유의미한 성과를 거두었던 것은 제1차 십자군이다. 원정의 대의인 예루살렘을 회복하고, 라틴 그리스도교 왕국을 건설했기 때문이다. 이 첫 십자군 원정에서 우르바누스 2세와 더불어 핵심적인 역할을 한 사람이 은자 피에르(Pierre L'Ermite) 수도사이다. 그는 신의 계시를 받았다고 역설하면서 십자군 사상을 전파한다. 왕과 제후들에게 영향력을 행사한 사람이 우르바누스 2세였다면, 피에르는 민중들에게 십자군의 필요성과 종교적 의의를 가르쳤다. 그는 귀족과 기사들로 구성된 십자군 본진에 앞서, 조직화되지 않은 오합지졸 농민 십자군을 이끌고 먼저 예루살렘을 향해 떠났다. 그들이야말로 긍정적 의미에서건 부정적 의미에서건 순수한 종교적 열망으로 순례를 떠난 이들이다. 농민 십자군 대부분은 예루살렘에 도착하기도 전에 궤멸당했고 기적적으로 두 부대가 예루살렘에 당도한다. 그 이후 2차부터 8차까지는 종교적 목적보다는 상인이나 기사, 제후, 교황 등 모든 이해 관계자들의 사적 욕구가 개입된 운동으로 평가된다. 그러나 종교적 열망이 넘쳤다는 것은 무질서하고 조직화되지 않은 광기가 표출되었다는 표현이기도 하다.[24]

첫 십자군 원정의 의도치 않은 결과 중 하나가 유대인 박해와 혐오이다. 동방 이교도와의 전투를 위해 출발한 십자군은 유럽 내 유대인 학살에 가담했다. 1096년 5월 보름스에서 유대인 약 8백 명이 십자군의 손에 학살당했다. 유럽 내 첫 번째 유대인 학살이었다. 그 후 마인츠와 슈파이어를 포함한 라인란트 지역에서 유대인 공동체에 대한 공격과 학살이 있었다. 십자군들은 예루살렘 원정의 이유를 그리스도를 죽인 유대인에게서 찾았다. 그들은 상권이나 부를 소유한 유럽의 유산자였다. 평소 유대인에 대한 반감과 종교적 요인이 복합적으로 작용했다. 이는 중세의 반유대주의라는 길고도 어두운 역사의 시작이었다.[25]

십자군 본진은 헝가리와 발칸반도를 경유하는 육로 또는 아드리아해를 넘는 전통적인 순례길을 따라 콘스탄티노플로 이동했다. 비잔틴 황제 알렉시오스 1세가 교황에게 요청한 것은 콘스탄티노플에 와서 지원해 달라는 것이었다. 총 6만 명이 넘는 군대의 보급로를 확보하면서 이동한다는 것은 쉽지 않았다. 콘스탄티노플로 오는 동안 곳곳에서 약탈과 폭력이 일어났다. 1096년 10월 출발한 본진은 이듬해 5월 콘스탄티노플에 도착했다. 교황이 보낸 십자군을 접하고 알렉시오스는 당황했다. 용병처럼 보수를 주고 지휘할 사람들을 요청했건만, 도착한 군대는 유력한 제후들, 귀족들이었다. 그들의 목표는 용병으로 셀주크 튀르크와 싸우기보다 예루살렘을 독자적으로 탈환하는 데 있었다. 황제는 십자군에게 충성서약과 함께 셀주크 튀르크가 점령한 땅을 탈환하는 전쟁에 참전할 것을 요구했다. 십자군 내에서 불만이 있었지만 알렉시오스는 충분한 보상을 약속하며 설득하였다. 이에 십자군은 충성서약을 하고 곧 콘스탄티노플을 떠나 소아시아로 향했다.

십자군 운동의 전개 — 콘스탄티노플에서 예루살렘까지

콘스탄티노플에서 목적지 예루살렘까지는 직선거리로 1,800킬로미터가 훌쩍 넘는다. 게다가 셀주크 튀르크 점령 지대를 지나야 한다. 급조된 6만 군대가 셀주크 튀르크 정예병이 버틴 예루살렘까지 가려면 보급품 못지않게 대의를 보증할 신적 개입의 징후가 필요했다. 그들은 자신들을 이집트에서 나와 약속의 땅으로 들어가기 위해 광야생활을 하는 이스라엘에 비유했다. 광야에서 이스라엘을 인도했던 불기둥과 구름기둥이 필요했고, 먹고살 수 있는 만나가 필요했다. 그들은 무기를 들었지만 스스로를 순례자라 생각했으며, 십자가 깃발을 들고 '신의 군대'라 불렀다.

이 원정길에서 그들은 적어도 세 번 성모 마리아의 현현을 목격했다 한다. 1097년 후반 하늘에 십자가가 비추었다. 안디옥 공격을 앞두고는 유성이 안디옥에 떨어졌다. 예루살렘 진입 때에는 월식이 일어났다. 자신들의 행위가 신적 지지를 받고 있다고 해석할 수 있는 사건들은 수없이 보고되었다. 초기 그리스도교 성지답게 고대 그리스도교 유물이 발견되었다는 소식이 들렸다. 군사원정은 말 그대로 무장 순례였다.[26]

1097년 3월 에데사에 최초로 십자군 영토가 확보되어 공국이 설립되었다. 또 십자군은 1097년 7월 셀주크 튀르크의 수도 니케아를 점령하면서 신적 개입을 확신했다. 니케아 함락은 예루살렘을 향해 가는 소아시아 전체의 관문을 열었다. 1098년에는 높은 벽과 가파른 절벽으로 둘러싸인 요새 도시 안디옥이 8개월간의 항전 끝에 무너졌고 십자군은 안디옥 공국을 설립한다.

그 후 예루살렘 점령까지는 1년이 더 걸렸다. 1099년 7월 마침내 십자군은 예루살렘을 정복한다. 전투마다 그들은 신에게 승리를 기원했다. 승리는 신적 개입이었고, 잔학한 행위는 더욱 정당화되었다. 제대로 된 군사훈련이나 장비를 갖추지 못한 십자군이 예루살렘을 점령했다면 종교적 동기가 용맹함을 더했다고 할 수 있다. 십자군의 잔혹함에 미처 대처하지 못한 이슬람의 대응도 행운이라면 행운이었다. 뒤집어 말하자면 십자군은 예상을 뛰어넘는 야만성을 보인 것이다. 예루살렘 정복은 승리라고 표현하기에는 적절하지 않은, 그리스도교 역사에서 가장 잔혹한 사건 중 하나로 기억된다. 예루살렘에 입성한 십자군은 남녀노소를 불문하고 이슬람교도와 유대인을 잔혹하게 학살했다. 한 연대기 작가는 '솔로몬 신전에서만 만 명이 살육당하고 발목까지 찰 정도로 피가 바닥에 고여 있었다'고 기록했다.[27] 이 과장 섞인 표현은 십자군의 잔혹함을 나타내려는 것이 아니라, 자신들이 신적 도움으로 이교도를 철저하게 심판했음을 드높이려는 것이었다. 예루살렘 점령 후 고드프루아 드 부용(Godefroy de Bouillon, 1060?~1100)이 '예루살렘의 수호자'(Defender of Jerusalem) 혹은 '성묘의 수호자'(Defender of Holy Sepulcher)라는 명칭으로 예루살렘 초대 라틴 통치자가 된다.

1차 원정의 결과 1097년 에데사 공국, 1098년 안디옥 공국, 1099년 예루살렘 공국이 세워졌고, 1109년 트리폴리 공국이 분리되면서 총 네 개의 라틴 국가가 생겨났다. 이 첫 번째 원정에서 여러 기사 수도회가 형성되었다. 특히 템플기사단으로 알려진 기사회는 예루살렘 공국을 세운 이후 국경수비대를 자임했다. 수도사였지만 무기를 포기하지 않았다. 그들은 예루살렘에서 그리스도인을 보호하고, 무슬림의 공격에서 순례자들을 지키는 역할을 했다. 또한 예루살렘 성요한기사수도회(Knights Hospitaller)는 순례자들을 돌보는 사회 구호와 병원 기능을 담당했다.

제1차 십자군 원정을 간략하게 요약하면 우르바누스 2세의 선동과 은

자 피에르 같은 대중 설교가들에 의해서 자극된 조직화되지 않은 농민
및 대중이 순수한 종교적 목적으로 참여한 전투라고 할 수 있다. 이 원정
이 무질서하고 조직화되지 못했음에도 성공할 수 있었던 것은 통제 못
할 광포함과 잔인함이 극한으로 표현되는 상황이 열렸기 때문이다. 셀
주크 튀르크는 아나톨리아를 통과해 예루살렘으로 가는 길에 처음 마주
친 그리스도교 세계 군사들의 잔혹함에 큰 충격을 받았다. 이 잔혹함은
1차 원정의 큰 성공 요인 중 하나였지만, 십자군이 역사적 오명을 뒤집
어쓴 발단이기도 했다.

소년십자군의 비극

　　　　십자군 원정의 목표인 예루살렘 탈환과 그에 이은 라틴 왕
국의 설립이 지속적 성취를 이룩한 것은 아니다. 지리적으로 이 네 라틴
공국은 남쪽으로는 이집트에 근거지를 둔 파티마 왕조와 서북쪽으로는
셀주크 튀르크 왕조 등 양대 무슬림 세력에 갇힌 형국이다. 이 공국들은
외부 지원 없이 자체 생존을 도모해야 했으며, 비잔틴 제국과 연결되려
면 셀주크 튀르크 점령 지역을 통과해야 했다.

　적진 안에 들어가 고립된 상태는 취약할 수밖에 없다. 1차 원정 이후
십자군은 이 라틴 공국들을 지키는 방어적 성격이 강화되었다. 1144년
셀주크 튀르크는 에데사 공국을 점령한다. 이에 프랑스 왕 루이 7세와
신성로마제국 황제 콘라트 3세가 잃어버린 땅을 회복하고자 원정을 주
도하지만 실패한다. 그리고 약 50년 후 3차 십자군의 맞수는 강력한 무
슬림 지도자 살라딘(1138~1193)이다. 그는 이집트 파티마 왕조의 지배
자가 되어 세력을 확장했고, 예루살렘과 가톨릭교도들이 점령했던 땅을
거의 탈환한다. 3차 십자군은 교황 그레고리우스 8세의 성지 회복 호소
로 신성로마제국 황제 프리드리히 1세, 프랑스 필리프 2세, 잉글랜드 리

처드 1세 등 대부분의 왕들이 참전했으며 '왕들의 십자군'으로 불린다. 이때 사자심왕으로 불리는 리처드 1세와 살라딘 사이에 1192년 휴전조약이 체결되고, 이에 그리스도인들은 예루살렘을 이슬람 점령지로 인정하고 이슬람은 가톨릭교도들의 예루살렘 순례를 보호하고 인정한다.[28]

4차 십자군(1202~1204)은 서유럽 교황권의 절정기를 이룩한 교황 인노켄티우스 3세가 조직한다. 이에는 교황이 자신의 영향력을 동방으로 확대하고자 하는 야심이 크게 작용했다. 그리하여 4차 십자군은 본래 대의에서 가장 빗나간 원정이 되었다. 이탈리아 베네치아에서 소집된 십자군은 목적지인 예루살렘으로 가지 않았다. 대신에 헝가리 가톨릭 도시인 자라(Zara)를 점령했다. 사적 이익을 위해 그리스도교 세계를 점령한 것이다. 교황이 주도자들을 파문했지만 십자군의 일탈은 서듭되었다. 십자군은 비잔틴 제국 수도인 콘스탄티노플을 약탈한 후 그곳에 라틴제국을 세운다. 그리고 교황은 이 사건을 동방과 서방 교회가 재일치를 이룬 것으로 보았다. 4차 십자군은 가장 변질된 형태였으며 이 원정의 가장 큰 수혜자는 이탈리아 도시 무역 상인들이었다. 베네치아를 비롯한 이탈리아 도시국가가 동서 교역의 중심 도시로 성장하는 기반이 이때 마련된다. 4차 십자군 이후의 원정은 진정한 종교적 호소력을 상실한다.

이 와중에 빚어진 비극이 '소년십자군'이다. 1212년 프랑스의 어느 양치기 소년이 신의 계시를 받았다고 나섰다. 십자군의 실패 이유는 탐욕에 물든 성인들이 주도했기 때문이며, 순수한 소년들이 가면 성공할 것이라고 주장한 것이다. 십자군은 일반적으로 헝가리를 지나서 콘스탄티노플을 거쳐 육로로 남하했는데, 이들은 프랑스 남부 항구 도시 마르세유에 집결한다. 그들은 모세에게 일어난 기적처럼 바다를 통해 예루살렘에 갈 것으로 믿고 기다렸다. 이때 이탈리아 남부 시칠리아의 상인들이 나타나서 예루살렘행을 제안한다. 소년들이 탄 배는 북아프리카 튀

니지로 향하고 그곳에서 소년들은 노예로 팔려갔다.[29]

5차 십자군은 헝가리 왕이 인솔했고, 6차는 다시 신성로마제국 황제, 7차는 프랑스 왕의 주도로 이어졌다. 5차 원정 이후로는 십자군의 주도권이 세속 군주에게 넘어갔다. 즉 십자군이라는 거대한 대의명분을 내세웠지만, 세속 군주들이 자신의 세력 강화와 교역로 확보를 목표로 벌이는 전쟁이 되었다. 결국 1296년에 예루살렘 왕국이 약화되고, 아크레가 1291년 이슬람에 함락되면서 십자군 원정은 막을 내린다. 십자군은 소아시아에서 항구적인 영토 확대에 실패했다. 비잔틴 제국을 군사적으로 지원한다는 목적도 성취하지 못했다. 마지막 십자군 원정이 끝나고 150년이 지난 1453년 비잔틴 제국은 오스만 튀르크에게 멸망한다. 십자군 원정이 남긴 것은 라틴 교회와 비잔틴 교회의 갈등과 반목이었다. 십자군을 주도했던 교황의 권위도 추락했다. 십자군 원정이 끝난 후 채 20년이 못 되어 교황청은 프랑스 아비뇽으로 옮겨지는 아비뇽 유수(1309~1377)를 굴욕적으로 겪어야 했다.

십자군이 남긴 변화

이슬람은 공세적인 지하드 개념을 들고 서유럽에 파고들었다. 십자군은 예루살렘 성지 약탈을 막고 순례길을 확보하려는 방어적 성전 개념으로 시작되었다. 하지만 일어난 결과를 보면 정반대이다. 중세 이슬람은 에스파냐의 콘비벤시아로 대표되는 종교 간 공존 실험을 한 바 있다. 그들은 점령지의 타종교에 관대했다. 십자군이 남긴 이미지는 그렇지 않다. 라틴 그리스도교는 중세 유럽 형성 5백 년 만에 처음으로 유럽 외의 비그리스도교 세계를 만났다. 불타는 종교적 열망만큼이나 신세계에 대한 두려움이 있었고, 원정에서는 무자비한 약탈과 학살이 이어졌다.

낯선 세계를 조우한 경험이 적은 유럽이 배타적일 수밖에 없는 점은 이해된다. 타종교를 대하는 태도는 상대방을 대하는 태도에서 나타났다. 역사에 회자되는 한 사례를 보자. 3차 십자군 당시 살라딘 군대와 전투를 벌이던 리처드 1세가 부상을 입었다. 그러자 살라딘은 부상당한 적장을 위해 자신의 주치의를 보냈고, 리처드의 말이 부상당하자 자신이 아끼던 말 두 필을 보내주었다. 살라딘 신화라고 불릴 정도로 유럽인들의 눈에 비친 이슬람의 이미지는 관용적이었다. 리처드 1세는 자신의 누이동생과 살라딘의 동생을 결혼시켜 그 둘을 예루살렘 왕으로 앉히자는 협상을 제안할 정도였다. 이들이 맺은 평화정책을 통해 유럽에 '관대한 이슬람'이라는 이미지가 들어왔다.[30] 반면 2백 년간의 십자군 원정은 유럽인에 대한 부정적 관념을 강화했다. 순수한 종교적 이념과 열정이 광기로 변하는 것은 한순간이다. 그 순수함이 교묘한 정치적·경제적 이익으로 오도되는 사례를 십자군의 긴 역사는 보여 준다.

그렇다면 십자군이 중세 유럽 세계에 가져온 결과는 무엇이었을까? 유럽인들은 자신들을 그리스도교라는 하나의 대의명분으로 묶을 수 있다고 생각했다. 그런데 십자군 원정을 위해 프랑스와 독일, 이탈리아와 영국에서 모인 이들은 언어와 문화, 관습 등 서로의 이질감을 서서히 인식하게 된다. 종교라는 하나의 상수로 묶을 수 없는 민족의식이 싹트는 계기가 된다. 이는 시간이 갈수록 더 강화된다. 단일한 그리스도교 공동체라는 정체성의 표현이 십자군이었지만, 실제 유럽은 단일하지 않음을 각인하게 된 계기 역시 십자군이었음은 역설적이다. 십자군 운동으로 지방 귀족이나 제후 중심의 체제는 약화되고 중앙집권적 국왕권이 강화된다.

종교로서의 가톨릭 변질도 중요한 결과다. 십자군 원정은 교황권 확대라는 자신감의 결정적 표현이었다. 비잔틴 세계와 예루살렘, 동방까지 영향을 미치고자 시작되었지만, 원정을 주도한 이들은 군주들이었다. 십자군이 진행되면서 빚어진 종교적 일탈, 파괴, 약탈, 대학살 등을 통해 그리스도교의 이미지는 악화되었고, 교황은 대응에 실패했다. 십자군이 시작되었을 때 교황권은 정점으로 치달았지만, 십자군이 끝난 이후는 밑바닥까지 추락한다. 종교적 일탈은 더 심했다. 전쟁 경비를 충당하기 위해 면벌부를 무분별하게 발부하고, 이는 중세 타락의 기제가 된다.

흔히 십자군이 한창이던 12세기를 '억압사회의 탄생기'로 표현한다. 유럽 역사에서 오래 지속된 인종주의의 원형이라고 할 사건들이 생긴다. 유럽 대륙 안에서 공존하던 유대인들이 타자로 인식되면서 그들을 탄압하는 사건이 십자군 원정 초반부터 줄곧 이어진다. 그리스도교의 정체성을 강화하기 위해 차이가 억압되었고, 그 희생양은 유대인이었다. 유대인뿐 아니라 가톨릭교회에 순응하지 않는 이단 등도 이에 포함되었다. 예루살렘을 향한 십자군은 8차로 끝났으나, 중세 말로 가면서 이교도 무슬림이 아닌 유럽 내의 이단 등 다름을 억압하기 위하여 십자군은 또 조직되었다. 가톨릭교회 전성기의 이면에는 억압사회의 형성기라는 평가가 따라온다. 타자에 대한 배제와 제도적 차별의 시작이 십자군 원정이 유럽 사회 내에 남긴 부산물이다.

십자군이 끼친 또 하나의 항구적인 효과는 이탈리아 도시국가들을 통해 이루어진 활발한 무역활동과 교역 중심의 서유럽 도시 발달이다. 신흥 수공업자와 상인 계급이 등장하여 화폐경제가 중심이 되는 구조 변화를 이끌었다. 십자군은 서유럽 라틴 세계가 다른 세계를 폭넓게 접하면서 유럽의 인식을 확장하는 계기가 되었다. 그리스와 고전문화를 발전시킨 비잔틴과 이슬람 문화에 직접 접촉하면서 유럽에 새로운 역동이 생겼고, 이슬람의 철학, 자연과학, 천문학, 산수, 기하학 등이 유입되면서 전례 없는 지적 혁명기로 들어갔다.[31]

십자군 시기인 약 1050년부터 1250년까지의 장기 12세기 동안 유럽은 수도원 전통 속에서 자체적으로 발전시킨 문예 위에 외부에서 유입된 문명을 결합시켜 독자적인 그리스도교 문화의 부흥을 경험한다. 이른바 15세기 르네상스와 비견되는 12세기 르네상스(Twelfth Century Renaissance)를 통해 유럽의 문화적 폭발을 경험한다. 십자군 원정의 의도, 과정, 결과와 무관하게 십자군은 부정적이건 긍정적이건, 무시할 수 없는 영향을 유럽 사회에 끼쳤다. 이 구조에 적극 참여하였던 것이 수도원과 성당 부속학교였다. 중세 수도원 전통 속에서 완결된 것으로 여겨졌던 학문 세계에 이슬람과 비잔틴의 앞선 과학적 발견과 문명이 들어오면서 대학이라는 지적 혁명도 탄생한다.

이 대학 안에서 가르치는 신학을 '스콜라학'이라 부른다. 가톨릭교회는 이 스콜라학의 방법론을 토대로 칠성사를 포함한 신학체계를 마무리한다. 그뿐만 아니라 십자군을 통해 이슬람 세계를 경험하면서 이슬람을 선교 대상으로 삼고 연구하는 작업도 진행한다. 예를 들어, 클뤼니 수도원장 존자 베드로(Peter the Venerable, 1092?~1156)는 쿠란과 무슬림 서적의 라틴어 번역 작업을 주도하였다. 이슬람에 대한 새로운 지식은 이슬람 세계를 그리스도교로 개종시키려는 선교 사업으로 이어졌다. 13세기 프란체스코회 수사 레이몬드 룰(Raymund Lull, 1232~1316)은 최초의 무슬림권 선교사로 알려졌다. 가시적인 성과는 미미했지만 도미니크회와 프란체스코회 수도사들은 학문적 토론을 무기 삼아 이슬람 세계와 대화하고 개종을 시도했다.

평가는 끝나지 않았다

중세 그리스도교와 이슬람, 이 둘을 대립 구도로 묶는 것은 낯익고 편리한 길이다. 하지만 살펴본 대로 이 두 종교 문명의 만남은 공존과 대립, 즉 콘비벤시아와 십자군이라는 이질적 형태로 전개되었다. 또 하나 이 시기를 평가할 때 유의해야 할 것이 있다. 십자군은 겉으로 드러난 역사적 사건과 전개에도 불구하고 서로 다른 해석이 생길 수 있는 대표적인 사건이라는 점이다. 역사라는 재판소에서 최종 판결을 내린 것 같지만 딱히 그렇지만도 않다. 유럽에서는 금기어처럼 여기는 '십자군'을 미국에서는 주저 없이 사용하곤 한다. 9·11 이후 이른바 테러와의 전쟁을 선포하던 당시 조지 부시 대통령은 이를 십자군전쟁이라고 표현했다. 십자군에 대한 이러한 시각은 현대에 갑작스레 생긴 것이 아니다.

시대에 따라 십자군에 대한 인식과 해석은 줄곧 변해 왔다. 십자군 원정이 시작됐던 시기부터 16세기까지는 유럽에 실질적 위협 세력인 이슬람에 맞서 그리스도교가 스스로를 지키기 위한 정당한 전쟁이었다고 주장했다.[32]

17~18세기 계몽주의 시대에 접어들면서 십자군은 중세의 어두움과 야만성을 나타내는 대표적인 사례가 되었다. 십자군 전쟁은 정치 선동에 의해 생겨난 불관용의 상징이었다. 중세를 암흑기라고 부르는 가장 대표적인 이유 중의 하나였다.[33]

19세기부터 지금까지는 또 다른 관점에서 십자군이 해석되어 왔다. 낭만주의의 영향으로 십자군에서 종교적 색채를 배제하고 미지의 세계를 찾아 떠나는 모험으로 그리기 시작했다. 이 시기는 유럽의 전방위적 제국주의 팽창기였다. 십자군은 유럽 제국주의 확산을 정당화하는 기제로 활용되었다. 한마디로 제국주의적 시각에서 십자가를 해석한 것이다. 이 시각에서 북아프리카나 중동의 이슬람은 열등한 문명, 계몽의 대상으로 타자화된다. 십자군이라는 용어를 사용하느냐 않느냐와 무관하게, 유럽의 제국주의 팽창은 십자군과 유사한 성격을 보인다. 모든 제국주의적 수탈과 억압이 서구화와 문명화를 위해 정당화된다.[34]

이 유럽 중심 세계관과 사고방식은 유럽 예외주의를 만들고, 자신들의 행위는 유럽 선진 문명을 갖지 못한 이들을 위한 의무로 미화된다. 유럽이 타자화하고 규정하는 동양의 이미지인 오리엔탈리즘이 형성된다. 십자군이 모든 잔인무도한 행위를 신적 재가를 받은 것으로 정당화하였듯이, 제국 침탈 과정의 무력이나 수탈을 낭만적으로 묘사하는 것이다. 어쩌면 유럽에서는 유럽 중심주의와 제국주의의 깃발 아래 이미 충분히 십자군을 용인해 왔는지 모른다.

따라서 십자군을 이해하고 대할 때 적어도 두 가지를 충분히 고려해야 한다. 십자군이 유럽의 시각에서 볼 때는 방어 전쟁에서 시작한 것이지만, 절제되지 않는 종교적 열정은 광기로 바뀔 수 있음을 보여 준다는 것이다. 근대 제국주의 침탈에서 보듯 제대로 정리하거나 반성하지 않을 때, 어느 시대, 어떤 방식이든 십자군의 행태는 옹호될 수 있다. 십자군에 대한 평가는 끝나지 않았다. 십자군이 어떻게 해석되어 왔는지, 십자군을 어떻게 해석해야 할지 오늘에 비추어 끊임없이 고민해야 한다. 역사학은 사건의 학문이기보다는 해석의 학문이다. 십자군은 한 시대의 종교가 성찰에 실패했을 때 도달하는 광기의 극단을 보여 준 사례이다. 그러므로 자기 객관화를 통한 성찰이 전제되지 않는다면, 언제든 종교의 이름으로, 정의의 이름으로, 또는 세계화의 이름으로 십자군은 역사에서 재현된다. 그러나 성찰하며 타자를 대할 때 인류는 문명의 충돌과 십자군이 아니라 관용과 공존, 콘비벤시아를 선택할 수 있다.

8

거인의 어깨에 올라타다

—

12세기 르네상스와 대학의 탄생

이븐 시나의 《의학전범》 사본

(캐나다 토론토 아가 칸Aga Khan 박물관 소장)

그(이븐 시나)가 저술한 의학서인 《의학전범》은 당시 견줄 데 없는 탁월한 의학 지식을 망라한 책으로 향후 15세기까지도 유럽 그리스도교 세계의 표준 의학서로 활용되었다. 특히 그는 플라톤과 아리스토텔레스 철학을 조화하여 이슬람 신학을 해석하려는 시도를 했다. 이는 유럽 그리스도교 세계에서 신앙과 이성을 조화하고자 시도했던 스콜라학의 방법론에 큰 영향을 주었다. 198쪽

르네상스 개념과 재평가

일반적으로 르네상스는 고전에 대한 관심을 높이고, 그리스-로마 문명을 회복하는 14~15세기 유럽의 문예부흥 운동을 일컫는다. 여기서 고전이란 그리스도교 생성 이전 그리스-로마 시대의 저술가들의 작품을 의미한다. 고전 텍스트들의 재발견을 통해 유럽 문화의 새로운 부흥기가 왔다는 것은 르네상스의 기본 개념이다. 또한 미켈란젤로, 레오나르도 다빈치, 라파엘로 등으로 대표되는 예술의 발전도 르네상스와 연결된다.

르네상스라는 개념은 스위스 역사학자 야코프 부르크하르트(Jacob Burckhardt, 1818~1897)가 1860년에 쓴 《이탈리아 르네상스의 문화》(*Die Kultur der Renaissance in Italien*)를 통해 보편화되었다.[1] 이 책은 중세와는 전혀 다른, 중세와 단절된 새로운 시대인 근대의 출발로 르네상스를 상정한다. 이 견해는 20세기 중반까지 널리 수용되었다.

부르크하르트는 르네상스 논의에서 중요한 의제를 선점했다. 책의 제목처럼 르네상스는 지리적으로는 '이탈리아'에서 일어난 고대 그리스-로마 '문명'의 '부흥' 운동이었다. 이 개념에는 중세 천 년은 문명의 연속보다는 단절의 시대였다는 평가가 들어 있다. 고전이나 고전 시대에 대한 향수를 문명의 '재발견'이라고 표현할 때 이미 중세에 대한 가치 판단이 녹아 있다.

중세교회사에서 이탈리아는 알프스 이북 지역과 비교하여 두드러진 지역이 아니었다. 로마에 교황청이 있고 교황의 역할이 중요했지만, 이탈리아 반도는 랑고바르드, 노르만, 사라센 등 이민족의 침탈이 끊이지 않은 불안정한 지역이었다. 중세의 중심부는 신성로마제국이나 프랑스, 잉글랜드였다.

중세 유럽의 중심이었던 알프스 이북의 게르만 국가들은 이 구도 자체에 대해 근본적인 재평가를 하게 된다. 그중 하나로 등장한 것이 중세와 근대와의 연속성을 찾는 관점이다. 근대 유럽을 그리스도교 중세와의 연속성에서 살펴보자는 것이다.

12세기 르네상스의 내부 조건 ― 도시 발전

중세와 근대 세계의 연속을 강조하는 중세주의자들은 중세가 뿌리고 가꾼 결실로서 근대를 바라보고자 한다. 14~15세기 르네상스 이전 유럽 내에서 존재했던 문명의 흔적들을 찾는 작업이 있었다. 이러한 시도로 등장한 것이 '12세기 르네상스'라는 개념이다. 이 12세기 르네상스의 핵심 지역은 이탈리아가 아니라 알프스 이북이다. 그리스-로마 문헌의 번역이 이 시기에 시작되었고, 그 결과 유럽에 스콜라학이 등장했다. 고전의 재발견과 대학이라는 제도를 형성한 일련의 지적 혁명을 12세기 르네상스라 부른다. 후대 이탈리아 르네상스가 예술과 문화 중심이라면, 12세기 르네상스는 교육과 지식의 진보가 중심이다.

1927년 미국의 역사학자 찰스 해스킨스(C. H. Haskins)가 《12세기 르네상스》를 저술한 이후로 영미권에서 다양한 논쟁이 일어났다.[2] 12세기의 변화를 르네상스라 부를 수 있는지는 별개로 하더라도 유럽 그리스도교가 만들어 낸 성과를 르네상스라는 개념으로 추적해 보는 것은 의미가 있다. 12세기 르네상스 주창자들은 중세를 암흑과 무지의 시대로, 근대를 빛과 진보의 시대로 놓는 이분법을 거부한다. 중세는 생각보다 덜 어두웠고, 르네상스는 덜 밝았다는 주장이다.[3]

유럽은 1050~1250년 동안 장기 지속되는 일련의 흐름을 생성해 냈다. 이 장기 12세기는 십자군 원정기와 거의 중첩된다. 십자군 전쟁은 유럽이 내부에서 형성한 자신감의 외적 표현이었다. 유럽이 바깥을 향해 나가기 시작한 시점이다. 이 시기를 경제적 변화의 시기, 멈춤 없는 확장의 시기로 표현한다.

이 장기 12세기 동안 유럽 내부는 상대적으로 평화로웠다. 인구가 늘었고, 농업 생산력이 증대했다. 지중해, 북해, 발트해를 통한 장거리 무역이 늘었고, 프랑스의 샹파뉴와 독일의 라이프치히, 프랑크푸르트의 정기시(定期市, fair) 등 무역 거점 도시에서 정기적으로 이루어지는 무역 박람회는 국제 무역의 활력을 유럽 내부로 연결시켰다. 이는 화폐 경제 발달과 도시 형성이라는 변화를 만들었다. 도시의 생성과 상공업 발달은 중세 봉건제에서 활발하지 않던 새로운 계층, 도시 수공업자의 성장을 촉진했다. 십자군 원정은 이슬람이 보존하고 발전시켰던 고전 문물이 유럽으로 활발하게 유입되는 계기가 되었다. 유럽 사회 안으로 상품과 같은 유형의 재화, 무형의 지식 등이 유입되었고, 그것이 교환되는 곳에 도시가 생겨났으며 도시로 인구 집중이 이루어졌다.[4]

도시, 무역, 새로운 계급 출현 등은 중세교회에도 큰 영향을 주었다. 유럽의 교회는 이슬람권을 통해 유입되는 고전문물과 과학기술 등을 주체적으로 수용함으로써, 기존의 수도회 중심 그리스도교 세계 질서에 충격을 안겼다. 새로운 흐름에 대한 배척과 수용, 그 언저리에서 이루어진 타협 등을 통해 라틴 그리스도교가 완성되었다. 스콜라학이라고 부르는 신학이 발전했고, 가톨릭교회는 칠성사를 완성시켰다. 이 지적 혁명은 대학이라는 교육 기관 형성으로 완결되었다.

수도원 중심의 교육을 통해 완전무결한 그리스도교 지식의 보전과 전승에 초점을 맞춘 유럽 세계에 이제는 시장에서 경쟁하며 화폐로 교환

가능한 무형자산으로 지식이 등장했다. 지식은 신의 선물이며 무상으로 제공되어야 한다고 믿던 수도원 교육이 이제는 도시의 시장 한복판에 내려와 더 나은 지식을 제공하기 위해 경쟁하는 상황이 되었다. 결국 유럽 그리스도교는 이 변화를 수용했다. 변화를 가능하게 한 내부 동인과 외부 영향을 살펴보는 것이 중요하다.

외부 조건 ― 이슬람 고전 번역

십자군 전쟁 전후 그리스 철학과 이슬람 과학 기술이 유럽 세계에 들어왔다. 12세기 유럽 세계의 지적 혁명에 가장 큰 영향을 준 요인은 이슬람이다.[5] 새로운 문화는 외부와 고립된 집단에서 생겨날 수 없다. 외부 세계와의 끊임없는 상호작용 속에 장기적으로 서로 영향을 주고받으며 발전한다. 이교 사상의 유입은 그리스도교 세계에 여러 질문을 던졌다. 그리스도교 형성 이전의 고대 철학은 그리스도교와 어떤 관계가 있을까? 이교 철학과 사상은 그리스도교 체계와 조화될 수 있을까? 결과적으로는 조화되었지만 이교 문명이 저항 없이 유입되지는 않았다. 움베르토 에코의 소설 《장미의 이름》은 수도원 장서관 비밀서고에서 아리스토텔레스의 책을 읽은 수도사들 사이의 갈등이 한 축을 담당한다. 비밀서고를 관리하는 보수적인 수도사는 수도사의 핵심 의무는 지식 탐구가 아닌 지식 보존이라고 주장했다. 움베르토 에코는 중세 수도원 전통이 고전 문물 유입에 보였던 상징적 대응을 이 작품에서 솜씨 있게 그려냈다. 이런 갈등이 드물지 않았음에도 어떻게 이교 문명은 거부할 수 없는 강력한 힘으로 그리스도교 유럽의 변화를 이끌었을까?

이 간단치 않은 문제에 올바로 접근하려면 지식과 문명이 가진 보편적 가치와 힘에 주목해야 한다. 어떤 문명도 고립되어 싹트지 않는다. 이집트 문명, 인더스 문명, 황하 문명 등 대부분의 문명이 바다나 강을 끼고 형성되었다는 사실은 문명 간 교류를 통해 상승작용이 있었음을 보여 준다. 그런 차원에서 보자면 이슬람 문명은 이슬람이라는 종교 자체가 생성한 문명이 아니라, 이슬람 지역이 수용·보존하고 발전시킨 인류 보편의 문명이다. 이슬람교를 형성한 아라비아 반도는 지정학적으로 아시아, 아프리카, 유럽 대륙을 잇는 무역로였다. 동서 교류의 매개이자 문명의 매개였던 것이다.

예컨대 이슬람 종교는 유대교와 그리스도교의 영향을 받았다. 상업은 유대인의 영향을 받았다. 종교가 성립된 후에는 페르시아 정부의 통치 체제를 받아들였다. 인도 문명이 발전시킨 과학, 의학, 수학도 수용했다. 모스크 건축의 핵심인 돔 양식은 비잔틴 양식을 수용한 것이며, 이집트, 그리스 건축 양식과 통치 지역의 토착 양식을 조화시켰다. 그리스와 비잔틴 세계에서는 고대 철학과 문법, 수사학, 논리학 등의 학문 전통을 발전시켰다. 그들은 고전 문헌의 번역 작업과 주석 작업을 진행하여 고전 사상을 주체적으로 받아들였다. 유럽 그리스도교보다 출발은 늦었지만, 이슬람은 훨씬 앞선 문명과 교류할 수 있는 유리한 위치에 있었다.

이슬람의 힘은 다양한 원천의 문명들을 이슬람이라는 하나의 가치 아래 묶었다는 데 있다. 전통 종교인 유대교, 그리스도교나 조로아스터교보다 훨씬 뒤늦게 출발했지만, 지식과 문명에 대한 실용적·수용적 태도로 이슬람 제국이 확장되었다. 특히 번역 사업은 고전 보전이라는 측면 외에도 주변 문화를 이해, 수용하여 제국의 일체성을 높이는 데 기여했다. 이슬람 교리를 설명하거나 문화·윤리의 틀을 마련하기 위하여 중요한 가치를 지니는 문헌들을 번역하고 창의적으로 활용하였다. 마치 고대 로마 헬레니즘 문명이 피정복지의 문명과 종교 등을 적극 수용하여 문명의 용광로를 형성했던 것과 같다.[6]

번역 운동은 이슬람 형성 초기부터 활성화되었다. 830년경 압바스 왕조의 통치자 알 마문(Al-Ma'mun, 786~833)이 수도 바그다드에 '지혜의 전당'(Bayt al-Ḥikma)을 설립했다.[7] 고전과 외국 서적 등이 아랍어로 활발하게 번역되었다. 여기에는 피타고라스, 소크라테스, 플라톤, 아리스토텔레스의 저작 등이 포함되었다. 바그다드는 당대 지식 문화의 핵심으로 급부상했다. 번역 사업은 중국에서 제지법이 전해지고 기존 기록 매체인 양피지를 종이가 대체하면서 힘을 얻었다. 바그다드는 단순히 지식 중심지가 아니라 수 세기 동안 상업과 예술의 중심지가 되었다. 프톨레마이오스가 이집트 알렉산드리아에 도서관을 세운 이래 가장 큰 규모의 도서관과 교육 기관이 바그다드에 지어졌다.

압바스 왕조의 학술 진흥 정책은 이제 고대 학문과 문물이 비잔틴 제국이 아닌 이슬람을 통해 계승된다는 의시의 표현이었다. 비잔틴 제국에 비해 후발 주자였던 압바스 왕조는 다양한 전통을 수용하는 개방성과 그 전통을 자신들의 것으로 전환시키는 창의력을 통해 단기간에 이슬람 문명이라고 부를 수 있는 독자 흐름을 만들었다. 이성에 대한 강조와 합리적·비판적 가치를 존중하는 분위기가 자라났다. 보수적인 무슬림 종교 지도자들의 반발을 뚫었다는 점도 주목할 만하다. 아리스토텔레스 사상을 이슬람 신학에 접목하여 아랍의 철학자라 불린 알 킨디(Al-Kindi, 801~873)는 무슬림 반동 왕조의 박해를 받아 장서를 몰수당하기도 했다.[8]

이슬람 문명과 중세 유럽의 접촉은 무슬림이 점령했던 남부 에스파냐에서 이루어졌다. 756년 성립된 후(後)우마이야 왕조의 수도 코르도바는 그 거점 도시였다. 코르도바의 도서관에는 40만 권이 넘는 장서가 있었다. 바그다드 '지혜의 집'이 수행한 전방위적 문명 교류와 확산의 역할은 톨레도가 담당하였다. 이곳에서 아랍어로 된 철학, 과학, 의학, 천문학, 수학 서적들이 라틴어로 번역되었다. 이 번역서들은 유럽으로 전해진다. 문명 교류는 재정복전쟁 이후에도 지속되었다. 1085년 카스티야의 알폰소 6세가 점령하여 그리스도교 지역이 된 이후에도 톨레도는 이슬람 문명과 라틴 그리스도교 문명의 가교 역할을 했다. 1130년 알폰소 7세(1104?~1157)는 톨레도 번역학교(Escuela de Traductores de Toledo)를 설립하여 아랍어로 된 고전 철학과 과학 서적 번역 작업을 지원했다. 알코올, 알칼리, 알케미스트, 알고리즘 등 '알'(al)로 시작하는 대부분의 단어가 아랍어에서 유래되었다.

이 번역 사업이 유럽 세계에 12세기 르네상스를 여는 기반이 되었다. 이슬람의 영향은 유럽의 다양한 문학적 사고와 사상과도 연결되었다. 13세기 유럽 문학의 꽃이라 할 단테의《신곡》의 천국과 지옥 묘사는 에스파냐의 이슬람 신비주의자 이븐 알아라비(Ibn Al-Arabi, 1165~1240)가 묘사한 천국 이야기의 표절이라는 주장이 제기될 정도로 닮았다.[9] 미지의 세계에 대한 탐구심을 한껏 자극한 결과, 단순한 모방을 넘어서는 창조적 작업이 이루어졌다.《신곡》의 저술에 영향을 준 요소를 굳이 끄집어내는 것이 무의미할 정도로, 단테는 창조적인 언어와 상상력으로 그리스도교 세계의 신앙을 표현할 수 있었다.

번역이란 언어의 기술적 변환에 그치지 않는다. 번역 자료는 라틴 세계의 정서와 결합·각색되어 마침내 독자적 형식을 만들었다. 이 모멘텀을 확보하려면 번역 자료가 일정 수준 이상 축적되어야 한다. 그중 철학과 사상 영역을 살펴보자. 레콩키스타와 십자군 원정으로 유럽 세계가 입은 직접적 수혜 중 하나가 고전 서적과 아랍어 주석서들의 유입이다. 아리스토텔레스 저작이 유럽 전통에 들어오면서 유럽에 지적 격변이 일어난다. 13세기 중반 아리스토텔레스 전집의 라틴어 완역본이 나왔다. 원전만이 아니라 아랍 사상가들이 고전 작품에 대해 쓴 다양한 주석서들도 등장했다는 점이 특기할 만하다. 이 주석서들은 이슬람 세계에서 이교 사상과 자신들의 종교를 결합시킨 사례였다. 아랍 사상가들이 고전을 재해석해서 그들의 신학체계 속에 종합한 것은 유럽 그리스도교 세계에서 이성과 합리적 사고를 활용하여 그리스도교를 더 잘 설명하려는 유의미한 선례와 단서가 되었다. 스콜라학의 방법론은 플라톤이나 아리스토텔레스의 저작을 주석한 아랍 주석가들의 방법론을 그리스도교 세계가 수용하고 발전시킨 것이다.

　유럽 그리스도교 사상계에 결정적 기여를 한 대표적인 학자로 알려진 이븐 시나(Ibn Sina, 980~1037)와 이븐 루시드(Ibn Rushid, 1126~1198)를 살펴보자. 이들은 라틴식 이름 아비센나(Avicenna)와 아베로에스(Averroes)로 익숙하게 알려진 인물들이다. 페르시아 출신의 이븐 시나는 철학, 의학, 기하학, 천문학 등 다방면에 박식한 시대의 천재였다. 그가 저술한 의학서인 《의학전범》은 당시 견줄 데 없는 탁월한 의학 지식을 망라한 책으로 15세기까지 유럽 그리스도교 세계의 표준 의학서로 활용되었다. 특히 그는 플라톤과 아리스토텔레스 철학을 조화하여 이슬람 신학을 해석하려는 시도를 했다. 이는 유럽 그리스도교 세계에서 신앙과 이성을 조화하고자 시도했던 스콜라학의 방법론에 큰 영향을 주었다.

　코르도바 출생의 이븐 루시드는 아리스토텔레스의 저작 전체에 대하여 주석을 완성한 인물로 에스파냐 지성사의 전성기를 이끌었다. 그는 26권에 달하는 아리스토텔레스 저서를 주석했다. 그의 주석서가 라틴어로 번역되면서 아리스토텔레스의 사상이 유럽에 전파되었다. 특히 13세기 중반 그의 아리스토텔레스 주석서가 파리 대학에 소개되면서 그를 추종하는 최초의 아베로에스주의가 형성되었다. 이들을 흔히 '라틴 아베로에스주의자'라고 부른다. 이들은 이븐 루시드가 아리스토텔레스 사상과 이슬람 신학 교리를 조화시키고자 했던 것처럼 아리스토텔레스의 사상을 출발점으로 하여 신비의 원천인 그리스도교 신학의 진리 체계를 이해 가능한 방식으로 설명해 내고자 했다. 이븐 루시드는 토마스 아퀴나스에게 가장 큰 영향을 준 인물 중 한 사람으로 꼽힌다.[10]

고전 사상가들이나 이븐 시나, 이븐 루시드 같은 아랍 저술가들이 저항 없이 유럽 그리스도교 세계에 받아들여진 것은 아니다. 플라톤이나 아리스토텔레스 등 고전 작가들은 그리스도교 세계 탄생 이전에 활동한 이교도들이다. 더구나 이슬람 주석가들은 현존하는 가장 큰 적대 세력이었다. 12세기에 무슬림 세계를 통해 들어오는 새로운 지식의 물결은 '이교도'의 것이었다. 이러한 이유 때문에 라틴 아베로에스주의자들은 교회 권력으로부터 그리스도교 신앙의 적으로 공격받기도 했다. 1215년, 1270년, 1277년에 파리 대학에서는 아리스토텔레스 저작 강독이 금지되었다. 1277년에는 옥스퍼드 대학이 아리스토텔레스 저작을 이교 서적으로 단죄했다.[11]

하지만 1260년 아리스토텔레스 《정치학》 완역을 12세기 르네상스의 완성이라고 표현할 정도로 13세기 중반 고전 사상은 효과적으로 그리스도교 세계에 통합되었다. 번역서와 주석서들이 누적적으로 수용된 13세기 중반에는 유럽 그리스도교 세계에 토착화된 자체 사상 생성의 모멘텀이 확보되었다. 1308~1321년에 쓴 《신곡》에서 단테는 이븐 시나와 이븐 루시드를 호메로스, 키케로, 소크라테스, 플라톤, 아리스토텔레스 등 그리스-로마 철학자들과 함께 림보(limbus)에 있는 것으로 묘사했다. 림보는 그리스도를 알지 못했지만 의롭게 살았던 사람들이 죽은 후 머무는 거처를 의미한다. 단테로 대표되는 14세기 유럽 지성계는 고대 철학자들과 이슬람 사상가들의 가치를 인정하고 수용했다.

수도원과 성당 부속학교, 대학을 열다

장기 12세기 동안 지성계에 끼친 내외적 충격이 유럽의 교육 제도, 질서에 영향을 준다. 그 변화는 13세기 초 우니베르시타스, 즉 대학의 탄생으로 완성되었다. 고전철학과 이슬람 주석서들의 유입이 유럽 지성 세계의 각성을 이끈 것이 중요한 요인이지만, 그것이 대학의 성립을 설명하는 유일한 요인은 아니다. 외부적인 영향과 함께, 유럽 내부 교육 전통의 변화도 심대했다. 그 중심에는 수도원 학교와 성당 부속학교의 변화가 있다.

12세기 이전까지 유럽 그리스도교의 학문 세계는 수도원 학교와 성당 부속학교를 통해 이루어졌다. 교육 목표에서 양자는 대립되지 않는다. 수도원 학교는 주로 종교적 목적에 부합하는 수도사를 양성하고, 전수되는 지식을 보존하고 후대에 계승하는 역할을 강조했다. 그들에게는 이미 그리스도교 지식이 그 자체로 완전하므로 손상 없이 다음 세대로 전해지는 재생산이 가장 중요했다.

지식은 질문 대상이나 탐구 대상이기보다는 순종의 대상이었다.[12] 지식을 전수받는 자가 순응적으로 수용하는 것이 중요했다. 여러 이유가 있긴 하나 중세 유럽에서 어린 나이에 자녀를 수도원에 보내는 자녀 봉헌(child oblation) 전통은 본질적으로 지식 복제를 추구하는 수도원 교육이 효과적으로 이루어지는 방편이 되었다. 질문이 금지되지는 않았지만, 권위자들이 내린 결론은 수용해야 했다. 삶과 종교의 불확실성을 탐구하는 흔적은 크게 나타나지 않았다.

수도원 학교가 아닌 일반 성당이나 교회에 부속된 교육 기관, 성당 부속학교 등을 '재속 학교'로 부른다.[13] 재속 학교는 자신이 속한 사회와 더 밀접한 관계를 맺고 사회에 필요한 인력을 공급하는 '교회의 학교'라는 의미이다. 중세 초기부터 수도원 학교가 전담하던 교육이 10~11세기에 재속 학교에서도 이어졌다. 재속 학교가 교육을 담당하기 시작했다는 것은 여러 면에서 의미가 있다. 먼저, 성직자나 수도사 등 종교인이 아닌 일반 관료 양성을 위한 교육이 활발해졌다. 귀족이나 명문가 자제들의 사회적 품위를 위한 교양 교육도 성당 부속 학교 교육의 일부였다. 단절된 수도원에서의 교육보다 성당 부속 학교의 교육은 보다 실용적이었고 학습 분위기가 열려 있었다. 학생들은 관료에게 요구되는 문해 교육과 수사학 등을 배웠다.

전통 보존과 계승이 목표인 수도원 교육이나 행정 관료를 기르기 위한 실용교육이 가미된 성당 교육에서 지식 탐구나 지적 진보의 열망이 크지는 않았다. 그러나 그렇다고 해서 탐구의 대상으로서 지식에 대한 요구나 욕구가 없었음을 의미하지는 않는다. 지식을 보수하는 닫힌 수도원 체제와 진보를 위해 경쟁하는 열린 지식 추구 사이의 긴장이 곧 생겼다.

11세기 학자 캔터베리의 안셀무스(1033~1109)는 지식 자체가 담고 있는 회의와 불확실성의 문제를 풀어내기 위해 노력했다. 그는 이성과 논리를 사용하여 이른바 정통 신학을 변증하고, 더 나아가 신의 존재를 증명하고자 하였다. 그럼에도 해소될 수 없는 모호함에 대해서는 이내 "나는 이해에 도달하기 위해 믿는다"라며 전통적인 방식으로 돌아간다. 신앙이 이성에 앞선다는 주장이다. 합리적 논증을 사용하여 신학적 주제를 풀어갔다는 점에서 그는 최초의 스콜라학자로 불리기도 하지만, 믿음을 이해에 도달하기 위한 상수로 놓았다는 점에서 마지막 수도원주의자로도 흔히 평가된다.[14]

전통과 보존이라는 핵심어로 유지되던 수도회 교육의 전통은 재속 학교의 성장이 가져온 학습 구도 변화에 영향을 받았다. 재속 학교에 영향을 준 것은 이슬람에서 도입된 과학, 의학, 천문학 서적만이 아니었다. 함께 들어온 철학 및 주석서는 여러 사상의 논쟁에서 모순과 불확실성을 없애고 이들을 화해시키기 위해 토론과 논쟁을 활용했다. 신에 대한 지식에 완결된 답이 존재하지 않는다면, 상상력이 동원된 열린 결말이 될 수밖에 없다. 재속 학교에 도입된 실용적 방법론은 신학적 논쟁에 신학자들만이 아니라 논리학자, 수사학자 등 비성직자도 참여할 수 있는 길을 열었다.

이 전환은 혁명이었다. 지식의 성격에 대한 근본적인 재고가 이루어진 것이다. 그간 교회 내에서 지식은 값없이 주어진 신의 선물로 이해되었다. 그런데 이제 지식이 다듬고 포장해 시장에 내놓으면 팔릴 상품이 되었다. 불확실성과 불완전성에 근거한 지적 탐구가 무상교육 공간인 수도원의 담벼락을 넘어, 지식 상품의 값을 매겨 경쟁하는 시장인 대학으로 이어지는 길이 되었다.

기존의 틀을 자유롭게 넘나드는 신학적 사색도 이루어졌다. 교사들은 자신의 학문을 학생들에게 호소력 있는 상품으로 포장하려고 애썼다. 신학 논쟁에 담겨 있는 주장의 내용만이 아니라 논리학과 수사학이라는 전달 수단의 유용성이 재평가되는 것은 자연스러웠다. 신학이 비로소 논쟁하고, 토론하고, 반박하고, 비평하는 학문의 자리를 차지한 것이다. 신학은 파리 시테 섬 동쪽에 있는 노트르담 대성당 부속학교를 중심으로 형성되었다. 센 강변 좌안을 중심으로 사설 학교들이 생겨났다. 그렇게 성당 부속 학교라는 제도권을 넘어 명망 있는 교사들이 설립한 사설 학교들이 교사와 학생의 조합으로 만들어진 대학으로 발전하였다.

스콜라 논쟁의 시작

수도원이 전통과 순종, 계승에 머무른 반면, 한 번 제기되기 시작한 신학 논쟁은 전방위적으로 확산될 소지가 있었다. 해묵은 질문들이었지만 신의 존재, 선과 악의 문제, 인간의 지위와 존재, 구원의 방식, 죽음 이후 세계 등 삶과 죽음과 관련된 모든 문제가 논의 대상이 되었다. 이 논쟁들이 11~13세기 유럽 그리스도교 세계에 활발하게 등장한다. 모든 주제가 신학이라는 용어 안에서 토론되었다. 일방적 수용이 아닌 탐구하는 방식은 대립하는 의견을 낳고, 대립하는 집단 사이의 갈등을 유발한다. 이 집단 간의 갈등은 다양한 학문 전통을 형성하게 하였고 독자적인 학문 전통은 학교가 발전하고 학생들을 모으는 핵심 수단이 되었다.

이 논쟁이 발전하여 학문 체계로 자리 잡은 것이 스콜라학이다. 라틴어 '스콜라'(*schola*)는 문자적으로 '학교' 또는 '학파'라는 의미이다. 유럽에 들어온 아리스토텔레스 저작이나 아랍 주석 작품 등을 해석하는 다양한 학교와 학파들이 출현하여 신학 교육과 사고방식의 변화, 토론 방식의 진보를 가져왔다. 스콜라학의 방법론이 완성된 13세기를 스콜라학의 전성기라고 한다.

대개 스콜라학은 바늘 끝에 천사가 몇 명이나 앉을 수 있는지 논하는 쓸모없는 언어유희 이미지로 알려져 있다. 이것은 중세 말 시대 변화에 둔감한 스콜라학의 비판으로는 타당하지만, 12~13세기 스콜라학은 유럽 세계의 지적 혁명이었다. 아무도 감히 질문하지 못하고, 설령 질문했다 하더라도 답을 찾기 어려운 문제들을 인간의 이성적 사고와 논리를 통해 접근한 것이다.

스콜라학의 등장이 가톨릭교회에 끼친 영향을 보여 주는 상징적인 사례가 1050년경 투르의 베렌가리우스(Berengar of Tours, 999?~1088)와 벡의 란프랑코(Lanfranc of Bec, 1005~1089) 사이에 벌어진 성찬 논쟁이다. 이 최초의 중요한 신학 논쟁은 성찬식에서 사제가 빵과 포도주에 축성할 때 빵과 포도주에 어떠한 변화가 일어나는가를 놓고 벌어졌다.[15]

논쟁의 출발은 베렌가리우스가 그리스도의 몸이 성체에 물리적으로 존재할 수 없음을 논리학 방법론으로 주장한 데 있다. 이에 란프랑코는 축성 시 빵의 외양을 비롯한 모든 속성은 사라지지 않지만, 빵의 본질은 그리스도의 몸으로 변한다고 주장했다. 여기에서 논쟁의 성격을 몇 가지 지적할 필요가 있다. 이것이 미사 축성 후 성체의 본질에 대한 첫 논쟁은 아니다. 정밀한 논리로 설명되지 않았지만, 동방 교회를 비롯하여 서방 가톨릭교회는 성찬을 통해 그리스도의 몸과 피가 실제로 성체 위에 임한다고 받아들였다. 그러니 베렌가리우스의 논리적 비판은 가톨릭교회가 당연하게 수용하던 것에 문제제기를 한 것이다. 그간 신비로 수용해 왔던 성찬 시 그리스도의 임재를 이성과 논리적 방법을 통해 설명하고자 했기 때문이다. 교황청은 베렌가리우스의 성찬론을 비판했다. 1079년 베렌가리우스는 결국 자신의 견해를 공식 철회했다. 그러나 베렌가리우스가 촉발시킨 성찬 논쟁은 그 후에도 이어졌다. 1180년 무렵에는 사제의 축성 후 성찬대의 빵과 포도주가 그리스도의 몸과 피로 실체가 변한다는 '화체설'(化體說, transubstantiation)이 정립되었다. 1215년의 제4차 라테란 공의회에서는 화체설을 가톨릭교회의 공식 성찬론으로 확정했다. 가톨릭 신학의 핵심 교리인 화체설은 치열한 스콜라학 논쟁의 결과물이다.

성찬 논쟁은 다양한 지적 논의의 장을 활짝 열었다는 데 중요성이 있다. 가톨릭교회에서도 성찬의 신비를 비롯한 여러 그리스도교의 난제들을 수용 가능한 논리로 설명하고자 했다. 이로써 신학 지식이란 교회나 학교의 권위가 규정한다기보다는 논쟁과 비판적 검증을 거쳐 확립해 가는 잠정적인 성격이 되었다.

최초의 대학인 아벨라르두스

수사학, 논리학 등을 사용하는 스콜라학의 방법론이 가장 깊이 적용될 수 있는 곳은 그리스도교 교리 영역이었다. 그러나 교리

연구가 곧 신학은 아니다. 언어 규칙과 논리적 방법론을 사용하여 그리스도교의 체계를 구성하는 오늘날과 같은 의미의 신학은 12세기 이후 등장했다. 신학이라는 용어를 처음 사용한 학자는 페트루스 아벨라르두스(Petrus Abaelardus, 1079~1142)이다. 그는 《그리스도교 신학》(Theologia christiana)을 저술하였다. 하지만 엄밀한 의미에서 그는 신학자가 아니었으며, 수사학, 변증학, 논리학을 공부했다. 《그리스도교 신학》은 1121년 수아송 교회회의(Council of Soissons)에서 이단 서적으로 정죄되었다.[16]

아벨라르두스는 여러 면에서 곧 출현할 대학의 기운을 예시하고 있다. 마지막 수도원주의자인 안셀무스가 참된 지식을 얻는 믿음을 강조한 것과 반대로, 아벨라르두스는 참된 믿음에 이르기 위해서 회의하는 지식인의 전형을 제시한다. 논리적 방법론을 통해 참된 신앙을 추구한 그는 최초의 대학인이라는 평가를 받는다. 그는 한 신학 주제에 대해 여러 교부들의 주장을 합리적 논증과 토론을 통해 분석하고 평가하였다. 그의 《긍정과 부정》(Sic et non)은 그리스도교 교리에 대해 질문하고 논증하는 방법론을 가르치는 교재였다.[17]

1100년경 그는 교사가 되는 꿈을 안고 파리로 와서 당시 노트르담 성당 부속 학교의 교사였던 샹포의 기욤(Guillaume de Champeaux, 1070?~1121)에게서 논리학을 배웠다. 파리에 온 지 얼마 지나지 않아 아벨라르두스는 탁월한 지적 능력과 강의로 학생들을 끌어모았다.

당시 학문 토론은 기사들의 마창 시합인 '토너먼트'에 비유되었다. 교사 자리를 놓고 벌이는 이 결투에서 이기면 파리 지성계의 중심에 들어가지만, 질 경우 파리를 떠나야 했다. 명성을 얻게 된 아벨라르두스는 학문 토론을 놓고 스승과 피할 수 없는 승부를 벌여야 했다. 1108년 아벨라르두스는 생빅토르에서 가르치던 스승 샹포의 기욤과 스콜라학의 쟁점인 보편논쟁을 벌인다. 논쟁에서 패배한 샹포의 기욤은 결국 파리를 떠나야 했고 이 패배를 받아들이지 못하고 제자에게 적대감을 드러냈다. 아벨라르두스는 승리했지만 스승의 방해로 노트르담의 교사직을 얻지 못했다.[18]

논리학으로 명성을 얻은 아벨라르두스는 성서해석학에 도전한다. 아벨라르두스는 중세 지성사의 큰 업적이라고 평가되는 성서 주석 작업을 수행한 랑의 안셀무스(Anselm of Laon, 1050~1117)의 강의를 들은 후 스승과 에스겔서 강해를 놓고 경쟁한다. 신학훈련을 받지는 않았지만 자신의 논리학, 변증학 방법론으로 성서 해석을 할 수 있다고 주장하며 아벨라르두스는 스승에게 도전장을 던졌다. 아벨라르두스의 강연은 사람들로부터 큰 호응을 받았다. 마침내 1115년 아벨라르두스는 파리로 돌아와 노트르담 성당 부속학교의 교사가 되었다.

아벨라르두스의 학문 여정은 성당 부속 학교와 사설 학교가 대학으로 발전해 가는 과정에서 교사들의 경력이 어떤 식으로 쌓여 갔는지를 잘 보여 준다. 학문은 완결되거나 고정된 것이 아니었다. 더 설득력 있는 해석을 제시하고, 사람들의 동의와 지지를 받기 위해 교사들은 사고를 극단으로 몰고 갔다.

이런 경쟁 시장의 학자들 중에서 아벨라르두스가 유독 기억되는 이유는, 극적 요소가 가득한 삶의 여정을 자서전으로 남겼기 때문이다. 그는 자서전《나의 고통의 역사》(Historia Calamitatum)에서 자유를 추구했지만 여러 시련과 고통을 겪은 한 개인의 모습을 잘 그려 냈다.

아벨라르두스라는 학자의 인생에 예기치 않은 전환을 가져온 인물은 엘로이즈(Héloïse d'Argenteuil, 1090~1164)였다. 당시 학자들은 대개 학교 강의 이외에 개인교사로 생활비를 충당했다. 아벨라르두스는 파리 노트르담 대성당 참사회원인 퓔베르의 조카 엘로이즈의 가정교사를 했다. 그런데 이 저명한 교사와 촉망받는 학생이 서로 연인이 되어 엘로이즈는 아벨라르두스의 본가에 가서 아이를 낳고 돌아온다. 그러나 당시 사회 분위기에서 결혼한 학자가 노트르담 성당 부속학교의 교사직을 유지하기는 어려웠다. 둘은 비밀 결혼식을 올렸다. 하지만 더 이상 함께하기 어렵다고 판단한 두 사람은 떨어져 살기로 합의한다. 아벨라르두스는 엘로이즈를 아르장퇴유 수녀원에 보내고, 이를 알게 된 숙부 퓔베르는 분노하여 사람들을 풀어 아벨라르두스를 잡아 거세해 버린다. 이 소문은 삽시간에 파리 전역으로 퍼졌다.

아벨라르두스는 더 이상 노트르담에서 교사 생활을 할 수 없었다. 그는 생드니 수도회로 들어가 수도사가 되었다. 그가 쓴 《나의 고통의 역사》에는 아벨라르두스가 엘로이즈에게 보낸 서신과 엘로이즈에 대한 회고가 남아 있다. 이 책은 아벨라르두스와 엘로이즈 둘 다 수도원에 들어가는 것으로 끝맺는다. 1142년 아벨라르두스가 죽었을 때 엘로이즈는 그 유해를 자신이 원장으로 있던 수녀원에 안치했다. 그리고 22년 후 엘로이즈는 아벨라르두스 옆에 묻혔다. 살아서 함께한 시간은 2년밖에 되지 않았지만, 둘은 죽어서 영원히 하나가 되었다. 프랑스 혁명으로 수녀원이 파괴된 때에도 두 사람의 유해는 파리의 페르 라셰즈 묘지로 안전히 옮겨져 나란히 뉘였다. 지금은 엘로이즈와의 사랑과 연애 서신으로 우리에게 더 많이 알려졌지만 아벨라르두스는 제도 교회의 틀을 넘어서 사고하고 논쟁한 당대의 자유사상가요 지식인의 전형이었다.

시장에서 태어난 대학

중세 연구자 찰스 해스킨스는 12세기는 거의 모든 고등교육 기관의 탄생기였고, 수도원과 성당 부속 학교에서 시작되어 초기 대학 성립으로 마무리되었으며, 대학은 문명에 대한 중세의 공헌, 좀더 엄밀

하게는 12세기의 공헌이라고 평가했다. 지금은 대학의 형성기를 12세기
보다 다소 늦은 13세기로 보고 있지만 장기 12세기의 영향으로 중세의
새로운 지적 활동의 중심지인 대학이 출현한 것은 분명하다.

대학은 출현 후 지금까지 800년간 원형이 보존되어 있다. 대학은 중
세가 만들어 낸 여러 제도 중 자율성, 독자성, 지속성이라는 측면에
서 오늘까지도 연결된다. 라틴어 '우니베르시타스'는 영어 '유니버시
티'(university)로 옮겨졌고, 교양학부와 상위학부는 각각 학부와 대학원
체제로 그 골격을 유지한다. 당시의 상위학부인 신학, 법학, 의학은 교
양학부를 마쳐야 진급할 수 있었다. 현재도 이 세 학제는 전문대학원 체
제를 유지하고 있다. 비가시적인 원형뿐 아니라, 최초의 대학이라고 하
는 볼로냐 대학, 파리 대학, 옥스퍼드 대학 등은 그 시대에 세운 건물을
지금껏 활용하고 있다.

이러한 제도는 대학 내에서 자유로운 토론과 사상 논쟁이 허용되는 기
틀을 마련해 주었다. 근대적 의미의 학문의 자유와 비교할 수 없지만, 대
학 내에서 토론되는 주제들은 범신론적인 주장까지 포함했다. 대학 교육
은 기본적으로 강독이었다. 수업은 여러 권위 있는 주장들을 살펴보고
주장들 사이의 충돌, 주장의 모순점들을 파악, 비교하는 것이었다. 페트
루스 롬바르두스(1095?~1160)의 《명제집》(Liber sententiarum)이 표준
적인 교과서로 사용되었다.

대학의 형성은 두 가지 축으로 이루어졌다. 하나는 이성과 논리적
토론으로 그리스도교의 여러 교리들을 종합하려는 스콜라학의 성장이
다. 이 같은 신학 발전이 대학을 형성하는 중요한 요소가 되었다. 또 다
른 하나는 이탈리아를 중심으로 로마법이 재발견되면서 로마법과 교회
법 연구가 활발해졌다. 이것이 또 다른 형태의 법학 중심 고등교육 기
관을 만들었다. 아랍어로 된 저작의 라틴어 번역서가 신학 발전의 원동

력이 된 반면, 법학 발전은 비잔틴 제국의 유스티니아누스 법전의 발견이 이끌었다.

그러나 대학이라는 고등교육 기관 형성이 법학과 신학 발전만으로 충분히 설명되지는 않는다. 수도원 학교와 성당 부속 학교, 다른 교육 기관이 제도화되려면 여러 요인이 필요하다. 그 이유를 설명하기 위해서는 대학이라는 단어의 뜻부터 생각해야 한다.

지금은 고등교육 기관을 의미하는 단어인 우니베르시타스의 중세 당시 쓰임새는 수공업자들의 조합(union)을 의미하는 길드 조직이었다. 조합이나 길드는 특정 직종의 배타적 권리를 보호하고 이익을 도모하려 형성된 이익집단이다. 길드는 도시 수공업자들이 이익 수호를 위해 만든 조합이었다. 우니베르시타스는 그런 조합을 일컫는 보통 명사였다. 중세 대학은 그 근원이 제품과 서비스를 매매하는 시장 조직이었다. 유형의 재화를 생산해 사고파는 여느 길드 조직과 달리 대학은 무형의 재화 지식 서비스를 통해 이익을 창출하였다. 그러나 유형의 재화를 판매하든 무형의 서비스를 판매하든, 시장에서 공정 경쟁을 통해 매매된다는 것은 차이가 없다.

대학은 가르치는 자와 배우는 자들이 만든 길드이다. 대학은 당대의 대도시 중심으로 생성되었다. 그래서 대학을 도시의 제도(urban institution)라고 부른다. 시설이나 장소로서의 고등교육 기관은 '스투디움 게네랄레'(studium generale)라고 불렀다. 그러나 점차 길드 조직을 통칭하던 우니베르시타스가 지식을 가르치고 배우는 고등교육 기관을 일컫는 독점 용어로 자리를 잡았다.[19]

대학에서 쓰는 '마스터'(master) 역시 길드의 장인을 의미하는 용어이다. 이 장인과 도제 제도가 대학의 기본 시스템이다. 유럽형 대학에 여전히 남아 있는 일대일 수업인 튜토리얼은 이 도제 제도에서 비롯된 것이다. 대학이 제도화되면서 교황은 일정 교육을 이수한 마스터에게 교사 면허증을 수여하였다. 이 교사 면허는 유럽 내 모든 대학에서 가르칠 수 있는 자격을 부여한 보편 자격증이었다.[20]

명확한 것은 대학이 세속을 넘어선 고고한 상아탑에서 출발하지 않았다는 점이다. 대학은 시장에서 출발한 조직이다. 아벨라르두스의 사례에서 보았듯 불안정한 지위의 교사들은 경쟁 속에서 살아남기 위해 고군분투했다. 학생들이 있어야 교사의 삶은 유지될 수 있었다. 그저 학문에 대한 애정이라고 고상하게 표현하기에는 도시 안에서의 경쟁은 치열했다. 신생 기관은 구조적·재정적으로 취약할 수밖에 없었다.

도시 제도로서의 대학은 국경을 넘나드는 국제적인 기관이 되었다. 한 지역에 탁월한 지식을 자랑하는 저명한 스승이 있을 경우, 그 스승으로부터 배우기 위해 여러 나라에서 학생들이 온다. 초기 대학 형성기 볼로냐에 법학생들이 몰렸고, 신학을 공부하려는 사람들은 파리로 갔다.

국제성이 가능하기 위해서는 몇 가지 중요한 전제가 충족되어야 한다. 학생들이 국경을 넘어가서 공부하려면 재정이 필요하다. 그리고 그 재정 지원이 가능하려면 화폐경제가 안정적으로 돌아가야 한다. 대학의 성립과 상업화·도시화의 영향을 떼어 놓을 수 없는 까닭이다. 또한 지식 욕구든 명성이나 부를 얻으려는 것이든, 명망 있는 교사에게서 배우려면 학교가 있는 도시에 교사들과 학생들이 머물 숙소 등 기반 시설이 갖춰져야 한다. 자생적으로 형성된 교사와 학생의 자치 조합인 대학은 교황청이나 국가로부터 일정한 특권을 보장받으며 제도화된다.

도시 혁명(urban revolution)이라고 불리는 장기 12세기의 도시 발전, 인구 증가, 시장과 화폐경제 성장 등은 수도원 학교와 성당 부속 학교를 대체하는 고등교육 기관 형성을 가능하게 했다. 학생들의 이동성도 높아졌다. 그래서 명망 있는 스승과 수준 높은 지식을 위해 자비를 들여 수

학하는 방랑 학자로 불리는 집단도 생겨났다.[21]

3학 4과와 교양 교육 수준 향상

대학은 대체로 기초 교양학문을 배우는 자유학예(*artes liberales*) 과정과 그 과정을 마친 후 진급하는 상위학부가 있었다. 자유학예는 3학 4과로 구성된다. 3학은 주로 언어와 관련된 문법, 수사학, 논리학이고, 4과는 산수, 기하학, 천문학, 음악 등이다. 대부분 학생은 자유학예인 3학 4과를 배우면 충분했다. 오늘날처럼 학위 과정을 이수해야 한다는 관념이 뚜렷하지는 않았다. 12세기 무렵 신학이 학문 체계를 마련하면서 상위학부 최고 학문으로 자리 잡았다. 그러나 대부분 대학은 자유학예 중심이었고, 신학부가 있던 대학은 파리, 옥스퍼드, 케임브리지 등 소수였다. 상위학부를 발전시킨 대학들은 명성을 얻었다. 파리 대학은 신학 연구의 중심지였다. 중세 최고의 신학자 토마스 아퀴나스는 이탈리아 출신이지만 파리 대학에서 교수 생활을 했다. 볼로냐는 법학 분야에서 최고의 명성을 누렸다. 몽펠리에 대학은 의학으로 유명했다.

여타 학교들과 달리 대학이 고등교육 기관이 될 수 있었던 것은 7자유학예라는 인문 교양 교육의 가치를 충분히 인식한 데 있다. 이 과정을 마친 사람만이 상위학부로 진학할 수 있도록 함으로써 유럽 그리스도교 세계의 교양교육 수준이 높아졌다. 교리 학습과 사제 양성 등 교회에 필요한 인적자원 공급을 주목적으로 했던 수도원 교육이나 성당 부속 학교의 교육과 뚜렷한 차별성이 생겼다.

볼로냐 대학과 파리 대학

흔히 볼로냐 대학과 파리 대학을 세계 최초의 대학이라고 한다. 볼로냐 대학은 학생 중심, 파리 대학은 교사 중심의 대학으로 서로 다른 모델로 각각 발전했다.

1050년 아말피에서 유스티니아누스 황제가 편찬했던 《로마법대전》이 발견되면서 이탈리아에 법학 연구 토대가 마련되었다.[22] 이슬람 문명의 영향으로 발전한 철학, 과학 등과 달리 이탈리아의 법학 발전은 로마법 부흥으로 이루어졌다. 볼로냐에서 대학이 발전한 이유는 여러 가지가 있다. 11세기 말 볼로냐에는 이르네리우스(1055?~1130?)라는 학자가 있었다. 본래 문법학자였던 그는 《로마법대전》을 해석·적용함으로써 법률을 체계화하였다. 그는 볼로냐에서 로마법을 강의했고, 법조항들을 주석하고 논쟁점을 찾아 해석하는 등 법률을 학문적 방법론을 적용하여 해석했다. 신학에서 사용되었던 것과 유사한 방식으로, 대립되는 견해들을 소개하고 토론하였다. 이러한 방법론은 큰 파급력을 낳았다. 그의 명성을 듣고 전 유럽에서 학생들이 몰려왔다.[23]

볼로냐에서 대학이 발전한 또 하나 중요한 요인은 교황청이 사법체계를 정비하여 교황권을 높이기 위해 시도한 것이다. 이를 위해 법률가 수요가 늘었고, 로마법을 근거로 교회법을 발전시킨다. 교회법 발전에 큰 기여를 한 학자는 12세기 교회법학자 그라티아누스(Gratianus)였다. 그는 이르네리우스가 기초를 놓은 로마법 해석과 토론에 관한 쟁점들을 그대로 교회법에 적용하였다. 교회법에서 서로 충돌되는 쟁점들을 파악하고 조정했으며, 로마법상 황제가 가진 입법권과 주권의 개념을 교황에게 적용하는 교황주의 시각으로 교회법을 정리하였다. 1150년 편집된 《교령집》(Decretum Gratiani)은 유럽 그리스도교 세계에서 교황의 보편 권위를 법률적으로 강화하는 데 지배적 역할을 했다.

볼로냐 대학은 학생 중심 대학으로 알려져 있다. 학생 조합이 어떤 교수를 초빙하여 강의를 들을 것인지와 수업료 등을 결정했다. 법학은 신학보다 훨씬 실용적인 학문으로 법학 교사들은 더 나은 대우를 하는 기관으로 이직하기 쉽다. 학생들은 강의권 보장을 위해 일단 교사로 들어오는 학자들에게 일정 기간 의무적으로 강의하도록 했다. 볼로냐 대학 학생들은 국민단을 조직하여 자신들의 수학 기회를 보호하고자 노력했다.

볼로냐 대학은 신성로마제국 황제 프리드리히 1세(1122~1190)가 1155년 〈학문 연구를 위한 학자들의 특권〉(*Privilegium scholasticum*)을 수여함으로써 공식적으로 시작되었다. 중세 유럽 대학의 공식 출발을 알리는 문서이다. 학생들은 성직자에 준하는 면책 특권과 자유를 누리게 되었다. 학업을 목적으로 이동의 자유도 허용되었다.

이탈리아의 볼로냐 대학과 반대로 파리 대학은 교사 중심 대학이다. 노트르담 대성당 부속 학교와 시테 섬 주변 사설 학교들이 파리 대학으로 발전했다. 조합에 가입할 수 있는 사람들은 교사들이었는데, 이들은 7자유학예를 마치고 마스터 자격을 갖춘 사람들이다. 교사 조합은 수업료를 책정하고 교사 수를 조절하는 등 배타적 역할을 했다.

신생 교육기관이 자리 잡는 데는 교회 권력인 교황과 세속 권력인 국왕의 지지가 있었기에 가능했다. 파리 대학 성립 초기 프랑스의 필리프 2세(1165~1223)는 왕권을 뒷받침하는 관료 배출 전문 기관으로 대학을 두기 위하여 지원을 아끼지 않았다. 대학의 법학부와 신학부는 교회법과 신학 발전을 도모했다. 교황은 이들을 제도적으로 지원함으로써 유럽 지식 세계의 주도권을 잡고자 했다. 그 결과, 교권과 속권이 앞다투어 대학에 특권을 제공하였다.

파리 대학은 1200년 프랑스 필리프 2세가 파리 학자들에게 특권을 수여함으로써 대학을 지원했다. 학생들과 파리 시민과의 폭동 결과, 국왕은 학생들과 교사들에게 세속 법정이 아닌 교회 법정에서 재판받을 수

있도록 성직자의 특권을 부여하여 세속의 간섭으로부터 대학 구성원들을 보호하였다.[24]

교황청도 유럽의 신생 대학들에 관심을 보였다. 1179년 교황 알렉산데르 3세(1105~1181)는 교회가 성직자에게 주는 급여인 성직록(benefice)을 대학 교사들에게 수여하도록 했다. 1215년 교황 인노켄티우스 3세는 교황청 특사 로베르 드 쿠르송(Robert de Courçon)을 통해 파리 대학의 교사들과 학생들에게 최초의 면허장을 부여하였고 대학 정관과 교과 과정을 정비하였다. 파리 대학을 교회 조직의 일부로 수용한 것이다. 1227년 교황 그레고리우스 7세는 교황 칙서(*Parens scientiarum*)를 발행하여 대학의 독립성과 자치권을 보장하였다.[25] 대학은 점차 지식 권력을 통해 영향력을 확대하면서 지역 교회의 간섭으로부터 벗어날 수 있었다. 최초의 대학 중 하나인 옥스퍼드 대학의 경우 대학이 위치한 지역인 링컨 교구의 주교와 그 상위 캔터베리 대주교의 관할을 받았다. 하지만 독자적 영향력이 강화되면서 교황은 링컨 주교의 사법권에서 옥스퍼드 대학을 독립시켰다.

대학은 중세의 공식적 세 권력의 하나로 성장했다. 권력이 되었다는 일차적 의미는 대학 당국이 교회나 국가와 마찬가지로 독자적 사법권을 획득했다는 것이다. 대학이 준교회적 성격을 띠면서 대학이 어느 정도 규모를 갖추면 교황이 대학에 설립 면허를 준다. 교회는 아니었지만 성직자 양성이 주된 목적 중 하나였기에 대학생들은 준성직자 대우를 받았다. 그래서 타운(town)과 가운(gown)으로 대비되는 도시민과 대학생 사이에서 충돌이 있는 경우 대학 총장이 관할하는 대학 재판소가 관할했다. 대학이 독자적 사법권을 관할 지역 내에서 행사한다는 것은 대단히 큰 의미를 지닌다. 그만큼 제도적으로 대학이 자율성을 가지게 된 것이다.

대학이 교권과 속권 모두의 지원을 받아 제도적 자율성을 확보한 힘은 무엇일까? 그것은 중세 대학이 교황권과 세속권에 필요한 전문 훈련을 받은 지식인을 공급했기 때문이다. 교회 조직을 위해서이건 국왕을 보좌하는 관료 양성의 목적이건, 지식인의 수요가 늘어났다. 그래서 각종 특권을 하사받고 성직록을 수여받으면서 대학은 활성화되었다. 대학의 태동과 성장은 중세 도시의 성장에 따른 것이기도 하지만, 세속권과 교황권의 갈등이 첨예해지는 상황과도 맞물린 것이다. 권력의 우위성을 법적·제도적으로 확보하려는 치열한 세력 다툼에서 대학은 양대 세력 모두 놓치기 어려운 권력이었다.

제도적 자율성이 주어졌다는 것은 교권과 속권 모두 지식이 가진 힘을 인식했다는 것이다. 이는 이제 무력이 아닌 무형의 지식이 권력이 될 수 있음을 보여 준다. 교황권과 왕권의 전폭적 지원 아래 13세기 유럽 그리스도교 세계는 스콜라학의 전성기를 이루었다. 토마스 아퀴나스, 알베르투스 마그누스, 둔스 스코투스는 스콜라학이 탄생시킨 위대한 유산이다.

국민단과 자율권

대학이 자율권을 행사하는 독립 기관으로 성장했다는 점은 중요하다. 그것을 가능하게 했던 조직이 국민단(nation)이다.[26] 국민단은 출신 국가별로 구성된 이익집단이라고 할 수 있다. 그들은 대학이 속한 지역에서 자신들의 권익을 보호받으며 자율 활동을 추구했다. 교사 중심인 파리 대학의 국민단은 교사나 강의 선정, 수업료 책정 등과 관련한 학사 운영을 수행하기도 했다. 국민단 자체는 대학이 국제성을 띤 기관임을 보여 주었다. 대학의 영향력이 확대되면서 개별 국가의 이익을 대변하는 국민단의 역할과 기능도 강화되었다. 국민단의 역할이 두드러졌다는 것은 개별 국가의 영향력이 확대되고 그에 따른 국민의식을 강화하는 매개로 대학이 활용될 수 있다는 것이다.

교황권과 국왕권의 지원으로 독립성을 확보해 나갔다는 것은 또 다른 역설을 낳는다. 독립적이지만 권력의 지원 없이는 존속하기 어려운 기생 조직이 될 수 있다는 것이다. 특히 중세 대학이 교회에 부속된 기관인지 독립적인 학문 기관인지 오래 이어진 논쟁과도 연결된다. 프랑스 중세사가 자크 르 고프는 "중세 대학은 세속성을 향해 가려는 움직임 가운데 태어나 제도적으로 거기서 벗어나고자 하면서도 여전히 교회에 속하는" 기관이라고 했다.[27] 교권과 속권의 영향을 받으면서도 그 거대 권력들과 긴장을 유지하면서 독립하려는 것이 대학이다. 대학이 교회 구조의 일부로 남는 선택을 했다면 훨씬 크게 발전할 수도 있었겠지만, 그랬다면 완전히 교권에 종속되어 현재와 같은 독자적 교육 기관으로 성장할 수 없었을 것이다. 대학이 처한 상황이 모호했기 때문에 더 치열하게 학문성을 발전시킬 수 있었다.

그런 의미에서 가장 중요한 점은 대학은 스스로 쌓아 올린 지식권력이라는 점이다. 처음부터 교회나 국가가 간섭하여 설립한 것이 아니라, 가르치는 자들과 배우는 자들의 독자적 조합에서 스스로 성취한 힘을 인정받아 교황과 왕의 후원을 얻고 안정화된 것이다.

지적 혁명과 12세기 르네상스

12세기 르네상스의 조건 중 하나가 앞서 언급한 인식의 변화였다. 구체적으로는 지식에 대한 인식이 바뀌었다. 이전의 지식은 보존과 전수의 대상이었다. 파리 샤르트르 대성당 부속 학교의 교사로 활동하며 12세기 지성계를 이끌었던 샤르트르의 베르나르두스(Bernard de Chartres)는 다음과 같이 말했다. "우리는 거인들의 어깨 위에 올라탄

난쟁이들이다. 그러므로 우리가 그들보다 더 멀리, 더 잘 볼 수 있는 것은 우리가 더 예민하거나 더 크기 때문이 아니라 그들이 우리를 공중에 들어 올려서 더 멀리, 더 잘 볼 수 있게 해주기 때문이다."

새로운 시각으로 더 멀리, 더 잘 볼 수 있는 것은 과거부터 축적된 힘 때문이다. 더 멀리 볼 수 있다는 것은 진보에 대한 인식이고 세계관의 변화이다. 이 변화는 '학문의 이동'(translatio studii)과 '제국의 이동'(translatio imperii)이라는 표현에서 찾을 수 있다. 고대의 아테네 학당의 지식이 서진해서 이제 파리가 지식의 계승자가 되어 학문이 이동했다는 것이다. 마찬가지로 고대 로마 제국의 권력을 이제 프랑스와 게르만 왕이 계승했다는 것이다. 12세기 프랑스 시인인 크레티앙 드 트루아(Chrétien de Troyes, 1135?~1185?)의 작품 《클리제》(Cligès)에 나타난 이 표현은 당대 유럽인들이 가지게 된 자신감의 표현이다.[28]

이슬람 문명의 기여를 빼고 12세기 유럽의 발전을 설명할 수는 없다. 이슬람 세력이 보존하던 고전 사상과 그들이 발전시킨 주석서, 과학, 의학서 등은 유럽의 지성을 깨우는 결정적인 역할을 하였다. 서적을 통한 지적 교류는 중세 유럽 문명을 풍성하게 만드는 데 기여하였다.

그러나 이 모든 변화와 발전을 유입된 문화로만 돌리는 것은 충분하지 않다. 왜냐하면 번역은 그저 글자 옮김이 아니라, 각색과 토착화가 포함되어 있기 때문이다. 유럽이 받아들인 텍스트를 자신들이 처한 콘텍스트와 결합시켜 독자적인 라틴 그리스도교 문명이 성취되었다. 유럽인들이 자의식을 가지고 주체적으로 수용한 결과 고전 이교사상과 중세 그리스도교 사상은 유의미한 결합을 이뤄 냈다.

12세기 르네상스에 영향을 준 이슬람 문명이 시사하는 바가 무엇일까? 이슬람 서적의 수용과 그로 인한 지적 각성은 '종교적 정체성을 각각 유지하더라도 문명은 화합할 수 있다'는 것이다. '이슬람' 혹은 '아랍'

이라는 말 때문에 날 선 반응을 보일 수 있으나 모든 지식은 보편 가치를 지닌 공공재로 보아야 한다. 아랍 문명이건 현대 과학기술 문명이건, 그 속에서 그리스도교와 조합할 수 있는 길을 찾는다면 그리스도교와 문명 사회는 공존하며 발전할 수 있다.

장기 12세기를 연구하는 학자들 사이에서도 그 시기에 일어난 지적 변화가 르네상스라는 표현으로 담아낼 만큼 혁명적이었는지는 의견이 나뉜다.[29] 이 질문을 바꾸자면, 왜 1050~1250년에 이르는 장기 12세기의 변화가 14~15세기의 '그' 르네상스와 자연스럽게 연결되지 않았을까와 연결된다. 가장 간편한 답은 14세기 중반 유럽을 강타한 흑사병 때문이다. 흑사병은 중세 유럽이 쌓아 올린 점진적 지적 변화에도 큰 단절을 가져왔다. 자연의 힘이 수 세기 동안 쌓아올린 인간의 힘을 압도할 수 있음을 보여 준 극단적인 사례이다. 중세의 성과를 단절시킨 듯 보이는 이 흑사병은 인간과 종교에 대한 이해를 새롭게 확장시키는 단초가 되었다.

그러나 이 엄청난 자연재해로 인한 전반적 사회구조 변화를 따라가지 못하고 대학 내에 가둬진 스콜라학 자체의 모순도 언급해야 공평하다. 12세기 르네상스의 결실인 중세의 대학은 시장에서 경쟁하며 아래로부터 쌓아올려 시작되었다. 이런 지적 혁명인 스콜라학이 중세 말로 가면서 점차 현실과 동떨어진 논의를 반복하자, 스콜라학에 대응하는 인문주의라는 대안의 흐름이 등장했다. 이로써 중세의 지식인과 르네상스 인문주의자들 사이에 깊은 간극이 생기게 되었다.[30] 신학이 되었든 철학이 되었든, 학문이 대중과 호흡하지 못할 때 역동성을 잃고 퇴행적이 될 수밖에 없다.

9

가장 큰 빛, 가장 짙은 그림자

—

인노켄티우스 3세와 제4차 라테란 공의회

베네딕투스가 은거했던 동굴 사크로 스페코의
프레스코화에 묘사된 인노켄티우스 3세(1216년경)

유럽의 13세기를 인노켄티우스 3세 시대라고 부른다. 이 시기 유럽에서 그가 지녔던 영향력을 가늠해
주는 표현이다. …… 인노켄티우스 3세는 교황의 절대군주권을 추구한, 현실적이고도 탁월한 정치가였
다. 그는 자신을 위한 기반으로 교회의 도덕성과 내부 조직을 개혁했다. 그리스도교 세계의 일치와 번
영을 위해 교황을 최고 지배자요 재판관으로 하는 교황 지배체제를 주장했고, 성공적으로 그것을 구현
했다. 제4차 십자군 원정을 기획하기도 했다. 그의 가장 큰 업적은 제4차 라테란 공의회 소집이다. 223쪽

위기를 반등시킨 공의회

1215년은 중세 유럽사에서 가장 중요한 해이다. 제4차 라테란 공의회가 열렸기 때문이다. 제4차 라테란 공의회는 그리스도교 공인 후 동로마 제국 지역에서 열린, 동·서방 교회가 함께하는 초기 공의회 이후 중세 가톨릭이 소집한 공의회 중 가장 큰 자취를 남겼다. 이 공의회는 루터의 종교개혁에 대한 대응으로 소집된 트리엔트 공의회와 20세기 중반의 제2차 바티칸 공의회와 더불어 가톨릭 공의회 역사에서 큰 전환점을 가져왔다.

이 공의회가 중요한 이유는 그전까지 가톨릭교회에서 행해지던 모든 신앙의 행태들을 종합 정리하여 가톨릭 신학을 형성하고 포괄하는 내용들을 공표했다는 데 있다. 화체설과 고해성사 등을 포함하여 현재까지 가톨릭교회가 중요하게 고백하는 신앙고백의 틀이 이때 놓였다. 가톨릭교회가 현재 고백하는 교리들 대부분은 제4차 라테란 공의회를 통해서 결정되었다 해도 과언이 아닐 정도이다.[1]

그러나 제4차 라테란 공의회의 기여는 교리 형성을 뛰어넘는다. 도덕성 개혁과 성직자 개혁, 사목 개혁의 성공으로 가톨릭교회는 중세 최고의 위상을 지닌 기관으로 자리매김한다. 이 공의회가 남긴 가장 큰 역사적 흔적은 가톨릭교회의 역사와 교황의 역사를 동일시하게 되었다는 데 있다. 이 공의회는 교황의 유럽 지배 체제가 완성되었음을 보여 주는 사건이다.[2] 하지만 어떤 면에서는 중세 가톨릭교회의 왜곡이 현저하게 생기기도 했다. 교황 지배의 시대가 결코 이상적이거나 바람직한 교회의 모습은 아니기 때문이다.

이 공의회를 소집한 교황 인노켄티우스 3세는 중세의 탁월한 교황 중한 사람으로 꼽힌다. 그의 시대를 평가한다면 세속 군주들과의 투쟁으로 승리를 얻은, 교회의 전성기를 성취한 시대라고 할 수 있다. 인노켄티우스 3세 시대의 치세인 13세기 내내 중세 가톨릭교회는 종교적·지성적·윤리적으로 변화할 뿐 아니라, 세속 권위에서도 정점에 이른다. 세속 권위에 걸맞게 교황청의 법률, 조직, 제도가 정비된다. 이 시기는 교황이 실질적으로 세속 군주권을 행사한, 교황군주제 혹은 교황 신정정치 시대로 불린다.

12세기는 그리스도교 역사에서 격동기였다. 한 세기 전 시작된 십자군은 유럽에 균열을 가져왔다. 그리스도교 아래에서 하나 되어 예루살렘 회복이라는 대의를 추구했지만, 십자군은 유럽이 가졌던 무지와 맹목, 그로 인한 혐오의 상징이었다. 사제들의 도덕성과 윤리 수준 및 지적수준 하락으로 라틴 그리스도교의 지배적인 계서제는 붕괴 위기에 있었다. 제도 교회는 혼란과 격동을 겪었고 유럽사에서 처음으로 대규모 이단 운동이 생겨났다. 반성직주의(anti-clericalism)가 등장하고, 교회 개혁에 대한 요구가 어느 때보다 거세게 타올랐다. 제4차 라테란 공의회는 가톨릭교회가 맞이한 도전에 대한 반응이었다.

제4차 라테란 공의회는 가톨릭교회의 위로부터의 개혁의 전형을 보여준다. 공의회가 추구한 개혁 프로그램하에서 개혁된 성직자 집단은 가톨릭교회의 지침에 따라 사제 본연의 임무인 속인들의 종교 생활을 관리·감독하는 사목 활동에 전념하였다. 증가하는 속인들의 종교적 요구를 충족하기 위하여 가톨릭교회는 사제와 속인들 사이의 직접적 상호작용을 강화하였다. 그것은 연례 고해성사를 의무로 규정한 것에서 잘 나타난다. 이렇게 제정된 사제와 속인들의 밀접한 상호 작용으로 13세기 가톨릭교회는 정신적·종교적으로 유럽의 그리스도인들 모두에게 실질적 영향력을 행사하게 되었다.

교황청은 로마법의 발견과 발전을 토대로 교회법을 활용해 법적 정당성을 공고히 했다. 교회와 교황의 권위는 탄탄한 신학적·법률적 토대 위에 증대되고, 교황 재판정 등 교회 기구가 정비되었다. 교회가 도입한 지성주의는 군사력과 외교력에 기대어 유럽에서 세력 균형을 찾아가던 교황청이 신학과 법률이라는 지성의 도구를 활용해 유럽을 지배하도록 제시했다. 교회 개혁 성공은 유럽 세속 군주들과의 갈등 속에서 효과적으로 우위를 점하는 발판이 되었다. 제4차 라테란 공의회는 유럽 교회가 마주한 위기를 가장 극적으로 반등시킨 사례이다. 교황권은 이후 한 세기 동안 전에 없던 전성기를 누린다.[3]

인노켄티우스 3세 시대

유럽의 13세기는 흔히 인노켄티우스 3세 시대라고 부른다. 이 시기 유럽에서 그가 지녔던 영향력을 가늠해 주는 표현이다. 그의 본명은 로타리오 데이 콘티 디 세그니(Lotario dei Conti di Segni)이다. 로마 근교 세그니의 귀족 가문에서 출생해 파리에서 신학을 공부하고 볼로냐에서 법학을 배웠다. 29세에 추기경이 된 그는 1198년 37세에 교황으로 선출된다. 인노켄티우스 3세는 교황의 절대군주권을 추구한, 현실적이고도 탁월한 정치가였다. 그는 자신을 위한 기반으로 교회의 도덕성과 내부 조직을 개혁했다. 그리스도교 세계의 일치와 번영을 위해 교황을 최고 지배자요 재판관으로 하는 교황 지배체제를 주장했고, 성공적으로 그것을 구현했다. 제4차 십자군 원정을 기획하기도 했지만 그의 가장 큰 업적은 역시 제4차 라테란 공의회 소집이다. 이 모든 것은 그가 유럽의 3대 세속 군주라고 할 신성로마제국 황제, 프랑스 국왕, 잉글랜드 국왕과의 정치적 갈등에서 실질적으로 승리했기 때문에 가능했다. 그는 유럽의 절대군주권을 획득했다.

이탈리아 중부 영토의 세속 지배자로서 교황은 주요한 정치 문제에 한꺼번에 직면했다. 전임 교황 켈레스티누스 3세(Caelestinus III, 1106~1198)는 신성로마제국 황제와 사이가 좋지 않았다. 신성로마제국 황제를 배출하는 호엔슈타우펜 왕가는 독일, 북부 이탈리아, 시칠리아 지역을 통치하는 유럽의 거대 세력으로 등장한다. 이 신성로마제국의 압박하에서 교황은 위협을 느낄 수밖에 없었다.

그런데 예기치 않은 사태로 교황과 신성로마제국과의 관계에 지각 변동이 발생한다. 인노켄티우스 3세가 즉위하기 약 4개월 전인 1197년 9월, 신성로마제국 황제 하인리히 6세가 시칠리아에서 십자군 원정을 준비하던 중 말라리아에 걸려 32세의 나이로 사망한 것이다. 이는 신성로마제국의 후계 체계에 혼란을 야기하였고 정치적 위기로 발전했다. 하인리히는 시칠리아의 이탈리아 남부 지역 상속자였던 콘스탄차와의 사이에 네 살 된 아들 호엔슈타우펜의 프리드리히를 남겼다. 프리드리히는 시칠리아의 상속자였고, 선거에 의해 독일의 후계자가 될 수도 있었다.

프리드리히의 모친인 시칠리아의 콘스탄차는 섭정을 했고, 어린 외아들을 국제정세에서 지키기 위해 교황에게 보호를 요청한다. 인노켄티우스 3세는 시칠리아를 보호하고, 추후 교황령 확보를 위해 프리드리히의 후견인 역할을 맡게 된다. 그는 이후 프리드리히를 시칠리아 왕으로 임명한다. 시칠리아는 프리드리히, 즉 프리드리히 2세가 지배했지만, 다른 지역을 놓고 왕위 분쟁이 일어난다.[4]

하인리히 6세 사후 독일 제후들은 어린 프리드리히를 왕으로 세울 생각이 없었다. 그들은 두 패로 나뉘어 오토 폰 브라운슈바이크(Otto of Brunswick, 1175~1218)와 필리프 폰 슈바벤(Philip of Swabia,

1177~1208)을 각각 왕으로 선출했다. 이들 중 교황 인노켄티우스 3세는 오토를 왕으로 지지했다. 필립이 항의하자, 그는 전통적으로 교황이 독일 왕을 황제로 대관하므로 누가 적법한 황제인지 판단할 권리를 가졌다고 주장했다. 교황은 양편으로 분열된 상황에서 대관식 거행을 미루는 정치적 판단을 내렸다. 1208년 필리프 폰 슈바벤이 사망하여 문제가 자연스럽게 해결되자 교황은 1209년 10월에 오토 4세에게 대관식을 거행하였다.

이 대관식을 앞두고 오토와 교황은 교황령 반환 계약을 맺는다. 그런데 그는 신성로마제국 오토 4세로 대관되자마자 교황이 후견인으로 있는 프리드리히의 시칠리아를 공격한다. 1210년 교황은 시칠리아에 침입하지 않는다는 약속을 위반했다는 이유로 오토 4세를 황제직에서 파문한다. 1212년 12월 선거인단은 시칠리아의 프리드리히를 후임 황제로 선출하고, 교황은 젊은 시칠리아 통치자 프리드리히를 황제로 옹립한다. 오토는 교황의 결정에 반발하여 군사적 충돌을 벌였지만, 부빈 전투(1214년 7월 27일)에서 패배하면서 재기하지 못했다. 1215년 약관 20세의 시칠리아 통치자 프리드리히는 제국 황제로 확정된다. 인노켄티우스 3세의 지원을 받은 프리드리히가 신성로마제국의 지배자가 된 것이다. 프리드리히 2세는 황제 지명 조건으로 시칠리아 통치권을 포기하고 이탈리아의 교황령을 교황에게 환원할 것을 약속했다. 13세기 초반과 중반, 교황은 신성로마제국 황제 선출과 폐위에 가장 큰 영향력을 행사했다.

프랑스 왕의 이혼 문제 간섭

인노켄티누스 3세가 세속 군주와 겪었던 두 번째 분쟁의 대상은 프랑스 왕이다. 이번에는 외교 문제라기보다는 국왕 개인의 가정사를 교황이 간섭한 경우이다.[5] 당시 프랑스 왕 필리프 2세의 이혼 문제였다. 왕의 첫 부인 이사벨라가 1190년 출산 중에 사망한다. 1193년 필리프 2세는 덴마크 공주 잉게보르와 재혼한다. 그런데 잉게보르와 하루를 보낸 필리프는 더 이상 왕비를 만나지 않았다. 이유는 아무도 모르나 분명한 것은 잉게보르가 마음에 들지 않았다는 것이다. 이미 첫날밤은 지났고, 잉게보르는 합법적인 프랑스 왕비였다. 그러나 왕은 결혼 무효 소송을 제기할 이유를 찾았다. 프랑스 왕과 덴마크 출신 공주 사이에는 아무런 인척관계가 없었지만, 왕은 프랑스 성직자들에게 이 둘이 혈연으로 엮여 있음을 밝혀 내라고 압박했다. 증거가 없었음에도 프랑스 성직자회는 국왕의 혼인을 무효라고 선언한다. 잉게보르와 덴마크 귀족들은 로마 교황에게 항소한다. 이때는 인노켄티우스 3세의 전임 켈레스티누스 재임기였다. 교황은 혼인 무효 결정이 잘못되었다며 왕비의 손을 들어준다.

프랑스 왕은 이 결정을 무시하고 1196년 메라니아의 아그네스(Agnes of Merania)와 결혼한다. 교황 인노켄티우스 3세는 필리프 2세와 아그네스의 혼인이 무효임을 선포하고, 아그네스와 결별할 것을 요구한다. 필리프가 교황의 요구를 수용하지 않자 교황은 1199년 프랑스에 성무정지(interdict)를 선포한다.

가톨릭교회는 그리스도교의 질서와 가치 유지를 위한 제재 조치를 만들어 왔다. 사제가 벌칙으로 부과하는 금식이나 기도, 순례 등이 대표적 징계였다. 파문(excommunication)은 가톨릭교회 공동체에서 개인을 완전히 배제하는 가장 큰 징계였다. 이러한 징계 가운데 성무정지가 있다. 성무정지는 성직자 개인 혹은 특정 지역에 속한 성직자회에 교회 사무 수행을 금지시키는 것으로, 성직자의 가장 중요한 직무인 세례, 성찬, 미사, 서품식 등을 할 수 없다. 성무정지는 개인에게 내리는 징계인 파문만큼 공동체 전체에 대한 심각한 징계였다. 프랑스 성직자들에게 성무정지를 명령함으로써 프랑스 전역 교회가 멈춰 섰다. 성무정지의 영향하에 있는 대중들에게는 그 어떤 제재보다 강력한 영향을 미치는 조치였다. 필리프 2세는 교황의 압력을 버텨 냈다. 하지만 이듬해 7월에 재혼한 아내가 죽자 곧 교황에게 굴복하고 타협한다. 교황은 1200년 9월 성무금지를 해제한다. 잉게보르는 그로부터 13년이 지난 1213년에야 프랑스 왕비로 복귀한다. 법적으로는 왕비였지만 연금 상태에 있었고 왕과의 관계도 회복되지 않았던 것이다. 이 1213년이라는 시점도 눈여겨보아야 한다. 잉글랜드 존 왕과의 갈등 속에서 교황은 프랑스 왕 필리프 2세에게 잉글랜드를 침공할 것을 부추기는데, 잉글랜드 침공을 앞두고 교황과 프랑스 대중의 지지를 얻는 조치로 잉게보르를 맞아들인 것이다.

잉글랜드 왕을 파문시킨 교황

세 번째 분쟁은 대헌장의 주인공인 존 왕과 캔터베리 대주교 임명 문제를 두고 일어났다.[6] 1205년 캔터베리 대주교 휴버트 월터 사망 후, 후임자 임명을 놓고 왕과 교황 간에 대립이 생긴다. 존 왕은 자신의 충복 존 드 그레이(John de Gray)를 대주교에 지명하고자 했다. 대주교 후보 선출 자격이 있는 캔터베리 대성당 참사회원들은 부원장을 비밀리에 후보로 선출하여 로마에 보내 교황의 임명을 받도록 시도했다. 그러나 이 시도가 중간에 발각되어 존 왕의 분노를 샀다. 참사회원들은 존 왕의 압박에 못 이겨 자신들이 추천한 후보 대신 존 드 그레이를 후보로 옹립했다. 그런데 참사회원들의 지명을 받은 후보와 존 왕이 지명한 후보 모두 로마로 달려갔고, 교황에게 대주교로 임명해 줄 것을 청원하는 일이 벌어진다.

교황은 이 문제를 해결하기 위해 성당 참사회 사절들을 로마로 소환했다. 그런데 의견이 모이지 않자, 교황은 파리 대학 교사 출신인 스티븐 랭턴을 대주교로 추천했다. 그 자리에 참석했던 참사회원들이 이 서임에 동의함으로써 1207년 교황은 스티븐 랭턴을 캔터베리 대주교로 서임했다. 존 왕은 왕실이 전통적으로 주교를 서임하던 권한을 박탈당하자 격렬하게 반발했다. 이에 교황은 1208년 잉글랜드에 성무정지를 내린다. 잉글랜드에서 교회 의식은 중단되었다. 세례성사와 종부성사 등 대중들의 삶과 죽음에 필수적인 종교 행위들이 중단되었다. 하지만 존 왕은 공적 기능을 하지 못하는 교회의 재산을 동결하고 몰수하는 등 교황의 조치에 아랑곳하지 않았다. 존 왕이 굴복하지 않자 교황은 1209년 그를 파문한다.

존 왕이 파문되자 주변 심복들도 존 왕에게서 등을 돌렸다. 또한 인노켄티우스는 프랑스 왕에게 잉글랜드에 침공하여 존 왕을 폐위시키라고 부추겼다. 급박한 상황에 몰린 존 왕은 결국 굴복한다. 존 왕은 잉글랜드를 교황에게 봉헌하고, 스스로 봉신임을 선언한다. 그리고 해마다 교황에게 조공을 납부하기로 서약한다.

교황의 유럽 지배는 직접적인 무력이 그 수단이 아니었다. 세속 군주와의 정치적 역학 관계를 효과적으로 활용한 그는 견제와 균형이라는 정치·외교 수단을 통해 지배했다. 그러나 이러한 지배 세력에 대한 직접적 간섭만으로 교황 지배의 시대가 열린 것은 아니다. 이는 유럽 대중 사이에 교회를 정점으로 하는 가톨릭 신앙이 뿌리내렸기 때문에 가능했다. 성무정지와 파문이라는 종교적 징계가 상징적인 조치가 아니라 실제로 세속 군주를 무릎 꿇린 이유는 대중들의 삶에 가톨릭 신앙이 깊이 밀착되어 있었기 때문이다. 교회는 성사라는 수단을 통해 대중들의 삶과 죽음의 문제에 직접 간섭하였다. 세속 군주와의 대립 속에서 교회가 가진 종교적 기능이 아주 현실적인 정치 갈등에도 효과적으로 작동함이 입증되었다. 교회 지배의 시대는 제4차 라테란 공의회 소집과 결정을 통해 마침내 완성되었다.

중세 유럽 최대 규모의 공의회

이러한 결과로 인노켄티우스 3세는 제4차 라테란 공의회를 소집할 수 있었다. 교회 개혁에서 혹은 유럽 역사에서 인노켄티우스 3세가 성취한 가장 위대한, 오늘날까지 이어지는 지속적 업적이 바로 이 라테란 공의회 개최라는 것은 의심의 여지가 없다. 이 공의회는 중세 유럽에서 소집된 최대 규모의 공의회였다. 408명의 주교, 8백여 명의 대수도원장이 참여했고, 유럽 대부분 국가의 왕과 제후들이 직접 참여하거나 적어도 대표단들을 보냈다. 또 신생 수도회에서도 대표자들을 보냈다. 인노켄티우스 3세는 동방 정교회도 초청했지만, 1204년 십자군의 콘스탄티노플 점령 사건의 분노로 동방 정교회는 참여하지 않았다. 1215년 11월 11일 새벽, 교황 인노켄티우스 3세가 성요한 대성당의 문을 개방하고, 공의회의 개최를 알렸을 때 수많은 대중이 몰려들어 열광했다. 밀려드는 군중 때문에 발을 헛디딘 주교 한 사람이 밟혀 죽을 정도였다.

이 회의의 두 가지 큰 목적은 성지 회복을 위해 십자군을 재소집하는 것 그리고 교회의 갱신과 개혁이었다.[7] 첫 번째 목적은 성공하지 못했다. 교회 개혁을 위해 교황은 70개 조항을 공의회에 제시했다. 이 규범들은 반대나 변경 없이 그대로 선포되었다. 교리를 다룬 두 개 규범을 제외하면 모든 공의회의 규범들은 실천적·사목적 문제를 다루는 것이었다. 이 규범들은 지금까지 가톨릭교회에 소속된 그리스도인들의 삶에 영향을 주고 있다. 13세기가 되어 비로소 라틴 그리스도교는 고대 교회나 그 이후 동방 교회의 삶, 교리와 다른 독자적 그리스도교를 만들었다. 가톨릭교회는 그리스도인들의 생활에 실질적 도움이 되는 교회의 사목 활동을 규정하였다. 교리적 측면에서 가장 중요한 결정은 화체설을 가톨릭교회의 공식 성찬교리로 확정한 것이었다(1조).[8] 실천적인 차원에서는 최소 1년에 한 차례 이상 고해성사를 의무화한 것이 핵심적인 변화였다(21조).[9]

이 두 결정의 공통점은 성직자와 속인의 경계가 더욱 뚜렷이 나뉘었다는 것이다. 성직자가 성찬에서 축성하면 빵과 포도주가 그리스도의 몸과 피로 실제 변한다는 교리는 성직자의 역할과 능력이 초월적임을 말해 준다. 또 매해 속인이 의무적으로 성직자에게 고해성사를 하는 것은 교회가 대중들의 삶과 신앙을 밀접하게 돌보고 관리하는 주체로 확정되었다는 의미이다. 즉 성직주의의 완성이다.

사제 독신 제도 확인

제4차 라테란 공의회는 성직자 직접 개혁에 눈을 돌렸다. 제도 종교와 그리스도인들 사이의 직접적인 상호작용 수준을 높이기 위해 제도 교회는 그에 속한 교회와 성직자들의 수준과 도덕성 향상을 위한 개혁 의제가 필요했다. 교황은 교구 사제나 하급 성직자들에게 요구되는 행위와 피해야 할 행위를 규정하여 성직자 개혁의 핵심으로 삼았다. 이 규범들은 사제가 속인과 어떻게 상호작용할지 의무를 규정하기보다는 가톨릭 성직자로 수여받은 의무를 제대로 수행함으로써 사제의 권위를 개선하려는 노력이었다. 이는 당대 가톨릭 사제들에게 만연해 있던 세속주의와 결별하고 속인과 엄격히 구별되는 사제의 이미지를 만든다. 성직자 개혁을 성공시켜 지역 공동체 내에서 성직자들이 훨씬 강화된 영향력을 행사하려는 것이다.

따라서 공의회에서 확정된 규범은 성직자의 행동을 다양하게 다룬다. 제4차 라테란 공의회도 가톨릭 사제의 가장 독특한 구별점이 독신임을 어김없이 재확인했다. 규범 14조는 성적 순결을 지키는 성직자의 독신 생활을 요구하고 있다. 이는 사제들의 독신이 제대로 지켜지지 않았기 때문이다. 독신 생활로 대표되는 사제의 금욕은 사제와 비사제를 구분하는 핵심이다. 12세기 당시 가톨릭교회의 부패를 문제 삼으며 등장한 카타리파는 육신의 즐거움을 포함한 물질세계의 쾌락 추구를 반대하였다. 공공연한 사제의 혼인은 카타리파의 좋은 공격거리였다. 제4차 라테란 공의회에서는 사제의 독신제도를 확인하고 더욱 엄격하게 관리하였다.

성직자의 혼인 관행은 만연했고 쉬이 사라지지 않았다. 일부 에스파냐 북부 지역에서는 제4차 라테란 공의회 이후에도 혼인 관행이 유지되었다. 루터의 종교개혁 이후 가톨릭교회 갱신을 위해 열린 트리엔트 공의회 때에도 사제 결혼은 매우 중요한 의제였다. 가톨릭 사제 독신주의는 16세기 이후에 정착된다.

사제의 독신을 규정한 14조를 시작으로 사제가 준수해야 할 세부 규칙들이 결정되었다. 15조는 사제의 음주와 사냥 등의 규정이다. 포도주로 성사를 주관하는 특성상 사제의 음주가 금지되지는 않았지만 과도한 음주는 금지시켰다. 이 역시 당시 사제의 음주가 사회적 비난거리가 되었음을 보여 준다.[10] 사제의 독신이나 절주 등은 금욕생활 규정이다. 극장, 술집, 도박장 출입과 같은 세속적이고 부정한 행위도 금지했다. 이러한 곳에서는 매매춘과 같은 성적 부도덕이 일상적으로 이루어졌다.[11]

이 체제하에서 사제는 일반 대중과 완전히 다른 인종으로 탄생한다.[12] 사제의 수준을 엄격하게 관리하고 통제하는 궁극적 목적은 교회가 대중들을 효율적으로 관리·감독하는 체제 완성에 있었다. 성직자의 통제와 규율은 일반인들의 종교 생활 통제로 이어졌다. 공의회는 사제들이 미사를 포함한 직무를 적절히 수행함으로써 속인의 삶에 모범이 되어야 함을 강조했다.

한 걸음 나아가, 19조는 교회 건물도 일반 세속 건물과 차별을 둔다. 교회는 종교 유물과 같은 구별된 물품 이외의 통상적 가정용품을 보관할 수 없었다.[13] 일반 대중과 구별되는 사제가 활동하는 공간인 교회는 신적 권위를 담보하는 형태를 유지해야 하기 때문이다. 사제의 도덕성을 개혁하고 교회를 구별된 공간으로 제시함으로써 가톨릭교회는 그들이 속한 세계에 효과적으로 사목 활동을 전개하게 된 것이다. 사제의 수준은 곧 사제가 교회를 통해 제공하는 사목 활동의 수준을 나타내기 때문이다.

성직자는 완전한 그리스도인의 모범을 보이는 자인가, 아니면 이 세상에 속하지만 세상과 무관한 삶을 사는 초월적인 이미지인가? 성직자 개혁을 통한 교회 개혁 시도는 결국 성직자와 비성직자 사이에 서로 건널 수 없는 '성직주의'라는 강을 내었다. 사제가 중심이 되어 위로부터 아래로 하향식 개혁을 지향하는 가부장제 그리스도교는 사제와 교회의 부패를 효과적으로 통제하는 장점이 있었지만, 교회는 성직자가 중심이 되었다. 그 안에서 개인들은 통제받는 객체가 되었다.

대중의 종교적 욕구를 충족시키다

제4차 라테란 공의회가 결정한 일부 규범들은 새로운 교회 조직과 정책을 마련하여 대중들의 종교적 욕구를 충족시켜 주었다. 이는 성직자에 의한 성사와 대중들의 종교적 삶에 대한 엄격한 기준을 제시, 개혁하여 수준 있는 종교 생활을 지향하는 사목 개혁으로 연결되었다. 영혼의 돌봄이나 목회적 돌봄으로 표현되는 사목 활동을 위해 공의회에서는 매우 구체적이고도 실천적 지침을 마련하여 공표하였다.

사목 개혁의 핵심 중 하나는 적절한 설교 제공이었다. 미사는 라틴어를 이해하지 못하는 대중들이 집중하기 어려운 시간이었다. 사제들이 제단을 바라보고 미사를 집전하는 동안 대부분의 참가자들은 잡담을 하거나 교회 안을 어슬렁거리기도 했다. 설교 강조는 라틴어가 아닌 속어(vernacular)의 재발견이기도 했다. 라틴어를 모르는 속인들은 종교 담론에서 배제되었다. 제4차 라테란 공의회에서는 속인들이 정통 종교를 올바로 이해하고 수용하도록 속어 소통의 중요성을 파악했다. 10조는 주교들이 자신들을 대리하여 '행동과 말에 힘이 있는 사람'을 지명하여 적절한 사목 활동을 제공할 것을 규정한다. 10조는 그리스도교의 구원에 대하여 올바로 알려 주는 설교의 중요성을 강조하고, 대중들의 종교적 유익을 위해 정기적으로 설교할 것을 권하고 있다.[14]

설교의 중요성을 교회가 인식했다는 것은 의미가 있다. 비성직자인 대중들의 종교적 요구에 대응하고 그들의 수준을 높이기 위해 교회가 속인의 언어를 활용하였다는 점이다. 가톨릭교회에서 라틴어가 아니라 자국어 미사가 허용된 것이 20세기 중반이라는 점을 감안한다면 혁명적인 전환이다. 이 시기 형성된 도미니크회는 '설교자 수도회'라고 불릴 정도로 설교 강조가 이어졌다. 이 수도회의 목적 자체가 이단적 가르침으로부터 대중들을 보호하기 위하여 정통 교리를 가르치는 데 있었다. 속어 설교는 라틴 그리스도교의 전통을 넘어서 언어별·국가별로 독특한 종교 정체성이 활성화되는 자연스러운 기회가 되었다. 이단으로 단죄된 것까지 포함해 다양한 종교 운동이 설교를 매개로 중세 말 활발하게 일어났다.

제4차 라테란 공의회의 결정은 수 세기에 걸쳐 대중들의 삶과 그리스도교를 연결시키려는 시도로 이어졌다. 1281년, 잉글랜드에서 영혼을 돌보는 모든 사제들은 1년에 네 차례 단순한 영어를 사용하여 신앙의 기적, 십계명, 복음서의 계명, 죄와 심판, 7가지 미덕과 7가지 악 등을 설교하도록 했다.[15] 대학의 언어가 아닌 단순하고 이해하기 쉬운 대중 언어가 쓰였다. 설교를 통한 사목 개혁은 교회 조직 재정비를 넘어 대중들이 궁극적인 삶의 의미를 그리스도교 안에서 찾도록 했다는 점에서 제4차 라테란 공의회가 남긴 가장 큰 유산의 하나였다.

효과적인 사목 활동을 위해서는 가장 기초적이며 중요한 사회 단위인 가정의 규율과 통제도 중요했다. 결혼이 칠성사에 포함된 것은 혼인의 가치 인정이자 가정을 관리 및 통제 대상으로 본다는 양면성이 있다. 이혼을 금지한 가톨릭교회에서 근친혼은 혼인 무효 사유였다. 그러나 근친 개념이 혈연관계뿐 아니라, 대부와 대모 등 종교적 혈연까지 포함되어 오용될 여지가 있었다. 기존에는 7대까지 혈연으로 연결되는 경우 혼인이 금지되었다. 사실상 거주 이전이 자유롭지 않던 중세에 이러한 제한은 한 공동체에서 혼인할 배우자를 만나기 어려운 상황을 만들었다. 공의회는 이 문제를 다소 간략하게 하였다. 50조에서는 4대까지 연결된 친족까지만 결혼이 금지되고 그 이상을 넘어서는 친족 관계 혼인을 인정했다.[16]

이렇게 50조에서 결정한 사항들은 혈족 간 결혼같이 불가피한 이유로 비밀리에 이루어지던 결혼 관행을 금지하였다. 비밀 결혼이란 부부가 서로 혼인을 맹세하는 한 혼인의 효력을 인정하는 전통에서 나온 것이다. 여기에는 사제의 선포조차 필요하지 않았다. 필요한 것은 부부간의 서약과 실제 초야를 치러 혼인을 완성하는 것이었다. 그러나 비밀 결혼의 전통은 교회와 사회 전반에 문제를 야기했다. 공의회에서는 친족 간 결혼 금지 요건을 완화함으로써 혼인을 제도 교회 안에서 완전하게 수용하고자 했다. 곧 혼인은 교회의 주관과 선포 없이 인정될 수 없는 성사의 하나가 되었다.

제4차 라테란 공의회의 핵심 규범 중 하나가 21조이다. 이 규범에 의하면, 모든 그리스도인들은 교구 사제에게 1년에 한 번 고해성사를 해야 한다. 연례 고해성사를 의무화함으로써, 그리스도인들은 도덕적 및 종교적 상황을 진지하게 고민하고, 삶 속에서 그리스도 신앙을 개선해야 했다. 더 나아가 고해성사가 영혼의 구원에 필수 요소로 강조됨으로써 사람들은 더욱 종교적 삶에 집착하게 되었다. 고해성사는 죄에 대한 이해를 전제한다. 이 전제를 충족하기 위해 가톨릭교회는 죄와 구원의 신학을 발전시켰다. 그리고 이 죄로부터 사람들을 구원하는 구원의 방주로서 교회의 역할이 더욱 강조되었다. 라틴어 미사를 이해하지 못하거나, 글을 읽을 줄 몰라 직접 종교의 의미에 다가설 수 없었던 이들에게 고해성사는 빈도는 낮지만 사제와 종교 문제로 직접 소통하는 유일한 기회였다. 제4차 라테란 공의회는 장기 12세기의 지적 혁명이 제도 교회 안으로까지 확대되었음을 보여 주는 한 가지 사례이다.[17]

그런데 고해성사는 개인이 사제에게 은밀한 죄를 고백하고, 사제로부터 사면을 받거나 속죄를 위한 종교적 처분을 받는 행위였다. 이 체제가 한 지역 공동체 내에 자리 잡음으로써 사제의 권한이 강화되었다. 사제는 고해성사를 통해 사람들과 소통했을 뿐 아니라, 사면과 죄책 수행을 선포함으로써 그 지역 공동체 내에서 모든 사람이 복종해야 할 궁극적 권위자가 되었다. 제4차 라테란 공의회를 통해 확정된 연례 고해성사 의무화는 중세가 만든 규범 중 사람들의 신앙심에 큰 영향을 미쳤다.[18]

고해성사는 또 다른 측면에서 생각할 요소도 있다. 성직자의 독신 규정, 결혼 지침 마련, 연례 고해성사 제정의 공통점은 성의 문제를 다루었다는 것이다. 고해성사 지침에서도 중요한 부분이 성 관련 내용이다. 교회는 성 문제까지 포함된 세세한 삶을 규제한 것이다. 아이러니이다. 결혼을 성사로 규정한 것은 그 가치를 인정한 것이지만 또한 결혼을 교회가 규율하고 점검하려는 의도가 있다. 고해성사 의무 부과는 이 규율과 통제의 정점이었다.

칠성사 제정의 의미

성찬식은 그리스도의 마지막 만찬에서 제정된 것으로 현재에 이르기까지 그리스도교의 핵심 의례였다. 세례가 구원과 직접 연관되었다는 믿음 때문에 세례는 그 시행 시기에 따라 영세, 견진성사, 종부성사 등 여러 형태로 분화되었다. 여기에 혼인성사, 고해성사, 신품성사가 더해지면서 이른바 가톨릭의 칠성사가 완성되었다. 앞서 살펴보았듯 교회는 교회 밖의 결혼을 인정하지 않고 교회의 성사로 혼인을 편입시켰다. 고해성사 의무화는 그리스도교가 사람들의 삶과 정신세계에 깊이 스며들게 만들었다. 그래서 무엇을 믿고 받아들여야 하는지 이해가 높아지고, 그리스도교 교리를 매개로 제도 종교와 밀접한 상호작용이 가능해졌다. 그 결과 성사를 주관하는 사제의 권한은 막강해졌다. 규범 1조에서 확정한 화체설은 사제가 성체를 축성하면 그리스도의 몸과 피로 바뀌는, 문자 그대로 '신을 만드는 자'(God-maker)가 되게 하였다. 이러한 사제를 만드는 서품식이 성사로 인정되는 것은 자연스럽다.

그렇다면 가톨릭교회에서 '성사'란 무엇일까? 성사란 천국과 구원을 지향하는 그리스도인이 이 땅에서 살아가는 여정의 올바른 도우미로 고안된 것이다. 1215년 라테란 공의회 전후로 확정된 칠성사는 그 길의 안전한 보호자요 인도자가 되어야 하는 가톨릭교회가 고안한 산물이다. 혼인성사와 신품성사는 한 개인이 모두 받을 수 없기에 칠성사는 한 사람이 최대 여섯 개까지 받는다. 곁가지이기는 하나, 이 성사에 왕의 대관식이 없다는 것은 나름 의미가 있다. 교회의 힘이 그만큼 단적으로 강화되었다는 것이다. 13세기에 완성된 이 칠성사는 개신교 종교개혁으로 타격을 입었지만 트리엔트 공의회에서 재확인된 이래 지금껏 가톨릭의 공식 교의로 유효하게 남아 있다.

칠성사는 한 개인이 가톨릭 공동체의 일원이라는 확증이다. 태어나서 죽을 때까지 각 단계에서의 종교적 진행은 성사 수행과 같이 간다. 여기서 핵심은 구원을 향한 개인의 여정에서 그 매개가 교회요 사제라는 점이다. 개인의 구원의 길을 교회가 성사라는 의식을 통해 마련하고 보증하는 것이다.

그런데 긍정적 의도와 별개로 교회의 일상 통제가 강화되었다. 모든 사람이 적어도 일 년에 한 차례 교구 사제에게 고해를, 부활절 기간에는 성찬 참여를 하게 되었다. 고해가 사람들의 도덕성·종교성을 고양하는 중요한 도구임에는 분명하지만, 고해를 듣고 사면하는 주체인 성직자의 권세가 무한정 높아진다. 단순한 권고사항이 아니라, 이를 준수하지 않을 경우 교회로부터 추방되고 그리스도교 세계에서 타자화된다. 또한 미사에서 빵과 포도주 축성 행위가 가장 중요하게 자리 잡음으로써 사제의 권한을 무한정 높이는 성직주의가 팽배해진다. 중세 말 반성직주의가 등장하는 배경을 이 공의회가 마련했다.

성직자가 삶과 구원의 여정을 지배하자 안전한 여정에 대한 희망보다는 그 통제하에 대중은 종속된다. 구원에 대한 두려움과 공포는 제도화를 통해 완전히 없앨 수 없다. 오히려 이러한 방식들이 빌미가 되어 제도 교회 내에서 건전하게 담아내지 못하는 종교성이 여과 없이 드러났다. 그 대표적인 것이 종교개혁 전야에 널리 퍼졌던 성인 숭배였다. 성인이란 일반인의 수준을 넘어서는 탁월한 종교적 성정을 보인 이들을 의미한다. 그들은 신 앞에서 대중들을 위해 기도하고 중재할 수 있는 좀더 친근한 대상이었다. 자신을 지키고 도와줄 성인을 찾게 되면서, 성인 숭배는 중세 말로 갈수록 팽배해졌다.

개인의 종교적 문제를 제도적으로 규율하려는 공의회의 결정은 중앙 집권화된 교회 권력을 보여 준다. 이전까지 상징적이었던 교회 권력이 이제 대중의 모든 삶의 영역에 깊숙이 영향을 주었다. 도덕성과 종교성을 고양하여 올바른 그리스도교를 만들어 간다는 긍정적인 효과도 있지만, 부정적으로 보면 개인의 삶에 대한 억압과 규제이다. 이제 그 기준에서 벗어나는 일탈 혹은 무질서는 조직적인 탄압의 대상이 된다. 사회를 엄정하게 그리스도교화하는 대가로 이단, 유대인 탄압이 제도화되었다. 제4차 라테란 공의회의 또 다른 얼굴은 위로부터 이루어진 억압 사회였다.[19]

종교재판소 도입

한 시대에 특정한 교리나 삶의 모습이 강조되면 불가피하게 그 기준에 미치지 못하는 사람들이 차별받고 타자화되는 결과로 연결된다. 탄압을 당연히 여기거나 정당화하는 기제가 생긴다. 이교도의 수중에 있는 예루살렘을 회복하기 위해 소집된 십자군이 대표적 예로, 이후에는 정통 교회의 가르침에 벗어난 주장을 하는 이단 축출 목적으로도 소집되었다. 이단자 축출을 위해 무기를 든 자들에게 교회는 책임을 묻지 않았다.

유대인 차별은 더 구체적이다. 유대인의 관직 보유가 금지되었다. 공직에서 유대인을 제외하는 조치는 589년 톨레도 교회회의에서 최초로 시도되었고, 이후에도 반복되었다. 자발적으로 그리스도교로 개종한 유대인들은 유대 종교 의식과 완전히 결별할 것을 요구받았다. 이것은 그리스도교로 개종한 이후에도, 그들의 삶의 근거가 되어 온 유대 공동체에 거주하던 이들에게 고통을 안기는 결정이었다. 유대인의 주요 사업이자 수입원이던 고리대금업도 금지되었다. 부활절 주간에는 야간 통행도 금지되었다. 일부 유대인들이 다른 시기보다 화려한 옷을 입어 그리스도교의 고난주간을 해친다는 혐의였다. 유대인을 보호한다는 측면이 있긴 했지만, 점차 차별 기제로 작동했다. 유대인 집단 거주 지역 설정도 보호 차원에서 시행되었으나 장기적으로는 '게토'를 형성하여 유대인 공동체를 주류 사회와 분리시켰다. 유대인의 복장까지는 이 공의회에서 결정되지 않았어도 13세기 동안 유대인들은 '다윗의 별'이라고 불리는 식별 표지를 달아야 했다. 의복은 사제나 의사 등 주로 사회적 신분을 나타내는 것이었지만, 유대인 규정은 선입견과 편견의 수단이었다. 유사하게 창녀들은 그들을 식별할 수 있는 매듭을 묶게 했다. 그리고 나병환자들은 방울을 달아 지나갈 때마다 사람들이 그들을 인지하고 대처하게 만들었다.

물론 70개 조에 달하는 규범 중 유대인을 향한 4개 규범이 가져올 역사적 영향력을 당시에는 예견하지 못했을 것이다. 유대인을 향한 법률의 엄격함은 이미 그리스도교 세계에 고립되어 있는 유대인 공동체의 고립을 강화했다. 그리고 그 시대가 상상할 수 없는 결과가 나왔다.[20]

제4차 라테란 공의회에서 도입된 것 중 하나가 종교재판소이다.[21] 이단이나 사회적 소수자에 대한 무자비한 처벌로 악명 높은 종교재판이지만, 교회가 법에 의한 재판을 공식적으로 시행하였다는 점은 평가받을 만하다. 교회법 절차에 따라 판결하는 종교재판이 도입되기 이전까지는 신명재판이나 결투 등 사적 제재가 일상화되었다. 그 이전의 재판이 주로 개인의 고발을 통해서 시작되었다면, 이제는 교회가 인지했을 때 교회 당국이 심문을 하고 판결을 내리게 된다. 로마법 전통에서는 무죄추정의 원칙을 따르지만 종교재판에서는 고발당한 자가 무죄임을 입증할 책임이 있었다. 그러나 이웃이 증언할 경우, 세속 법정보다 무죄 가능성이 더 높았다. 자연스레 종교재판소가 상대적으로 선호되었다.

첫 의도는 사적 제재 대체였지만 길게 보았을 때 변질된 면이 있다. 대표적인 것이 재판 제도를 효과적으로 운영하려고 합법적 절차로 고문이 이용된 것이다. 또 관할 주교가 사건을 파악해 법적 절차를 주도해야 하는데 동정심이나 보복의 두려움으로 어려움을 겪자, 종교재판 청부업자라 할 종교재판관(inquisitor)이 등장한다. 처음에는 피고발자들을 설득해서 죄를 인정하게 만드는 역할이었지만, 나중에는 체포 및 심문까지 담당하게 된다.

교황청 재판소(curia)는 유럽의 정치·사회·종교 문제를 판단하는 최고 재판소 역할을 하게 되는데 1215년 실질적으로 전 유럽에 교황군주제가 완성되었다. 최고 항소법정, 즉 세속법과 교회법에 불만이 있을 때 최종적으로 교황청 재판소에 상소했다. 국제법상의 분쟁만이 아니라 국내법에 따른 국가의 조치도 교황청에 제소할 수 있게 되었다. 개별 국가에게는 내정간섭으로 보일 수 있음에도 이것이 가능했던 것은 교황을 정점으로 하는 체제가 유럽 전역에 안착되었기 때문이다.[22] 이탈리아에 있는 교황이 알프스를 넘어 잉글랜드, 아일랜드까지 실질적 영향을 미친 힘은 교황청 대사 임명 제도를 통해서다. 지역 대주교가 겸직하기도 하고, 로마 교황청에서 파송하기도 했다. 이 교황 대사는 교회에 문제가 생길 때나 국가와 교회 사이의 갈등이 생길 때 교황을 대리해서 조정하고 중재하는 역할을 했다. 이 수단을 통해 교황은 효과적으로 전 유럽에 세력을 확대할 수 있게 된다. 자연히 중세 말, 국민 국가가 발전하면서 내정간섭의 원인이 되는 교황청 항소 제도를 금지하는 법안들이 마련되었다.

교황이 종교적 권위를 넘어서 세속적인 문제에서도 전 유럽에 영향력을 확대하려 하니 재정 부담이 많아졌다. 교황청 기구를 확대하고 업무에 필요한 경비를 충당하기 위해서 교황은 여러 부과세를 도입하여 수입원을 확보했다. 교황은 봉건 사회의 상위 군주였기 때문에 하위 봉신 국가인 포르투갈, 카스티야, 아라곤, 시칠리아, 잉글랜드 등에서 조공을 받았다. 그러나 이것은 정치 상황에 따라 유동적이었다. 가장 효과적이고도 안정적인 수입원은 사제에게서 직접 거둬들이는 세금이었다. 13세기 초반부터 사제들은 소득세를 납부한다. 그중, 사제가 된 후 처음 받는 성직록을 초입세(annate)라는 명목으로 교황에게 바친다. 사제의 십일조도 교황청 세금으로 들어간다. 이는 교황과 세속 군주 사이에 갈등 요인이 되었다. 14세기 들어 교황권이 약화되고 개별 국가의 영향력이 확대되면서 이에 대해 반발하는 움직임들이 일어난다. 예컨대 잉글랜드 개혁가 존 위클리프는 사제들이 내는 세금을 '잉글랜드 사람의 돈이 로마 사람들에게' 들어가는 것이라고 비판했다.[23]

제4차 라테란 공의회 전후, 제도로서의 교황제는 정점에 이른다. 적어도 종교개혁 이전까지 이 체제가 유지된다. 중세를 교황권 전성 시대로 부를 만한 조치들은 대부분 이 시기에 나온 것이다. 이는 기본적으로 위로부터 부과된 종교였다. 즉 성직자의 권위가 교회를 통해 개개인을 더욱 강력하게 지배한 것이다. 이 공의회는 가톨릭교회의 입장에서 보면 엄청난 성공이지만, 성직주의라는 부작용과 대중의 무분별한 종교 행태를 부추겼다는 점에서 가톨릭교회 타락의 시작으로 볼 수 있는 양면성이 있다.

정점을 지나 내리막길로

인노켄티우스 3세는 몇 권의 저술을 남겼다. 그중 한 권이 《인간 존재의 비참함에 대하여》(De miseria humanae conditionis)이다. 교황이 되기 전 쓴 것이다. 본래 2부작으로 기획한 이 책의 하권은《인간 존재의 고귀함에 대하여》였으나 하권은 집필을 하지 못했다. 제목에서 보이듯 그가 남긴 책은 이 땅에서의 삶의 고단함과 비참함을 그린 것이다. 인간의 죄로 인해 그런 삶을 인고하고 감당해야 한다는 것이다. 왜 이렇게 썼겠는가? 하나의 치료책이다. 사람들이 늘 고단하게 살아가지만, 이 땅에서의 삶에 희망을 걸 요소는 없었다. 그러니 이 땅에 가치를 두기보다는 내세를 향해 가는 나그네로서 고난을 인내하고, 내세의 보상을 구하라는 것이다. 현실을 긍정하기 어려울수록 내세 소망이 강조될 수밖에 없다. 교회의 성사와 제도는 내세 가치에 초점이 맞춰져 있다. 그래서 이 땅에서 교회가 부과하는 여러 안내와 지침을 잘 따를 경우 영원한 보상을 약속한 것이다. 이 책은 중세에서 가장 많이 필사된 작품이다.

1215년 교회 개혁을 기치로 소집된 공의회는 성직자들의 도덕성과 수준 향상을 통해 대중의 종교성을 강화, 규제하는 개혁이었다. 체계화된 교회 조직 안에서 성사가 정비되고, 대중들은 자격을 갖춘 성직자의 설교를 듣고 미사에 참여하였다. 매해 고해 의무 부과는 종교적 삶을 영위하려면 필요한 지침이 무엇인지 사제와 상호작용을 통해 습득할 기회이기도 했다. 사회의 기본 단위인 가정을 이루는 결혼에 교회가 적극 간섭함으로 대중은 교회의 가르침과 더 큰 유대감을 갖게 되었다.

이 점에서 제4차 라테란 공의회는 큰 성공을 거두었다. 소집 목적에 포함되었듯 이단 세력으로부터 그리스도교 세계를 보호하기 위한 지속 가능한 교회 지배의 기반을 마련했다. 하루아침에 모든 변화가 완성된 것은 아니지만, 제4차 라테란 공의회는 그 기준을 명확하게 제시했다.

하지만 제4차 라테란 공의회가 이단과 유대인 및 여러 사회적 소수 계층에 대한 타자화를 제도화했다는 점 역시 주목하지 않을 수 없다. 이 시기를 유럽의 탄압 사회 형성기로 평가하는 이유이다. 따라서 질문을 던져야 한다. 가톨릭 교황 중심의 지배 체제가 완성된 시기는 성취일까, 타락일까? 성취의 이면은 사제와 비사제의 간극이 깊어진 성직주의였다. 그리스도교 신앙의 체계가 완성되면서 그 체제에 들지 못하는 이들에 대한 제도적 탄압이 정당화되었다. 가톨릭교회는 제도의 효과적 수행을 위해 종교재판을 도입했다. 이러한 다양한 이면을 읽어 내지 않는다면 단선적 답변만 나올 뿐이다. 중세가 남긴 가장 강렬한 빛과 가장 짙은 그림자가 이 시기에 만들어졌다. 정점은 오래가지 못했다. 내리막 길은 거칠었다.

10

종교적 공포와 대중의 욕망이 만나다

—

연옥과 면벌부

면벌부를 사는 시골 처녀

(프랑수아 마리우스 그라네 작, 1825)

단편적으로 보면 면벌부는 종교개혁의 단초가 된 타락의 결정체이다. 하지만 면벌부가 중세인들의 구원을 향한 긴 여정에 깊숙이 함께한 도우미이자, 종교적 심성의 중요한 지배 기제였다는 점에 주목할 필요가 있다. 중세인들에게 구원의 문제, 즉 사후 세계와 심판에 대한 두려움은 아주 실제적인 것이었다. 252~253쪽

대중들이 발전시키는 변화

다음과 같은 질문으로 시작해 보자.[1] 교회사의 주체는 누구일까? 특히 중세 유럽 교회에서는? 아마 교황, 사제, 수도사 혹은 신학자들이 떠오를 것이다. 교회의 역사가 단순히 교리나 신학의 역사가 아니라 교회와 사회의 상호작용이라고 한다면, 그 안에서 절대다수를 차지하는 대중의 신앙상을 그려 내는 것은 필수적이다. 그러나 아쉽게도 대중은 자신의 삶의 흔적을 남길 방편이 없었다. 중세에 대중이 집단으로 등장한 첫 사례는 십자군이 아닌가 싶다. 그 후 집단이 역사에서 주목받은 사건은 이단의 탄생이다.

유럽에서는 대체로 12세기 무렵을 대중 이단의 등장기로 본다. 대중 이단 운동과 탁발수도회 같은 급진적 종교 운동은 단순히 교리 문제보다는, 당대 제도 교회와 성직 계급의 타락과 무능에 대한 반발로 등장한 것이다. 재판 기록 등은 그들이 신봉하던 가치와 삶이 무엇인지 잘 보여 준다. 재판 기록이 제도 교회의 시각에서 만들어진 이미지인 경우가 많다는 것은 전제하더라도 중세 말로 가면서, 당대에는 이단적 주장으로 처벌받았지만 지금은 개혁 운동으로 인정되는 제도 밖의 새로운 종교 운동들이 생성되었다.

그렇다면 재판 기록으로도 남지 않은, 가톨릭교회의 가르침을 신봉하는 일반 대중의 신앙은 어떠했을까? 장기 12세기의 발전은 스콜라학이나 대학으로 대표되는 지식인 계층에만 영향을 준 것은 아니다. 대중의 신앙도 여러모로 변화가 있었다. 그 변화는 제4차 라테란 공의회를 통해 절정에 이른다. 제도 교회 내의 대중이 지향하는 신앙의 모습이 강화된다. 이러한 변화는 하향식이었을 뿐 아니라, 대중이 스스로 발전시켜 나가고 역으로 그것을 제도 교회에서 수용하는 쌍방향 변화였다. 이 변화는 다소간 대중의 미신적 신앙을 조장하고 종교 행위를 흐리는 부작용을 낳았다. 여기서는 중세 말 가장 혼탁한 종교성을 나타내는 상징처럼 된 미신적 성물 숭배 및 성인 숭배, 면벌부를 비판적으로 검토하고 대중의 신앙을 살펴보자.

성체와 성모 숭배

12세기 유럽 내 모든 마을에는 교회 건물이 있었다. 대부분 로마네스크 양식의 단순한 구조였다. 교회는 지역 사회의 그리스도교 생활에서 중심지였다. 교회 벽에는 성서와 성인의 삶을 표현한 스테인드글라스가 있고, 예배당 가운데는 성찬대가 있으며, 가시 면류관을 쓴 수난의 그리스도가 못 박힌 십자가가 그 위에 매달려 있었다. 이곳에서 대중은 세례를 받고, 혼인을 하고, 미사를 드렸다. 가장 일상적으로 거행된 것은 미사였다.[2]

13세기 초 화체설이 가톨릭의 공식 성찬 교리로 확정되면서 미사는 공식적으로 사제의 축성을 통해 빵과 포도주가 그리스도의 몸과 피로 변하는 기적의 시간이었다. 대중은 성체성사를 통해 기적이 일어나는 미사를 목격하는 관객이었다.[3] 사람들은 눈앞에서 펼쳐지는 이 기적 때문에 경외감을 갖게 되었고, 기적의 현장을 지켜 보고 싶은 사람들의 요구 때문에 사제들은 축성한 성체를 더 오래 들고 있어야 했다. 미사는 이 성체 거양의 절정을 향해 가는 드라마였다. 그리고 이 경외감은 그리스도의 몸과 피를 기념하는 축제로 만들어졌다. 그것이 중세 후반 가장 인기 있는 종교 축제였던 '코르푸스 크리스티'(*Corpus Christi*, 그리스도 성체 성혈 대축일)이다. 이는 토마스 아퀴나스가 교황 우르바누스 6세에게 제안하여 제정되었다.

대중은 사제의 축성을 통해 그리스도의 몸으로 변한 성체에 기적을 일으키는 힘이 있다고 믿었다. 하지만 외형은 여전히 빵과 포도주였기에 대중은 만족하지 않았다. 더욱 극적이고 가시적인 기적을 원한 것이다. 성체가 가시적으로 그리스도의 몸과 피로 바뀐다는 이야기들이 드라마처럼 대중을 파고들었다. 1176년 부활 주일, 프랑스 아라스에서 한 여성이 교회에서 받은 성체를 천으로 싸서 집으로 가져왔다. 그 성체에서 빛이 새어 나왔으며, 성체를 감싼 천을 풀자 천에 성혈이 배어 있었다는 소문이 나자 아라스는 곧 사람들이 몰려드는 순례지가 되었다.[4] 가톨릭교회는 기적을 보여 줌으로써 경외심과 공포심을 자극했다. 사람들은 더욱 분명히 기적의 현장을 보고 싶어 했고, 기적을 보고 간직하려는 열망은 다양한 성유물을 구하고 미신적으로 숭배하는 데까지 나아갔다. 눈에 보이는 성물이나 면벌부 증서는 사람들에게 심리적 안도감을 주었다. 가톨릭의 공식 성찬 교리로 화체설이 확정되었다는 것은 미사에서 대중이 관객으로 참여하여 기적의 드라마를 '보는' 종교로 변하였다는 의미이다.[5]

그 드라마는 현실이 고단할수록 더 간절해졌다. 상상력은 또 다른 상상의 꼬리를 물었다. 그리스도의 어머니 마리아에 대한 새로운 발견이 12세기부터 활발히 일어났다. 12세기 르네상스 연구자들은 중세 전성기에도 여성들이 적극적 사회참여를 할 여건은 마련되지 않았다고 본다. 그러나 주목할 점은 변화하는 여성의 이미지가 마리아에게 투영되었다는 것이다. 중세 전성기 가톨릭에서 마리아 숭배는 급증했으며 이는 표면적으로 볼 때 여성을 이상화한 것으로 여겨진다. 즉 남성 가부장제 사회의 한계에 대한 대체물이자, 여성 혐오의 원인으로 작동하였던 첫 사람 이브(Eve)를 대신하는 여성(Ave)으로서 마리아가 등장했다

는 것이다.[6]

라틴어 '상크타 마리아'(*Sancta Maria*), 영어 '세인트 메리'(Saint Mary), 이탈리아어 '마돈나'(Madonna), 에스파냐어 '산타 마리아'(Santa Maria), 프랑스어 '노트르담'(Notre Dame) 등 다양하게 불리는 마리아는 가톨릭 신앙의 중심부에 자리하고 있다. 그리스도 못지않게 마리아가 가톨릭교회에서 독특한 자리를 차지한 것은 12세기 무렵부터였다. 이 현상은 알프스 이남 이탈리아, 에스파냐, 프랑스, 잉글랜드, 스코틀랜드, 아일랜드 등 대부분 지역에서 찾아볼 수 있다. 모든 시토회 수도원이 성모 마리아에게 봉헌되었고 잉글랜드의 경우 시토 수도회를 제외하고 12세기에 설립된 수도원의 절반가량이 성모 마리아에게 드려졌다. 마리아에게 관심이 높아진 것은 과도하게 제도적이고 정치적인 가톨릭교회가 담지 못한 종교적 헌신과 정서적 측면을 보완한 것으로 볼 수 있다. 점차로 여성성의 가치는 인정되기 시작했고 수녀회라는 공간을 통해 여성들이 수행할 역할도 인정을 받았다. 12세기를 거치면서 확대된 마리아 공경이 그 정점이었다.

연옥의 출현

성체 자체가 주술적 변화의 상징이 되고, 마리아가 대중에게 과한 공경의 대상이 된 것은 바람직한 현상은 아니었다. 현세에 기댈 것이 없는 사람들에게 내세의 약속과 복락은 종교와 미신의 경계를 모호하게 만들었다. 대중의 분출하는 아래로부터의 욕구와 '땅에서 매고 푸는 권세를 지녔다'고 주장하는 제도 교회의 약속이 어그러지게 만났을 때, 중세 말로 가면서 미신적 신앙 행태는 걷잡을 수 없이 번져 갔다. 특히 14세기 흑사병이 안긴 충격은 손으로 만지고 볼 수 있는 가시적 약속을 더욱더 좇게 했다. 성물 숭배와 면벌부의 폭발적 증가가 그 증거이다.

이 극적인 종교 드라마의 상상력을 무한히 자극한 단 하나의 예는 공간으로서의 '연옥'의 탄생이다.[7] 오늘날도 가톨릭교회를 동방 교회나 다른 프로테스탄트 교회와 신학적으로 구별 짓는 큰 차이가 연옥 교리이다.

12세기 이후 중세 가톨릭교회에서 연옥의 중요성은 아무리 강조해도 지나치지 않다. 단적으로, 연옥의 존재가 전제되지 않으면 연옥에서 고통당하는 영혼을 구제하는 증서인 면벌부는 필요가 없어진다. 죽음이 끝이 아니라는 믿음과, 천국과 지옥이라는 분리된 내세의 장벽으로 모든 사람을 구분하는 것이 정당하지 않다는 합리적 추론이 새로운 상상력의 출발이다. 내세에 대한 믿음은 당시 거의 보편적이었다. 그러나 죽음 이후에 대해서는 여러 의문이 있었다. 모든 사람이 저마다 사연을 안고 기아로, 역병으로, 전쟁으로 죽어 갔다. 이 땅에서의 고단한 삶을 죄책으로 여기며 살아가던 사람들에게, 죽은 후 곧바로 심판의 구렁텅이에 빠진다는 것은 용납하기 어려운 문제였다.

교회는 이런 책임감 속에 그간 대중 또는 신학자들 사이에서 어렴풋이 제기되던, 선한 자들을 위한 천국과 사악한 자들을 위한 지옥 외에 제3의 거처에 대한 관념을 발전시켰다. 그곳은 낙원처럼 완전하지는 않지만, 그렇다고 영원한 형벌을 기다리는 곳도 아니었다. 그곳에서 정화의 시간을 보내면 천국으로 갈 수 있게 된다. 이런 관념이 '정화하는 불'이라는 개념의 연옥을 만들었다. 장소나 공간으로서의 연옥은 12세기의 산물이다.[8] 그 이전까지는 명사로서의 연옥은 존재하지 않았다. 교황 인노켄티우스 4세는 1254년 반포한 서신에서 죄를 지은 사람이 참회 고행을 완수하지 못하고 죽은 경우, 교회의 중재에 따라 일정 처소에서 정화하는 시간을 갖는다고 선포했다.[9] 이 내용은 제2차 리옹 공의회(1274)에서도 반복되었다. 13세기 후반에는 이제 이 교의를 교황과 공의회가 선포할 정도로 확립되었다. 그러나 연옥 교리가 서방 교회에 확정된 것은

1437년의 '피렌체 공의회'이다. 이 공의회에서는 동·서방 교회 분열을 해결하려고 동방 교회와 협상했지만 서방 교회가 탄생시킨 연옥 교리를 동방 교회가 수용하지 않아 동·서방 교회 일치는 실패했다.

연옥에 대한 상상력은 단테가 1308~1321년 사이에 저술한 《신곡》에서 극대화되었다. 1319년 완성된 〈연옥편〉에 묘사한 연옥과 지옥의 차이점은 형벌이나 고통의 경중이 아니었다. 지옥은 한마디로 희망이 없는 곳이었다. 반면 연옥은 언젠가는 고통이 끝나고 새로운 세계로 들어갈 본질적 희망이 존재하는 곳이었다. 그렇다면 연옥은 정화하는 장소이기보다 희망의 장소였다.[10] 이 연옥 교리의 발전은 면벌부 교리의 발전과 흐름을 같이한다. 이제 면벌부를 살펴볼 차례다.

면벌부, 종교적 심성을 지배하다

중세 말 면벌부 판매는 오랫동안 가톨릭교회의 타락, 형식주의적·기계주의적 구원의 상징으로 혹독한 비판을 받아 왔다. 종교개혁 전야의 종교적 활력과 건전성을 찾으며 종교개혁을 재조명하는 수정주의자들의 관점에서조차 면벌부는 비껴 가고 싶은 주제이다. 예컨대 잉글랜드 종교개혁 연구사에서 주류로 자리매김한 수정주의자들의 선도 연구자인 이몬 더피나 크리스토퍼 헤이(Christopher Haigh)는 면벌부가 중세 말에서 현저한 요소가 아니며 적어도 "잉글랜드 종교에서 큰 역할을 하지 않았다"며 주변부로 몰아낸다. 면벌부에 대한 부정적 인식은 상당 부분 프로테스탄트 종교개혁의 유산으로 볼 수 있다. 하지만 면벌부가 대륙뿐 아니라 잉글랜드 교회 전반에서 핵심적인 역할을 했음이 최근 재조명되고 있다.[11]

그렇다면 면벌부를 어떻게 보아야 하는지 문제가 제기된다. 단편적으로 보면 면벌부는 종교개혁의 단초가 된 타락의 결정체이다. 하지만 면벌부가 중세인들의 구원을 향한 긴 여정에 깊숙이 함께한 도우미이자 종교적 심성의 중요한 지배 기제였다는 점에 주목할 필요가 있다. 중세인들에게 구원의 문제, 즉 사후 세계와 심판에 대한 두려움은 아주 실제적인 것이었다.[12] 그들에게 구원이란 개인의 노력과 공로로 얻는 것이 아니었다. 사후 구원의 불확실성을 제거하는 방법을 제시하고 구원으로 이끄는 인도자 역할을 한 것이 가톨릭교회였다. 중세교회는 대중을 위한 영적 계도와 교육을 행하는 제도 기관인 동시에, 죽음에 대한 공포와 영혼 구원의 불확실성에 사로잡힌 사람들에게 보다 안전한 구원의 길을 담보하는 종교적 이정표를 제시해야 했다.

여기에서 중세교회의 큰 특징 중 하나인 전통 형성으로 가는, 제도 교회와 대중의 쌍방향 소통과 수용이 이루어진다. 중세 제도 교회의 이러한 특징을 가장 잘 대변하는 것이 면벌 교리의 발전 외에 연옥 교리의 형성이라고 할 수 있다. 면벌부는 중세교회가 규범화한 칠성사에 포함되지는 않는다. 그러나 성사의 엄수가 다 충족할 수 없는 구원의 요구와 대중의 필요를 교회가 수용했다는 측면에서 면벌 시행과 이론적 정립은 대중 종교의 집단 심성 표현이라고 할 수 있다. 그러므로 면벌의 시행은 교회가 대중에게 부과한 일방적 은전이기보다는 수요와 공급이 지속적으로 이루어졌다는 점에서 쌍방향 관점으로 볼 수 있다. 면벌 수여의 시작은 교황이지만, 면벌부는 대중의 열망을 통해 확대 재생산되었다. 이러한 흐름을 신학적으로 정립하는 마지막 과정을 거쳐 면벌부는 라틴 그리스도교의 한 부분으로 수용된다.

정밀한 교리 체계로서 면벌부 신학은 탄생 시점이 명확하지 않다. 십자군 원정 전후로 교황과 고위 성직자들로부터 대중적으로 유포되던 것을 이후 스콜라 학자들이 사상적으로 정리하고 발전시킨 것이다. 학문적으로 면벌부가 논의될 즈음의 초점은 효력에 대한 의구심보다는 확산된 흐름을 어떻게 신학적으로 수용하고 추인할 것인가였다. 면벌부의 제도화 과정은 위로부터의 부과와 아래로부터의 요구가 접촉하여 형성된 중세 라틴 교회의 본질에 대해 새로운 통찰을 가져온다.

십자군 원정에 등장한 면벌부

일반적으로 중세 라틴 그리스도교에 면벌부가 등장한 것은 약 11세기 십자군 원정 때부터로 알려져 있다. 면벌의 개념은 초대교회의 참회 고행 전통에 기반한 것으로, 중세교회의 고해성사와 관련되어 발전하였다. 중세 가톨릭교회에 따르면, 한 사람이 고해성사를 할 경우 그가 범한 죄(culpa)는 신의 은총과 사제의 권한으로 사해진다. 그러나 죄가 만든 후유증은 남게 되는데, 이것을 참회자가 해결해야 할 잠벌(temporal punishment)이라 한다. 잠벌은 고해사제가 부과한 참회고행(보속, penance)을 수행해야 사라진다. 고해사제가 죄의 경중에 따라 명하는 금식, 기도문 암송, 성지 순례, 지정된 교회 순례, 자선행위 등을 통해 잠벌이 처리되고 경감된다. 일생 동안 다 해결하지 못하고 남은 잠벌은 그 분량만큼 연옥에서 정화하는 시간을 보내야 한다. 이렇듯 잠벌은 참회고행이라는 대가(pena)를 요구한다.

면벌은 고해사제가 부과한 참회고행을 행하지 않고도 교황이나 주교의 권한으로 잠벌을 경감시키는 것으로, 면벌부는 이를 증명하기 위해 발급한 증서이다. 그 용어상의 의미처럼 초기의 면벌부는 금전적 거래로 손쉽게 얻는 것이 아니었다. 이는 기록으로 남은 첫 면벌부 수혜자들이 십자군 전쟁에 참가하는 군인들이라는 것을 통해 알 수 있다. 초기 면벌부들은 참회고행에 버금가는 행위인 예루살렘 성지 순례나 십자군 원정 등 어렵고 위험한 종교적 행위에 동참할 때 발부되는 것이었다.

면벌부는 1095년 우르바누스 2세의 첫 번째 십자군 원정에 대한 클레르몽 교회회의 연설에서 처음 등장했다고 알려졌다. 그러나 그보다 한 세대 앞선 1063년 교황 알렉산데르 2세가 에스파냐의 무어인들을 축출하기 위해 십자군을 모집하면서 면벌부를 교부한 기록이 있다.

교황 알렉산데르는 십자군 지원자들로 하여금 먼저 자신들의 심각한 죄를 고백하도록 했다. 그리고 십자군에 참여하는 대가로 고해신부가 부과한 참회고행을 면제해 주었다. 교황은 그리스도교 공화국을 보호하기 위하여 생명의 위협과 육체의 부상을 무릅쓰는 이들에게 면벌부를 수여함으로써 금식과 기도, 자선행위를 대체하도록 하였다. 이와 유사한 종류의 면제 언급은 카롤링거나 오토 대제 당시에도 등장한다. 하지만 이전의 참회 규정과 구별되는 특징은 교황이 사도 베드로와 바울, 성인들과 순교자들의 권위에 호소하여 면벌을 시행했다는 것이다. 사도 베드로를 계승한 로마 교회 수장이라는 자의식으로 교황 스스로가 면벌부를 발급하였다는 사실은 향후 면벌부 개념 발전에 중요한 단초가 된다. 예루살렘 성지 회복을 위해 십자군을 일으킨 우르바누스 2세도 볼로냐 성직자들에게 쓴 서신에서 십자군에 참전하는 자들이 유효하고 적법한 고해성사만 하면, 그에 따르는 참회고행을 면제하였다.

분명 이러한 초기 면벌부들은 13세기에서 16세기 사이에 금전으로 매매되던 전형적 면벌부와 차이가 있다. 그래서 우르바누스 2세가 첫 번째 십자군을 요청하면서 선포했던 면벌부는, 죄의 용서와 죄에 부과된 형벌 사이에 분명한 구별이 없고 면벌부의 핵심인 '공로의 보고'라는 개념이 나타나지 않았다는 점에서 면벌부로 보기 어렵다는 주장도 제기된다.[13] 이러한 것은 위로부터 부과된 면벌부의 초기 성격을 명확히 보여주는 것이다. 십자군 원정에 동참하는 대가가 현세의 축복이나 보상이 아닌, 내세에 받을 처벌의 완화라는 점은 중세인들의 삶을 지배하던 생사관을 상징적으로 드러낸다.

면벌부의 이론과 실제 발전에서 흥미로운 내용이 12세기 초반 프랑스 서사시인 〈롤랑의 노래〉에 등장한다. 〈롤랑의 노래〉에서 샤를마뉴 대제의 후견인이자 대주교였던 튀르팽은 샤를마뉴의 군대와 사라센인들과의 전투 전에 그들의 죄를 사면(absolutiones)한다. 그리고 전쟁에서 죽는 자들은 '신성한 순교자들'이며, '가장 높은 천국에 앉게 될 것'이라고 선포한다. 이 내용은 면벌부의 초기 사상이 순교를 통해 가장 안전하게 천국에 갈 수 있는 통행권과 관련되었음을 보여 준다. 마찬가지로 십자군 원정에 여러 정치적·경제적 동기가 작동했지만, 대다수 참전자들에게는 보다 나은 내세를 위한 투자로서 종교적 욕구가 있었음을 배제할 수 없다.

초기 면벌부 배포에서 가장 분명한 증거는 십자군이지만 십자군 원정이 잦아든 이후에도 면벌부는 서유럽에 지속되었고, 금전 매매가 보편화되었다. 더불어 면벌부 발급 권한과 용도도 점차 세분화되었다. 교황은 모든 보속을 면제하는 완전 면벌부(전대사, plenary indulgences)와 부분적으로 면제하는 한정 면벌부(한대사, partial indulgences) 모두를 수여할 수 있었고, 주교들은 한정 면벌부 수여권만 있었다. 면벌부는 성지 예루살렘을 회복한다는 십자군뿐 아니라 이교도, 무슬림, 이단에게서 그리스도교 공화국을 지켜내는 자들까지 확대된다.

보나벤투라는 교회에 대한 보호는 '성지에 대한 방어'뿐 아니라 '[이단에 대항하여] 믿음을 수호하고, 학문을 장려하는 유사한 노력들을 포함'한다고 보았다. 그리하여 가난한 대학생들을 후원하는 후원자들에게도 면벌부는 수여되었다. 토마스 아퀴나스는 신의 영광과 공공의 선을 위한 모든 행위에까지 면벌부를 확대했다. 성당 건축 기부금을 내는 자들도 그 기부를 통해 건축된 성당에서 성도들을 통해 신의 영광이 드러나므로 면벌부를 수여하는 것이 정당하다고 보았다. 교회뿐 아니라 공공

건물, 도로 및 교량 보수에도 점차 면벌부가 교부되었다. 이는 도로와 다리 수리와 건설이 여행자들과 순례자들의 안전한 순례를 위한 구호 요 자선행위로 간주되었기 때문이다. 중세 말로 가면서 사실상 라틴 그리스도교에 유익이 된다고 여겨지는 모든 행위에 면벌부가 발급되었다.

면벌부를 공론화한 아벨라르두스

11세기 후반에 시작된 면벌부 수여 전통이 학문 영역에서 공론화되기 시작한 것은 약 한 세기가 지난 후부터이다.[14] 그리고 정밀한 신학 체계가 갖춰지기까지는 또다시 한 세기 정도가 소요되었다. 대중 사이에서 광범위하게 행해진 종교 행위들이 차후에 신학적 정제 과정을 거쳐 교회 전통에 편입되는 형태가 면벌부 교리화에도 적용된다. 면벌부 제도가 교황의 권위에서 시작되었지만 점차 대중들의 종교적 욕구와 맞물려 다양하게 표현되었기 때문에 12~13세기에 면벌부의 형태와 특징을 포괄하는 정의를 찾기는 어렵다.

면벌부 수여를 학자들 사이에서 처음으로 공론화한 이는 파리 대학의 교사 아벨라르두스로 알려져 있다. 면벌부에 대한 그의 언급은 교리적 측면보다는, 당대에 무분별하게 이루어지던 면벌부 수급을 비판하는 내용에 가깝다.[15] 면벌부가 라틴 그리스도교에 등장한 이후 약 반세기 동안 어떠한 변화가 야기되었는지 보여 주는 중요한 증언이라고 할 수 있다. 아벨라르두스는 면벌부를 발급하는 주교들을 '부끄러움도 느끼지 않으며, 탐욕으로 가득한 자들'이라고 비판한다. 당시 주교들이 그리스도와 베드로로부터 받았다는 권한으로 성당이나 교회 제단 건축에 기부를 받고 잠벌의 3분의 1 혹은 4분의 1을 면제하던 관행이 있음도 알려 준다. 아벨라르두스는 주교의 면벌부 수여권에 대단히 냉소적이다. 스스로 주장하듯 주교들이 잠벌을 면제할 권세가 있다면 왜 모든 죄인에게 충분한 면벌을 내리지 않고 인색한가 반문한다.[16] 아벨라르두스의 언급은 정밀한 학문적 논의 이전에 이미 면벌부가 관행적으로 수여되고 있었음과, 면벌부 발급에 대한 제한과 규칙이 마련되지 않았음을 보여 준다.

한 세대 후, 파리 대학 교사 푸아티에의 피에르(Peter of Poitiers, 1130?~1215)의 면벌부 언급은 더 구체적이다. 그는 면벌부 개념과 교회의 공로, 연옥을 연계해 비판한다. 한 사람의 공로가 연옥에 있는 다른 이를 구원할 만큼 충분하지 못하므로 교회의 공로는 죄가 요구하는 참회로부터 한 영혼도 풀어 줄 수 없으며, 경감시킬 수도 없다고 주장한다.[17] 더불어 그는 참회 고행에 상응하는 고난이 수반되지 않는 금전 지불 행위가 동일한 효력을 가질 수 있는지 의문을 제기한다. 이는 12세기에 이미 종교적 참회 행위가 재정 문제와 깊이 연결되었음을 보여 준다.

정당화되는 면벌부 개념

면벌부에 대한 본격적인 학문적 논의는 12세기 중반부터 페트루스 롬바르두스의 《명제집》과 그라티아누스의 《교령집》 등을 주석하면서 이루어졌다.[18] 학문의 장에서 공론화되었을 즈음 면벌부의 유용성과 유효성에 대한 합의는 기본적으로 이루어진 상태였다. 여기에 면벌부의 구체적 유익과 수여 조건이 세부적으로 덧붙여졌다. 우선 신학자와 교회법학자들 모두 참회자들의 참회고행을 대체할 수 있는 대체제의 필요성에 공감하고, 교회의 무한한 공로를 통해 이런 대체가 이루어질 수 있다는 가능성을 확인한다. 13세기 초엽 파리 대학 총장 크레모나의 프라에포시티누스(Praepositinus of Cremona, 1140~1210)는 면벌부가 '어떤 반대 토론도 허용되지 않는 교회의 보편적 전통'이라고 언명하기에 이른다. 따라서 면벌부에 대한 후속 논의는 교황과 주교들을 통해 이루어지던 관행들을 분석하고 해석하여, 학문적 용어로 뒷받침하는 이론화 작업이라고 할 수 있다. '연옥'이라는 명사를 처음 고안한 것으로 알려진 성가대장 피에르(Peter the Chanter, ?~1197)는 면벌부가 적법하게 수여될 수 있는 조건을 가장 명확하게 제시하였다. "그러므로 우리의 신체와 영혼에 베풀어지는 면벌부는 교회의 권위(auctoritas ecclesie), 성도의 교통(communio suffragiorum), 참회의 노력과 헌신(labor et devotio penitentis)이라는 세 가지 조건이 갖추어질 때 수여될 수 있다".[19]

스콜라 학자들은 면벌부가 효력을 지니려면 먼저 참회자가 고해성사를 통해 죄의 용서를 얻는 내적 회개가 선행되어야 함을 주문하고 있다. 참회하는 마음과 성사에서 부어지는 신의 은총이 면벌부를 받을 필요조건이 된다. 이것이 동반되지 않은 면벌부는 효력이 없다. 완벽한 죄에 대한 사면은 고해와 성사에서의 죄의 용서, 그 이후에 부과된 참회를 완성할 때 이루어진다. 고해와 면벌이 모두 필요하다. 왜냐하면 중한 죄는 각각 죄(culpa)와 죄가 야기하는 빚(pena)을 낳기 때문이다. 고해성사에서 관용의 신은 영원한 지옥의 형벌을 받아야 하는 죄는 면제해 주지만, 공의의 신은 죄가 낳은 문제에 배상을 요구한다. 이 배상은 참회 고행을 통해 이루어진다. 이때 참회 고행을 행하거나 면벌부를 구입하면 고해성사 이후에 남아 있는 형벌을 면제받는 것이다. 보나벤투라는 이러한 참회 행위는 죄의 부채를 취소하는 동시에 앞으로의 죄를 예방하는 예방약으로 규정하고 있다.[20]

중세의 참회규정서는 일반적으로 죄의 경중에 따라 1년, 3년 또는 7년을 금식하도록 참회 고행을 규정했다. 몇몇 중한 범죄들은 일생 동안의 참회로도 다 충족할 수 없다. 이때 교회가 그 회개하는 자녀들을 위해 연약함을 감당한다. "어떤 이가 부여된 참회를 완성하기가 불가능해 보이고, 연약함으로 이러한 짐에 굴복당할 것 같을 때, 교회의 중보(ecclesiastica suffragia)를 통해 회복할 수 있고, 모성의 젖을 먹고 다시 숨 쉬고 재생할 수 있다." 성가대장 피에르는 그리스도의 수난과 순교자의 고난을 통해 쌓인 교회의 잉여의 공로가 대도(代禱, communio suffragiorum)를 통해 자신의 공로로 보속을 다 감당할 수 없는 연약한 자들에게 대신 지불될 수 있다고 보았다.

신학자들은 여러 유비를 통해 성도의 교통이 타당함을 상술한다. 로브레 쿠르송(Robert de Courson, 1158?~1219)은 육체적·영적으로 속박된 자녀들을 해방시킬 수 있는 교회의 권세를 구약과 신약의 예들을 인용하여 설명한다. 다니엘의 기도가 옥살이하는 이스라엘 백성들을 해방시켰고(단 9:17-25), 모세의 탄원이 이스라엘을 신의 진노로부터 건져 내었다(출 32:7-14). 초대교회의 끊임없는 기도가 베드로를 헤롯의 악행으로부터 건져 내었고(행 12:5), 야고보는 서로의 구원을 위해서 기도하라고 권면했다(약 5:16). 쿠르송은 도둑들과 살인자들이 교회직을 채우고 지상의 교회가 부패로 오염된다 할지라도 교회의 믿음과 기도는 결코 실패하지 않는다고 주장한다.[21]

토마스 아퀴나스는 그리스도를 머리로 한 모든 그리스도인의 초자연적 결사체를 의미하는 '그리스도의 신비체'라는 개념을 통해 교회가 그자녀들에게 베푸는 면벌부의 유효성을 논증한다. 그는 이 신비체는 인간의 육체와 닮았다고 본다. 육체에서 볼 수 있는 것처럼 한 지체가 상처를 입었거나 상해에 노출되면, 다른 지체가 상처를 싸매고 상해를 막아선다. 만약 신비체와 인간의 육체와의 관계가 유사성이 있다고 본다면, 한 지체가 다른 지체의 부담을 함께 견뎌야 하고 또 견딜 수 있다는 것이다.[22] 건강한 오른팔이 상처 입은 왼팔을 싸매 주듯, 성인들과 순교자, 성모 마리아와 그리스도가 면벌부를 통해 죄를 고백하고 참회하는 자들의 잠벌을 갚아 주는 것은 자연스러운 귀결이라고 주장한다.

좀더 상업적이고 세속적 관점의 유비로 면벌부를 이해하려는 시도도 있다. 1230년경 파리의 주교 오베르뉴의 기욤(Guillaume d'Auvergne, 1190~1249)은 통치자들이 자신들의 군대에 지불하는 비용에 면벌부를 비유했다. 기욤은 이 유비를 확장시켜 왕이 국가의 다양한 의무에서 군인들을 면제시키듯 교회는 십자군에게 금식, 자선 혹은 다른 참회 고행에서 자유를 줄 수 있다고 주장했다. 국왕의 군대에 주어지는 돈이 어떤 형태로든 사라지는 반면, '[그리스도의] 군대들을 위한 비용은 가장 위대하고 고귀한 행위에 대한 영원한 보상(remuneratio)이 될 것'이라고 보았다.[23]

이러한 유비가 공식적으로 채택, 체계화된 것이 도미니크회와 프란체스코회 학자들이 정리한 '공로의 보고'(treasury of merits) 개념이다. 이는 대중의 일상에서 끌어온 유비들을 사용하여 그리스도교의 가르침을 설명하기 위해 고안된 개념이다.[24] 대개 두 스콜라 학자들이 이 개념의 주창자로 알려진다. 호스티엔시스(Hostiensis, 1200~1275)는 도미니크회 수사 생 세르의 위그(Hugh of St. Cher, 1195?~1263)가 처음으로 이 개념을 사용했다고 주장하나, 프란체스코회 수사 헤일스의 알렉산더(Alexander of Hales, 1183?~1245)를 창안자로 보는 견해도 있다. 이들은 면벌부를 교회의 마르지 않는 공로의 보고로부터 지불되는 '비용' 개념으로 묘사하고 있다. 보나벤투라는 '교회에 속한 영적인 보물들인 잉여의 공로가 지출되어 채무의 경감 혹은 면제가 이루어진다'고 가르쳤다.

교회법학자 호스티엔시스는 그리스도와 순교자들이 피 흘림을 통해 얻은 잉여의 공로가 교회의 보물창고에 보존되어 있고, 보물창고 열쇠를 교회가 소유하고 있어 필요할 때에 사용할 수 있다는 '공로의 보고' 원리를 상세히 기술하고 있다.[25]

1343년 1월 27일, 교황 클레멘스 6세가 교서 〈우니게니투스'(Unige-

nitus)에서 공로의 보고를 공식 인정하면서 면벌부 이론의 역사적 발전은 그 정점에 이른다. 1350년을 희년으로 지킬 것을 선포하는 이 교서에서, 교황은 희년과 면벌부에 대한 성서적 기초를 주장한다. 그는 매 50년마다 모든 부채가 탕감될 수 있다고 가르치는 모세의 관용을 담은 율법이 교회를 통해 확대될 수 있다고 본다. 교황은 베드로전서 1장 18-19절을 인용하여 그리스도가 양이나 염소의 피와 같은 구약의 희생이나 '부패할 은과 금으로서가 아닌', 흠 없는 어린양으로서 자신의 보혈을 통해 인간을 대속했음을 선언한다. 그리스도는 십자가 제단의 희생제물이 되어 보배로운 피를 모두 흘렸다. 이 보혈은 홍수처럼 흘러내려, 그리스도의 수난을 통해 지상의 교회는 마르지 않는 보물창고(*thesarum*)를 얻게 되었다. 그리스도와 성인들의 공로는 모든 시대, 모든 참회하는 죄인들에게 필요한 보속의 양을 능가하며, 아무리 자주, 아무리 큰 분량을 인출하더라도 그 창고는 절대 바닥을 드러내거나 파산하지 않는다는 것이다.

면벌부가 효력을 가지려면 참회자의 회개, 성도의 교통과 함께 적법한 발급 권위를 소유해야 한다. 면벌부를 수여하는 권위의 토대는 대부분 마태복음 16장 18절에 나오는 베드로의 위임에 둔다. 또한 요한복음 20장 23절 "너희가 누구의 죄든지 사하면 사하여질 것이요 누구의 죄든지 그대로 두면 그대로 있으리라"는 구절도 그리스도가 베드로에게 천국 열쇠를 맡겼기에 그의 계승자인 교황과 주교들은 면벌부를 수여할 완전한 권세를 지닌다는 주장의 근거로 인용된다. 그러나 처음부터 면벌부 발급의 권한을 사도 계승의 원리에 소구(訴求)하였던 것은 아니다. 면벌부 발부 초기에는 주교가 아닌 대수도원장들도 발급 권한을 가지고 있었다. 1163년 교황 알렉산데르 3세(1105~1181)는 비로소 면벌부 교부의 사도적 계승 교리를 정리하여 발표한다.

더불어 그는 주교의 면벌부 발부 권한을 자신의 교구 내로 제한시켰다.[26] 사도 계승의 적용은 1215년 제4차 라테란 공의회에서 대수도원장들의 면벌부 발부 권한을 중단함으로 정착된다.

면벌부 설교는 반드시 안수받은 사제가 할 필요가 없었다는 점이 특기할 만하다. 면벌 설교 행위는 사제들이 수행하는 성사가 아니었다. 또 비(非)사제도 주교의 위임을 받으면 면벌사(quaestores)로 주교가 발행한 면벌부를 판매할 수 있었다. 면벌사들은 자신들이 속한 교구 주교의 승인을 받고 교황 혹은 주교의 허가장을 소지해야 했는데, 주로 수사 면벌사들이 병원 및 교회 설립을 위한 재원 모금에 나서고 교회로부터 '충분한' 보수를 지불받는 것이 하나의 관행처럼 되었다.

13세기 중반 스콜라학자들은 면벌부를 발행하는 교회의 권한을 일련의 유비를 통해서 설명했는데 면벌부를 수여하는 교황의 권위를 주군의 재산을 나누어 주는 청지기의 권위에 비유했다.[27] 그뿐만 아니라 교회의 보물은 불완전한 교회의 자녀들을 양육하고 교육하기 위해 사용될 수 있음을 덧붙였다. 면벌부 배포는 한편으로 교회의 권위 실천이기도 하지만, 영적인 자녀들을 향한 교황과 주교들의 자비와 관심의 구현이기도 한 것이다.

망자를 위한 면벌부와 신학적 논쟁

클레멘스 6세의 공로의 보고 교리가 세워진 후 라틴 그리스도교의 면벌부 교부는 폭발적으로 성장했다. 과도한 면벌부 인플레이션의 직접적 책임은 교황에게 있었지만, 면벌 교리는 대중의 욕구를 정당화하는 쪽으로 발전했다. 교회의 권위자들이 면벌부 남용을 비판했으나, 실제로는 그들을 통해 합리화되기도 했다. 면벌부 성장이 그리스도교 신앙에 해악을 준다는 논쟁도 점차 늘어나게 되었다.

공로의 보고 사상 이후 중세 말 면벌부 오남용에 직접적 단초를 제공한 것은 망자들을 위한 면벌부 매매부터로 볼 수 있다. 초기의 면벌부는 오직 살아 있는 자들에게 부과된 형벌을 면제하는 데만 효력이 있었다. 망자들의 영혼을 위해 가족이나 친척이 면벌부를 구입해도 신학적으로 타당하다고 여겨진 것은 15세기에 들어서이다. 망자들을 위한 면벌부 진화는 민중 사이에 널리 퍼진 연옥 사상이 교리화된 것과 궤를 같이한다.[28] 이 문제는 민중 사이에 널리 퍼진 민간신앙, 이를 종교적 착취 수단으로 변질시킨 면벌수사의 행태, 재정적 요인들을 고려한 교회의 묵인 등이 맞물려서 이루어졌다. 면벌부가 대체적으로 수용되던 상황과 달리 망자들을 위한 면벌부는 가장 오랫동안 신학적 논쟁이 있었고 이론(異論)이 많이 제기되었다. 망자들을 위한 면벌부가 교회의 주교권에서부터 창안된 '위로부터 부과된' 사상이 아니라, 대중의 민간 신앙에서 회자되던 '아래로부터'의 신앙 행태가 교회 전통으로 수용된 것이 그 핵심 이유이다. 이미 1095년 제1차 십자군 원정 기록에 두 형제가 자신들의 영혼과 죽은 부모의 영혼을 위해 십자군 원정에 나선다는 기록이 있다.

1140년경에도 일생의 연인이었던 아벨라르두스의 죽음 이후 엘로이즈가 클루니 수도원장인 존자 베드로에게 아벨라르두스의 죄를 사후에나마 사해 주길 요청하는 편지가 있다. 여기에는 사후에도 망자들의 죄가 사면될 수 있다는 믿음이 드러나 있다. 13세기 중반 에티엔 드 부르봉(Etienne de Bourbon)의 기록에도 망자들을 위한 면벌부가 등장한다. 교황 사절로 알비파 십자군 원정에 동참한 파리의 부제 기욤이 참전을 주저하는 기사에게 40일 동안의 십자군 원정에 동참하면 그 기사와 죽은 가족에게까지 완전 면벌부를 약속하였다. 기사는 거기에 동의하였다. 그 후 죽은 부친이 꿈에 나타나 연옥에서 벗어나게 해준 것에 감사했다.[29]

망자들을 위한 면벌 사상에 교회가 일관된 흐름을 보인 것 같지는 않
다. 비엔 공의회(1311)에서 클레멘스 5세는 면벌부가 망자들에게까지
효력을 지닌다고 주장하는 면벌사들을 탄핵하는 교령을 반포한다. 반
면, 1343년 이탈리아의 한 도미니크회 출신 주교는 처음으로 망자들을
위한 면벌부를 발행한다. 그리고 한 세기 후인 1476년 교황 식스투스
4세는 면벌부의 효력을 죽은 영혼에게까지 공식적으로 확대하기에 이
른다. 신학적으로 불명확했음에도 망자들에게까지 효력이 확대된 것은
분명 대중의 요구와 시장의 힘이 작용했기 때문이다. 대중의 요구에 대
한 불가피한 추인의 성격이 짙다. 망자들을 위한 면벌부는 훨씬 구매력
이 높았다. 기성 면벌부가 구매자를 위한 사후 약속어음이었다면, 망자
들을 위한 면벌부는 그 효력이 과거까지 소급하여 미쳤다. 이는 분명 산
자의 양심의 고통을 덜 수 있었다.

망자를 위한 면벌부 논쟁의 핵심은 과연 교황이 망자에 대한 치리권
을 가지고 있느냐와 교회가 연옥에 있는 자들에게까지 공로의 보고를 나
누어 줄 수 있느냐는 점이다. 두 문제는 서로 연결되어 있다. 만약 공로
의 보고를 망자에게까지 양도할 수 있다면, 지상의 교회가 망자들에게
까지 치리권(iurisdictio)을 행사할 수 있는 것이다. 망자들을 위한 면벌
부의 옹호자들은 그 권리가 교회에 부여되었다고 보는 반면, 반대자들
은 부정한다. 여기에서 의견이 심각하게 분열된다. 망자들을 위한 면벌
부의 효력을 부정한 보나벤투라가 프란체스코회의 입장을 대변한다면,
도미니크회의 알베르투스 마그누스, 토마스 아퀴나스, 프라이부르크의
요한 등은 망자를 위한 면벌부를 수용한다.

보나벤투라는 망자들을 위한 면벌부가 성립하기 위해서는 첫째, 교회
의 공로의 보고로부터 연옥의 보속에 대한 면제가 이루어져야 하며, 둘
째, 망자를 위한 사법적 권한을 교회가 가져야 한다고 보았다. 보나벤

투라는 지상 교회의 관리자요 지배자인 교황이 죽은 영혼을 위한 대도(suffragia)를 드릴 수 있음은 수용하지만, 대도의 효력은 가능성을 의미하는 것이지 확실한 것은 아니라고 본다. 망자가 교회의 치리권하에 종속되지 않기 때문에 죽은 영혼을 위한 면벌부는 실제 벌의 사면이 아니라, 하나의 대도 행위로 이해해야 한다는 것이다.[30]

반면에 알베르투스 마그누스와 토마스 아퀴나스는 망자들을 위한 면벌부의 타당성을 수용한다. 연옥에 있는 영혼들은 친척이나 친구들이 구입하는 면벌부의 도움을 크게 받을 것이라고 본다. 연옥에 있는 자들은 여전히 구원의 과정에 있다. 따라서 교회는 그들에 대한 치리권을 행사할 수 있다는 것이다. 게다가 연옥에 들어간다는 것은 그들이 참회하면서 죽었다는 것으로 교회는 모든 참회하는 신실한 자들에게 면벌부를 확대할 수 있다. 알베르투스 마그누스는 면벌부가 산 자나 망자나 상관없이 영혼이라고 부르는 모든 자들에게 효력을 발휘한다고 하였다.

망자들을 위한 면벌부의 타당성 논쟁은 면벌부가 제기한 가장 격렬한 이론적 문제로 중세 말과 루터의 종교개혁기까지 이어졌다. 망자들을 위한 면벌부는 그 시작이 일반 대중과 면벌부 설교자들에게서 비롯되었기에 논란의 여지가 많았다. 심지어 망자를 위한 면벌부를 옹호한 알베르투스 마그누스조차 망자들을 위한 면벌부를 선포하는 교회의 어떤 기록도 실제로 본 적이 없다는 점을 실토하고 있다. 망자에 대한 면벌부는 남은 자들의 양심의 가책을 유발했다는 점에서, 대중의 신학적 무지를 호도할 수 있는 가능성이 많이 있었다. 실제로 망자들을 위한 면벌부의 유행은 많은 잘못된 관념을 낳았고, 학자들로 하여금 효력 있는 면벌부 조건의 연구 속도를 높이는 계기가 되었다.

물론 이러한 견해차를 지나치게 과장하는 것은 맞지 않다. 망자들을 위한 면벌부가 대도냐, 구체적인 치리권 행사냐를 떠나 어떤 학자도 면벌부가 연옥에 있는 자들에게 유익을 준다는 사실은 부정하지 않았다. 인노켄티우스 4세는 이 문제에 교황의 권한이 결정적이라고 믿는다. "만약 어떤 이가 교회 건축에 기여를 했거나, 주교에 의해 선택된 지역으로 망자를 대신해 순례를 간다면, 그가 다른 것을 한 것보다 더욱 망자에게 유효하게 된다. 만약 교황이 이것을 인정한다면, 망자에게도 유효하다는 것을 부정할 수 없다." 토마스 아퀴나스도 망자에 대한 면벌부의 효과는 산 자와 마찬가지라고 본다. 망자들을 위한 면벌부에 대해 소소하게 불일치는 있었고 결코 완전히 합의되지는 않았다. 1517년 아우구스티누스회 수사 마르틴 루터가 97개 논제를 통해 망자들을 위한 면벌부의 효력에 문제를 제기했을 때, 교황 레오 10세는 처음에는 면벌부를 둘러싼 도미니크회와 아우구스티누스회 간의 오래된 신학적 갈등의 재현으로 생각했다.

살아 있는 사람이 이미 세상을 떠난 망자의 영혼을 도울 수 있다는 믿음은 엄청난 변화를 가져왔다. 13세기 이후 유럽에는 죽은 가족이나 친족의 영혼을 위해 기도하는 챈트리(chantry)가 생겼다. 대부분 부유한 후견인이 자신이나 죽은 가족을 위해 정기적으로 기도하는 사제에게 급여를 지불하고 고용하여 운영하는 처소였다. 잉글랜드 종교개혁으로 해산되기 전까지 잉글랜드 전체에 3천 개에 달하는 챈트리가 있었다.

동·서방 교회 분열 이후 꾸준히 화해와 일치의 시도가 있었지만, 결국 1437년 피렌체 공의회에서 연옥 교리가 확정되면서 동방 교회는 이 교리를 받아들이지 못해 화해의 시도가 무산되었다. 또한 왈도파나 롤라드파 같은 이단 운동들은 연옥의 존재를 인정하지 않았고 면벌부에 대해 강하게 비판했다.

면벌부의 사회적 기능

중세인들에게 죽음과 심판의 문제는 실제적인 고민거리였다. 교회가 구원의 길로 제시한 성사의 준수 외에도 대중은 좀더 안전하고 완전한 내세로의 여행을 위해 자구책을 마련했다. 종교개혁 전야에는 실재하는 두 적들, 외부적으로는 유럽을 둘러싸고 압박해 오는 오스만 튀르크의 거친 위협과 내부적으로는 산발적으로 발생하는 흑사병 등으로 인한 심리적 공황에 대중은 노출되어 있었다. 대중은 어느 시기보다 성물 수집과 숭배 등 미신적인 신앙행위에 몰두하였다.

단선적으로 보자면, 당시 면벌부의 대규모 판매도 선업(善業)을 쌓아 신의 진노의 날을 면하고자 하는 대중의 두려움과 이를 활용한 교회의 이해관계가 낳은 산물이다. 보화를 하늘에 쌓아 두는 가장 구제석이고도 안전한 자선 행위가 바로 면벌부 구입이었다.[31] 면벌부는 연옥에서의 고통의 시간을 획기적으로 경감시키려고 현세에서 투자할 수 있는 가장 배당률 높은 펀드와 같았다. 끊임없이 쇄도하는 면벌부 구입 요구와 면벌사들의 미심쩍은 행동은 교회 입장에서는 골칫거리였다. 흔히 면벌수사들은 자신에게 배당된 한도 이상의 면벌부를 팔았다. 주로 면벌부 판매자들에게 비판이 쏟아졌지만, 구입하려는 사람들의 종교적 욕구를 떼어 놓고 생각할 수는 없다. 대중은 대부분 면벌부 구입에 필사적이었던 것 같다. 다만 문제는 면벌부가 실질적으로 사후에 어떻게 작동하는지 알 길이 없다는 점이다.

그러나 이런 현상 뒤에 숨은 본질적인 내용을 지적해 보자. 왜 중세에 면벌부가 그토록 활성화되었는가? 이 질문에 중세교회가 제시하는 구원관의 본질적 한계를 지적할 수밖에 없다. 흔히 구약성서의 전도서 9장 1절은 중세 말 종교성의 전형을 나타내는 구절로 인용된다.[32] "이 모든 것을 내가 마음에 두고 이 모든 것을 살펴본즉 의인들이나 지혜자들이나 그들의 행위나 모두 다 신의 손안에 있으니 사랑을 받을는지 미움을 받을는지 사람이 알지 못하는 것은 모두 그들의 미래의 일들임이니라." 구원의 보증에 대한 의문은 중세 말 가장 중요한 목회 문제의 하나였다.[33] 그러므로 어떤 이가 신의 은총을 덧입을 수 있는 상태인지 아닌지 더 나은 지표를 얻는 것은 교리문답서뿐 아니라 목회지침서에서도 중요하였다. 교회는 천국을 향한 여정에서 '성사'와 '전통'이라는 권위 있는 안내자들을 곳곳에 배치하여 도움을 주고자 했다. 이러한 측면에서 중세 가톨릭은 본질적으로 구원의 가능성을 높여 가는 '확률의 종교'였다. 종교개혁의 반발은 성사와 전통을 중심으로 하는 이런 중세교회의 심성 흐름에 반기를 든 것이다.

면벌부도 중세의 이런 종교적 심성을 가장 잘 반영하는 제도로서 생겨나고 확장된 것이다. 고위 성직자들과 학자들은 이런 대중들의 심성을 반영하여 계속해서 교리의 진화를 가져왔다. 이 맥락에서 면벌부의 유행은 종교개혁을 촉발한 중세 말 교회 내 문제로만 볼 수 없는, 일련의 종교운동으로 이해하는 것이 타당하다. 면벌부는 중세인들의 깊은 종교적 불안을 매개로 자라난 중세 종교의 전형이라 할 수 있다. 비록 루터의 면벌부 반박은 당대 교회의 오용과 타락에 대한 반발에서 출발한 것이지만, 그는 원치 않게 중세 신학의 불안한 고리를 끊은 셈이 되었다.

그러나 4백 년 이상 유지된 제도라면 그 효용과 가치도 주목해야 한다. 중세 가톨릭교회를 바라볼 때, 구원을 담보한 그리스도의 몸으로서의 종교적 특성을 지닌 교회와 실질적인 자선과 교육 등 사회적 기관으로서의 교회를 분리해 볼 필요가 있다.

면벌부를 바라볼 때 놓치기 쉬운 부분이 면벌부가 가진 사회적·경제적 기능이다. 면벌부는 오늘날로 말하면, 자선 사업과 교육 사업의 국채 발행 기능을 포괄한다. 경제적 측면에서 면벌부 판매 대금은 종교 시설이나 구빈 시설 건축뿐 아니라, 학교 설립에까지 사용되었다. 이 점을 본다면 면벌부의 사회적·경제적 영향력을 과소평가할 수 없다.

15세기 잉글랜드는 교황과 관계가 틀어지면서 교황의 대학 지원이 급감한다. 이 후원 위기를 극복하기 위해 잉글랜드의 왕, 고위성직자, 귀족들이 칼리지 설립을 후원하는 운동을 펼친다. 기부를 통해 칼리지를 설립한 왕, 주교, 귀족들은 설립자와 후원자를 위해 기도하는 제단으로서 챈트리 역할을 칼리지에 부과했다. 이 당시 설립된 칼리지는 대부분 정관에서 설립자와 그가 지정한 영혼들을 위해 정기적으로 기도하는 연도(煉禱)의 의무를 두었다. 이러한 자선과 기부는 연옥에 대한 신앙과 면벌부가 어떻게 당대에 작동하였는지 보여 준다.

지금껏 면벌부는 연옥의 형벌을 제하는 영적 사면 기능으로서 교회와 신학자들 사이에서 정당성을 둘러싼 논의로 인식되었고, 그 오남용에 대한 비판이 주를 이루었다. 하지만 면벌부를 둘러싼 다른 형태의 실천적 항목인 사회적 자선, 구호 및 교육 인프라 구축에 활용된 적극적 형태 역시 존재한다. 면벌부를 둘러싼 신학적 논쟁과 별개로, 그 실천적 운용이 복지와 기반 확충에 전용되었다면 다소간 비판을 비껴갈 수 있다. 제도교회가 면벌부의 오남용을 통제할 수 있는 수준이었을 때 면벌부의 사회적·공적 기능을 폄하할 수는 없다.

물론 이것이 중세 말에 만연한 미신적 대중 신앙 행태를 정당화하지는 않는다. 사람들이 그렇게라도 붙들고자 했던 희망은 헛된 맹목이었기 때문이다. 13세기 제4차 라테란 공의회를 통해 형성된 가톨릭교회의 여러 제도들은 유럽 가톨릭교회의 독자적 종교성을 창조해 냈지만, 대중의 광범위한 미신적 신앙을 조장하는 부작용까지는 막지 못했다. 연옥 신앙, 미신적 성물이나 성인 숭배 등이 대중 사이에서 걷잡을 수 없이 확산되면서 면벌부는 가톨릭교회 타락의 상징으로 지금껏 인식된 것이다. 그러므로 넓게 보자면 16세기 프로테스탄트 종교개혁이 비판했던 가톨릭교회의 과도한 미신적 신앙의 원인은 13세기부터 찾을 수 있다.

면벌부는 중세인들의 두려움과 종교적 욕망을 매개로 태어나고 자랐다. 그 두려움과 욕망을 제도 교회의 권위, 성인과의 교통, 그리스도인의 참회와 헌신이라는 기제를 통해 정당화했다. 그 결과, 중세인들은 제도 종교가 약속하는 손쉬운 구원의 방식을 좇아 분별없는 종교적 욕망을 표현했다. 어쩌면 이것은 과거, 거기, 그들만의 문제는 아닐 듯싶다. 만약 이 손쉬운 성취의 약속이 그리스도인의 삶을 이끄는 힘이 될 때, 면벌부의 필요충분조건은 다 갖춘 셈이기 때문이다.34

11

교권 강화의 반작용

—

대중 이단과 탁발수도회

알비파 대학살 장면

(영국 국립 도서관 소장)

무자비한 살육에도 불구하고 카타리파(알비파)는 살아남았다. 알비 십자군은 목적을 완벽히 달성하지 못했다. 가톨릭교회는 남은 카타리파 문제를 다른 방식으로 처리하였다. 수도사들을 보내 설교와 가르침으로 되돌리고자 했다. 그러고도 돌이키지 않을 경우 종교재판을 통해 처벌했다. 교황은 자신의 대리인을 지명하여 이단자들을 조사하고 처벌할 수 있도록 권한을 위임하였다. 281쪽

제도권 밖 종교 운동

중세 유럽사에서 12~13세기는 가톨릭교회의 영향력이 정점을 향한 시기이자 교회의 본질과 성직자의 역할에 대해 문제의식이 분출된 시기이기도 하다. 교회 혹은 성직자 개혁 요구에 대해 교황청은 제4차 라테란 공의회에서 살펴본 대로 성직주의 강화를 통한 하향식 개혁으로 대응하였다. 사제들의 윤리적·지적 혁신을 통한 사목 개혁은 대중을 제도 교회 안에 담아내고자 하는 시도였다. 강력한 하향식 개혁 시도는 그만큼 당대 교회를 향한 다양한 비판과 문제제기가 있었기 때문인데, 결국 하향식 개혁은 교권 강화로 귀결되었다. 교황이 주도하는 가톨릭교회 내의 개혁에 대한 움직임과 더불어 제도권 밖에서 다양한 종교 운동들이 장기 12세기 동안 일어났다.

그중에서 제도 교회가 수용하지 못한 흐름은 이단으로 판정받아 박해의 대상이 되었고, 가톨릭교회가 받아들인 운동들은 기성 교회에 자극을 주며 새로운 종교성을 형성해 갔다. 12~13세기의 비제도권을 중심으로 확산된 종교 운동은 대학 내 스콜라 운동과 구별되는 대중 종교 운동이었다. 대부분의 종교 운동은 교회 밖 개혁 운동이었다. 이 운동이 교회 내에 수용되었을 때에는 교황이 인정하는 수도회가 되어 가톨릭 역사 안에 자리 잡게 되었지만, 수용되지 않았을 때에는 이단으로 분리되어 탄압 대상이 되었다. 그래서 이 시기를 '반성직주의의 시대'로 부른다.[1]

12~13세기 새로운 종교 운동으로 카타리파와 발도파로 대표되는 이단 운동과 프란체스코회와 도미니크회로 대표되는 탁발수도회 운동을

들 수 있다. 카타리파는 성스러운 것, 속된 것의 극단적인 이원론을 펼치고 독자적 교회 체계를 만들어 간 대표적인 이단 운동이다. 이는 교리적·이론적으로 가톨릭신학의 경계를 넘어섰다.[2] 반면 발도파는 성서 안에서 그려진 그리스도와 사도들의 삶의 모습을 회복하고자 하는 실천적 운동이었다.[3] 교리와 설교를 통해 이단을 제거하고자 했던 도미니크회와 사도적 삶을 제도 교회 경계 내에서 실행하고자 했던 프란체스코회가 이 두 운동의 대척점에 섰다.

이들 모두는 속인들을 위한 대중 운동이라는 공통점이 있다. 이 운동들은 초기부터 반성직주의 성격을 띠었다. 이단 운동들은 성직 체계에 대한 반발로 독자적인 교회를 형성하는 데까지 나아갔다. 그래서 12세기를 대중 이단(popular heresy)이 출현한 시기로 본다. 반면 탁발수도회 운동은 세속으로부터 고립되어 존재하던 기존 수도회 전통을 넘어 대중 속으로 파고 들어간 급진적 형태의 새로운 수도회를 만들었다. 기존의 성직자 계급이 전유하던 설교나 고해성사 등 재속 성직자의 사목 역할을 수행하고자 함으로써, 기존의 성직체계와 갈등과 충돌을 야기했다. 종교는 사제를 위해 존재하는 것이 아니라 대중을 위한 것이라는 당연하지만 새삼스러운 인식이 고도로 교권화된 성직 체계를 흔들었다. 더 나아가 이단 운동들은 교황이 보유한 세속의 권세는 사도 베드로가 아니라 콘스탄티누스 황제에게서 나왔다고 주장했다. 이 두 운동은 과도한 성직자 중심주의와 지나치게 비대해지고 세력화된 교회를 비판하고, 사도적 삶(vita apostolica)과 사도적 청빈으로 돌아가자는 것이었다.

정통 확립과 대중 이단

초대교회는 정통이 완전히 성립되기 이전에 존재한 반면, 중세교회는 이른바 정통이 확립된 이후 생긴 것이다. 중세 유럽에서는

12세기 이후부터 이단 운동이 등장했다. 중세 이단에 대해 가장 보편적으로 인용하는 정의는 13세기 옥스퍼드 대학 총장을 지낸 로버트 그로스테스트의 정의이다. 그는 성서와 교회의 가르침에 반하는 인간의 이해에 기초해서 생각하고, 공공연히 주장하며, 철회하지 않고 완고하게 고집하고 방어하는 것을 이단이라 했다.[4]

이 정의가 정당화되려면 가톨릭교회가 정통을 충실하게 따른다는 전제가 필요하다. 만약 가톨릭교회가 정통을 충분히 따르지 않고 변질되어 있었다면, 가톨릭교회가 정의하는 이단이 오히려 정통에 가까운 주장을 할 수 있다는 역설이 생긴다. 그렇기 때문에 중세 때 이단으로 명명되었을지라도 교권화·정치화·세속화된 이 가톨릭교회의 오류에 대한 반작용으로써 성서의 가르침으로 되돌아가고자 하는 개혁 흐름으로 볼 여지도 충분하다. 가톨릭의 관점에서는 이단의 역사이지만, 프로테스탄트 종교개혁의 전통에서는 종교개혁의 선구자로 볼 양면성이 존재한다.

먼저 이단 출현의 배경을 살펴보자. 12~13세기 교황권이 극성기로 들어가면서 성직자와 평신도의 권한, 능력 등에 차별이 확대되었고, 제도 교회가 성직자들을 통하여 개인의 사생활, 개인의 삶을 통제하는 흐름도 강화되었다. 성직자의 지나친 권위 신장은 성직 타락과 연결되고 속인들 사이에서는 성직주의에 반대하는 반성직주의 흐름이 형성된다. 반성직주의는 13세기부터 종교개혁기까지 이어졌다. 제도화된 교회의 가르침보다는 스스로 해석해서 참된 그리스도교와 성서의 가르침을 따른다고 주장하는 무리들이 중세교회에 생겼다. 점차로 기성 교회에 문제를 제기하고, 더 나아가서 기성 교회로부터 벗어나는 운동이 출현했다. 제4차 라테란 공의회에서 종교재판소 설치를 결정한 배경에는 카타리파 운동 진압이 있었다.

제4차 라테란 공의회에서 화체설과 고해성사 등을 교리로 확정하면서 성직자의 권위가 크게 확대되었다. 하지만 화려한 성직자의 의복과 생활양식, 하늘 높이 솟아오른 고딕 건축물 등이 바람직한 성직자와 교회의 모습인가 물음표가 제기되었다. 이는 성직 계층과 속인 대중 사이의 갈등 요인이 되었고, 이 상황에서 대중 이단이라는 새로운 종교 현상이 생겨났다.[5] 13세기에 등장한 이단 운동은 이미 공고하게 제도화된 가톨릭교회에 대한 신뢰를 거두었다. 그들은 그리스도교의 삶의 본질은 그리스도의 삶을 따르는 것이라고 생각했다. 그리스도는 공적인 삶을 살던 기간 내내 거처 없이 순회하는 나그네로 살았으며, 사도들에게도 여벌의 옷이나 돈주머니를 가지지 않는 청빈의 삶을 가르쳤다. 더욱 단순한 종교적인 삶에 대한 동경이 이단 운동의 동기였다. 제도 종교의 영향력 과잉 반성에서 출발하여 그리스도와 사도들이 보여 주었던 청빈의 삶 추구는 동시대 대중들에게 깊은 감동을 주었고, 새로운 신앙의 길로 제시되었다.[6]

12세기와 13세기 이단 운동으로 등장한 세력들은 성격상 가톨릭교회의 전통에서 벗어나 정통성을 인정받지 못했다. 이단 운동의 지도자들이나 추종자들은 주교나 학자가 아니라 주로 하급 사제들이었으며 대중이 지지한 실천적 대중 운동이었다. 교리 차원에서 시작한 운동은 아니었으나 연옥, 면벌부, 고해성사 등 13세기 가톨릭교회가 도입한 여러 가지 제도를 부정하였다는 점에서 불가피하게 교리적으로도 제도 교회와 멀어질 수밖에 없었다. 초대교회의 이단 운동들이 주로 교리적인 차이에서 비롯된 것이었다면 중세에는 가톨릭교회에 대한 윤리적·실천적인 반발이 결국 교리적인 차이까지 이어진 것이다. 이단 운동은 프랑스와 이탈리아에서 독자적인 세력을 확산했다.[7]

종교적 완전성을 지향한 카타리파

12세기 중엽 시작되어 프랑스, 이탈리아 등에서 발전하면서 서유럽 여러 지역으로 퍼져 나간 카타리파는 그 규모나 조직 면에서 중세의 가장 큰 이단이다. 14세기 초반까지 활동한 흔적이 남아 있으나, 1280년대 이후에는 더 이상 교회에 위협이 되지 않았다. 이들은 프랑스 알비 지역에서 큰 세력을 얻어 '알비파'라고도 부르는데, '카타리'는 '순결', '청결'을 의미하는 단어에서 유래했다. 그들은 선한 영과 악한 물질로 세상을 바라보는 이원론을 주장했다. 세상을 지배하는 것은 악한 물질이며, 이 세상은 빛과 어둠이 싸우는 공간이다. 카타리파 신도들은 세상의 어둠 속에서 청빈과 정절을 통해 빛을 비추는 삶을 강조한다. 극단적인 금욕을 실천했고 육식을 거부했으며 결혼을 포함한 육체적 관계를 부정했다.

그러나 카타리파의 등장과 확산 이면에는 가톨릭교회와 사제들의 관행, 성직주의에 대한 반발심이 있었다. 카타리파는 세속적 부와 권력 등을 거머쥔 가톨릭교회에 비해 모든 현세적 소유와 쾌락을 포기하고 종교적 완전성을 지향하는 것이 진정한 신자의 모습이라고 주장했다. 그들은 가톨릭교회가 사탄의 지배를 받는다고 인식했다. 가톨릭교회의 조직화와 성직중심주의가 고도화될수록 신앙적 순수성과 완벽을 추구한다는 카타리파의 호소는 설득력이 있었다. 선한 신과 악한 세상에 대한 극단적인 이원론, 단순하고 엄격하고 순결한 삶에 대한 지고한 동경, 이 두 가지가 카타리파 운동이 대중에게 호응을 얻는 방식이었다. 이 단순명료한 가르침은 프랑스의 랑그독, 툴루즈, 독일의 쾰른, 본, 마인츠 등으로 확산되었고, 여러 지역에 거점이 마련되었다.[8]

카타리파의 큰 의의 중 하나는 12세기에 이미 가톨릭교회를 벗어난 독자적 교회 체계를 갖추었다는 점이다. 프랑스에 교두보를 마련한 이래 프랑스의 지역 영주들과 귀족들이 합세하고 후원할 정도로 이들은 지역 세력을 크게 확장했다. 다른 여타의 중세 이단이 가톨릭 교황청으로부터 허가를 받지 못해 이단 운동이 된 반면, 카타리파는 가톨릭교회에 대립하는 교회를 설립할 정도였다. 그들은 프랑스 랑그독, 알비, 툴루즈 등에 독자 교구를 마련하는 등 체계를 갖추었다. 교황을 정점으로 하는 가톨릭 체계와 달리 지역 공동체 중심의 분권화된 조직이었다.

카타리파의 구성원들은 퍼펙티(*Perfecti*)와 신자(*Credentes*)로 나뉘어 있었다.[9] 퍼펙티는 가톨릭의 사제나 수도사와 비교할 수 있다. 엄격한 수련을 통해 악한 힘에서 해방되어 종교적 완전함에 도달한, 대중을 지도할 자격을 갖춘 자들이다. 이들은 금식과 금욕을 실천했고, 육식을 하지 않았으며 지도자로서 설교하고 가르치는 사목 활동을 맡았다. 카타리파에는 가톨릭의 칠성사와 달리 콘솔라멘툼(*Consolamentum*)이라는 단 하나의 의식만이 있었는데, 이것은 사람의 영혼을 사탄의 지배에서 해방시켜 악에서 구원하는 의식이었다. 퍼펙티가 주관하는 이 의식을 통해 신자들은 육체와 물질세계의 지배를 받는 자신의 죄를 씻고, 더 높은 수준의 종교적 완전성을 향해 나아간다고 믿었다.[10]

세속적이고 물질적인 가치와의 결별, 종교적 완전성을 추구하는 삶은 수도회의 이상과 크게 달라 보이지 않는다. 그러나 수도회는 육체적 금욕과 현세 부정이 구원과 완전을 향한 길이라고 가르치지 않았다. 카타리파의 극단적 지향은 점차 정통과 이단이라는 분류로 포괄하기 어려운 길로 내달았다. 이들은 교황이 무시할 수 없을 정도로 가톨릭 세계의 통일에 위협적 존재로 인식되었다.[11]

교황이 처음 취한 정책은 물리적 탄압이었다. 1209년 교황 인노켄티우스 3세는 남부 프랑스 알비 지역의 카타리파를 제거하려고 십자군을 모집했다.[12] 이 십자군을 알비 십자군이라고 한다. 예루살렘 성지회복을 위해 소집된 이래 이슬람에 대항한 무장 운동이었던 십자군이 유럽 내 유럽인을 처단하기 위해 소집된 것이다. 20년 동안 지속된 알비 십자군은 남부 프랑스 지역인 툴루즈, 랑그독에 파견되어 무자비한 살육을 자행했다. 교구 사제가 마을 사람들 중에 카타리파뿐 아니라 가톨릭교도들도 있다고 하자 "모두 죽여라. 그리스도가 누가 그리스도의 어린 양인지 가려낼 것"이라고 했다 한다.[13]

예루살렘 십자군이 회차를 거듭할수록 순수한 종교적 목적을 넘어서 참가자들의 영토 획득과 사회적 신분 상승이라는 잘못된 목적으로 얼룩졌듯, 20년간 지속된 알비파 십자군도 정치적 목적에 휘둘리게 되었다. 프랑스의 필리프 2세는 프랑스 남부까지 왕권 확장을 목적으로 알비 십자군을 활용했다. 알비 십자군이 끝날 무렵 프랑스 왕은 프랑스 남부 지방을 대부분 지배하게 되었다. 프랑스 왕의 영향력이 확대되면서 교황권이 약화되어 프랑스 왕과 교황의 세력 갈등 속에서 세속 권력이 교회 권력을 넘어서는 한 계기가 되었다.

무자비한 살육에도 불구하고 카타리파는 살아남았다. 알비 십자군은 목적을 완벽히 달성하지 못했다. 그러자 가톨릭교회는 남은 카타리파 문제를 다른 방식으로 처리하였다. 수도사들을 보내 설교와 가르침으로 되돌리고자 하다가 돌이키지 않을 경우 종교재판을 통해 처벌했다. 교황은 자신의 대리인을 지명하여 이단자들을 조사하고 처벌할 수 있도록 권한을 위임하였다. 주로 도미니크회 출신의 수사들로 구성된 이 종교재판관들은 상당한 권한이 있었다. 종교재판관이 카타리파가 남아 있다는 혐의를 받는 마을에 들어가 교구민 전체를 소집하고 이단 척결에 협조해 달라고 설교하고 자진 신고 기간을 두어 자수를 권유한다. 자수할 경우 처벌이 관대해졌다. 다음 절차는 교구민들 개개인에 대한 심문으로, 카타리파를 만난 적이 있는지, 그들의 설교를 듣거나 회합에 참여한 적이 있는지, 물질적으로 지원한 적이 있는지 등등을 파악한다. 이런 과정을 통해 혐의가 발견되면 처벌이 뒤따랐다. 종교재판관들은 집요하게 이단자를 찾아 처벌하였다. 14세기 무렵 카타리파는 피레네 산맥의 몽타이유 지방에서만 그 잔재를 찾을 수 있을 정도로 세력을 잃었다.[14]

사도적 삶을 추구한 발도파

카타리파가 가톨릭교회에서 나와 자체적인 교회 조직을 구성하고 교리에서도 극단적인 이원론을 주장한 반면, '발도파'의 경우는 실천적 가치를 더욱 강조한다. 발도파는 프랑스 리옹 지역에서 시작되어 프랑스 전역과 이탈리아 각지로 흩어진 운동이다. 특히 프로테스탄트 종교개혁과도 연결된다는 점에서 가톨릭교회의 이단 시비와 무관하게 들여다볼 여지가 많다.

발도파의 창시자는 리옹의 부유한 상인 발도(Petrus Valdes, 1140?~1218)이다. 부유한 상인이었던 그는 성인 알렉시우스의 전기를 통해 감화를 받고 가난하게 살기로 결심한다. 1173년 발도는 자신이 지금껏 지켜 온 가정과 사업과 부를 버리고 진정한 그리스도의 가르침을 실천하는 길을 택했다. 그는 사람들에게 그리스도와 초기 사도들의 삶의 방식을 회복할 것을 설교를 통해 호소했다.[15] 그리고 오직 사람들의 후원에만 의존하여 살아갔다. 발도의 금욕적 삶과 검소함과 단순함을 권면하는 설교를 통해 많은 추종자들이 생겨났다. 그의 추종자들은 '리옹의 빈자들'(Poor men of Lyon)로 불린다.

성서를 보면, 예수께서 사도들을 전도여행 보낼 때 아무것도 소유하지 말고 두 명씩 짝지어 마을로 들어가 설교하되 사람들에게 환영을 받으면 그곳에 머물고 그렇지 않을 경우 그 마을을 떠나도록 했다. 완전한 무소유를 실천하며 전적인 신뢰를 기반으로 살아가도록 훈련한 것이다.

이를 계승한 운동이 12세기와 13세기 유럽 그리스도교에 일대 새 바람을 일으킨 '사도적 청빈'이다. 당대 교회의 부와 권력에 대한 추구, 성직자의 타락에 대한 원천적이고 급진적인 대응으로, 이 사도적 청빈은 탁발수도회인 프란체스코회를 통해서도 확산되었다.[16]

발도 자신도 그랬지만 추종자들 역시 사제가 아닌 속인 계급이었다. 가톨릭교회는 주교의 승인을 받지 않은 속인의 설교권을 인정하지 않았다. 발도와 그 추종자들은 자신들의 가르침이 성서에 기반을 두고 있다고 주장하며 제도 교회의 인정은 필요하지 않다고 보았다.[17]

한편, 그들은 1179년 로마에 있던 교황 알렉산데르 3세를 방문했다. 교황이 발도파를 수도회로 공식 인정하면 가톨릭에 편입되기 때문이다. 교황은 발도파가 추구하는 종교와 삶의 가치는 인정하지만, 주교의 허락 없이 설교하는 것은 가톨릭 질서를 어지럽히는 행위로 보아 설교를 금지한다. 제3차 라테란 공의회(1179)에서는 주교의 승인을 받을 경우에만 발도파가 설교할 수 있도록 허용했다. 그러나 1183년 리옹의 주교는 발도파의 설교를 허용하지 않았다. 갈등은 심해졌다. 발도파는 계속 설교했고, 대주교는 발도파를 그 지역에서 추방하고 파문했다. 1184년 리옹의 주교는 발도파를 이단으로 공식 선포했다. 리옹에서 더 이상 활동하기 어려워진 발도파는 이탈리아 지역으로 옮겨 갔고, 롬바르디아 지역에 정착하여 설교하며 세력을 확장했다. 일부 지역에서는 발도파들이 설교뿐 아니라 미사를 집전하기도 했다.[18]

가톨릭교회는 발도파가 대중에게 미치는 영향력을 인정했기 때문에 발도파를 정통 교회로 끌어들이려고 노력했다. 그래서 가톨릭 내부에 머물며 운동을 하고자 하는 무리들에 대해 교황 인노켄티우스 3세는 '가톨릭 빈자들'(Poor Catholics)이라는 이름을 내린다. 그들은 '후밀리아티'(Humiliati)로 불리기도 했다. 이들은 리옹의 빈자들과 흡사하게 살면서도 교황을 정점으로 하는 가톨릭 위계 내에서 활동했다. 교회는 이들을 이용해 이단으로 탄핵받은 발도파를 와해시키려고 시도했다.[19]

발도파의 교리 자체는 가톨릭교회와 큰 차이가 없었다. 전부는 아니지만 화체설과 죽은 자를 위한 기도를 수용하고, 유아세례 등도 인정했다. 하지만 모든 것을 버리고 비우는 삶을 설교하고 살아간 것은 제도 교회를 불편하게 했다. 그들이 가톨릭교회로부터 이단으로 파문당한 이유는 가톨릭교회의 허락을 받지 않고 속인들이 계속 설교했기 때문이다. 성직자의 통제 거부는 교회의 권위에 대한 무시로 받아들여졌다. 가톨릭에서 인정받지 못한 발도파는 은밀하게 이 마을 저 마을 순회하면서 작은 공동체를 결성하고 발전시킨다. 이들은 가톨릭교회와 결별하고 독자 교회를 형성하며 반가톨릭화되어 간다. 프랑스의 발도파들은 산발적으로 가해지는 박해를 겪었고, 이탈리아에서는 16세기까지 소수가 피에드몽 계곡에 남아 있었다.

발도파 신학의 핵심은 성서의 가르침을 교황이나 교회의 결정보다 우위에 두었다는 것이다. 그들은 교회의 금지 조치에도 불구하고 속인의 설교권을 주장하고 실천했다. 자국어로 된 성서를 읽고 그 가르침을 권위의 원천으로 삼는 성서중심주의의 뿌리를 그들에게서 찾을 수 있다. 이들의 성서 중심 사상은 원시적 형태이긴 했지만 16세기 종교개혁자들보다 앞선 것이다. 발도파는 여타 종파와는 달리 종교개혁기까지 살아남았고, 종교개혁과 직접 연관되고 흡수된 중요한 역사적 사례를 제시하고 있다.

16세기 종교개혁의 소식이 발도파에 전해졌을 때 그들은 이 신생 프로테스탄트에 대해 관심을 두었다. 성서 중심, 가톨릭 계서 거부 등이 그들과 유사했기 때문이다. 이탈리아 피에드몽의 발도파는 1532년에 독일과 스위스 종교개혁자들과 만나서 개혁교회의 신조를 수용하기로 결정한다. 독자적 흐름을 유지하던 발도파는 이렇게 신생 프로테스탄트와 연합한다. 가톨릭과 완전히 결별하지 않고 주변부에 머물던 발도파가 자신들의 종교적 교리와 상당한 차이를 보이는 장 칼뱅의 개혁 교회로 이동한 것이다. 이탈리아 지역은 정통 가톨릭이 우세했던 지역이고, 프로테스탄트 종교개혁이 일어나지는 않았다. 그래서 이탈리아에서 개혁교회(Reformed Church)를 대표한 이들이 발도파들이었다. 피에드몽 이외에도 유럽에 산재해 있던 발도파들은 보헤미아나 프랑스, 독일의 프로테스탄트교회와 연합하여 흡수되고 역사에서 사라진다.[20]

발도는 1218년경에 죽었다는 것만 알려져 있을 뿐 그의 행적에 대한 정확한 기록은 남아 있지 않다. 발도의 삶은 프란체스코의 삶과 궤적이 유사하다. 그는 예수께서 한 청년에게 모든 소유를 다 팔아 가난한 자들에게 주고 그리스도를 따르라고 했던 그 명령을 문자적으로 순종한다. 이러한 삶은 전형적 수도원의 흐름으로 가톨릭의 교리나 규범에 위배되는 것은 아니었다. 다만 서약을 하고 수도생활을 하는 규율화된 삶이 아니라 복음을 전파하고 방랑 설교자로 살아갔다는 점에서 다르다. 청빈의 삶과 금욕을 추구하고 성서 연구와 대중 설교를 중요한 가치로 삼았던 것은 탁발수도회와 동일하다. 미사 중심의 가톨릭 예전에서 설교 중심으로 이동하는 흐름이 중세 말에 형성되었다. 성서가 제시하는 완전한 그리스도의 가르침을 실천하기 위하여 사도적 청빈을 주장한 것은 혁신적인 것이었다.

이 관념은 곧이어 프란체스코회와 도미니크회에 영향을 끼쳤고, 중세 말 대중 운동의 주류를 형성했다. 발도파가 가톨릭교회의 가르침에 완전히 복종하지 않고 탄압을 받은 반면, 똑같은 역할을 한 탁발수도회는 계속해서 번성했다. 탁발수도회는 속인 운동에서 출발했지만 점차 설교와 성사 집전의 목적을 위해 성직자의 계를 받고 사제가 된다. 때로 재속성직자의 역할을 대체 혹은 보완하고 때로 갈등하며, 중세 말 새로운 종교성을 확산시킨다. 그 원형을 훗날 프로테스탄트와 결합한 발도파에게서 찾을 수 있다는 것은 역사의 아이러니이다.

탁발수도회와 사도적 청빈

초기 그리스도교 전통에서 수도회는 세속과 떨어져 사막에 은둔하던 수도사 공동체로 출발했다. 수도사를 나타내는 몽크(monk)가 단독을 의미하는 모노(mono)에서 유래되었듯 수도사들은 홀로 고행하며 더 높은 수준의 종교적 삶을 실천했다. 그리스도교 전통에서 수도회는 제도 교회가 과도하게 비대해지거나 타락했을 때 교회 개혁과 자정을 위해 등장하였다. 초대교회 수도회는 콘스탄티누스 황제가 그리스도교를 공인한 후 급성장했는데, 이른바 교회의 승리 뒤에 찾아올 위기를 자각한 이들이 세속화를 막아서기 위해 수도회 운동을 확산시킨 것이다.[21]

중세 유럽에서 수도회의 역할은 앞서 잉글랜드의 수도회 전통이나 이탈리아에서 출발한 베네딕투스 수도회를 통해서 살펴본 바 있다. 중세교회에서도 수도회는 교회 개혁의 선두에 섰다. 이 수도회 운동의 핵심은 금욕과 청빈, 독신 생활을 추구하며 높은 수준의 종교적 삶을 실천하여 당대 대중에게 삶의 모범을 제시하는 것이었다. 이들의 삶에 감화를 받은 많은 귀족과 부자들이 수도원에 기부를 하고 수도회를 후원했다. 교회 타락은 곧 수도회 정신의 타락이라고 할 정도로 교회에 수도회가 미치는 영향은 컸다. 중세의 클뤼니 수도회 개혁 운동은 수도회 정신 회복을 통해 교회 갱신을 시도한 대표적인 운동이었다.

13세기 교황권의 전성기는 또 다른 의미에서 교회에 위기를 안겼다. 성직주의가 강화되고, 현세와 내세의 통제권을 쥐고 있다는 교회의 권위는 연옥의 탄생, 면벌부 매매, 성물숭배 등 새로운 종교 현상을 낳았다. 이 모든 것은 성직주의가 그 기반이다. 이에 반발해 대중 이단 운동들이 등장하고 가톨릭교회는 십자군과 종교재판을 통해 이들을 처리하고자 했다. 무소불위의 힘과 권력, 부를 바탕으로 교회는 현실 세계에 영향을 주었지만, 대중에게 바람직한 종교성을 제시해 주지 못했다. 수도회가 지켜왔던 청빈과 금욕의 가르침은 카타리파나 발도파 같은 이단 운동이 더욱 선명하게 선점한 가치가 되었다.

교회가 세속 권력의 정점에 서면서 따라온 위기는 단순하지 않았다. 베네딕투스 회칙을 다시 엄격히 준수하자는 외침으로는 대중의 외면을 돌이킬 수 없었다. 위기의 순간에 다시 한 번 가톨릭교회를 구해 낸 것 역시 수도회였다. 하지만 13세기 초 등장한 수도회 운동은 기존 수도회 전통에서 급진적으로 벗어난 완전히 새로운 것이었다. 이 수도회가 바로 '탁발수도회'(Mendicant Order)이다.

탁발수도회는 '몽크'가 아니라 '프라이어'(friar, 형제)로 불렸다. 이들은 기부나 후원을 통해 재산을 유지하던 관행을 거부하고, 오직 탁발, 즉 '구걸 활동'을 통해 생계를 유지했다. 수도사 개인뿐 아니라 수도 공동체까지 재산 소유를 거부하였다. 특히 홀로 수행하는 '수도사'가 아니라 스스로의 정체성을 '형제'라고 규정한 것도 혁신적이다. 이는 수도회 정신에 근본적인 변화가 있었음을 암시한다.[22]

자발적 가난과 사도적 청빈 추구는 유럽에서 12세기부터 다양한 형태로 등장했다. 장기 12세기는 도시가 형성되고 상공업이 발달하게 된 번영의 시기였다. 제4차 라테란 공의회의 결정으로 가톨릭교회와 사제의 권력은 정점에 도달했다. 이런 배경을 안고 등장한 탁발수도회는 사도적 청빈을 실천함으로써, 교회가 추구할 새로운 시대정신을 제시하였다.

탁발수도회는 그들이 속한 사회와 적극적인 소통을 시도했다. 이들은 설교를 포함한 사목활동을 통해 그리스도를 따르는 삶이 무엇인지 가르쳤다. 이러한 역할은 교구사제 등 재속 성직자들이 감당하던 역할이었다. 재속 성직자의 영역에 탁발수도사들이 들어오면서 사목 활동의 수준이 높아졌지만, 재속 성직자들과의 갈등 또한 피할 수 없게 되었다. 전통적인 수도사들과 탁발수도사들의 차이라면 사목활동을 수행하기 위하여 대체로 사제 서품을 받았다는 데 있다. 사제가 아닌 수도사들은 대중을 상대로 설교나 사목 활동을 하는 것에 원천적 제약이 있었기 때문이다.

수도회는 수도사를 중심으로 구성된 폐쇄 공동체로서 이른바 종교 엘리트 공동체였다. 그들은 자타공인 더 종교적 완전성에 가깝고, 구원에 가까운 자들이었다. 하지만 탁발수도회는 구원이나 더 높은 종교적 가치 추구가 반드시 세속을 벗어나 성취되는 것이 아님을 보여 주었다. 현실에 살고 있는 사람들은 그 삶 속에서 주어진 의무를 최선을 다해 감당함으로써 신의 뜻을 충족하는 것이다.

탁발수도회는 도시 운동이었다.[23] 장기 12세기를 거치면서 교역을 통한 경제성장은 도시 발전을 가져왔고 성직자들은 급변하는 도시화와 상업화의 요구에 부응해야 했다. 또한 상업 활동이 장려되면서 문해력을 갖춘 사람들이 늘었다. 당시 성직자들의 교육 수준이 그리 높지 않아 중세 도시의 교회는 교육받은 문해자들을 수용하기에 부족했다. 이러한 도시민들에게 어떤 형태의 그리스도교 신앙을 제공하고 삶의 가치를 보여 줄 것인가는 매우 중요했다. 도시 부르주아 계급과 장인 계급에게 탁발수도사들의 순회 설교 메시지는 신선하고 급진적이었다. 속인들의 점증하는 신앙적 요구에 대해 탁발수도회 설교자들은 성서 연구를 통해 답을 제공하고자 했다. 대중이 이해할 수 있는 언어로 된 설교문들이 유통되었다.

이 종교 운동은 교회의 위계 구조에 잠재적 위협이 되었다. 탁발수도사들은 속인도 설교할 수 있다고 주장했고, 교황으로부터 설교권을 획득한 후로는 광장과 교회 내에서도 정당하게 설교했다. 설교가로서 전문성을 갖춘 탁발수도사들은 교구 사제들에게 불편한 존재였다. 그러나 더욱 그들을 불편하게 했던 것은 설교에서 드러나는 급진적인 주장들이었다. 그들은 성서에 묘사된 그리스도와 사도들의 삶이 이상적 삶이라고 주장했다. 이 사도적 청빈 주장은 과도하게 교권화되고 제도화된 교회에 대한 부정적 반응을 가져왔고 반성직주의를 부추겼다.[24]

13세기 초 두 개의 위대한 탁발수도회가 시작되었다. 하나는 '프란체스코회'이고 다른 하나는 '도미니크회'이다. 가난과 청빈을 모토로 한 '작은형제회'(OFM, Order of Friars Minor)로 불리는 프란체스코회는 회색 수도사복을 입어 '그레이 프라이어'(Greyfriars)라고도 한다. 도미니크회는 '설교자 수도회'(OP, Order of Preachers)로 불리며, 흰색 의복 위에 검은 망토를 걸쳐 '블랙 프라이어'(Blackfriars)라고 한다. 설립 직후 이 두 수도회는 유럽 전역으로 확산되었다. 각각 청빈의 삶과 설교 및 교육을 강조한 같은 듯 다른 이 두 수도회는 각자의 지향을 확대하면서 13세기 유럽 가톨릭 지형도에 혁명적인 영향을 가져왔다.

무소유와 청빈을 추구한 프란체스코회

프란체스코회는 아시시의 성자로 불리는 프란체스코가 설립한 수도회이다. 프란체스코는 1181년 이탈리아 중부 아시시의 한 부유한 상인 집안에서 태어났고, 그는 아버지의 사업을 도우며 여러 지방을 여행하기도 하고 자신의 마을을 지키려 전쟁에 참여하기도 했다. 1202년 페루지아와의 전쟁에서 포로로 잡힌 그는 몸값을 지불하고 아시시로 돌아왔다. 그 후 병을 앓고 심한 종교적 갈등을 겪은 듯하다. 가족을 떠나 아시시 외곽의 동굴에서 수행하던 1208년, 그는 성 마티아스(2월 24일) 축일 미사에서 생의 전환을 경험한다. 마태복음 10장에 기록된 그리스도가 제자들을 보내면서 명령한 내용에서 깊은 감동을 받은 것이다. 제자들이 할 일은 그리스도의 가르침을 전파하는 것(설교)과 사람들을 치료하고 돕는 사목 활동이었다. 프란체스코에게 더욱 강렬하게 다가온 것은 이 일을 수행할 때 돈이나 여벌옷, 신발 등을 의지하지 않고 사람들의 자선에 의존하는 전적 무소유였다. 자신에게 주는 명령으로 받아들인 프란체스코는 신고 있던 신발을 벗고 거친 옷을 입은 뒤 밧줄로 허리를 동여맨 채 가난한 자들을 위한 설교자로 살 것을 결심했다.[25]

물론 프란체스코가 이 사도적 삶의 창시자는 아니다. 세속 재물을 포기하고 빈자들을 위해 살며 그리스도의 복음을 전파하는 발도파나 후밀리아티 등 대중 종교 운동의 영향을 받은 것이 분명해 보인다. 그리스도의 삶의 가치에 대한 재발견, 동시대인의 현실에 대한 깊은 동정심 등이 당시 유럽 그리스도교의 새로운 지향성의 상징이었다. 숭고한 종교적 삶은 수도원에 스스로를 가둔 수도사들을 통해서만이 아니라 현실을 사는 평범한 대중이라면 직접 체험할 수 있는 가치라는 것이다.

프란체스코가 사도적 청빈이라는 극단적 가치를 들고 나온 이유는 당시 점증하는 도시화와 상업의 발전과 무관하지 않다. 지금도 마찬가지이지만 중세에도 도시는 시골에 비해 빈부 격차가 두드러지게 나타났다. 프란체스코는 부유한 상인 가문에서 태어나 중산층의 삶을 경험하면서 부유함에 대해 죄의식이 깊어졌다. 그가 추구했던 자발적 가난은 사회에서 가장 낮은 계층의 삶을 선택한 것으로, 그리스도가 이들을 위해 존재했다는 내적인 확신이 그를 이끌었다. 프란체스코 자신과 이 운동의 초기 참가자들은 대부분 부유한 계급 출신이었다. 태어날 때부터 가난한 이들에게 가난은 자발적 선택이 아니었다. 그러다 보니 아이러니하게도 탁발수도회 운동은 주로 부유한 중산층과 지식인들에게 영향을 준 엘리트 운동이 되었다.

그리스도교적 청빈의 이상을 따르고자 결심한 사람들의 상당수가 귀족과 도시 상공업자들과 대학생들이다 보니 그들이 극단적으로 청빈의 이상을 구현할수록 그들의 종교적 진로는 밝아졌다. 탁발수도회 출신으로 주교와 대주교, 추기경 자리에 오를 수 있었고, 수립된 그 세기에 탁발수도회 출신의 교황이 나오기 시작했다.

그러나 종교적 성취를 프란체스코가 미리 계산한 것은 아니다. 프란체스코는 수도사 개인의 소유권 거부를 넘어 수도회 자체도 재산을 전혀 소유하지 못하게 했다. 순회하며 자선에 의존해서 매일매일 살아가는 삶, 그리스도와 사도들의 삶을 문자 그대로 따르도록 역설했다. 그는 수도회라는 조직을 만들 의도조차 없었다.[26] 하지만 그의 이상이 많은 사람들에게 영향을 주고 추종자를 확보하면서 조직화는 불가피해 보였다. 조직화란 교황으로부터 수도회 설립 허가를 받는 것으로, 조직화하지 않으면 발도파와 같이 대중 이단 운동으로 흘러갈 수밖에 없었다. 1210년 프란체스코는 추종자들과 함께 로마로 가서 교황 인노켄티우스 3세에게 자신의 활동을 설명했다. 성서의 가르침에 따라 무소유를 실천하며 그리스도의 복음을 전파한다는 내용이었다. 교황 인노켄티우스는 이 운동을 구두로 승인했다. 새로운 수도회를 만드는 첫 번째 단계가 진행된 것이다. 1223년 교황 호노리우스 3세가 인준 회칙(Regula Bullata)을 승인하면서 정식 수도회가 된 프란체스코회는 교황청의 인정으로 발도파와는 달리 큰 명성을 얻으며 급속히 확대되었다. 프랑스, 독일, 에스파냐, 헝가리, 보헤미아, 폴란드, 잉글랜드, 아일랜드에 수많은 프란체스코회 수도회가 설립되었다. 속인들만 아니라 성직자, 대학 졸업자들이 참여하는 운동이 되었고, 속인과 여성 수도회가 별도로 운영되는 광대한 조직으로 자랐다. 사도적 청빈을 추구하는 삶과 수많은 대중의 열광, 그에 따른 급속한 성장은 여러 태생적 문제를 남겼다. 그중에서 재산 소유와 수도사의 교육은 초기부터 치열한 논쟁거리였다.

프란체스코회가 부딪힌 두 문제

먼저 '무소유'부터 살펴보자. 교황이 인준한 프란체스코 회칙에는 수도회가 재산을 소유하거나 돈을 사용하는 것을 명시적으로 금했다. 하지만 수도회가 조직화되고 전 유럽으로 급속히 퍼져 나가면서 무소유 원칙은 애초부터 불가능한 이상임이 드러났다. 돈을 받지 못하는 수도회가 어떻게 수도원 건물을 지을 수 있었을까? 수도회 건물 없이는 대중을 만나고 설교를 하고 성사를 수행할 수 없었다. 프란체스코가 살아 있을 때부터 불거진 무소유 문제는 그의 사후 큰 문제로 대두되었다.

프란체스코 사후 2년 만인 1228년, 프란체스코의 생애를 기념하고 유해를 안치하기 위해 성 프란체스코 대성당이 기공되었고, 1253년 완공되었다. 무소유의 청빈을 강조한 프란체스코와 어울리지 않는 웅장한 규모의 건물이었다.

청빈에 대한 현실적인 문제를 해결하기 위해 지방 수도회에서는 교황에게 이 인준 회칙을 탄력적으로 해석해 줄 것을 요청했다. 1230년 교황 그레고리우스 9세는 프란체스코 수도사들이 직접 돈을 받는 대신 대리인을 지정해 기부를 받는 것을 허용했다. 이 편의적인 해석과 적용은 한 번으로 그치지 않았다. 1245년 교황 인노켄티우스 4세는 프란체스코회에 건물의 단순 사용권을 인정했다.

하지만 모든 프란체스코 수도사들이 이 조치를 환영한 것은 아니었다. 프란체스코의 가르침을 문자 그대로 따르고자 하는 이들은 이 타협이 프란체스코회의 정신을 훼손한 것이라고 비판했다.[27] 그리고 이는 한 수도회의 내부 갈등에 그치지 않았다.

중세 말, 교회의 청빈의 본질에 대한 근본적인 논쟁이 일어난다. 한 세기 가까이 지속된 '사도적 청빈 논쟁'이다. 이미 이전 세기에 발도파와 후밀리아티파가 과격하게 제기한 문제를 교황청에서 제재하였지만, 제도권으로 들어온 프란체스코회에서도 갈등은 지속되었다. 가난에 대한 회칙의 해석을 둘러싸고 엄격하게 준수해야 한다고 주장하는 엄수파와 현실 상황에 맞추어 새롭게 적용해야 한다는 온건파로 나뉜 갈등은 한 세기 가까이 진행되었다. 회칙을 엄격하게 준수해야 한다고 주장하는 이들은 '영성파'(spiritualiti)로 불렸고, 온건한 적용을 주장하는 이들은 '콘벤투알'(conventuali)로 불렸다. 1274년 수도회 장상(chancellor) 보나벤투라(Bonaventure, 1221~1274)가 죽자 수도회는 앞서 언급한 두 파로 분열되었다. 1279년 교황 니콜라우스 3세는 프란체스코회가 재산의 소유권이 아닌 사용권만 가졌다고 해석하며 온건파의 손을 들어주었다. 이후 교황 요한 22세(1244~1334)는 1323년의 교황 교서(Cum inter nonnullos)에서 그리스도와 사도들이 아무것도 소유하지 않았다고 주장하는 것은 오류이며 이단적이라고 선언했다.[28]

극단적 영성파 프란체스코회는 이단으로 탄압받는 신세가 되었다. 중세 말 유럽 교회의 모든 논쟁을 한 편의 소설에 고스란히 녹여 낸 움베르토 에코의 《장미의 이름》이 이 시기를 배경으로 하고 있다. 교회의 탄압을 피해 쫓겨 다니는 영성파 프란체스코회 수도사와 교황청 대리인이 만나 벌이는 청빈 논쟁이 소설에 자세히 묘사된다.

이 논쟁의 의미는 무엇일까? 도시 발전과 상업화 속에서 빈부격차가 생겨나는 현실에서 교회는 무엇을 해야 하는가, 교회의 존재 의미는 무엇인가 등 근원적 질문이 제기되었다는 점이다. 발도와 프란체스코를 포함해 이 운동의 창시자들이 대부분 도시 상공업 계층이었다는 점은 도시화에서 교회가 나아갈 길이 무엇인지 진지한 고민이 있었음을 보여 준다. 비록 그 적용이 극단적으로 흘러갔지만 한 세기 내내 청빈 논쟁이 이어지고 증폭되었다는 것 자체만으로도 결과와 무관하게 의미를 찾을 수 있다. 단순히 극단적 무소유냐, 위선적 소유냐의 문제가 아니다. 현대 교회는 가난에 대해 급진적이고도 근원적 문제제기를 할 수 있을까?

프란체스코회가 부딪힌 또 하나의 문제는 교육이었다. 프란체스코회는 설교를 통한 사목 활동을 강조했지만 설교자인 수도사 교육을 긍정적으로 바라보지는 않았다. 프란체스코도 학문을 강조하지 않았으며, 수도회 내에서도 학문 탐구는 대체적으로 부정적이었다. 그러나 그 관점이 곧 바뀌기 시작했다. 프란체스코회에 대학의 학자들이 합류하는 동시에 프란체스코회 수도사들이 당대 발전하던 대학에 입학하였다. 프란체스코 수도사들은 1219년 파리 대학, 1220년대 초반 볼로냐 대학에 들어갔으며, 1224년에서 1229년 사이에는 옥스퍼드 대학에 프란체스코회 학교가 설립되었다. 가난한 대중을 위한 수도회로 출발했던 프란체스코회는 1240년 이후에는 수도회 내 모든 관직을 성직 수사들이 도맡았으며, 1257년에는 파리의 저명한 신학자 보나벤투라를 수도회 장상으로 선출하였다.

보나벤투라는 프란체스코와는 가난에 대한 견해가 달랐지만, 수도회가 지향하는 청빈의 가치를 훼손하지 않으면서 대학이라는 교육 기관 내에서 수도회 발전을 이끌었다. 프란체스코회가 대학을 통해 발전을 도모하였던 것은 동시대 설립된 또 다른 탁발수도회인 도미니크회의 영향이기도 하다. 설립 초기부터 교육을 강조한 도미니크회는 유럽의 거점 대학에 학교를 설립하면서 스콜라학을 이끌었다. 프란체스코회는 도미니크회와 경쟁하면서 학문적 성과를 이룩했다. 보나벤투라, 로저 베이컨, 둔스 스코투스, 윌리엄 오컴 등이 중세 프란체스코회를 대표하던 학자들이다.

중세 프란체스코회의 영향력이 확대될 수 있었던 것은 그들이 사도적 청빈에 집착했기 때문이 아니라 대학 내에 진입하여 새로운 학문을 발전시킨 공로 때문이다.[29]

설교를 통해 개혁 추구한 도미니크회

가난한 순회 설교자로 살아가는 탁발수도회라는 점은 프란체스코회와 도미니크회 모두 동일했지만, 프란체스코회가 청빈을 강조했다면 도미니크회는 설교와 가르침을 강조하였다. 도미니크회 창시자 구즈만 도미니크(Dominic de Guzmán, 1170~1221)는 귀족 가문 출신으로, 프란체스코와는 달리 오랜 기간 교양 교육과 신학 교육을 받고 25세에 사제로 서품을 받았다.

도미니크회는 세속을 등진 고립된 수도회도 아니었고, 엄격한 금욕과 청빈을 통해 삶의 모범을 보이는 것도 아니었다. 초기부터 설교와 교육을 통해 대중과 상호작용을 시도하는 성직자 중심의 수도회였다. 이들은 기존 재속 성직자들과 그 역할에서 직접 경쟁하는 수도회라는 점이 특징적이다. 그러나 카타리파 이단과 논쟁, 그들을 설득하는 등 이단과의 전투에서 출발했다는 설립 동기에서 달랐다. 도미니크는 툴루즈에 수도회 공동체를 설립하여 새로운 입회자들을 훈련하였다. 1215년 도미니크회는 교황에게 설립 승인을 요청하였고, 1216년 교황 호노리우스 3세는 공식 허가를 내렸다.[30]

도미니크회는 카타리파 등을 설교와 가르침을 통해 가톨릭교회로 돌아오게 하고, 대중 사목 활동을 하려 설립된 수도회였다. 도미니크는 랑그독의 카타리파를 찾아가 단순하고 검소한 생활을 하면서 설교와 논쟁으로 카타리파를 설득했다. 검소한 삶의 모범과 탁월한 웅변술 및 교수법을 갖춘 도미니크의 활동은 카타리파를 일부 설득하는 데 성공을 거두었다. 도미니크회, 즉 설교자 수도회의 정체성은 창시자의 활동과 지향점을 그대로 반영한 것이다. 발도파와 프란체스코회가 연결되듯 카타리파와 도미니크회는 밀접하게 연결되어 있다.

도미니크회는 교황이 카타리파에 맞선 알비 십자군을 소집한 이후 더욱 존재감을 드러냈다. 알비 십자군은 카타리파에게 재앙이었지만 폭력 진압이 카타리파를 완전히 없애지는 못했다. 가톨릭교회에서는 카타리파와 논쟁하고 설득하는 사명을 시토 수도회에 맡겼으나 성공적이지 않았다. 시토 수도회를 대신하여 카타리파를 성공적으로 진압한 것이 도미니크회였다. 도미니크는 일생 동안 이단과의 싸움을 계속했다.[31]

물론 도미니크회에서도 탁발수도회의 이상인 수도회 재산 보유 금지와 자발적 가난, 설교 헌신을 가치로 내세웠지만 재산 소유나 청빈 등은 설립 초기부터 실용적으로 접근했다. 도미니크는 툴루즈 수도회 본부 설립에 필요한 재산을 취득하였다. 도미니크회는 교황의 승인을 받자마자 곧 남부 프랑스를 넘어 에스파냐, 독일, 헝가리, 잉글랜드 등지에 수도회를 설립하였다. 도미니크회는 대도시 대학에 학교를 설립하는 데 적극적이었다. 1217년 파리 대학, 1218년 볼로냐 대학, 1221년 몽펠리에 대학과 옥스퍼드 대학 내에 도미니크회 학교가 설립되었다. 도미니크회 소속인 알베르투스 마그누스는 파리 대학에서 아리스토텔레스 철학을 강의한 최초의 신학자였다. 그의 제자 토마스 아퀴나스도 도미니크회 수도사로서 중세 최고의 신학자로 불린다.

도미니크회 수도사들이 대학 도시에 정착한 후 뒤이어 프란체스코회가 파리, 볼로냐, 옥스퍼드 등으로 들어와 서로 학문성을 경쟁하며 대학 발전에 크게 기여했다. 그러나 탁발수도사들이 대학에 진입하면서 재속 성직자 출신 교수들과 마찰을 빚는다. 설교자와 고해 신부로서 명성을 쌓아 간 탁발수도회는 재속 성직자들의 역할을 넘보면서 이해 충돌을 낳

앉다. 재속 성직자들은 탁발수도사들이 생존에 위협이 된다고 느꼈다. 이 현상은 대학 내에서도 마찬가지였다.[32] 자체 재정으로 교사직을 지원할 수 있던 탁발수도회는 재속 성직자들로 구성된 대학 주류 집단에 협조적이지 않았다. 그 갈등과 대립으로 유혈 충돌이 빚어지기도 했다. 도미니크회 출신 토마스 아퀴나스의 파리 대학 교수 취임 강연 때 반대파들의 폭력 사태를 막기 위해 군사들이 강연장을 에워싸기도 했다. 대학에 자리 잡은 탁발수도회의 영향력이 커지면서 또 다른 차원의 예상치 않은 갈등이 생겨났다. 탁발수도사들이 세속 학문인 교양학부 과정을 거부한 것이다. 계속되는 재속 성직자들과 교양학부의 마찰은 교황의 중재를 통해 결국 해결되었다. 교황은 탁발수도사들에게 교양학부 과정을 면제해 주었다. 하지만 이는 역설적이게도 중세 말 대학의 신학자들이 현실 세계와 담을 쌓고 탁상공론과 언어유희에 가까운 신학 논쟁에 몰두하게 된 원인이 되었다.[33]

도미니크회를 유명하게 만든 것은 대학 내 활동만은 아니었다. 도미니크회는 카타리파 척결을 위한 목표에서 등장한 만큼 종교재판으로 악명을 높였다. 도미니크회의 별명인 도미니카니스(*Domini canis*)는 '신의 사냥개'라는 의미이다. 대상을 지목하면 수단과 방법을 가리지 않고 집요하게 공격하여 처벌하는 종교재판관을 사냥개에 빗댄 것이다. 실존했던 인물로서 에코의《장미의 이름》에 '중세에 가장 유명한 종교재판관'으로 등장하는 베르나르 기(Bernard Gui, 1261?~1331)가 대표적이다. 15세기부터 근세 초까지 유럽 사회에 집단 병리현상으로 작용했던 마녀사냥의 교본인《마녀를 심판하는 망치》(*Malleus maleficarum*)는 도미니크회 수사 야코프 슈프렝거와 하인리히 크라머가 쓴 것으로 마녀 식별법, 심문법, 고문법, 형벌 종류 등이 담겨 있다.[34]

진정한 사도 계승의 요구

인노켄티우스 3세와 제4차 라테란 공의회로 대표되는 13세기는 유럽에서 가톨릭교회의 영향력이 정점에 선 시기였다. 한 제도가 정점에 선다는 것은 완결된 제도 속에서 역동성이 사라지는 시대로 접어들었다는 의미이기도 하다. 이 13세기를 사회사에서는 다름에 대한 억압이 생겨나는 탄압사회라 부르는 이유이기도 하다. 대중 이단 운동은 가톨릭교회가 가진 무소불위의 힘과 강화된 성직주의에 대한 반작용으로 출현했다. 단순히 교리 차이를 넘어서 그리스도교가 원시 교회의 가르침에서 벗어났다고 주장하며 원시 교회로의 급진적 회귀를 주장하는 운동은 대중의 호응을 얻었다. 극단적인 청빈과 금욕을 실천하는 무리들이 확산되었다.

진정한 사도 계승은 교권의 계승이 아니라 사도들의 정신과 생활방식의 계승이다. 극단적인 자기 비움을 주장하고 실천했던 이단 운동이나, 탁발을 삶의 수단으로 삼아 사도적 청빈을 외친 수도사들이 대중의 열광적인 호응을 받았던 것은 대중이 요구했던 종교성을 제도화된 교회가 충족시키지 못했기 때문이다.

교황은 제도권을 벗어난 종교 운동을 제거하기 위해 십자군을 모집하기도 했다. 이 상황에서 중세 말 유럽 사회의 한 고정 요인으로 등장한 집단이 탁발수도회였다. 중세의 모든 개혁 운동이 수도회를 통해 이루어졌던 것처럼, 13세기 탁발수도회는 강화된 교권주의, 성직주의에 불만을 품은 대중들에게 실천적으로 다가갔고, 자발적 청빈과 설교를 통해 대중들이 추구할 시대정신에 부합하는 종교의 길을 제시했다.

탁발수도회는 도시를 중심으로 생성되어 또 다른 도시 제도인 대학과 만나 도시의 종교를 만들었다. 탁발수도회 운동은 대중 운동으로 시작한 종교 운동이 엘리트 학문 세계에 정착하여 전혀 다른 성격의 결과물을 생성했다. 대학에 정착한 탁발수도회 학자들은 중세 말 스콜라학 발전에 큰 역할을 했다. 그러나 육체노동에 대한 가치를 외면하고, 지식인의 작업을 특별한 것으로 만들어 버렸다. 도시 한가운데서 시작한 대학의 스콜라학이 대중의 관심과 동떨어진 지적 담론을 생성한 데에는 탁발수도회의 탓도 적지 않은 셈이다. 이는 중세 말 대학 밖의 인문주의 흐름을 생성하는 중요한 원인이 되었다.

교황권의 전성기와 맞물려 등장한 대중 이단 운동이나 탁발수도회 운동은 아래로부터의 교회 개혁 요구였다. 그 중심을 관통하는 사도적 삶, 사도적 청빈의 실천은 부와 권력을 한 손에 거머쥔 교회에 대중이 요구하는 길이 무엇인지를 웅변해 준다.

12

가톨릭교회, 분열되다

—

아비뇽 유수와 교회 대분열

아냐니에서 체포된 교황 보니파키우스 8세

(조반니 빌라니 작, 14세기)

루터의 종교개혁에서 시작된 각 지역의 프로테스탄트 종교개혁은 오래된 분열이 확정되었다는 마침표일 뿐이다. 그 내리막길은 교황 보니파키우스 8세의 정치적 패배와 연이은 1309년 아비뇽 유수부터 길게 이어졌다. 여기에서 주목해야 할 단어는 '국가'가 되었다. 국민국가의 출현과 성장으로 하나의 가톨릭교회는 각 국가의 정체성에 부합하는 국가교회로 분화되었다. 322쪽

흑사병과 국민국가 관념 출현

장기 12세기 유럽의 무한한 진보와 13세기 제4차 라테란 공의회를 통한 가톨릭교회의 전성기는 14세기에 위기를 맞는다. 중세 그리스도교가 그간 쌓아 올린 문명을 하루아침에 허무는 위기였다. 14세기 중엽 유럽 대륙을 강타한 무시무시한 재해인 흑사병은 유럽의 사회 및 경제 구조를 송두리째 무너뜨렸고 유럽인들의 세계관과 인간관, 종교관에 근본적 변화가 왔다. 흑사병은 중세의 세계관을 넘어 르네상스와 근대를 만든 원인의 하나였다.[1]

14세기는 서유럽 역사에서 대재앙기이다. 흑사병으로 인해 유럽 인구의 4분의 1 내지 3분의 1까지 사망했다고 추정된다. 1347년 소아시아 지역에서 유럽으로 넘어온 흑사병은 1348년에서 1350년 사이 약 2천 5백만에서 3천만 명의 사망자를 발생시켰다. 흑사병은 알프스를 넘어 프랑스, 잉글랜드, 북유럽으로 건너갔다. 흑사병의 원인은 분명하지 않지만, 십자군 원정 이후 무역로가 활발하게 형성되어 전염병도 빠르게 옮겨졌을 것으로 본다. 이 흑사병은 도시의 전염병이다. 중세 도시는 사람들이 밀집해 살았고, 위생도나 청결도가 시골보다 훨씬 떨어졌다. 그래서 감염과 전파 속도가 시골보다 훨씬 빨랐다. 흑사병은 1361년, 1369년, 1390년, 1405년에 연거푸 발병하였다.

흑사병은 장기 12세기가 이룩한 유럽 문명과 기존 질서를 전면적으로 무너뜨리고 재편시켰다. 12세기 르네상스로 교역로가 확대되고 도시가 성장하면서 봉건제에 점차 균열이 일어났고, 그 균열을 끝낸 것이 흑사병이었다. 봉건제 사회는 노동집약 형태의 농업 사회이다. 노동 인구의 급속한 감소로 봉건제를 지탱하던 농노 계층이 해체되고, 도시 이주 인구가 늘게 된다. 기존의 권위와 질서가 무너지면서 사회 갈등은 커졌다.

흑사병은 장기적으로 사람들의 종교적 관념에도 변화를 가져왔다. 기존의 유럽 세계는 종교적으로 두 신분으로 나뉘어 있었다. 성직자와 비성직자로 나뉘는 세계에서 사제는 특수 신분이었다. 그러나 흑사병이라는 전염병 앞에 성직자 계급이나 속인이나 무력하기는 마찬가지였다. 대중에 비해 안전한 고위 성직자들도 흑사병은 피해 갈 수 없었다. 프랑스 파리 주교도 흑사병으로 사망했고, 잉글랜드에서도 3명의 캔터베리 대주교기 흑사병 피해자가 되었다. 독일은 고위 성직자 3분의 1이 사망했다. 하위 성직자들의 피해는 더욱 심했다. 사제 부족으로 고해성사 등 성사를 받을 수 없는 비상 상황이 빈번했다. 잉글랜드에서는 수도회 수사들이 재속 사제들이 맡던 교구 사제 역할을 수행하기도 하였다. 교회는 예외적으로 사제가 아닌 속인 남성, 심지어 여성도 고해성사를 할 수 있도록 허용했다.[2]

이 14세기의 변화 중 하나가 국민국가라는 관념의 등장이다. 기존 유럽은 그리스도교 공화국으로 부를 수 있는 체제였다. 12세기 들어와 교황이 유럽을 대표하는 권력으로 등장하면서 가톨릭교회와 교황제가 거의 동일하게 여겨지게 되었지만 이 시기는 오래가지 않았다. 프랑스, 독일, 잉글랜드, 이탈리아 등과 같이 개별적인 단위 국가의 의식이 13세기 이후 태동하게 된다. 이 민족 감정을 강화시킨 대표적인 역사적 사건이 14세기 중반부터 다음 세기까지 이어진 프랑스와 잉글랜드의 백년전쟁이다. 백 년 이상 산발적으로 일어났던 이 전쟁으로 프랑스와 잉글랜드 모두에서 중앙집권적 왕권이 강화된다.[3] 또 프랑스와 잉글랜드의 민족 감정은 백년전쟁을 거치며 악화된다.

흑사병과 국민국가 의식의 태동으로 유럽 전체의 정치, 경제, 사회 구조는 급속한 변화를 경험한다. 이와 더불어 교황과 세속 군주 간의 갈등은 그전 세기와는 다른 양상으로 전개된다. 교황과 세속 군주의 갈등에서 세속 권력이 교황을 압도한다. 로마 교황청이 프랑스 왕의 영향력이 미치는 아비뇽으로 옮겨 70년을 머무는 아비뇽 유수가 이때 발생한다. 이 사건은 로마와 아비뇽에 각각 교황이 세워지는 교회 대분열로 이어졌고, 하나의 가톨릭 공화국이 급속도로 약화되는 계기가 되었다.

오래가지 못한 교황 지배의 시대

1215년 인노켄티우스 3세는 제4차 라테란 공의회를 성공적으로 소집하여 유럽이 교황 지배의 시대로 들어왔음을 알렸지만 이는 오래가지 않았다. 오해하기 쉽지만 중세 유럽 그리스도교 역사가 곧 교황의 역사는 아니다. 13세기 중엽 유럽에서 가장 유명한 가톨릭교도는 교황이 아닌 프랑스 왕 루이 9세(1214~1270)였다. 그는 왕이었지만 수도사 복장을 하고 매일 기도에 전념했고, 가난한 자들과 약한 자들을 돌보는 데 애를 썼다.[4] 후에 성인으로 시성되어 성왕 루이(St. Louis)로 불렸고, 십자군 원정이 끝난 유럽 세계에 안정과 평화를 구축한 인물이다.

루이 9세와 같은 시기를 보낸 교황 클레멘스 4세(1190~1268)가 사망한 후 3년이 지나도록 신임 교황이 선출되지 못했다. 추기경단 내의 정치적 이해관계가 얽혀 있었기 때문이다. 루이 9세의 동생이자 시칠리아의 통치자인 카를로 1세(샤를 당주)가 프랑스인을 교황으로 선출하려고 시도하면서 프랑스와 이탈리아 간의 대립은 해소되지 않는다. 우여곡절 끝에 그레고리우스 10세가 선출되었지만 이는 긴 갈등의 서곡이었다. 카를로 1세는 교황 정치에 깊숙이 개입하고, 프랑스 추기경들을 통제하는 방식으로 교황의 독립성을 위협했다. 선출되는 교황마다 수개월 만에 사망하여 새로 교황 선출을 해야 했다. 그때마다 1년 혹은 2년 반 이 상 교황 자리가 공석되는 상황이 반복되었다.

그때 당시 교황청의 혼란상을 상징적으로 드러내는 사건이 발생한 다. 피에트로 다모론(Pietro da Morrone)이라는 이탈리아의 은둔 수도 사가 추기경단에 예언을 담은 편지를 보냈다. 추기경단이 신속하게 교 황을 선출하지 않으면 신의 진노가 내린다는 내용이었다. 편지를 보낸 85세의 수도사는 세상 욕심을 모두 버린 천사와 같다는 인상을 주었 다. 추기경단 의장이 편지를 읽어 주자 동요한 추기경단이 이 수도사 를 교황으로 추천하자는 제안에 동조했다. 이렇게 해서 2년 반 동안이 나 공석이던 교황을 다시 선출했다. 켈레스티누스 5세가 된 이 신임 교 황을 사람들은 '천사 교황'(papa angelicus)이라 불렀다. 그는 은둔 수 도사답게 나귀를 타고 나타나 한없이 겸손한 모습으로 교황직에 올랐 다. 그러나 이미 유럽 정치계의 중심에 있던 교황에게 더 필요한 덕목 은 사리 분별력, 행정력과 외교 감각이었다. 교황은 곧 나폴리 왕 카를 로 2세에게 휘둘렸고, 추기경단은 모두 카를로 2세가 추천하는 인물로 채워졌다. 그는 교황직을 수행할 능력도 열의도 제대로 보여 주지 못 했다. 교황청의 행정은 일대 혼란에 빠졌다. 내외적인 비판에 1294년 12월 13일, 교황은 추기경단 앞에 나와 교황직을 사임하고 수도원으로 돌아가겠다고 선언하였다.

1294년 성탄 전야에 추기경단은 추기경 가에타니를 새 교황으로 선 출했다. 그는 프랑스 왕 필리프 4세와의 분쟁으로 유명해진 보니파키우 스 8세(1230~1303)로, 모든 면에서 전임 교황과 반대였다. 은둔 수도사 출신의 전임 교황과 달리 그는 교회법에 능통한 학자였으며 외교관으로 서 다채로운 경력이 있었다. 전임 교황이 순수했지만 세상 물정에 어리 숙했다면, 신임 교황은 명민하고 정략적이었다. 교황직 수행을 힘들어

하는 켈레스티누스 5세에게 그가 사임을 권하고 사임 문서를 작성했다고 알려져 있다. 그는 켈레스티누스 5세가 자신에게 적대감을 갖고 대립할 것을 우려하여 그를 가택 연금했다. 노쇠한 교황은 갇힌 지 10개월 만에 죽었다.

보니파키우스 8세의 가장 큰 과제는 전임 교황의 실책으로 시칠리아의 카를로 2세와 프랑스 왕에게 휘둘리는 교황권을 바로잡는 일이었다. 교황에게로 관심을 되돌리려면 어떻게 해야 할까? 은둔 수도사 출신의 전임 교황이나 현 교황을 선출한 것은 급속하게 무너져 내리는 교황의 권위를 회복하고 교회의 안정을 찾으라는 대중들의 요구 때문이었다. 보니파키우스 8세는 로마 교황의 역할과 교회의 존재 의미를 사람들에게 다시 일깨울 필요가 있었다.

교황은 대중들에게 종교적 영향력을 극대화할 방법을 고민했다. 그는 1300년을 희년(Jubilee)으로 선포했다. 그리고 새로 시작하는 세기 첫해에 교황은, 로마를 순례하고 성베드로 성당을 방문하는 방문객이라면 종교적으로 완전한 사면을 받을 것을 약속했다. 프랑스 왕이건 신성로마제국 황제이건 가톨릭 신민이었고, 그 영토 내의 모든 대중도 교황의 종교적 영향력 아래 있었다. 한 해 동안 유럽의 모든 국가로부터 수천 수만의 순례 행렬이 로마로 이어졌다. 성직자, 귀족, 기사와 평범한 대중들이 종교적 사면을 바라고 참회 고행의 길을 나섰다. 의도가 무엇이었던 간에 가톨릭교회는 대중의 삶과 종교의 중심이라는 것을 보여 주었다.[5]

희년 선포로 확인된 대중의 열광과 기대가 휘청거리던 교황의 권위를 다시 세운 것일까? 교황이 마주한 현실은 간단하지 않았다. 앞 장에서 본 대로, 가톨릭교회가 곧 교황 중심제라는 인식을 형성한 시기는 13세기 초반 교황 인노켄티우스 3세 때였다. 성무정지와 파문을 활용한 교황 앞에 신성로마제국 황제, 프랑스 왕, 잉글랜드 왕이 모두 무릎을 꿇었다. 이 강렬한 역사적 사건이 중세는 교황 지배의 세계라는 기억으로 현대까지 남아 있는 것이다. 하지만 이러한 지배는 오래가지 않았고 불완전했다. 유럽 가톨릭 국가의 군주들이 국가 내 교회를 통제하면서 교황과 대립각을 세워 갔다. 국가 관료이자 가톨릭교회 성직자라는 이중 신분을 지닌 국가 내 고위 성직자들이 교황권과 세속권의 대립 가운데에서 점차 세속권에 종속되어 갔다. 이는 중앙집권적 국민국가라는 정치체제가 진전하면서 불가피한 충돌이었고, 세속 권력으로 힘이 기울 것을 예측하기란 그리 어렵지 않다.

정치적 차원에서 16세기 종교개혁은 가톨릭의 부패 때문에 나왔다기보다는, 각 국가가 자신들의 종교를 스스로 정하는 국가 종교 시대로 전환된 것에 가깝다. 독일이 루터파를, 잉글랜드가 국교회를 국가 종교로 지정했듯이, 프랑스나 에스파냐는 가톨릭을 국가 종교로 삼은 것이다. 종교개혁기 신성로마제국 카를 5세는 독실한 가톨릭교도였지만 교황청을 공격하여 라테란 궁전을 약탈하고 병사의 숙소로 쓸 정도로 교황권의 몰락을 거들었다. 프랑스는 가톨릭을 유지했지만, 교황보다 국가나 군주의 권위를 우위에 두는 갈리카니즘을 발전시켜 왔다. 이는 국왕이 종교 수장인 잉글랜드의 앵글리카니즘(Anglicanism)과 큰 차이가 없다.

〈우남 상크탐〉과 필리프 4세

다시 14세기 교황 보니파키우스 8세에게 돌아가 보자. 가톨릭교회가 삶의 중심이었지만 그것이 교황이 유럽 세계의 정점이라는 의미는 아니었다. 그러나 현실에서 이를 받아들이기는 쉽지 않았다. 보니파키우스는 한 세기 전 인노켄티우스 3세 시대의 영광을 재현하고자 했다. 그의 대결 상대는 프랑스 왕 필리프 4세였다. 루이 9세의 손자였던 필리프 4세와 보니파키우스 8세는 성직자 과세 문제를 두고 정면충

돌했다. 1294년 필리프 4세가 잉글랜드와 치를 전쟁을 위해 프랑스 성
직자들의 연소득 절반에 세금을 부과하자 이에 불만을 품은 성직자들이
교황에게 청원하였다. 이 사건, 어디선가 본 듯하다. 과세 문제를 놓고
충돌한 인노켄티우스 3세와 잉글랜드 존 왕의 재현이다. 당시 교황은 잉
글랜드에 성무정지를 내리고 더 나아가 존 왕을 파문하였다. 잉글랜드
성직자와 귀족들이 등을 돌리자 존 왕은 굴복하고 교황에게 봉신으로서
조공을 바치며 마무리된 사건이다.

프랑스 성직자들의 불만을 들은 보니파키우스 8세는 세속 군주의 성
직자 과세를 금지하는 교서(*Clericis laicos*)를 내렸다.[6] 이 교서의 대상은
프랑스에 한정되지 않았다. 필리프는 물러서지 않고 교황령과의 모든 교
역을 금지하는 초강수로 교황을 압박했다. 교황의 선택지는 많지 않았
다. 정면대결과 타협의 기로에서 교황은 머리를 숙였다. 이제 세속의 힘
이 교황의 힘을 능가하고 있다는 현실을 깨달은 것이다. 교황의 동의가
없더라도 비상 상황에서는 국왕이 성직자에게도 과세할 수 있음을 교황
은 인정했다. 그리고 유화책으로 필리프 4세의 조부 루이 9세를 성인으
로 시성했다. 타협이라기보다는 굴욕을 당한 것이다.[7]

이 어정쩡한 봉합마저 오래가지 않았다. 1301년 필리프 4세가 프랑
스 주교 한 사람을 반역 혐의로 체포하고 투옥하여 세속 법정에서 재판
하는 일이 벌어졌다. 교황이 임명하는 주교를 교회 법정이 아닌 세속 법
정에서 재판하는 것은 교황권에 대한 명백한 도전이었다. 필리프 4세는
프랑스 주교와 귀족들을 모으고, 교황에게 맞설 것을 요구하였다. 프랑
스 주교들이 어떤 입장을 취하느냐가 관건이었다. 주교들은 필리프 4세
를 지지했다.

보니파키우스는 필리프에게 대응하기 위해 프랑스 주교들을 교회회
의에 소환했지만 절반도 안 되는 인원이 참석하였다. 필리프는 교황에

게서 여론이 등을 돌리도록 시도했다. 보니파키우스 8세가 전임 교황 켈레스티누스 5세를 교황직에서 사임시킨 장본인이며, 퇴임한 교황을 독살하였다는 소문이 나돌았다. 급기야 교황직의 정통성 부정과 함께 이단자라는 혐의가 덧씌워졌다.

보니파키우스 8세는 더 이상 물러날 곳이 없었다. 1302년 11월 19일 보니파키우스는 중세 교황 교서 중 가장 유명한 〈우남 상크탐〉(*Unam Sanctam*)을 반포한다. '하나의 거룩한 가톨릭교회이자 사도 교회'(*Unam Sanctam Ecclesiam Catholicam et ipsam Apostolicam*)로 시작하는 첫 문장의 첫 두 단어가 교서의 제목이다. 〈우남 상크탐〉 3조는 그리스도로부터 그리스도의 대리자인 베드로, 베드로의 후계자인 교황으로 이어진 한 머리를 둔 한 몸이라고 교회를 규정했다. 신으로부터 인정받은 단 하나의 머리로 교황을 자리매김한 것이다. 중세 정치에서 교황권과 세속권 이해는 중요하다. 〈우남 상크탐〉은 교황권의 신적 기원을 주장했던 교황 겔라시우스의 양검론을 인용하면서 이를 적극적으로 재해석했다. 겔라시우스는 양검론에서 교황권과 세속권 두 권세가 각각 다른 신적 기원을 가졌다고 보았다. 하지만 보니파키우스 8세는 이 양 권세 모두 교회의 권리 내에 있다고 주장했다.[8] 교권은 교회가 스스로 행사하는 것이며, 속권은 교회가 왕과 군인의 손에 위임하여 이루어지는 것이라고 보았다(4조). 세속 권력은 교회의 의지에 따라 행사되어야 하므로 교회 권력에 종속되는 것이 당연하다. 그래서 교황은 모든 사람을 심판하지만 자신은 아무에게도 심판받지 않는다는 것이다(7조). 13세기 들어 최종적 사법 판단이 교황청 재판소에서 이루어졌다는 사실은 이 주장이 비현실적이 아님을 보여 준다.

〈우남 상크탐〉은 마지막 문장으로 더 유명하다. 바로 '로마 교황에게 복종하는 것이 구원에 필수적인 것임을 선언하고, 진술하고, 규정하고,

공표'한 것이다.[9] 교황에게 복종하는 것만이 가톨릭 신민이 구원을 얻는 길이라는 주장은 중세 교황의 권위 상징으로 오해되곤 했다. 실제로는 정점에서 서서히 몰락하는 현실을 인식하지 못했던 교황의 비극적 주장일 뿐이었다. 그는 가톨릭교회가 아닌 교황이 구원의 주체라고 선포했다. 어쩌면 가톨릭교회와 스스로를 동일시했기 때문일 수 있다. 그러나 유럽은 이미 가톨릭교회와 교황을 분리하기 시작했다. 세속 군주들은 그 틈새를 효과적으로 파고들었다.

필리프 4세는 이듬해에 의회를 소집하여 전임 교황 켈레스티누스 살해 혐의로 보니파키우스 8세를 고소했다. 의회에서 그는 공의회를 소집하여 교황을 폐위시킬 것을 요구했다. 필리프의 심복인 기욤 드 노가레 (Guillaume de Nogaret)는 아냐니를 습격하여 교황을 사로잡고 뺨을 때리는 굴욕을 주었다. 아냐니 주민들의 반발로 노가레는 교황을 풀어 줄 수밖에 없었지만 이미 일흔이 가까웠던 교황은 심한 충격을 받은 나머지 한 달 뒤 로마에서 사망했다.

보니파키우스 8세에게 비판적이던 단테는 《신곡》에서 이 아냐니 습격 사건을 그리스도가 그의 대리자인 교황 때문에 포로가 되고 조롱당한 사건으로 평가했다.[10] 1309년 교황 클레멘스 5세는 필리프 4세의 압력에 따라 보니파키우스 8세에 대한 사후 재판을 여는 것에 동의했다. 그러나 프랑스 왕의 과도한 정치적 압력에 이탈리아, 독일 등이 반발하여 정식 재판으로 이어지지는 않았다. 클레멘스 5세는 1313년 보니파키우스의 전임 교황 켈레스티누스를 성인으로 시성했다. 그러나 그 후 켈레스티누스라는 이름을 쓴 교황은 없었다. 이는 보니파키우스에 대한 사후 재판 시도와 켈레스티누스의 시성이 지극히 정치적 목적에서 진행되었음을 보여 준다.[11]

한때 그 무능력으로 떠밀리다시피 사임한 교황이 성인으로 시성되고,

그를 밀어낸 후임 교황은 죽음 후에 가혹한 심판을 받았으리라는 당대의 평가를 어떻게 해석해야 할까? 켈레스티누스 5세는 교황직에 유의미한 자취를 남기지 못했다. 반면 보니파키우스 8세는 기울어진 교권과 속권의 균형을 회복하기 위해 애썼다. 프랑스 왕과 벌인 권력 다툼에서 이미 교황권이 저만큼 뒤처진 냉혹한 현실에서 꿈을 이루지 못했을 뿐이다. 그가 시대를 읽지 못하고 실패한 교황임에는 분명하지만 그로서는 달리 취할 방책이 없어 보인다. 분명한 것은 보니파키우스는 전성기의 향수를 잊지 못한 중세의 마지막 교황이었다는 점이다. 뒤이어 전개되는 일곱 명의 아비뇽 교황 시대와 이후 일련의 르네상스 교황 시대에 교황제의 성격은 급격하게 변한다. 중세 교황제를 인노켄티우스 3세 시대에 묶어 두는 것은 현실과 동떨어진 것이다.

교황청의 아비뇽 체류 70년

역사는 늘 이후에 돌아보는 것이다. 당시 전제 군주적 교황 지배가 붕괴된 시점으로 보니파키우스의 패배를 짚은 사람은 없었을 것이다. 포로로 잡히고, 폐위되고, 살해당한 교황의 역사가 낯설지 않기 때문이다. 하지만 장기적으로 볼 때 새로운 형태의 교황제가 이 시기에 형성되었다.

보니파키우스 8세 사후 교황청은 혼란을 수습하기 위해 이탈리아 출신 교황 베네딕투스 11세(1240~1304)를 선임하지만 8개월 만에 사망한다. 그 후 프랑스 추기경 베르트랑 드 고트(Bertrand de Goth, 1264?~1314)가 교황 클레멘스 5세로 즉위한다. 그는 로마 귀족 가문 사이의 세력 다툼에 불안을 느껴 1309년 아비뇽으로 거처를 옮긴 후 로마로 돌아가지 않고 머무른다. 처음부터 영구히 머물 의도는 아니었다.

하지만 역사는 1309년부터 1377년까지 약 70년 기간 교황청이 아비농에 머문 이 사건을 교황청의 아비뇽 유수라 한다. 당대의 이탈리아 인 문주의자 페트라르카(1304~1374)는 기원전 587년 유다 왕국이 멸망하면서 유대인들이 바빌론에 포로로 끌려간 바빌론 유수 사건에 빗대어 '교회의 바빌론 유수'라고 불렀다.[12] 그러나 이 수사적 표현은 설명이 필요하다. 당시 아비뇽은 프랑스의 직접 통치 지역이 아닌 교황령에 속해 있었다. 강제로 바빌론에 끌려간 유대인들과 달리 교황은 프랑스 왕의 압박으로 옮겨 간 것도 아니었다. 다만 결과적으로 프랑스 왕이라는 세속 군주의 영향력하에 교황이 종속된 시기를 보낸 것은 사실이다. 역사는 이때를 교황청이 프랑스에 포로로 잡힌 시기로 평가하는데, 아비뇽 유수 기간 동안 프랑스인 추기경들이 대거 선출되고 이 시기에 선출된 교황은 모두 프랑스 출신이었기에 그런 해석이 가능하다.

왜 아비뇽 교황들은 로마로 돌아가지 않고 70년이나 머물렀을까? 돌아갈 의사가 없었던 것은 아닐까? 첫 아비뇽 교황인 클레멘스 5세가 우발적으로 머문 경우라면, 1316년에 후임자가 된 요한 22세(1245~1334)부터는 아비뇽에 영구히 거주할 의도를 보여 주었다. 요한 22세는 탁월한 행정력으로 아비뇽을 큰 도시로 키웠다. 아비뇽 교황청이 보여 준 사치는 당시 청빈을 추구하는 프란체스코회로부터 큰 비판을 받았다.[13] 세 번째 아비뇽 교황 베네딕투스 12세(1280~1342)는 아예 아비뇽에 교황궁을 세우고 교황기록보관소를 이전하였다. 이쯤 되면 의도가 명백하다. 교황들은 로마로 되돌아가기에는 무정부상태인 그곳이 위험하다고 판단하였다. 그래서 교황청 이전을 진지하게 고민하였다. 볼로냐에 새로 교황청을 지으려는 고려도 있었지만 결국 아비뇽으로 결정되었다. 게다가 그의 후임자인 클레멘스 6세 재위 시절인 1347년에 유럽을 강타한 흑사병으로 다른 여지는 없었다.

늘 불안한 로마에 비해 아비뇽은 여러모로 안전한 도시였다. 그럼에도 아비뇽 후기 교황들은 로마로 돌아가려 시도했다. 아비뇽에서 교황은 프랑스 왕과 프랑스 출신 추기경들에게 휘둘릴 수밖에 없었다. 프랑스와 잉글랜드의 백년전쟁 중에 교황의 정책은 대개 프랑스에 우호적이었다. 교황에게 여전히 요구되었던 유럽 군주들 사이의 중재 역할은 프랑스의 영향력으로 축소될 수밖에 없었다는 의미이다. 출신을 떠나 교황은 유럽 세계의 중심이어야 했고, 그렇게 되길 원했다. 여섯 번째 아비뇽 교황 우르바누스 5세(1310~1370)는 1367년 아비뇽을 떠나 로마로 귀환했다. 하지만 프랑스 교황에 대한 이탈리아 사람들의 냉담한 반응에 3년이 못 되어 다시 돌아왔다. 마침내 그 후임으로 선출된 교황 그레고리우스 11세(1329~1378)가 1377년 로마로 귀환하면서 70년의 긴 아비뇽 유수가 마무리된다.

로마로 돌아왔다고 문제가 해결된 것은 아니었다. 전에 없던 갈등과 분열의 씨앗이 뿌려졌다. 로마로 귀환한 이듬해 그레고리우스 11세가 사망하면서 새로운 교황을 선출해야 했다. 이탈리아인들은 프랑스인 교황이 선출되면 또다시 프랑스 왕의 하수인 노릇을 할 것이라는 우려가 있었다. 그래서 그들은 로마 사람, 적어도 이탈리아 사람이 교황으로 뽑혀야 한다고 주장했다. 추기경은 프랑스인이 11명으로 압도적으로 많았고, 이탈리아인 4명과 에스파냐인 1명이 있었다. 콘클라베를 열기 위해 교황궁으로 들어가는 추기경들은 "우리는 로마 사람을 원한다"라고 거세게 외치는 로마 군중을 목격했다. 추기경들은 콘클라베에서 바리(Bari) 대주교 바르톨로메오 프리냐노(Bartolomeo Prignano, 1318~1389)를 교황 우르바누스 6세로 선출했다. 이탈리아 사람이었기에 로마 시민들도 만족했다.[14]

다수의 프랑스 추기경들이 포함된 추기경단에서 프랑스인도 아니고 추기경도 아닌 대주교를 신임 교황으로 선출했다는 것은 정치적 타협의 결과였다. 우르바누스 교황이 교황직을 수락한 지 하루 만에 프랑스 추기경들은 전임 교황의 조카를 추기경으로 선출해 달라는 것과 자기 친구들에 대한 특혜를 교황에게 요구했다. 프랑스 추기경들은 이런 방식으로 교황을 길들일 수 있다고 판단했다. 하지만 교황의 생각은 달랐다. 즉위한 직후 교황은 부재 성직으로 수입을 얻는 성직자들을 비난하였다. 또한 추기경들의 호화로운 삶을 비판하고, 행실이 바르지 않은 추기경들의 직위를 박탈하겠다고 경고했다.

로마 교황이냐 아비뇽 교황이냐

우르바누스 교황의 예상치 못한 행보에 당황한 추기경들이 교황 선거를 무효라고 선언했다. 로마 폭도들의 위협 때문에 콘클라베에서 정상적인 의사결정을 할 수 없었다는 것이 이유였다. 교황 선출 과정에서 로마 사람이나 이탈리아 사람을 뽑지 않았다면 폭도들에게 살해되었을 것이라고 주장하며, 그들은 자신들이 뽑았던 교황 선출이 불법임을 선언하고 콘클라베를 재진행했다. 추기경단은 로베르 드 제네바(Robert de Geneva, 1342~1394) 추기경을 클레멘스 7세로 선출했다. 그는 프랑스 왕 샤를 5세의 사촌으로 친프랑스파 추기경단을 이끌었다. 동일한 추기경단이 몇 개월 사이로 교황을 두 번 선출한 것이다.

실제로 생명에 위협을 느껴 우르바누스를 선출했을 수도 있다. 하지만 추기경단이 우르바누스에게서 등을 돌린 것은 선거의 불법성보다는 교황이 자신들에게 적대적이었기 때문이다. 우르바누스 6세가 이 상황에서 스스로 물러날 리 없었다. 그는 곧 24명의 추기경을 임명했다. 그중 20명이 이탈리아 사람이었다. 최소한 그는 로마에서 입지를 다져 나갔다.

새로 선출된 클레멘스의 선택지는 로마 혹은 아비뇽이었다. 가장 이상적인 것은 우르바누스를 압박하여 몰아내고 로마로 가서 교황 자리를 차지하는 것이었다. 그러나 친프랑스계인 클레멘스가 로마 사람들에게 공격을 받지 않고 안전하게 지낼지는 의문이었다. 그는 용병을 모집해 로마로 진격하려고 했지만 실패했다. 이후 아비뇽으로 행선지를 정했는데, 대립 교황 체제가 장기화될 수밖에 없는 선택이었다. 대립 교황은 서로를 파문했다.

프랑스 왕 샤를 5세는 당연히 클레멘스를 지지할 것으로 보였다. 하지만 대립 교황 체제를 인정하려면 정치적 부담이 있었다. 프랑스 왕이 공개적으로 클레멘스를 지지하면 아비뇽 유수보다 더 복잡한 문제가 발생한다. 교황이 둘이 되면 프랑스와의 관계를 중심으로 유럽이 둘로 나뉜다. 그는 프랑스의 고위 성직자들과 수도원장들을 보아 의견을 들었다. 클레멘스의 정당성을 인정해야 한다는 소리가 많았다. 또한 파리 대학의 학자들도 클레멘스 지지를 선언했다. 샤를 5세는 클레멘스를 정당한 교황으로 인정했다.

과거에도 대립 교황의 문제는 있었지만 이번 분열은 성격이 완전히 달랐다. 이로써 두 명의 정당한 교황이 각각 로마와 아비뇽에서 추기경단과 행정 기구를 갖추어 완벽한 두 교황청이 생겼다. 이 대립 교황 문제는 교황청 내부 문제가 아니었다. 유럽 대부분 국가가 둘로 나뉘어 서로 다른 교황을 지지하였다. 전통적으로 프랑스와 갈등 관계였던 신성로마제국과 잉글랜드가 로마 측 교황 편에 섰고, 잉글랜드와 대립각을 세운 스코틀랜드가 아비뇽 교황을 지지했다. 유럽을 혼란에 빠트린 이 대분열 사태는 40년간 지속되었다.[15]

아비뇽 유수와 흑사병의 충격에서 벗어나기도 전에 유럽 대중들은 교황청이 둘로 분리되었다는 충격적 소식을 접했다. 대중에게 이 사건은 제도 교회에 대한 불만으로 다양한 교회 밖 종교성이 분출하는 계기로 작용했다. 그리고 교황 제도 자체에 근원적 문제제기를 하는 학자들도 나왔다. 로마 교황이건 아비뇽 교황이건 차이는 크지 않았다. 아비뇽 교황청 시기를 살며, 말년에 교회 대분열을 목도한 옥스퍼드의 신학자 존 위클리프에게 대분열은 교황 한 사람에게 권력이 집중됨으로써 생기는 필연적 사건이었다. 그는 이 사건을 교회 타락의 정점으로, 더 나아가 교황을 적그리스도라고 비난했다.

교회 대분열은 종교 내 문제로 그치지 않았다. 두 교황청이 대립하여 교황의 권력이 반으로 나뉜 것은 아니다. 이 분열 때문에 교황은 유럽 정치 지형도에서 주도권을 크게 상실했다. 이 종교 공백을 각 국민국가가 차지하고자 치열한 외교전이 펼쳐졌다. 아비뇽 교황이나 로마 교황이 줄을 세운 것이 아니라, 세속 군주들이 자신들의 정치 외교적 이해관계에 따라 지지할 교황을 선택한 것이다. 교황은 세계 경찰을 자임하는 미국 대통령이기보다는, 강대국 틈바구니 속에서 자존심 굽히며 버텨야 하는 유엔 사무총장에 가까웠다.

두 대립 교황 모두 종교적 신망과는 거리가 멀었다. 우르바누스 6세 선출 직후 추기경들이 등을 돌린 것은 그의 폭력적이고 독단적인 성품 때문이라고 대체로 인정한다. 대립 교황으로 선출된 클레멘스는 그보다 더했다. 그는 1377년 잃어버린 교황령 재정복을 위해 용병을 고용했고 이들이 벌인 체세나(Cesena) 대학살을 승인했다. 적게 잡아 시민 3천 명이 학살되었다. 종교 수장이 되기에는 결함이 큰 두 교황을 선출한 것은 동일한 추기경단이었다. 교황 불신임은 교황을 선출한 추기경단을 불신임하는 것이기도 했다. 로마 측 추기경들은 절대 다수가 이탈리아인이었고, 아비뇽 추기경들은 대부분 프랑스인으로 구성되었다.

파리 대학의 권고

여기서 적어도 두 가지가 분명하게 드러났다. 교황청은 더 이상 유럽 가톨릭 전체를 공정하게 대변할 수 있는 조직이 아니라는 것이다. 다른 하나는 이 분열의 문제는 두 교황과 양측 추기경들 손에서 해결을 기대하기 어렵다는 것이었다. 이 문제 해결을 위해 대학의 법학자와 신학자들이 나섰다. 중세 말기 핵심 대학들이 정치권력으로 등장한 것이다.[16] 파리 대학 신학자들은 대분열을 종식시키기 위하여 공의회 개최를 주장했다. 중세 가톨릭교회는 위기 때마다 해결책을 찾기 위해 공의회를 소집했었다. 공의회는 교황의 요구로 열리는데, 이 상황에서는 두 교황 중 누구도 선뜻 공의회를 열 수 없었다. 그렇다면 교황 아닌 누군가가 전체 교회 공의회를 소집하는 것이 가능한가? 파리 대학 교수들은 공공선 추구가 교회의 최종 가치여야 하며, 신자들의 공동체인 교회는 공공선 추구를 위해 그에 위배된 결정을 취소할 수 있다고 주장했다. 교회의 최종 권위는 그리스도교 공동체에 부여된 것이며, 이는 교황보다도 우위에 있다는 것이다. 따라서 이단적이고 사악한 교황에 대항하기 위하여 그리스도교 공동체는 공의회를 소집할 권한이 있다면서 교황만이 공의회를 소집할 수 있다는 교회법 전통에 반기를 들었다.

이 주장은 일찍이 파리 대학 총장을 지낸 파도바의 마르실리우스(1275~1342)의 정치철학에서 온 것이다. 그는 《평화의 수호자》(*Defensor pacis*)에서 지상의 평화는 시민이 만든 법이 존중될 때 구현되며, 우월한 권리를 주장하는 교황권은 국가의 평화를 위협한다고 했다. 국가 질서는 시민 공동체와 시민이 위임한 세속 권력이 지켜 나가야 할 책임이 있었다. '인민주권론'으로 알려진 마르실리우스의 정치사상은 교황중심주의를 거부하고 공의회주의 이론을 발전시키는 토대가 되었다.[17]

1384년 파리 대학에서는 공의회 개최, 양측의 타협, 두 교황의 사임

等 세 가지 안을 논의한 후 두 교황 모두 사퇴하도록 권고했다. 사퇴하고 다시 교황을 선출하면 번거로운 공의회 절차를 거치지 않아도 되었다. 이 세 번의 기회가 모두 찾아왔다. 그러나 세 기회 모두 실패로 끝났다.

먼저, 타협할 기회가 있었다. 1389년 10월 15일 우르바누스 6세가 사망했다. 아비뇽 교황청에서는 로마의 추기경들을 설득하여 클레멘스 7세를 인정하고 화합하자고 권했다. 그러나 로마의 추기경들은 곧바로 보니파키우스 9세(1355~1404)를 선출했다. 협상의 실마리를 마련할 새도 없이 다시 두 교황은 서로를 파문했다.

두 번째, 1394년 9월 클레멘스 7세 사망 때 사임으로 문제를 해결할 기회가 있었다. 아비뇽 추기경들이 후임 교황 선출을 도모하지 않고 로마의 보니파키우스 9세가 사임한다면, 교황청은 하나가 될 기회를 맞이할 수 있었다. 가장 가능성 높은 정치적 해법이었다. 프랑스 왕은 아비뇽 추기경들에게 교황 선출을 시도하지 말 것을 권고했다. 그러나 아비뇽 추기경들은 다른 선택을 했다. 정치적인 선택에 따라 사임하더라도 우선 아비뇽 교황직을 채우는 것이 유리하다는 판단이었다. 그래서 콘클라베를 열어 또 다른 대립 교황 베네딕투스 13세(1328~1423)를 선출했다. 그는 입후보 시 대분열 해결에 필요하다면 자신이 사임하겠다고 약속했다. 늘 그렇듯이, 선출 전과 선출 후 마음은 바뀌기 마련이다. 프랑스 성직자들이 아비뇽 교황청에서 베네딕투스를 만나 사퇴를 권면했지만 수용하지 않았다.

교황과 추기경단이 스스로 문제를 해결하지 못하자 결국 군주들이 나섰다. 프랑스와 잉글랜드 대표단이 양측 교황을 만나 사퇴를 촉구하였다. 그렇지 않을 경우, 지지를 철회하겠다고 위협했다. 먼저 프랑스가 베네딕투스에 대한 지지를 철회했다. 그러나 베네딕투스는 아랑곳하지 않고 버텼다. 그는 로마 측 교황에게 만나서 타협할 것을 제안했다. 그러나 이는 1404년 로마 측 교황 보니파키우스 9세가 사망하면서 무산되었다. 사임 강권과 타협 권고가 지루하게 반복되는 동안 베네딕투스는 꿋꿋하게 자리를 지켰다. 이제 그의 상대자는 1406년 여든의 나이로 교황에 선출된 로마 측 그레고리우스 12세(1325~1417)가 되었다.

타협과 사임은 당사자의 결단만이 요구되는 상대적으로 간단한 방식이었다. 그러나 양측이 팽팽하게 맞선다면 선택지는 공의회 소집뿐이다. 1408년 6월 29일 양측 추기경단은 두 교황에게 자진사임을 요구했다. 수용하지 않을 경우 공의회를 소집하겠다는 최후통첩도 있었다.

실패한 피사 공의회

이듬해인 1409년 3월 추기경들은 이탈리아 피사에서 공의회를 소집했다. 파리 대학 신학자들이 공동체의 공공선을 성취할 목적이라면 교황이 아닌 그리스도교 공동체가 요청하여 공의회를 소집할 수 있다는 생각을 제시한 지 30년 만이다. 이 논의는 그 후 한 세대 동안 공의회주의라는 이론으로 정교하게 발전한다.[18]

이 1409년의 피사 공의회는 30년 이상 지속된 교황청의 파행을 바로잡기 위한 전 유럽적 조치였다. 양측 추기경들을 비롯해 유럽 대부분 지역의 대주교와 주교, 수도원장, 대학 신학자들이 대규모로 참여했고 대부분의 군주들이 대표단을 파견했다. 그러나 그레고리우스 12세를 확고히 지지하는 독일 왕 루퍼트와, 베네딕투스 13세를 지지하는 에스파냐와 스코틀랜드는 참여하지 않았다. 피사 공의회의 목적은 오직 교회 대분열을 끝내는 것이었다.

공의회는 아비뇽의 베네딕투스 13세와 로마의 그레고리우스 12세를 교회 분열 책임을 물어 파문하고 교황직에서 축출한다고 결정했다. 공의회는 공석이 된 교황직을 채우기 위해 양측의 추기경단에게 교황 선출을 위임했다. 추기경단은 만장일치로 밀라노 추기경 피에트로 필라르기 (Pietro Philarghi, 1339?~1410)를 새 교황으로 선출했다. 그가 교황 알렉산데르 5세이다. 드디어 양측 모두의 지지를 받는, 분열을 통합하는 교황이 탄생한 것이다. 참가한 고위성직자, 세속 군주 대표자들과 대학 학자들은 알렉산데르를 교황으로 인정했다. 대관식이 1409년 7월 7일 열렸다.

분열이 종식되었다는 안도감과 함께 또 다른 일이 벌어졌다. 그레고리우스 12세는 자신의 세력을 규합하여 같은 기간 이탈리아 치비달레 (Cividale del Friuli)에서 독자적 공의회를 열어 피사에서 선출된 알렉산데르 5세를 파문했다. 독일 왕 루퍼트의 지원이 있었기에 가능했다. 그런데 사건은 예기치 않게 흘러갔다. 이미 두 교황이 존재하는 상황에서 공의회를 추기경단이 소집한 것이 적법한지 논란이 생겼다. 물론 이는 그레고리우스와 베네딕투스의 주장이었다. 프랑스, 잉글랜드, 포르투갈, 보헤미아 등 다수의 국가가 통합 교황 알렉산데르를 지지했다. 하지만 나폴리, 독일, 폴란드는 그레고리우스를, 에스파냐와 스코틀랜드는 베네딕투스를 끝까지 지지했다. 두 명의 교황을 폐위시키고, 한 명의 교황을 선출하려던 공의회는 한 몸에 세 개의 머리가 있어 각자의 정통성을 주장하는 괴물을 낳는 것으로 끝났다. 논란의 여지가 있지만 가톨릭교회는 피사 공의회의 정통성을 인정하지 않는다. 교황이 소집하지 않았다는 것도 한 이유이다.[19]

교회 대분열의 문제를 해결하지 못했다는 점에서 피사 공의회는 실패했다. 그러나 피사 공의회가 남긴 유산은 곧 다가올 미래를 예견하게 했다. 교회의 최고 권위는 교황이 아닌 교회 공동체가 보유한다는 주장은 곧 국민국가에 종속될 교회의 모습을 미리 보여 주었다. 또한 유럽의 세속 군주들이 모두 합의하지 않는다면 하나의 가톨릭교회는 존재할 수 없음도 확실하게 보여 주었다. 피사 공의회의 실패는 5년 후 다시 열릴 콘스탄츠 공의회의 반면교사였다.[20]

국민국가 출현을 읽지 못한 가톨릭교회

교황제의 무력함 때문이든 중앙집권 국가의 등장으로 인한 시대 변화 때문이든, 14세기 가톨릭교회는 돌이키기 어려운 상황을 만났다. 이 흐름은 16세기 초 종교개혁으로 공식화될 때까지 이어졌다. 이 흐름에서 주목할 부분은 교황청의 아비뇽유수, 교황청의 분열이 아니다. 중세 말로 가면서 중앙집권제 국가와 국민의식 형성은 교황이나 교회가 세속 정치에서 수행하던 역할을 재고하게 했다. 그러나 돌아가지 못할 옛 영화를 회상하느라 교회는 변하는 시대를 읽지 못했다.

그간 종교개혁은 16세기 가톨릭의 타락에 과도하게 초점을 맞췄다. 그것이 종교개혁의 정당성 확보에 필요했기 때문일 것이다. 그러나 종교로 인한 유럽 분열은 16세기 종교개혁에서 시작된 것이 아니다. 루터의 종교개혁에서 시작된 각 지역의 프로테스탄트 종교개혁은 오래된 분열의 마침표일 뿐이다. 그 내리막길은 교황 보니파키우스 8세의 정치적 패배와 1309년 아비뇽 유수부터 길게 이어졌다. 여기에서 주목해야 할 단어는 '국가'가 되었다. 국민국가의 출현과 성장으로 하나의 가톨릭교회는 각 국가의 정체성에 부합하는 국가교회로 분화되었다. 피사 공의회의 소집과 실패는 교황청의 문제에 세속 군주들 사이의 합의가 가장 중요한 요소가 되었다는 증거이다.

이 위기 속에서 교회는 교황 중심제를 넘어설 공의회주의라는 새로운 교회 정치 이념을 본격적으로 들고 나왔다. 이제 그 이념이 실현된 콘스탄츠 공의회로 갈 때이다.[21]

13

주도하는 세속 권력

—

콘스탄츠 공의회와 공의회주의

콘스탄츠 공의회의 얀 후스

(바츨라프 브로지크 작, 1883)

시간 순으로 보자면 대립 교황 문제가 해결되어 마르티누스 교황이 선출되기 전, 후스는 화형을 당했다. 콘스탄츠 공의회의 주요 안건 중 하나가 위클리프와 후스였다. 위클리프가 죽은 후 30년이 지난 시점에 그의 사상이 공의회에 안건으로 제기된 것은 위클리프의 영향력을 가늠해 준다. 또한 이 공의회에서는 위클리프의 영향을 받은 보헤미아의 개혁가 얀 후스가 화형당한다. 331쪽

세속 권력이 주도한 공의회

대립 교황의 문제를 해결하려 열린 피사 공의회는 대립 교황들이 물러나기를 거부함으로써 세 명의 교황이 존재하는 초유의 사태를 맞았다. 이 문제를 해결하기 위해 독일 콘스탄츠에서 5년 후(1414) 공의회가 소집된다. 첫 공의회인 니케아 공의회를 포함하여 동방 교회 지역에서 열렸던 초대교회 공의회는 모두 황제가 소집하였다. 반면 중세의 공의회는 모두 교황이 주도권을 행사하여 소집했다.

그러나 콘스탄츠 공의회는 교회의 주도권이 교황에게서 다시 세속 군주에게 넘어가는 신호탄이 되었다. 이 공의회가 신성로마제국 황제 지기스문트의 압력으로 개최되었기 때문이다.[1] 콘스탄츠 공의회는 교회 분열 해결, 교회 개혁, 이단 문제 해결 등 세 가지 목표를 가지고 열렸다. 가장 중요한 목적은 교회 대분열 종식이었다. 두 번째인 교회 개혁은 늘 반복되는 주제였다. 이단 문제 해결에서 특기할 것은 그 대상이 프로테스탄트 종교개혁의 선구자로 알려진 얀 후스와 위클리프의 탄핵이었다는 점이다.[2]

피사 공의회에서 선출된 알렉산데르 5세가 1410년 갑자기 사망함으로써 적법한 공의회에서 선출된 적법한 교황이라는 지지 확산에 실패했다. 그 후임으로 발다사레 코사(Baldassarre Cossa, 1370?~1419)가 피사 측 교황이 되었고 요한 23세라 칭했다. 알렉산데르 교황의 갑작스러운 죽음과 요한 23세의 교황 선출에는 여러 의문이 제기되고 있다. 요한 23세가 전임 교황을 독살하고 뇌물을 써서 당선되었다는 것이다. 어디까지가 진실인지는 여전히 묻혀 있다.

그러나 공의회에서 선출된 교황이니만큼 요한 23세의 입지는 다른 두 대립 교황에 비해 견고했다. 특히 로마 측 교황을 명확히 지지하면서 피사 공의회에 불참하였던 신성로마제국이 로마 측 교황 그레고리우스 12세를 버리고 요한 23세를 지지했다. 이로써 세력을 확고히 한 요한 23세는 18명의 추기경을 새로 선출하였다. 그중에는 공의회주의 운동의 핵심 사상가인 피에르 나이(Pierre d'Ailly)와 프란치스코 자바렐라(Francisco Zabarella)가 있었다.

요한 23세가 공의회를 소집한 배경은 더 들여다볼 필요가 있다. 1413년 나폴리 왕국 군이 로마로 진격해 오자 교황은 피렌체로 도망했다. 요한 23세의 사절인 자바렐라 추기경은 신성로마제국 황제를 만나 도움을 요청했다. 이 만남에서 황제는 교황에 대한 지원을 조건으로 공의회 개최를 요청했다. 교황은 이 제안을 수락했다. 공의회 소집 장소도 정세가 불안한 로마가 아니라 신성로마제국 영토인 독일 남부 콘스탄츠로 결정되었다. 1413년 10월 30일 황제 지기스문트는 이듬해인 1414년 11월에 콘스탄츠에서 공의회가 열릴 것이라고 공식 발표했다.

요한 23세가 공의회 소집 요청을 선뜻 수용한 것은 황제 지기스문트가 자신을 지지하고 있다는 자신감의 반영이었다. 이 당시만 해도 3년 후, 자신의 이름으로 소집한 공의회에서 도망친 후 잡혀 굴욕적으로 사임할 것은 예측하지 못했을 것이다. 교황 요한 23세는 교회 분열 해결이 아니라 자신을 중심으로 미완의 교회 개혁을 추진하려고 공의회를 개최하였다.

이 공의회에는 3백 명 이상의 주교, 백 명 이상의 대수도원장, 성직자, 신학자, 법학자, 세속 군주들이 참석했다. 전 유럽의 대표자들이 참여했고, 동방 교회에서는 그리스와 콘스탄티노플에서 사절단을 파견했다. 3년 반 이상 지속된 이 공의회는 40번 이상의 전체 회의와 수많은 소위원회를 통해 논의를 이어 갔다. 이 상황에서 강력하게 등장한 것이 공의회주의(conciliarism)였다.[3] 전통적으로 가톨릭교회는 교황이 주도권을 쥔 교황권주의(papalism)였다. 그런데 공의회주의자들은 전 교회 공동체를 대표하는 공의회가 교황보다 우위에 있다는 주장을 펼쳤다. 콘스탄츠 공의회는 신적 정통성을 주장하는 세 교황의 사퇴 문제 처리라는 우스꽝스러운 상황을 맞이하면서 교황우선주의에 신뢰가 떨어질 수밖에 없었다. 대립 교황 문제를 해결하기 위해 공의회 소집을 주장한 공의회주의자들은 분열된 전 교회를 대표하는 것은 교황이 아니라 공의회라고 주장하였다.[4]

이는 요한 23세로서는 전혀 예상하지 못한 상황이었다. 피사 공의회에서 못 다한 개혁 안건을 다루자는 애초의 목표와 달리 교황보다 공의회가 우위에 있다는 공의회주의라는 전대미문의 생각이 핵심 사안이 되었다. 파리 대학 총장 출신으로 요한 23세가 임명한 추기경 피에르 다이가 앞장섰다. 공의회발 쿠데타는 조직적이고도 체계적으로 이루어졌다. 대부분의 추기경들은 피사 공의회에서 선출된 교황의 적법성을 확인하고, 대립 교황들인 아비뇽 측 베네딕투스 13세와 로마 측 그레고리우스 12세를 폐위하는 것으로 공의회를 마무리하고자 했다.

그러나 단순히 교회 분열을 매듭짓는 것으로 공의회를 끝내면 안 된다는 목소리가 터져 나왔다. 참가자 중 파리 대학 총장인 장 제르송과 피에르 다이 추기경은 아비뇽과 로마의 대립 교황을 사퇴시키고 요한 23세를 중심으로 단일화한 후 공의회를 조기 폐회하고자 하는 이들이야말로 교회 분열을 부추기는 심각한 이단 혐의자들이라고 비판하였다. 그들은 성공적으로 공의회를 마무리하려면 세 사람 중에 한 사람을 교황으로 인정해서는 안 되며 모두 사퇴하고 제4의 인물을 선출해야 한다고 주장했다.

피에르 다이는 자신을 선출한 교황 요한 23세를 직접 겨냥했다. 다이와 그에 동조하는 추기경들은 교회의 평화를 위해 요한 23세의 퇴위를 요구했다. 공의회를 소집한 교황의 사임 건이 갑작스럽게 의제로 상정되었다. 치밀하게 진행된 작전이었다. 교황 선출은 추기경단의 몫이었다. 하지만 당시 추기경단은 참가한 모든 국가의 의견을 공정하게 반영할 수 없는 구성이었다. 이 문제가 선결되지 않는다면 각 국가가 지지하는 교황이 또다시 정당성을 주장하게 되기 때문이다. 여기에서 등장하는 것이 '국민단'이었다. 국민단이란 중세 대학을 다룬 부분에서 언급했듯, 본질적으로 국제적 교육 기관인 대학 운영에 출신 국가의 이해관계를 대변하는 조직이다. 이 국민단이 교황 퇴임과 새로운 교황 선출에서 추기경단을 대체하게 되었다.

스코틀랜드와 아일랜드를 포함한 잉글랜드 국민단, 프랑스 국민단 그리고 폴란드, 보헤미아, 헝가리, 덴마크를 포함한 독일 국민단, 이탈리아 국민단, 에스파냐 국민단이 구성되어 일반 회기에서 안건을 국가별로 투표하자고 결정하였다. 이 같은 조직을 만든 이후 교황 요한 23세에 대한 퇴임 압박이 가해졌고 교황의 범죄 혐의에 대한 고발이 이어졌다. 요한 23세를 지지하던 황제 지기스문트도 더 이상 그를 지지하기가 어려운 상황이 되었다. 요한 23세는 1415년 3월 2일 콘스탄츠 대성당 제단에 무릎을 꿇은 채 그리스도의 백성들과 교회에 평화를 가져오기 위하여 자유의사에 따라 기꺼이 교황직에서 퇴위하겠다고 성명서를 낭독했다. 그러나 한 가지 조건이 있었다. 대립 교황들인 베네딕투스 13세와 그레고리우스 12세가 사임하면 자신도 퇴위하겠다는 것이었다.

하지만 독일, 프랑스, 잉글랜드 국민단은 무조건적이고 즉각적인 사퇴를 요구했다. 그러자 공의회를 소집한 자신이 공의회 장소를 떠나 페회를 선언하여 무효로 만들 의도로 요한 23세는 비밀리에 그 장소를 빠져나갔다. 하지만 무장한 군사들에게 잡혀 공의회 장소로 돌아왔고 교황직에서 폐위되었다. 로마 측 그레고리우스 12세는 자진 사퇴하였고, 아비뇽의 베네딕투스 13세는 퇴위를 거부하여 공의회에서 파면하였다.

공의회에 참여한 국민단의 압박으로 교황이 사임하였지만 새로운 교황 선출은 또 다른 문제였다. 교황을 선출하는 전통 방식인 추기경단의 콘클라베를 통하지 않고 교황을 뽑을 수 있을까? 이는 단순히 방법론의 문제가 아니었다. 과도하게 권력이 집중된 교황제가 두 명, 심지어 세 명의 교황이 존재하는 시대를 만들었다면 제도 자체를 손보는 것이 근원적 해결책이었다. 교회 대분열이 교황의 자발적인 퇴임이나 대립 교황들 사이의 타협이나 토론으로 해결되지 못하고 공의회를 통해 이루어졌기 때문에 공의회는 스스로 교황보다 앞선 권위를 주장하였다.

〈핵 상크타〉 반포

콘스탄츠 공의회는 1415년 교령 〈핵 상크타〉(Haec sancta)를 반포한다. 그 핵심은 적법하게 소집된 공의회가 교황보다 우위에 있다는 것이다. 이 교령에 따르면 교황을 포함한 누구라도 교회 개혁과 관련하여 공의회에 복종할 의무가 있었다. 공의회 역사에서 이 교령은 기존의 교황권 주장과는 완전히 성격이 달랐다. 교회의 본질적 권위는 교황 개인이 아니라 각 국가의 그리스도교 공동체를 대표하는 국민단으로 구성된 공의회에 주어졌다는 혁명적 선언이었다. 그렇다면 이 주장은 대립 교황 체제를 마무리하기 위한 임시적이자 예외적 선포인가, 상시적으로 공의회가 교황권보다 우위에 있어야 한다는 주장인가?

〈핵 상크타〉에 대한 생각은 공의회 내부에서도 갈렸다. 분열된 교황제를 해소하기 위해 임시적으로 적용되어야 한다는 견해가 있었지만, 교령 자체는 그런 제한을 두지 않고 있다. 그리고 이 교령은 교황수위설을 회복하려는 교황권주의자들과, 계속해서 공의회를 교회 개혁의 중심에 두고자 하는 공의회주의자들 사이에 자란 긴 갈등의 뿌리가 되었다.[5]

추기경단이 여론을 편향되게 왜곡할 수 있기 때문에 국민단이 각각의 투표권을 갖고 교황을 선출하는 새로운 선례를 공의회는 만들었다. 긴 안목에서 보자면, 각각의 국민국가가 교회에 영향력을 가지는 국민교회 형성 시기로 하나의 가톨릭 유럽은 접어들었다.

1417년 마침내 이탈리아 출신의 마르티누스 5세가 공의회에서 새 교황으로 선출되면서 유럽 교회의 대분열이 수습된다. 이때부터 1978년 폴란드 출신 요한 바오로 2세가 교황으로 뽑힐 때까지 단 두 사람을 제외하고는 모든 교황이 이탈리아 출신이다. 이탈리아인 교황 시대가 열린 것이다. 그러나 교황의 권력은 이탈리아 반도 내로 제한되었다. 교회 대분열을 딛고 로마로 돌아간 교황청은 피렌체 가문으로 대표되는 이탈리아 도시국가의 유력 가문 출신 교황들을 대거 배출하였다. 그들은 알프스 이북에 영향력을 확대하려 하기보다 세속 군주처럼 이탈리아 반도 내에서 세력 확보를 위해 애썼다. 그다지 종교적으로 보이지 않는 세속적 르네상스 문화의 최대 후원자가 교황이었다는 점은 교황이 더 이상 유럽 전역의 종교 수장으로 영향력이 없었음을 보여 준다.

이탈리아 반도에 머문 교황이 재기할 것인가? 아니면 공의회주의자들의 바람대로 공의회가 가장 최상위 기구로 자리매김할 것인가? 이것은 유럽 교회의 초미의 관심사가 되었다. 대립 교황들의 분열은 끝났지만 더 큰 분열이 남아 있었다. 교황과 공의회의 분열이었다. 정확히 말하자면 이탈리아인 교황과 유럽 국민 국가 사이의 분열이다. 16세기 종교개혁을 이 관점에서 보자면, 루터가 촉발한 종교개혁은 교황과 유럽 국민 국가 사이의 분열을 확정 지은 사건이었다.

후스의 화형과 위클리프 탄핵

후스의 화형은 시간순으로 보자면 대립 교황 문제가 해결되어 마르티누스 교황이 선출되기 전이었다. 콘스탄츠 공의회의 주요 안건 중 하나가 위클리프와 후스였다. 위클리프가 죽은 후 30년이 지난 시점에 그의 사상이 공의회에 안건으로 제기된 것은 위클리프의 영향력을 가늠해 준다. 또한 위클리프의 영향을 받은 보헤미아의 개혁가 얀 후스도 이 공의회에서 화형당한다.

교회 대분열 상황은 하나의 가톨릭교회를 넘어선 다양한 목소리가 분출되고 확장되는 빌미가 되었다. 콘스탄츠 공의회는 위클리프 사후 그의 서적에서 가톨릭교회가 수용하기 어려운 주장들을 찾아 이단으로 선언하고 파문한다. 이때 보헤미아의 개혁자 얀 후스가 소환된다. 후스는 16세기 루터 종교개혁 이전에 이미 가톨릭교회와 별개의 독자적인 보헤미아 국민교회를 형성했다. 황제 지기스문트는 이 문제를 다루기 위해 얀 후스를 공의회에 초청한다. 공의회에서 맞이할 적대적 상황을 두려워한 후스에게 황제는 안전통행을 보장했다.[6]

후스와 보헤미아 개혁 운동은 그 영향력에 비해 제대로 평가받지 못한 면이 있다. 이 운동은 루터가 추구했던 이상을 한 세기 전에 부분적으로 성취했다. 후스의 사상적 근원은 옥스퍼드 대학의 신학자 존 위클리프이다. 위클리프의 추종자들은 탄핵되어 대학에서 쫓겨난다. 쫓겨난 일군의 학자들은 프라하 대학으로 갔다. 잉글랜드 왕 리처드 2세와 보헤미아 왕의 누이 안나가 결혼하여 보헤미아와 잉글랜드 사이에 사상적 교류가 확대된다. 옥스퍼드 대학에 프라하 대학 출신의 학자들이 많이 건너와서 공부한다. 위클리프의 작품은 옥스퍼드에서 공부하던 보헤미아 성직자들에 의해 보헤미아로 다시 전해졌다. 위클리프가 남긴 여러 필사본이 프라하 대학 도서관에 지금도 남아 있다.

화체설을 인정하는 후스파와 인정하지 않는 위클리프는 화체설에 대한 입장을 제외하면 견해가 매우 유사하다. 후스는 교회란 선택받은 자의 모임이라는 신념을 가졌다. 교황이나 주교가 선택받은 자인지 불확실하기에 그는 가톨릭 위계구조의 정당성에 문제를 제기한다. 후스파 개혁 운동의 핵심 중 하나는 성례전이 아니라 설교 중심 교회였다. 후스는 자신이 그리스도의 가르침을 전하도록 사명을 받았다고 확신했다. 후스는 미카엘 성당 설교가 시절 처음으로 대중 설교를 했다. 대중들을 대상으로 하는 설교가 15세기에 후스를 통해서 확산되었고 개혁 운동의 핵심으로 대중 설교가 자리 잡았다. 그는 성직자가 아닌 대중에게 자국어로 설교했다.[7]

제도 교회에 매이지 않은 그는 교회 개혁의 메시지를 대중 설교를 통해 전달하였다. 설교를 통해 대중뿐 아니라 귀족들, 프라하 시민들, 또 보헤미아 왕실까지 후스의 개혁사상을 지지하게 되었다. 대중의 정서를 파악하고 일깨우는 설교를 통해 객체로 머물던 대중이 능동적 주체로 바뀌었다. 이것이 가능했기 때문에 민중이 후스 사후에도 적극 보헤미아 개혁을 위해 나선 것이다. 전 민족적 개혁을 위한 사상적·대중적 기반을 후스는 대중 설교를 통해 마련했다.

개혁은 아래로부터의 요구와 위로부터의 의지가 만날 때 성공한다. 후스는 대중 설교를 통해서 대중을 동력화했을 뿐 아니라 지식인의 의식화를 이루어 간다. 그는 프라하 대학 총장으로 일하며 보헤미아의 의식화 활동에 앞장선다. 그것은 보헤미아 민족의식 고취로 이해할 수 있다.[8] 소환과 화형 논의에서 먼저 고려해야 할 것은 교회 대분열 상황에서 보헤미아가 처한 상황이다. 이 당시 후스가 취했던 정책은 교회의 정치적 중립이었다. 정치적 중립화를 놓고 로마 측 교황을 지지하는 프라하 대주교와의 갈등 속에 후스는 대주교로부터 성무정지를 당한다. 그러나 후스와 지지자들은 국왕의 지원을 얻어 중립화를 이끈다.

하지만 피사 공의회가 실패하면서 후스의 교황청 및 교회 개혁에 대한 입장은 점차 단호해진다. 피사 측 교황 요한 23세에 대해 그는 과격한 입장을 취하게 된다. 요한 23세는 로마 교황 그레고리우스 12세를 지지하는 나폴리 지지자들을 무력으로 굴복시키려고 면벌부를 조건으로 십자군을 조직했고, 이에 후스는 피사 교황에게 반발한다. 종교적 갈등으로 벌이는 전쟁은 정당성이 없으며, 면벌부 발행은 교황권의 남용이라고 비판한다. 루터 종교개혁의 단초가 된 면벌부에 대하여 한 세기 전 후스는 면벌부 판매를 비난하는 설교를 하였고, 세속의 검을 휘두를 권위가 교황에게 없다고 주장했다. 보헤미아의 여론은 전폭적으로 후스 편이었다. 보헤미아 군중은 매춘부 옷을 걸친 두 명의 학생의 목에 십자군 소집과 면벌부에 관한 요한 23세의 칙서를 걸고 그들을 수레에 태워 행진한다. 그리고 칙서를 공개적으로 불태워 버린다.[9]

이에 분개한 교황이 보헤미아 왕을 압박해 이 사건을 벌인 가담자들을 처형한다. 분노한 군중과 프라하 대학의 교사와 학생들은 주검을 베들레헴 성당으로 옮겨 순교자로서 장례를 치른다. 프라하 대학, 보헤미아와 교황 간 갈등을 겪으며 후스는 프라하 대학을 떠나 은신 생활을 한다.[10]

교회 분열 문제를 해결하기 위해 열린 콘스탄츠 공의회에서 이 보헤미아 문제도 주요 안건이었다. 신성로마제국 황제 지기스문트의 안전통행권 보장에 후스는 타락한 가톨릭교회 개혁의 마지막 기회라 여기고 참여한다. 교황은 후스에게 자유롭게 행동할 권한을 주지만 미사는 금지한다. 후스는 이에 아랑곳하지 않고 매일 숙소에서 미사를 집전하다가 추기경단에게 빌미를 주게 된다. 그는 체포되어 수도원에 감금당한다. 추기경단의 눈치를 보지 않을 수 없었던 지기스문트는 적극적 구제 조치를 취하지 않았다.[11]

후스는 3개월 넘게 갇혀 있었다. 공의회 의제의 우선순위에서 비껴 나 있었기 때문이다. 그 후 그는 프란체스코 수도회 감옥으로 옮겨져 재판을 받는다. 약 서른 가지 교리가 이단 판정을 받는데 대부분 교회론에 관련된 것이다. 교회 구성원은 전적으로 예정된 사람들의 모임이며, 교회의 머리는 그리스도뿐이고, 전투적 교회가 교황이라는 가시적 우두머리를 가질 필요가 없다며 교황제를 부인한 내용이다. 또한 동기가 순수하다고 양심에서 증거한다면 교황이 금지하더라도 설교를 해야 한다고 그는 주장한다. 그리스도교 신앙의 유일한 원천이자 법규는 성서라는 성서중심주의도 펼친다.

피에르 다이와 장 제르송 등 교황권을 제한하고 공의회의 우위성을 주장하는 측조차 후스의 주장은 너무 급진적이라고 비판했다.[12] 결국 후스는 파문되고 콘스탄츠 대성당 기둥에 묶여 화형당한다. 교회일치와 개혁의 기치를 내걸고 소집된 이 역사적 공의회에서 개혁자가 죽임을 당했고, 그의 죽음은 엄청난 후폭풍을 가져온다. 후스는 보헤미아의 순교자이자 민족의 영웅이 되었다. 그리고 후스 전쟁이라고 불리는 신성로마제국과 보헤미아 간 전쟁이 발발한다.

또한 공의회는 사후 30년이 지난 잉글랜드의 신학자 존 위클리프를 파문하고 그의 뼈를 파내어 불사르라는 판결을 내린다. 이 판결 후 1428년 공의회에서 선출된 교황 마르티누스 5세는 판결을 집행하여 위클리프의 뼈를 불사른 후 강에 뿌렸다. 비록 두 개혁가들의 이상은 실패로 끝났지만, 다음 세기 종교개혁의 마중물이 되었다.[13]

교황권을 넘어선 공의회주의

교회 대분열을 마감하고 후스 문제를 해결한 공의회는 안정적이고 지속적인 교회 개혁의 제도적 장치를 마련할 논의를 이어 갔다. 1417년 10월 9일 콘스탄츠 공의회는 일련의 개혁법령을 마련했다. 그중에서 〈핵 상크타〉와 더불어 공의회 우위설을 제도적으로 못 박으려는 교령인 〈프레퀜스〉(Frequens)가 공포되었다. 이 교령은 공의회를 정기적으로 개최한다는 내용이다.[14] 가톨릭교회 역사에서 공의회 개최는 특별한 의제가 있을 때 소집하는 부정기적 성격이었다. 그런데 이제 공의회를 상설기구로 두는 것이다. 차기 공의회는 콘스탄츠 공의회 후 5년 뒤에 개최하고, 그다음 공의회는 그로부터 7년 후 개최하도록 했다. 그리고 그 이후에는 매 10년마다 개최하도록 정했다. 공의회는 분열을 성공적으로 해결하고, 신임 교황을 선출하고, 공의회를 중심으로 한 장기적 교회 개혁 청사진을 그려 가고자 했다. 콘스탄츠 공의회에서 선출된 신임 교황 마르티누스 5세는 이 결정에 따라 공의회 개최를 약속했다.[15]

적어도 이 당시 공의회주의는 교황권주의를 앞섰다. 교황마저 공의회가 못 박아 놓은 공의회 개최 일정을 지키지 않을 수 없었다. 교회 대분열의 결과 공의회 자체가 교황을 넘어서는 거대한 권력이 되었다. 공의회를 구성하는 국민단이 교황권을 통제함으로써 세속 군주들의 교회에 대한 영향력이 확대됨은 당연한 결과이다.

그리스도교 신앙을 따르는 가톨릭 공동체에서 교황을 우위에 두느냐 공의회를 우위에 두느냐 하는 것은 16세기 판 종교개혁의 예표로 볼 수 있다. 다양한 층위에서 종교개혁을 볼 수 있지만, 교회 정치와 제도 측면에서 본다면 교황 중심 교회에서 국민국가가 주도하는 교회로 권력이 분산된 것이 종교개혁이다. 공의회주의자들의 기본적인 주장은 교황에게 집중된 권력을 분산해서 각각의 국민국가가 대표하는 국민단으로 구성된 공의회에 힘을 실어 주자는 것이다. 프로테스탄트 종교개혁의 원형을 예시하는 시도라고 할 수 있다.

공의회주의 패배와 분열된 유럽

결론부터 말하면 공의회주의는 그리 오래 우위에 서지 못했다. 교황이 주도권을 회복했다. 콘스탄츠 공의회 사건을 중세 교황권주의 몰락으로 보는 것은 섣부르다. 위클리프나 후스와 달리 공의회주의는 교황권을 부정하지 않았다. 프랑스, 잉글랜드, 신성로마제국 지배자들은 국내 교회 관련 사안에 대해 교황의 개입을 최소화했을 뿐이다. 15세기에 주도권을 쥐었던 공의회주의는 16세기 종교개혁에 영향을 주지 못했다.

교황 마르티누스 5세는 교령 〈프레퀜스〉에 따라 1423년 파리에서 공의회를 소집했다. 하지만 흑사병이 돌아 공의회는 취소되고 7년 후 바젤에서 다시 개최하기로 한다. 교황권주의자들과 공의회주의자들 사이에 갈등이 고조된 가운데 1431년에 바젤에서 공의회가 열린다. 이 공의회에 참여한 주교들의 수는 소수였고, 대부분의 참석자들은 교회 개혁을 염원하는 성직자, 대학교수 및 신학자들이었다. 공의회주의자들이 중심이 된 바젤 공의회는 성직자들이 교황에게 내는 초입세를 폐지하고, 교황의 성직록 지명 권한을 없애는 등 교황의 손발을 묶는 조치들을 통과시킨다. 다시 한 번 교황권주의자와 공의회주의자의 대립에서 공의회주의자들이 우위를 확인한 것이다.[16]

하지만 교황은 역시 교황이었다. 아무리 공의회가 견제한다 하더라도 상시적으로 그리스도교 세계의 문제를 처리하는 것은 교황청이었다. 교황의 힘을 빼놓고자 하는 공의회의 시도에 대항하여 교황 에우게니우스 4세는 자신이 주도권을 쥘 새로운 의제를 들고 나온다. 분열된 동·서방 교회를 다시 통합하는 것이었다. 예정된 공의회를 소집해야 할 때 공의회주의자들은 바젤을 고수하고, 에우게니우스 4세는 페라라에서 열 것을 고집한다. 급진적 공의회주의자들이 바젤에서 공의회를 여는 동안,

교황은 1437년 페라라에서 공의회를 속개한다. 동·서방 교회 화합이라는 압도적 안건을 가지고 동방 교회 사절이 참여한 페라라 공의회가 정당성을 얻게 된다.[17]

이에 바젤 공의회는 교황이 공의회에 예속된다고 선포하고, 에우게니우스 4세를 폐위한 뒤 평신도이던 사보이 공작 아마데우스를 대립 교황으로 선출하여 펠릭스 5세라고 명명한다. 다시 대립 교황이 세워졌다. 하지만 분열을 원치 않는 그리스도교 국가들은 에우게니우스 4세를 명시적으로 지지하였고, 공의회 우위설은 타격을 입는다. 페라라에서 열린 공의회는 흑사병으로 피렌체로 옮겨 가 계속된다. 이 때문에 페라라-피렌체 공의회라 불린다.[18]

동·서방 교회 통합 의제에서 가장 큰 걸림돌은 서방 교회에만 도입된 연옥 교리였다. 비잔틴 황제 미하일 5세는 오스만 튀르크의 위협이라는 정치적 이유로 서방의 도움이 필요했다. 그리하여 민감한 신학적 문제인 연옥 교리를 수용한다. 그에 대한 보답으로 교황은 군사적·재정적 지원을 비잔틴 제국에 약속했다. 그러나 동방 교회 대표단의 결정에 대하여 동방 교회의 성직자들은 수용할 수 없다고 반발하였다. 그러는 사이 1453년 콘스탄티노플이 오스만 튀르크에 함락되면서 천 년 동안 유지되던 동로마 제국은 역사에서 사라진다. 동서 교회가 합쳐질 기회가 소멸된 것이다.

공의회주의자들이 더 이상 유럽 내에서 지지를 얻지 못하자 대립 교황 펠릭스 5세는 사임한다. 교황의 완전한 승리로 끝난 것이다. 교황은 10년마다 공의회를 개최하기로 정한 콘스탄츠 공의회 결정사항을 더 이상 따르지 않는다. 이는 16세기 루터의 종교개혁 때 교회가 발 빠르게 공의회를 소집하여 대처하지 못한 이유가 되었다. 1517년 시작된 루터의 종교개혁에 대해 가톨릭교회는 28년 후인 1545년에야 트리엔트 공의회를 열 수 있었다.

공의회주의는 중세 말 가톨릭교회 개혁의 새로운 모델이었다. 실패로 끝났기 때문에 이 운동이 남긴 정치적·종교적 유산은 대부분 상실되었다. 하지만 공의회주의는 근대 의회민주주의의 한 형태를 예시하고 있다. 공의회는 성직자를 포함한 그리스도교 세계 내의 다양한 계급과 이해관계자들을 대표하여 보편 교회를 위해 활동하는 기구이다. 이 공의회는 교황의 동의 없이도 적법하게 개최될 수 있있고, 참가하는 대표단이 그리스도교 세계 전체를 대표하여 결정하는 최고 관할기구가 되었다. 이 공의회주의는 과도한 교황 권력에 반대하는 성직 계급뿐 아니라, 프랑스, 잉글랜드, 독일의 군주들이 교회 문제에 대한 자치권을 확보하려는 의도에서 활용하기도 했다.[19]

공의회에서 세속 군주들이 유럽 그리스도교 공동체의 규범을 결정하고 정책을 감독하고 협상한 것은 교황 입장에서는 치명적 권한 상실이었다. 따라서 공의회는 외교와 국제 관계에서 교황을 대신하는 조정자 역할을 했다. 교회 개혁의 주도권을 공의회가 가지면서 중앙집권적 교황 권한은 세속 정치의 개입으로 약화되었다.

교황권주의가 공의회주의를 결국 눌렀지만 그것이 전과 같은 교황권 회복은 아니었다. 〈핵 상크타〉와 〈프레켄스〉가 계속 유효했다면 중세 말 종교 지형은 완전히 달라졌을 것이다. 공의회주의의 패배는 교황권주의의 승리를 보장하지 않았다. 어찌되었든 공의회주의의 몰락은 중세 말 교회가 연착륙할 기회를 없애 버렸다. 중세 때 공의회가 했던 역할처럼 교회 분열을 해소하기 위해 주도적 역할을 했던 공의회는 루터의 종교 개혁 때 적절하게 대응하지 못했다.

각 개별 국가가 스스로 종교를 선택하면서, 교황을 중심으로 한 하나의 가톨릭은 서로 다른 분파로 사분오열되었다. 유럽은 명칭만 교황이라 부르지 않을 뿐 여러 합법적인 대립 교황을 두게 되었다. 16세기 종교개혁은 공의회주의 실패가 낳은 필연이었다고 해도 과장이 아니다. 이 점에서 종교개혁은 하나의 가톨릭을 분열시킨 사건일 뿐 아니라, 하나의 유럽을 영구히 분열시킨 사건이기도 하다. 공의회주의 실패는 돌이킬 수 없는 유럽 가톨릭의 실패를 낳았다. 루터의 종교개혁 시작 후 거의 30년이 지나서야 열린 트리엔트 공의회는 분열을 회복하기에 너무 늦었다. 가톨릭 진영만 겨우 다독였을 뿐이다.

14

한 세기 앞선 미완의 종교개혁

—

위클리프와 롤라드 운동

위클리프

(토머스 커비 작, 1828)

위클리프파의 주장에 비해 후기 롤라드파들은 위클리프의 주장을 넘어서는 다양한 견해들을 제시하였다. 사상의 일관성이라는 제한된 측면에서 본다면 위클리프와 롤라드파의 관계는 루터와 루터파의 관계보다는 루터와 루터개혁에서 분파되어 나온 급진 종교개혁가들과 더 유사하다고 볼 수 있다. 그러나 다양하게 분포된 후기 롤라드파의 사상을 하나로 아우르는 구심은 가톨릭교회의 교리에 대응한 독자적 성서 해석 도입으로 볼 수 있다. 362쪽

위클리프와 롤라드 운동

위클리프(1330?~1384)와 롤라드 운동은 중세 말 잉글랜드 역사뿐 아니라 16세기 헨리 8세의 종교개혁과 연관되는 등 다양한 측면에서 관심을 끌었다.[1] 일반적으로 롤라드 운동은 옥스퍼드 대학 신학자 위클리프의 영향을 받아 1380년 시작된 교회 개혁 운동으로, 대학에서 시작하여 대중에게 확산된, 아카데미와 대중이 결합한 유일한 운동이라는 평가를 받았다.[2] '롤라드'는 위클리프 추종자들을 비웃는 용어로 처음 사용되었다. 초기에는 '위클리프파'와 유사한 개념으로 쓰이다가 '롤라드'가 점차 지배적으로 사용되었고 후에 이단과 동의어로 발전하였다.

롤라드라는 용어에서 보이듯이 위클리프와 롤라드 운동의 직접적인 연관 관계는 여전히 논란거리이다. 롤라드는 위클리프 추종자들을 가리킨다고 알려져 있지만 반론도 있다. 위클리프의 추종자뿐 아니라 반교회적 입장을 취한 개인들에게 붙인 총체적 경멸의 의미라는 주장이다. 용어의 기원은 대체적으로 '중얼거리는 자'라는 뜻의 네덜란드어 '롤레어'(lollaer)에서 나왔다고 보는데 역사적으로 네덜란드, 벨기에 등 저지대 지방들의 이단 무리를 '롤라드'라고 부르기도 했다.

논란의 핵심은 아카데미 내의 위클리프 사상과 대중 롤라드 운동을 잇는 연결고리가 불명확하다는 데 있다. 대중 롤라드주의는 초기부터 다양한 교리적 분화를 형성하여 체계적 동질성을 찾기 어렵고, 갈수록 위클리프 사상과 대중 롤라드파 사이의 사상적 간극은 넓어진다.

따라서 위클리프주의와 롤라드주의는 같은 의미로 쓰이지만 필요에 따라 구분하기도 한다. 경우에 따라 옥스퍼드 대학 내 위클리프 추종자들을 '지식인 롤라드' 혹은 '대학의 롤라드'라 칭하고, 후기 확산된 대중 운동은 '대중 롤라드파'라 한다. 또 대학 내 위클리프의 개혁 사상을 '위클리프주의'로, 대중들 사이에 퍼져 있는 신조를 '롤라드주의'로 부르기도 한다. 전자가 대학과 대중 롤라드파 사이의 연속성에 초점을 두었다면, 후자는 양자 사이의 사상의 이질성을 강조하는 것이다.

세속 지배론

중세 말로 갈수록 중세인들의 삶과 초자연적 종말을 지배했던 교회 제도에 대항하여 세속 국가의 권리 요구가 커지고 있었다. 국민 국가 의식이 형성되면서 국가와 교황 간 성직적 갈등은 심화되었다. 1377년 교황 그레고리우스 11세로부터 정죄를 받은 위클리프의 지배론(*dominion*) 사상도 이러한 배경에서 형성되었다. 위클리프는 그의 《세속 지배론》 서두에서 '치명적인 죄 가운데 있는 사람은 어떠한 것도 소유할 수 없으며, 신의 은총을 덧입은 사람만이 세상의 모든 것을 소유할 수 있게 된다'고 주장하였다.[3]

위클리프에 의하면, 지배권은 진정한 의미에서 은총을 덧입은 사람만 소유할 수 있다. 또 은총을 덧입은 자들이란 구원이 예정된 선택된 자들이다. 이때 그는 신의 양자가 되며, 세상은 신의 도성이 된다. 그리고 인간은 단순히 물질뿐 아니라, 세상의 모든 소유권을 가지게 된다. 위클리프가 주장하는 은총의 상태에서 벗어난 자들에는 세속적 부와 권력을 추구하는 성직자도 포함된다. 위클리프는 왕이나 군주가 사제와 주교들의 재산을 몰수할 수 있는 상황도 다루고 있다. 중대한 죄를 범한 성직자는 지배권을 상실하므로 세속 권위가 몰수 등을 통해 교회 개혁을 촉발할 수 있다는 논리적 정당성을 제공하고 있다.[4]

이 교리는 일반적으로 세속과 교회 권력 양자에게 위협인 듯하지만 위클리프는 이것을 교회에 한정시켰다.[5] 위클리프는 교회 개혁의 최대 희망이 국왕과 세속 귀족에게 있다고 보았다. 그는 강력한 친국가 입장을 발전시켜 세속 사무에 관한 국왕의 권한과 권리를 강조했을 뿐 아니라 국왕을 교회 질서의 원천으로 보았다. 그는 국왕을 신의 대리자인 동시에 그리스도의 대리자로 보았다.[6] 이러한 주장은 신학적 결론이자 당시 잉글랜드가 가진 반교황주의 감성을 반영하는 현실로 보인다.

제도 교회론에 대한 반대

지배론 주장은 가톨릭교회의 가르침에 또 하나의 직접적 위협인 교회론으로 연결된다. 위클리프에 의하면, '참된 교회'란 믿는 자들의 집합체가 아니라 구원이 예정된 자들로 이루어진 것이다.[7] 이는 모든 백성이 교회의 구성원이 되는 가톨릭교회의 교회론과 배치된다. 이에 따르면 교황이 인간 영혼 구원의 궁극적 운명을 알 수 없기에 제도 교회를 진정한 교회라고 할 근거가 사라진다. 따라서 제도 교회의 구성원들, 즉 실재하는 교회의 교황, 추기경, 주교, 사제, 수도사, 탁발수도사는 그들의 직분을 가지고 현세의 권위를 주장할 수 없다. 위클리프는 이러한 불가지성을 지닌 '참된 교회'의 판별 근거로 성서의 권위를 내세웠다. 그는 복음서와 서신서의 가르침에 부합하느냐가 제도 교회의 권위와 정체 평가의 기준이라고 주장한다.[8]

위클리프는 복음과 그 복음을 설교하는 의무를 강조했다. 사복음서에 교회가 준수해야 할 신령한 메시지의 핵심이 있다고 주장하였다. 위클리프 영어 성서로 알려진 번역본 발행에 위클리프가 얼마나 주도적이었는지, 또 '가난한 설교자들'(poor preachers)이라고 알려진 일군의 순회 설교자들을 그가 직접 조직화했는지에 대해서는 논란이 있다.[9] 하지만 위클리프의 성서와 설교에 대한 주장은 사제의 역할을 두고 새로운 개념을 낳았다. 사제의 역할은 성사 집전이 아니라 성서의 말씀을 설교하고 가르치는 것이다. 성직 서임이 사제를 만드는 것이 아니라 경건한 삶과 성서의 가르침에 신실한 자만이 사제가 될 수 있다는 것이다. 이렇게 참된 그리스도인들이 직접 신과의 관계성을 형성한다는 주장은 사제와 속인 사이의 간극을 좁히고, 중개자로서의 성직자 역할을 제한하는 것이다. 여기에는 제도 교회의 수장인 교황도 예외가 될 수 없었다.

1377년 이전에 위클리프는 세속 문제에서는 교황이 세속 군주에게 복종해야 하지만, 종교적 권위에서는 교황의 수장성을 인정했다. 《교회론》 (De Ecclesia, 1378~1379)을 쓸 때까지도 그는 교황에 대한 기대를 버리지 않았다. 1377년 지배론 교리에 대한 교회의 탄핵이 위클리프의 교황 권위에 대한 반발을 촉발했고, 《교황권론》(De Potestate Pape, 1379)에서 그는 교황을 적그리스도라고 주장하기에 이른다.[10] 1378년의 교회 대분열은 위클리프에게 로마 가톨릭교회 타락의 확증적 신호였다.

화체설 부정

위클리프가 궁극적으로 교회와 단절되고, 옥스퍼드 대학에서 추방당한 원인은 성찬론이다. 그가 교황을 비난하고 교황제의 유효성에 의문을 제기했을 때 동조하는 성직자들도 있었다. 하지만 공식적으로 인정된 성찬 교리인 화체설을 부정하자 그들은 물론 위클리프의 세속 후원자였던 존 곤트와 대학까지 등을 돌렸다.[11]

위클리프는 화체설 교리에서 축성 후 그리스도의 몸으로 변화된 빵과 포도주의 상태에 모순이 있다고 한다. 실체 없이 외양이 존재할 수 있다는 이론은 철학적으로 외양이 실체, 즉 본질과 절연되는 과정을 납득할 만하게 설명하지 않으므로 불합리하다는 것이다.[12]

또한 위클리프는 그리스도가 물리적으로 성체 안에 존재한다는 것에도 의문을 품었다. 그리스도의 몸과 부패 가능한 성체의 물리적 요소를 연관시키면 그 자체로 신성모독이다. 그러므로 그는 성찬식에서 사제의 축성은 그리스도의 몸을 만드는 것이 아니라 그리스도의 징표 혹은 상징을 나타낸다고 주장했다.[13] 이러한 주장은 교회와 사제의 역할에 직접 영향을 미친다. 이전에는 사제의 축성이 빵과 포도주를 그리스도의 몸으로 완전히 변화시켰지만, 이제는 그 효력이 그리스도의 임재를 의미하는 것으로 축소될 수밖에 없기 때문이다.[14] 입장이 확고해진 위클리프는 성찬 교리를 다른 모든 신학적 문제를 판단하는 시금석으로 삼았다. 그는 성찬의 본질에 대해 진리를 말하는 대립 교황이라면 그를 따르겠지만, 교황이 화체설을 지지한다면 악마의 하수인임을 증명하는 것이라고 주장하기에 이른다.[15]

위클리프와 롤라드 학자들의 탄핵

위클리프의 신학 사상에 내려진 첫 번째 공식 조치는 1377년 캔터베리 대주교 서드베리가 발부한 런던 세인트 폴 성당 종교회의 출두 소환장이다. 하지만 이 회의는 세속 지도자들과 런던 주교 커트니와의 다툼으로 촉발된 런던 시민의 소요 때문에 무산되었다.

두 번째 조치는 교황청에서 나왔다. 아비뇽에 파견되어 있던 잉글랜드 수사 아담 이스턴을 통해 위클리프 저작의 문제점을 인지했던 교황청은 그의 《세속 지배론》을 조사했고, 19개 명제가 유죄라고 판결하였다. 1377년 5월 22일, 교황 그레고리우스 11세는 캔터베리 대주교와 런던 주교, 잉글랜드 국왕, 옥스퍼드 대학 총장에게 일련의 서신을 보내어 위클리프 사상을 징계하도록 했다. 잉글랜드 의회는 서신 조사에 착수하지 않았고 오히려 위클리프를 의회의 공식 자문위원으로 임명하였다. 교황은 위클리프를 감금 조사토록 했지만 대주교는 자진 출석하는 형식을 취했다. 대학의 조치는 더 신중했다. 위클리프의 주장은 불완전한 체계이지만 정통에 속한 주장이라고 선언한 것이다. 교황이 명령한 금지 조치는 없었다.

위클리프가 다시 소환된 것은 1381년 농민 폭동 연루 혐의와 이단적 성찬론 주장 때문이었다. 당시 봉기의 지도자이자 순회 설교자였던 존 볼(John Ball)이 위클리프의 제자를 자처한 것이다. 위클리프는 사실 직접적 연관이 없었고 《신성모독론》(De blasphemia)에서 농민 폭동을 비난했다.[16] 하지만 세속 후원자들은 이 폭동을 겪으며 위클리프의 지배론 사상이 가진 혁명성을 인식한다.[17] 더불어 위클리프가 화체설에 반기를 들었을 때 위클리프 탄핵에 미온적이었던 잉글랜드 교회가 강경 입상으로 선회하였다. 교회 대분열 시기에 로마 교황 측에 서 있던 잉글랜드는 위클리프의 성찬론 주장 용인에 부담을 가졌고, 잉글랜드 내 성직자들의 반발도 고려하지 않을 수 없었다.

화체설 교리를 두고 이전의 지지자들은 등을 돌리는 무리와 급진적인 추종자로 나뉜다. 논란이 확산되자 1380년 5월 옥스퍼드 대학은 12명의 신학자와 법학자로 위원회를 구성하여 위클리프의 성찬론 사상을 검토했다. 논란 끝에 화체설에 반하는 두 명제에 대해 유죄 판결이 내려진다. 그리고 대학 내에서 이 명제를 주장하거나 옹호하는 자는 정직, 파문, 투옥의 위협을 받으리라고 선포한다.

1382년 5월 런던의 도미니크회 종교회의(Blackfriars Council)는 당시 공공연히 설교되던 일련의 위클리프의 논제들을 선별해 조사에 착수했다. 종교회의는 그중 10개를 이단적으로, 14개를 오류로 판결하였다. 이단으로 선고받은 10개 조는 대부분 성찬을 다룬 내용이고, 14개 조의 오류는 지배권을 다룬 내용이다.

이로 인해 위클리프는 옥스퍼드에서 추방당하여 루터워스로 유배되고, 2년 후 그곳에서 생을 마치게 된다.[18] 위클리프 추종자들도 대학에서 교수권과 설교권을 박탈당하였다. 그러나 대부분은 자신들의 주장을 철회했고, 교수직에 복직되었다. 위클리프와 지식인 롤라드들에 대한 이러한 조처는 중세 대학의 일반적인 학문적 탄핵과 비교할 때 더 지나친 것은 아니었다.

위클리프 이후 롤라드주의 확산과 탄핵

1382년 위클리프의 추방 이후 1407년부터 1411년 사이 옥스퍼드에서 위클리프주의를 다시 강력히 탄압하기 전까지 급진적인 롤라드 학자들은 간헐적으로 사상 시비에 휘말렸지만 대체로 옥스퍼드에서 위클리프 사상은 다시 확산되어 갔다. 위클리프 사상의 유죄 판결 이후 이단 혐의를 피하려고 저자의 이름을 삭제한 위클리프의 상당수 철학 저술이 복사되어 유통되었다. 옥스퍼드 대학 내 여러 칼리지에서 위클리프 사상 추종자와 서적이 발견되었는데 이러한 정황은 위클리프의 가르침이 옥스퍼드에서 여전히 유지되고 있었음을 보여 준다.[19] 이들은 온건한 롤라드 학자들이라고 할 수 있다. 또 한 갈래는 교회 개혁에 열의를 지녔으며 대중 롤라드파와의 연결고리로 추정되는 적극적 롤라드 학자들이다.

옥스퍼드 대학에서 롤라드의 한 축을 담당했던 곳은 세인트 에드먼드 홀이다.[20] 세인트 에드먼드 홀은 위클리프의 사상이 보헤미아의 후스에게로 연결된 매개 역할을 한 것으로 알려졌다. 이 칼리지의 교수였던 피터 페인의 연구실에서 발견된 서신은 위클리프를 논리학, 철학, 신학, 윤리학 그리고 수사학에서 대학 내 필적할 사람이 없다고 칭송하고 있다. 또한 위클리프는 성서의 진실에 의거하여 글을 쓰고 행동을 하는 인물로, 결코 이단으로 의심받을 주장을 한 적이 없다고도 한다. 이 서신은 프라하 대학의 개혁자들에게 전달되었다고 알려졌는데, 페인 자신이 1413년 프라하로 가서 후스파 개혁 운동에 역할을 했다. 옥스퍼드에는 이렇게 다양한 층위의 롤라드파 혹은 롤라드주의 동조자들이 위클리프 사상을 대학 내외에서 확장하고 있었다.

교회와 대학에 대한 속권의 영향력이 강화되면서 위클리프 사상의 확산에 기여하였지만, 반대로 위클리프 사후 이것이 대학 내 지식인 롤라드주의 쇠퇴에도 영향을 준다. 1381년 농민반란으로 위클리프의 지배론 사상이 대중운동과 연결되어 무정부적 파국을 초래하면서 이전에 후원하는 입장이었던 국가와 교회 양편으로부터 위클리프주의는 탄압을 받게 된다. 그 결정적인 것은 새로운 국왕 헨리 4세와 두터운 관계를 유지하던 캔터베리 대주교 애런들(Thomas Arundel)의 등장이다. 애런들은 대학이 국가교회의 관할을 받아야 한다고 생각했다. 대학이 교황권의 도발에서 다시 왕권의 침해를 당한 것이다. 이것은 속권이나 교권의 대학 후원이 자신들의 이해관계에 따라서 이루어졌음을 보여 준다. 애런들은 위클리프 이단 사상의 척결을 빌미로 대학 자치를 침해하였다. 한편 의회와 대주교의 후원을 업은 헨리 4세는 1401년 교회에 대한 지배권을 강화한다. 특히 1401년 제정한 이단법(De heretico comburendo)은 처음으로 이단 사형 제도를 도입하였다. 이로써 15세기 동안 교회와 세속 권력은 교회법뿐 아니라 세속 법정에서 이단이 심판받는 법적 장치를 마련한 것이다. 이것은 1414년에 더 강력한 법안으로 대체되었다. 이 법안에 의하면 주교들은 이단 색출을 위해 세속 권력에 도움을 요청할 수 있었고 롤라드는 민법상 반역죄로 다스릴 수 있었다.[21]

1407년 캔터베리 대주교 애런들은 13개 조로 구성된 규약을 제정하여 다시금 잉글랜드의 롤라드파 탄압을 주도하게 된다. 이것은 대중 롤라드파 탄압인 동시에 대학 내 지식인 롤라드들을 분명히 대상으로 적시하고 있다. 첫 세 가지는 무면허 설교 금지였고, 네 번째와 다섯 번째는 잘못된 성찬 교리를 다룬다. 여섯 번째는 위클리프의 저작 금서 지정, 일곱 번째는 성서 영어 번역 금지였다. 나머지는 주로 재판 진행에 관련된 내용이고 열한 번째는 대학 관련 사항이었다. 각 학사의 학장들은 탄핵받은 위클리프 사상의 내용들을 기준으로 활용하여 이단 혐의가 있는 학자를 가려내어 조사하도록 했다. 여섯 번째와 열한 번째는 직접적으로 옥스퍼드의 지적 생활을 침해하는 내용이다. 캔터베리 대주교 애런들은 옥스퍼드 대학에 위클리프의 저술을 조사할 위원회를 구성하도록 요구하고, 학장들에게 매달 학부생들의 신학적 견해를 조사하도록 명령했다.

1411년 3월에 12인 위원회는 위클리프의 저작에서 267개의 오류를 발췌하여 애런들과 교황에게 보냈다. 그리고 1413년 이 명제들은 교황으로부터 유죄 판결을 받았다. 대학 통제권을 강화하기 위해 애런들은 대학 내에서 다섯 사람을 선출해 충성 서약을 감독하도록 했다. 대학의 자치권과 학자들의 사상 자유에 대한 심각한 침해였다. 옥스퍼드 대학에서 정교한 개혁 사상을 발전시켰던 지식인 롤라드들도 애런들로부터 치명상을 입고 학문적 주도권을 상실한다.[22] 이것은 옥스퍼드 대학이 신학과 사상의 주도권을 상당 부분 케임브리지에 넘기는 계기가 된다.[23] 또한 1413년 국왕 헨리 5세의 친구였던 존 올드캐슬(Sir John Oldcastle)이 롤라드로 고발되어 사형선고를 받고 도망하여 이듬해 반란을 일으킨 사건은 그간의 지식인 롤라드와 젠트리, 기사 계급의 롤라드 사이의 연결을 단절시켰고 이들 계층의 롤라드 소멸로 이어졌다. 이로써 롤라드는 은밀한 분파(sect) 형태로 분화되어 장인과 수공업자 계층 등에 확산되었다. 롤라드를 이단이 아닌 반사회적 무리로 규정함으로 세속 권력들은 롤라드 색출과 재판에 주도적으로 참여하기 시작하였다.

위클리프주의는 왜 확산·쇠퇴하였나

위클리프 사상은 오랜 아카데미 전통 속에서 논의된 것들이다. 그럼에도 그의 사상이 아카데미와 대중 모두에게 확산된 배경은 무엇인가? 민족주의 의식의 형성, 속권과 교권을 둘러싼 중세 말 유럽의 세력 지형 변화, 대학의 특수성을 배제하고는 이해하기 어렵다. 교황청이 남부 프랑스의 아비뇽으로 옮긴 교회의 '바빌론 유수' 기간은 잉글랜드인들에게는 교황이 프랑스 외교 정책의 도구가 된다는 인식을 심었다. 이는 백년전쟁으로 고취된 잉글랜드의 민족의식 대두와 함께 잉글랜드 교회가 국가교회의 성격을 강화하는 기폭제가 된다. 잉글랜드 교회의 지배권을 둘러싸고 벌어진 국왕과 교황 사이의 성직 서임 갈등은 이들을 극명하게 보여 준다.

잉글랜드는 14세기 중반에 들어 일련의 반교황법안들을 제정하여 성직 임명의 주도권을 왕에게 넘기도록 강요하고, 국왕의 재가 없이 교황 법정에 항소할 수 없도록 함으로 잉글랜드 내에서 교황권 무력화를 시도하였다. 1378년 교회 대분열은 이런 세력 균형을 무너뜨려 속권으로 기울어지는 계기가 되었다. 이 기간에 대립 교황 가운데 누구를 추종할지, 교황과 공의회 중 어느 쪽을 지지할지 등 자기 결정권을 국가 차원에서 결정하게 되었다. 위클리프 사상이 가진 정밀한 개혁성과 더불어 이러한 사회·정치적 배경이 위클리프주의의 급속한 확산을 설명해 준다. 교회의 본질과 성서의 권위와 더불어 지배론 사상은 국가의 교회 지배에 대한 신학적인 논거를 제공하였다.[24]

이러한 사상은 잉글랜드에서 가장 부유한 대영주였던 세속 실력자 존 곤트의 후견을 얻었을 때 실질적 힘을 발휘하였다. 잉글랜드 토지의 상당 부분을 점유한 교회와 수도원에 대한 반감을 지닌 세속 지주들인 대영주들과 젠트리 계층은 이해관계가 같았다. 세속 군주와 영주들은 위클리프 사상을 교황제와 주교제를 폐지하고 수도원을 혁파하려는 혁명적 사회 변화 사상으로 받아들였다고 볼 수 있다. 교회 재산 몰수를 포함하여 자신들의 세속 지배권을 신학적으로 뒷받침해 주는 위클리프 사상은 더없이 매력적인 것이었다.

사회적 측면뿐 아니라 위클리프가 속한 대학이라는 제도적 측면, 대학인의 사상 자유 추구라는 내재적 측면에서도 위클리프 사상의 발아와 확산, 쇠퇴를 파악할 수 있다. 1254년에 반포된 인노켄티우스 4세의 특전은 대학이 주교들이나 왕으로부터 그들의 자유와 면책권을 보호받는다는 것을 명시하고 있다.[25] 이것은 옥스퍼드 대학에서 총장의 입지를 강화시켜 주어 13세기 말 대학은 실질적으로 지역 교구의 권위에서 벗어나 큰 특권을 지닌 강력한 공동체로 성장하였다. 교황뿐 아니라 국왕도 지속적으로 대학에 후원하고 특권을 인정하였다. 국왕의 대학 정책은 주로 타운과의 분쟁에서 대학 편을 드는 등 실질적 사안 지원이었다. 1355년 에드워드 3세는 대학이 소유했던 모든 특전들을 재확인하고, 총장에게 타운 내 독점적 사법권을 행사하는 권리를 부여하였다. 1367년 교황은 링컨 주교의 사법권에서 대학을 면제해 주었고, 1395년 보니파키우스 9세는 캔터베리 대주교의 사법권에서도 대학을 독립시켰다. 대학이 소유한 제도적 특권으로 구성원들은 상당한 수준의 자치뿐 아니라 사상과 표현의 자유를 누렸다.

옥스퍼드와 같이 칼리지 중심의 학사 운영 체계에서 탁월한 신학자를 중심으로 사상적 추종자들이 생겨나는 것은 자연스러웠다. 또한 탄핵 사건이 발생할 경우, 외부 간섭 없이 대학 내 신학부 교수들이 위원회를 구성하여 정통성을 판단하였다. 결정 후에 항소한 사건들의 판단만 교황청 등 외부 권력이 관여하였다.[26] 가장 큰 제재는 '공식적인 철회'(revocatio)와 일시적인 교수자격 정지였으며, 주장을 철회하면 대부분 직분을 회복했다. 대학 공동체는 상당한 범위의 토론 가능한 주장들을 수용했고, 신성모독적이자 이단적으로 보이는 내용도 토론 주제로 활용했다. 이단 사상으로 유죄 선고를 받아도 철회하면 이후의 경력에 심각한 영향은 없었다. 대학 구성원들의 견해를 평가, 판단하는 신학교수들의 권리가 주교나 교황청의 통제보다 앞섰다는 것은 대학이 종교 문제에서 자기 결정권을 가졌음을 보여 준다. 특히 아비뇽 유수로 교황의 통제에서 멀어진 옥스퍼드는 새로운 신학 비판의 중심지로 성장하여 파리 대학과 대등한 입지를 차지한다.[27]

위클리프의 개혁 사상이 형성되는 데는 사회적인 요인 외에 이러한 옥스퍼드의 지적 풍토가 기여를 했다. 위클리프도 죽을 때까지 교회에서 파문을 당하지 않았다. 역설적으로 위클리프 사상이 야기한 교속 대립은 대학 내에서 위클리프주의의 확산에 공헌하였다.

하지만 점차 국가와 교회는 롤라드파의 주장을 속권과 교권 혹은 교권 내의 갈등보다 이단 문제, 사회 분란 문제로 인식하게 된다. 대학 내에서 시작한 위클리프 사상이 대중에게 전이되면서 기성의 잉글랜드 사회 질서에 적대적 세력이 형성되었기 때문이다. 결국 국가에 위협적인 이단 세력을 배태한 옥스퍼드 대학은 심각한 사상적 제약을 받는다. 대학의 사상이 누린 관용이 서서히 종말을 향해 가고 있었다. 그것에 종지부를 찍은 사건이 위클리프 사후 30년이 지난 1415년 콘스탄츠 공의회의 위클리프 공식 파문과 위클리프 사상 추종자인 얀 후스 화형이었다.

후기 위클리프주의와 지식인 롤라드 소멸

위클리프와 초기 지식인 롤라드들은 화체설을 제외한 기성 가톨릭 교리에 대해 분명히 반대하지는 않았다. 넓게 보아 그들을 체제 내 개혁으로 자리매김하는 이유이다. 그들은 세속 주권자가 교회 개혁에 참여하는 사상적 기반을 제공함으로 교회 개혁을 뒷받침하였다. 대분열 상황은 이런 주장을 실현시킬 외적 여건을 갖추고 있었다. 하지만 옥스퍼드의 롤라드파 학자들은 외부의 탄압 앞에서 대부분 자신들의 주장을 철회하였다. 그들은 교회 개혁을 주창하긴 했지만 엄연한 체제 내 개혁 요구에 머물렀고 더 나아가지 못하였다. 여기에서 대중 롤라드와 지식인 롤라드의 차이를 볼 수 있다.

대학 내 위클리프주의는 하나의 철학 또는 신학으로 정형화될 수 있으며, 후기 대중 롤라드의 그것과는 다른 차원으로 보아야 한다. 이들은 교회 개혁 세력이었지만 분파가 되기는 원치 않았다. 그들의 위클리프주의 옹호는 지적·신학적 차원의 옹호, 외부 간섭을 벗어난 대학 자치 옹호였지만 그 이상의 종교적 신념인지는 의문이다. 학자적 이단이 덜 주목받는 이유는 그들이 체제 내 학자들이기 때문이다. 사회적 지위와 교회적 특권은 일반 속인들에게 가해지는 형벌에서 학자들을 보호해 주었다. 학자 이단은 대학의 제도적·사상적 자유 토대에서 자라는 것으로 기본적으로 대중 운동과는 궤를 달리한다. 결국 대학 내 위클리프 사상은 교회 개혁 목소리로 출발하였지만, 농민반란 같은 형태로 대중에게 수용되어 사회 불안 세력과 동일시되면서 지적·사상적 기반을 제공하는 대학 롤라드주의자들까지 억압받게 되었다.

대학 탄압으로 지식인 롤라드층은 급속히 붕괴되었고, 지속적 교회 개혁을 주장하고 이끌 동력이 상실되었다. 이는 곧 대중 롤라드 운동의 한계로 자리매김한다. 이후 롤라드주의에서 대학 지식인들의 역할이 상실되고, 속어 성서를 매개로 한 속인 운동이 전개된다.

대중 롤라드 운동과 성화상 반대

1414년 이후 점차로 롤라드파는 위클리프주의에서 급진적으로 나아가 전통적인 가톨릭교회의 범위에서 벗어난다. 이러한 롤라드파의 정체성은 롤라드파가 남긴 속어 팸플릿이나 저작들에서 나타난다. 지식인 위클리프주의에서 벗어나 독자적인 정체성을 형성해 간 민중 롤라드의 사상 쟁점은 성화상 반대와 반성직주의 흐름, 문해 이단이라는 세 가지 측면으로 볼 수 있다.

위클리프 이후 롤라드주의는 하나의 조직적 신념 체계를 지니지 않고 교회에 관해 다소 느슨한 견해와 태도를 보이고 있다. 위클리프주의와 차별되는 가장 큰 특징은 당시의 전통 종교에 대한 비판으로 성화상 숭배 반대를 들 수 있다. 성화상에 관한 위클리프의 사상과 후기 롤라드 사상을 비교하면 위클리프 사상의 분화를 살필 수 있다. 성화상이 있는 지역을 방문하고 성화상에 경배하는 것은 선행으로 간주되었고 중세 전통 종교에 깊이 수용되었다. 그러나 14세기 중엽부터 성화상에 근본적 문제제기가 일어났고, 롤라드파로 인해 '성화상 논쟁'이 촉발되었다.

중세 서방에서 성화상은 독특한 위치를 차지한다. 교황 그레고리우스 1세는 성화상을 통해 문맹자가 성서의 내용을 이해하도록 장려하였다. 위클리프는 성화상이 사람의 마음을 창조자에게 고정시키는 데 사용된다면 허용해도 된다고 믿었다.[28]

15세기 초반 이후 롤라드파의 입장은 더 급진적으로 나아갔다.[29] 화려하게 치장된 성상에 가해진 선동적인 비판들이 반달리즘과 방화를 조장하기도 했고, 교회 내에서 성상과 그림들을 떼어 내야 한다는 주장도 일어났다. 옥스퍼드에서 위클리프파가 축출된 이후, 롤라드파의 선전 활동이 주로 익명으로, 혹은 극단적 분파주의 형태로 전개된 것과 맥을 같이한다.

그렇다면 위클리프와 달리 롤라드파가 점차 불관용 입장으로 돌아선 이유는 무엇인가? 이는 성서 연구에서 스스로의 신앙적 자의식을 형성하려던 롤라드파의 성서관에서 연유한다. 특히 십계명에 대한 문자적 해석은 돌이나 나무에 새기고 착색한 성화상 숭배를 금지해야 한다는 근거가 되었다. 십계명에 대한 보수적 해석으로 성상 숭배는 우상숭배와 거의 같은 행위로 정의되었다. 롤라드는 평균적인 그리스도인은 물질로 만들어진 성상과 그것이 재현하는 초자연적인 힘을 구별할 분별력이 없다고 보고, 성서 근본주의에 의거해 구약과 신약에서 성상 숭배 금지는 지속된다고 주장했다.

롤라드는 성화상이 평범한 목재이자 죽은 돌일 뿐이며, 신비한 힘이나 대중이 신뢰할 만한 능력은 없다고 주장했다. 성화상이 실질적 기적을 나타낸다고 믿어 온 전통 종교, 대중 종교에 대한 반발이다. 롤라드들은 몰역사적이자 비그리스도교적인 성화상 숭배를 비판했고, 세속적부에 사로잡힌 교회를 비판했다. 롤라드들은 성상과 그 원형을 혼돈할 가능성을 경고하며, 성화상이 신앙을 호도하고 우상숭배할 가능성을 열었다는 점을 지적한다.

롤라드들은 성상에 주어진 감정적인 관심과 헌금을 반대하면서 살아 있는 형상인 인간에게 관심을 돌릴 것을 주장하였다. 가난한 자들은 사람이 만든 상이나 그림보다 더 진실한 신적 이미지를 반영하고 있다는 것이다.

대중 롤라드 운동과 반성직주의

롤라드의 성화상 반대는 단순한 반대를 넘어 그들의 종교적 우월성의 반영이라고 볼 수 있다. 롤라드는 자신들의 신앙이 우월성을 담보한다고 믿었으며 외식주의, 피상주의, 정통 종교의 의식주의와 대조된다고 본다.

롤라드들의 주장에 나타나는 기본적 관점은 무형의 그리스도교가 지닌 본래적 가치를 성직자들이 성화상 같은 가시적 사물로 대체해 버린다는 비난이다. 이러한 관념이 성화상 경배에 적용되어, 롤라드들은 동시대의 교회가 물신주의, 소비, 이단, 우상숭배를 조장한다고 비판하였고 이것이 사도 시대 이후 교회 타락의 한 모습이라고 보았다.

롤라드들은 인간 자체를 가장 완전한 신의 형상이라고 보고, 권장할 만한 건전한 형태의 예배는 '자선'이요 가장 큰 자비는 '사회적 유익'을 끼치는 선행이라고 보았다.[30] 롤라드들은 잘못된 순례를 폐지함으로 그것에서 퍼져 나오는 악의 유혹에서 벗어나기를 기대할 수 있다고 했다. 화려한 성직자와 가난한 민중, 교회의 축재와 보다 실천적이고 인간적인 형태의 그리스도교적 자비의 대조를 통해 롤라드들은 전통적인 종교적 표현 기제와 성직 제도 자체에 불신을 표현한다. 이러한 감정이 롤라드 운동의 뼈대를 형성하였다. 또한 교회 계서와 성직과 속인 신분 사이의 차별에 대한 불만이 중세 말 잉글랜드에 종교적·사회적 비국교도들이 탄생하는 정서적 연결점을 만들었다고 할 수 있다.

이러한 흐름은 점차로 반성직주의라 할 수 있는 롤라드의 교회관을 형성한다. 기존의 교회 계서가 성서에 입각한 바른 교훈을 가르치지 않음으로 교회의 본질이 타락했으며, 성직자들은 세상의 재물에 목마르며 부당한 존경을 받고자 하는 자들로 비판받았다. 어떤 롤라드들은 몽매한 성직자들이 자신들의 부를 취하기 위해 사람들로 하여금 성화상이 기적적인 힘을 가지고 있다는 믿음을 갖게 함으로써 호도하고, 두려움을 자극해 순례 헌금을 착취한다고도 비판했다.

성직자 중심의 세계에 대한 속인 롤라드들의 이러한 비판은 의미가 있다. '속인' 개념은 다양한 사회적 지위, 경제 상황, 교육 수준 및 그 밖의 요인들을 망라하는 개념으로 상인과 농민을 구분하고 기사와 여성을 구분하는 여러 개념의 총합이다. 그러나 실제 속인은 성직의 권위에 종속되는 교회 내 모든 비성직 계급을 망라했다. 롤라드의 반성직주의는 기성 전통 종교의 종교 행위에 대한 반감에서 출발해 성직 계서 전체에 대한 불신으로 이어진다. 이를 대체하기 위해 성서의 가르침만을 (*sola scriptura*) 종교 행위의 기준점으로 놓아야 한다는 분명한 명제가 성립된다.

  롤라드의 성서에 대한 믿음은 반성직주의의 이론적 기초이다. 롤라드는 성서에 기초하지 않은 교회의 성사 제도보다 설교 의무가 사제들에게 가장 중요하다고 보았다. 롤라드 신학과 방법론에서 설교가 중요한 위치를 차지하였고, 교구 사제가 아닌 자가 설교를 하려면 주교로부터 설교권을 얻어야 하는 제한 조치에 이들은 반발하였다. 후기 롤라드파는 본질적으로 속인들의 영향력이 커지면서 확대되었다. 속인들의 종교적 해방에 관한 롤라드파의 설교는 반성직주의로 발전되었다.[31] 모든 선한 그리스도인, 혹은 진정한 자비 속에 살아가는 사람들이 사제이고, 따라서 참된 그리스도의 대리자는 최고의 사람이라는 견해에 도달했다.[32]

  경건한 삶을 사는 속인이 사제의 직분을 행할 수 있다는 주장은 롤라드파의 가르침 중에 가장 혁명적이고도 이단적 요소로 평가될 만하다. 이러한 반성직주의 흐름은 실상 위클리프 사상에서 파생되어 확대되었다고 볼 수 있다. 위클리프의 사상을 본질적으로 반성직주의로 정의하기는 무리가 있다. 엄밀하게 표현하자면 위클리프의 사상은 로마 교황을 수장으로 하는 교황제의 본질에 물음표를 제시한 것으로 반교황주의라고 할 수 있다. 1414년 이후 정통 교회에서 분리되어 분파를 형성한 롤라드파는 '모든 믿는 자들의 사제직' 사상에 더 근접한 주장을 내세운다. 1420년 이후 후기 롤라드파 기록은 남성 속인뿐 아니라 여성 속인도 사제의 기능, 설교, 성서 교육 등 다양한 역할을 했음을 보여 준다. 여성들은 정통 교회보다 더 높은 수준의 활동에 참여할 수 있었고, 잘 알려진 여성 설교자들도 있었다.[33] 롤라드파는 그리스도가 사도들에게 그의 권능을 부여했기 때문에 동일한 권능이 사도들이 그러했듯 남녀를 불문하고 경건한 삶을 사는 모든 참된 그리스도인들에게 머물게 되며, 사제와 주교들은 사도들의 가르침과 선한 행실을 배우고 따르는 일반 속인들보다 더 큰 권위를 지니지 못한다고 가르쳤다.[34] 따라서 여성도 성찬식을 집전할 수 있다고 보았다.

대중 롤라드 운동과 문해 이단

롤라드파의 성화상 반대는 중세의 종교 예술품이 지닌 교육적 가치 반대로 연결된다. 중세의 성화상 옹호자들은 성상과 화상의 교육적 기능 인식을 반복적으로 강조했다. 성화상 공경주의자들은 교화와 계몽 목적으로 성화상이 유용함을 강조하였다. 롤라드파가 신학적 자의식을 가지고 성화상을 반대할 수 있었던 것은 속어 성서 읽기의 직접적 유산이라고 할 수 있다.[35]

성화상이 14세기까지 유럽 가톨릭에서 '속인들의 책' 역할을 감당했다면, 이제 이러한 정체성이 롤라드에게 오면서 속어 성서를 직접 읽는 것으로 대체된다. 속인들이 성직 계서를 두고 독립적 성서 이해를 추구하게 된 것이다. 성화상 논제는 롤라드의 성서론과 긴밀하다.

문자를 해독할 수 있는 속인의 수가 증가하면서 성화상 역할은 재규정된다. 15세기에 접어들면서 자신들의 경건을 위해 글을 읽을 줄 아는 속인들이 확대되고, 이는 전통적 문해 성직자의 독점 시대에 종말을 고하는 신호탄이 되었다. 기도서, 신앙지침서, 대화록, 명상서 등 다양한 종류의 종교 서적들이 15세기에 폭넓게 활용되었다. 속인들의 문해력

증가는 성상이 모든 문맹 속인들의 신앙 교육에 봉사한다는 개념에 도전하기 시작한다.

속어를 중심으로 한 이러한 문해성 강조는 위클리프 사상과 대비되는 후기 롤라드파의 독자적 흐름으로 볼 수 있다. 독자적인 속어 저술의 기록과 확산은 라틴어 중심의 지식인 위클리프파와 민중 롤라드파 정체성이 분화되는 한 예이다. 반성직주의 성격을 지닌 속어 저작들을 통해 종교적·사회적 담론을 형성한 것이 15세기 롤라드 운동의 큰 특징 중 하나였다. 그래서 롤라드를 '문해 이단'(literate heresy)이라고 부른다.[36] 이렇듯 초기 위클리프파와 별개로 후기 롤라드파는 독자적 속어 성서 읽기로 전통 종교의 흐름과 다른 정체성을 생성했다.

미완의 개혁

롤라드 운동은 대학 내 지성 운동과 대학 바깥 대중 운동이 결합한 것으로 알려졌다. 비록 그 연결고리가 명확하지는 않지만 젠트리, 기사 롤라드 집단에 끼친 롤라드 학자들의 사상적 영향력은 무시할 수 없다. 위클리프 사후에도 교회 개혁에 대해 상당한 수준의 사상적 일관성과 일치성을 가진 롤라드주의가 대학 내에 지속되었다. 이들의 주장이 가톨릭교회 전반에 대한 부정으로 이어졌다고 볼 수는 없지만 로마교회에서 벗어나 잉글랜드 교회를 이루고자 하는 강한 의지가 있었다는 것은 분명하다. 이러한 차원에서 초기 옥스퍼드의 위클리프 추종자들인 지식인 롤라드들의 정체성도 이와 유사하다고 할 수 있다.

하지만 위클리프의 사상이 대중에게 급진적으로 수용되자 지식인 롤라드들과 대중 롤라드파 모두 교회의 탄압 대상이 되었다. 1407~1409년에 캔터베리 대주교가 대학 내외의 롤라드주의를 광범위하게 탄압하자 지식인 롤라드들은 급속히 위축된다. 잉글랜드 내에서는 1414년 존 올드캐슬의 난으로, 유럽에서는 이단 사상에 대한 전그리스도교적 대응인 1415년 콘스탄츠 공의회에서 위클리프의 사후 파문과 얀 후스의 화형으로 지식인 롤라드는 종말을 맞이한다. 이 시기 이후의 대중 롤라드파 교리나 정체성을 볼 때 지식인 롤라드파 사상이 대중 운동으로 전이되었다기보다는 아카데미 롤라드 종말과 함께 대중 롤라드가 독자적으로 다양하게 분화되었다고 보는 것이 적절하다.

초기 옥스퍼드의 위클리프파에 비해 1414년 이후 후기 롤라드파는 성화상 반대와 반성직주의, 속어 성서 활용 등으로 위클리프 사상을 넘어선 정체성을 형성한다. 초기 위클리프파가 교회 내 개혁 세력으로 자리매김했다면 후기 롤라드파는 교회 바깥의 독자적 분파로 자리매김했다. 라틴어 중심의 성직 문화에 대응하여 속어 중심 문화가 형성되는 토대가 마련되었다. 이로써 반성직주의가 확산되고 가톨릭의 유일성이 도전받는 출발점이 형성된 셈이다. 롤라드의 발흥은 문해 속인들의 신장과 거의 동시대적으로 일어났다.

그러나 롤라드파의 형성은 특별한 구심점 없이 이루어졌다는 점에서 뚜렷한 한계를 보인다. 옥스퍼드의 롤라드 학자들과 대중의 교감은 1414년 올드캐슬의 난까지 이어졌다고 볼 수 있지만, 그 이후로는 적어도 조직적 전수보다는 대중이 다양한 이질적인 사상을 독자적으로 확산시켜 나갔다고 보아야 할 것이다.

위클리프파의 주장에 비해 후기 롤라드파들은 위클리프의 주장을 넘어서는 다양한 견해들을 제시하였다. 사상의 일관성이라는 제한된 측면에서 본다면 위클리프와 롤라드파의 관계는 루터와 루터파의 관계보다는 루터와 루터개혁에서 분파되어 나온 급진 종교개혁가들과 더 유사하다. 그러나 다양하게 분포된 후기 롤라드파의 사상을 하나로 아우르는 구심은 가톨릭교회의 교리에 대응한 독자적 성서 해석 도입으로 볼 수 있다. 중세 내내 강조되던 성화상 반대도 롤라드파의 성서 해석 결과이고, 반성직주의 발전도 같은 맥락이다. 따라서 속어 성서 읽기 및 해석에 대한 자의식 형성이 지식인 위클리프파와 후기 민중 롤라드파의 정체성 구분에서 핵심이라고 보아도 무리가 없다.

위클리프 개혁 사상의 출현과 소멸은 한 세기 후에 진행된 마르틴 루터 개혁에 시사점을 준다. 확고한 신학적 기반, 성서의 재인식, 세속 지배자의 후원, 서유럽 정세의 변화 등 양자가 지녔던 상황적 유사점에도 불구하고 루터의 개혁이 성공한 것과 달리 위클리프 개혁은 조산한 개혁(premature reformation), 미완의 개혁이 되었다. 이는 이러한 지적 세력의 뒷받침이 끊겼고, 급진적 대중 운동으로 전환되었다는 것도 하나의 중요한 원인이 될 것이다.

역사적으로 교회 개혁은 대중의 열망만으로 이루어지지 않았다. 대중을 동력화할 사상적 구심점이 있어야 했다. 마지막으로, 교회이건 국가이건 개혁을 지지하는 후원 세력의 지지가 현실적으로 필요하다. 개혁의 꿈과 이상은 오롯하게 현실에 뿌리 내릴 때에만 실행 가능하기 때문이다.

에필로그

낯설지만 열린 마음으로

왜 콘스탄츠 공의회와 위클리프가 종착점인가?

이제 중세교회 여정을 마무리할 때다. 중세교회사를 다룬 책들은 대부분 르네상스 인문주의를 마지막 장에 배치한다. 시기적으로 종교개혁이 16세기 초반에 발생했으니, 14~15세기의 새로운 흐름인 르네상스 인문주의가 마지막에 들어가는 것은 당연해 보인다. 그러나 이 책에서는 르네상스 인문주의를 다루지 않았다. 또한 인문주의와 더불어 중세 말의 새로운 종교 흐름을 형성한 '데보티오 모데르나'(*Devotio moderna*)도 다루지 않았다.

그렇다면 왜 콘스탄츠 공의회와 위클리프인가? 첫째는 콘스탄츠 공의회와 그 공의회에서 일어난 후스의 화형과 위클리프의 사후 탄핵은 교회사의 한 시대에 종지부를 찍었기 때문이다. 그 공통점은 교황이 중심이던 종교 지형이 균열된 것이다. 콘스탄츠 공의회를 통해 교회 대분열을 매듭지은 후 중세 교황제의 성격이 변했다.

대립 교황의 난립으로 인한 혼란은 교회가 스스로 수습했다기보다 세속 군주들과 각 국가의 대표단이 주도하여 마무리되었다. 이제 교황이 추구하는 지향점은 중세적인 교황제 회복이 아니었다. 그러기에는 세속 군주들의 권력이 지나치게 강해졌다. 그 후 교황들은 대부분 이탈리아 반도 내에서 자신들의 영향력 확대를 꿈꾸었다. 그 한 방편이 이탈리아 르네상스를 적극 후원한 것이다. 이때부터 유럽의 종교, 정치, 문화 지형도에 르네상스 인문주의라는 거대한 흐름이 선명한 자취를 남기게 된다.

둘째, 교회 대분열로 정치적 위상이 커지게 된 대학과 스콜라학의 성격이 변하였기 때문이다. 15세기 초의 콘스탄츠 공의회는 대학의 스콜라 학자들이 실질적인 권력을 지니고 참여하였다. 즉 학자들이 과도하게 정치 권력화되었다. 자크 르 고프가 《중세의 지식인들》에서 적절히 지적했듯 대학의 권력화는 학문의 경직화를 가져왔다. 중세 말로 가면서 학자들은 지적 귀족이 되었고, 박사에게는 기사 직위와 같은 권리를 부여하게 되었다. 그 결과, 지성의 횃불이 스콜라 학자에게서 인문주의자로 넘어갔다.[1]

위클리프는 흔히 종교개혁의 샛별이라 불리지만, 중세 스콜라학에 조종(弔鐘)을 울린 스콜라학의 저녁별로 불리기도 한다. 위클리프의 사상과 그의 사상의 대중적 확산, 그에 대한 콘스탄츠 공의회의 탄핵은 한 세기 후 발생한 루터의 종교개혁과 사상적·정치적·사회적으로 닮았다는 점에서 종교개혁의 예표로 다루기에 적절하다. 이 지점에서 보자면 콘스탄츠 공의회에서 대학, 곧 스콜라 학자들의 영향력은 절정을 찍은 후 쇠퇴의 길을 걷게 되었다. 인문주의는 중세 스콜라주의와 대척점에 서서 발전한 학문 운동이다. 콘스탄츠 공의회는 이 둘의 분화를 가른다는 점에서 편리한 분기점이 될 수 있다.

정리하자면 대학이 인문주의의 흐름을 따라가지 못한 지체 현상이 종교개혁의 길을 열었다고 해도 지나치지 않다. 지식이 대중과 소통하지 못하고 권력화되면, 상아탑 속 엘리트와 대중은 분리된다. 종교개혁을 스콜라학과 인문주의의 분리, 상아탑과 대중의 분리로 읽을 수 있는 이유이다.

셋째, 르네상스 인문주의나 데보티오 모데르나 운동은 중세 내 운동이었지만 종교개혁과 연결시켜 다루어야 중세와 종교개혁의 연속성 이해에 더 큰 도움이 되기 때문이다. 시기적으로는 중세에 포함되지만 그 종교 사상이나 문화적 흐름은 종교개혁과 근대에 연결되는 것이 더 자연스럽다. 따라서 이 주제들은 차후 종교개혁사를 다룰 때 논의하게 될 것이다.

중세와의 연결 속에서 읽지 않으면 종교개혁은 신화화된다. 종교개혁사는 면벌부와 성직매매 같은 중세의 타락에서 논의를 시작하면 바람직한 이해에 도달하기 어렵다. 중세의 결실인 르네상스 인문주의에서 시작하는 것이 타당한 이유이다.

중세교회 여정의 끝에 서서

중세교회의 성취와 실패는 살아 있는 교훈이다. 모든 시대, 모든 지역의 그리스도교는 그 지역의 기층문화와 상호작용하여 새로운 형태를 형성해 낸 토착화의 결과물이다. 중세 유럽의 그리스도교 문명도 예외가 아니다. 유럽 중세 그리스도교를 만든 저력은 내부에서도 생성되었지만, 비잔틴 문명이나 이슬람 문명과의 교류와 소통이 유럽 문명의 형성에 결정적인 순간이었음을 부정할 수 없다. 토착문화와 유입된 문명과 과학이 질료가 되어 독자적인 형상을 만들어 낸 것이 중세 라틴 그리스도교이다.

그럼에도 그리스도교는 '세속' 문화의 영향을 받지 않아야 한다고 주장하는 순혈성과 순결성에 대한 희구는 대부분 퇴행으로 끝나는 경우가 많다. 예컨대 중세 말 대학에 들어간 탁발수도사들이 교양학과를 세속 학문이라며 배우기를 거부했던 것은 스콜라학이 상아탑에 스스로를 가두고 세상과 대화하기를 거부한 상징적인 모습이다.

또한, 중세 유럽에 그리스도교가 전파된 이래 천 년간 교회가 유지되고 독자적인 문명을 만들 수 있었던 까닭은 교황으로 대표되는 가톨릭

교황청의 힘 때문만은 아니다. 중세 천 년의 교회 역사에서 제도 교회가 스스로 변화한 사례는 발견하기 쉽지 않다. 항상 변화를 추동하는 새로운 힘이 아래로부터 생성되어 제도 교회의 변화를 견인했다. 중세교회의 위기 때마다 수도회 운동이 등장하여 새로운 종교 지향을 제시했다. 중세의 모든 교회 개혁이 곧 수도회 운동이었다는 것이 이를 증명한다.

탈사회적으로 보이는 수도회 운동이 사회 속에서 가장 현실적이며 급진적으로 읽힐 수 있는 이유는, 수도회 정신의 추구가 현실 세계 문제에서 종교가 전할 사회적 대안 메시지였기 때문이다. 다시 말하자면, 교회에 기대하는 사회의 요구가 무엇인지 명확하게 이해할 때 교회가 걸어갈 길이 보인다. 교회사는 사회와 교감하면서 써내려 간 것이다. 중세교회사는 더욱 그러했다.

현대 사회에서 여러모로 종교에 대해 거센 도전이 이어지고 있다. 적절한 적용인지는 모르나, 시간과 공간을 넘어서 종교가 인류에 줄 수 있는 독특한 지점이 있다. 중세의 경험을 빌려 온다면 그것은 대중의 종교적 열망과 삶의 고단함을 해소해 줄 새로운 대안을 제시하는 것이었다. 그것이 때로 수도회 운동으로 때로 이단 운동으로도 나타났다. 그 공통점은 종교와 대중성의 만남이었다.

마찬가지로, 오늘날 교회와 신학은 사회 속 대중과 어떻게 소통하고 있는지 무거운 질문 앞에 있다. 종교의 가치는 선언함으로써 확보되는 것이 아니라, 대중이 공감하고 수용할 때에 비로소 확인된다. 중세의 끝자락이 스콜라학의 퇴행이라는 쇠락으로 마무리되지 않고 새로운 정신의 탄생을 예고했다면, 지금 교회가 애써야 할 것이 무엇인지 뚜렷하게 보인다. 그것은 대중과 호흡하는 인문주의 감성을 꾸준히 키우는 것이다. 경계와 배척보다 열린 마음으로 소통을 시도하는 것이 중요하다. 중세 그리스도교를 낯설다고 자신의 잣대로 재단하기보다, 있는 그대로 바라보려 노력하는 것도 유용한 한 방편이다. 그런 작은 한 걸음 한 걸음이 익숙하지 않은 것들과 더불어 살아갈 수 있는 힘을 길러 준다. 그렇게 되면 한국 개신교는 지금의 어려움을 딛고 일어나, 가장 한국적이고 독자적인 그리스도교 문화를 형성해 갈 수 있을 것이다.

프롤로그
독자적 그리스도교 문명을 만든 유럽

1. '중세'라는 개념은 15세기 인문주의의 흐름과 구별하기 위하여 사용되기 시작했다. 전통적으로 유럽사에서 중세는 게르만 민족 이동에 이은 서로마 멸망에서 시작되었다고 보지만, 팽창하던 이슬람 세력이 지중해를 점령하면서 유럽이 독자적으로 문명을 형성하기 시작했던 8세기를 시작점으로 보기도 한다. 벨기에의 역사학자 앙리 피렌(1862~1935)이 주장하여 '피렌 데제'로 알려진 이 주장은 476년 서로마 멸망으로 고대 문명과 단절된 것이 아니라 8세기 이전까지는 지중해 중심 세계를 유지하였다고 본다. 그 후 카롤루스 왕조의 등장으로 로마 제국과 다른 게르만 문명을 형성했다는 것이다. 이 테제에 대해서는 Henry Pirenne, *Mahommed and Charlemagne*, New York: Dover Publications, 2001 참조. 하지만 이 책《중세교회사 다시 읽기》에서는 교회사의 전통적인 시대 구분대로 서유럽 멸망을 중세교회의 출발점으로 삼는다.

2. Theodore E. Mommsen, "Petrarch's Conception of the 'Dark Ages'", *Speculum*, vol. 17, no. 2, 1942, pp. 227~228.

3. J. B. Bury, *A History of Freedom of Thought*, London: Henry Holt & Company, 1913, p. 52.

4. 종교개혁에 대한 수정주의자들의 연구는, 중세 말 가톨릭교회는 안정적인 변화를 추구하고 있었으며, 루터의 갑작스러운 등장으로 유럽 교회는 종교개혁(reformation)이 아닌 기형적 변화(deformation)를 경험했다는 주장까지 이르렀다. 모든 주장을 여과 없이 수용할 수는 없지만 적어도 중세에 대한 역사적 재평가는 불가피해 보인다. 대표적 수정주의 연구로는, Peter Marshall, ed., *The Impact of the English Reformation 1500~1640*, New York: Arnold, 1997, Christopher Haigh, ed., *The English Reformation Revised*, Cambridge: Cambridge University Press, 1987, J. J. Scarisbrick, *The Reformation and the English People*, Oxford: Basil Blackwell, 1985 등이 있다.

1. 중세사와 중세교회
중세 유럽의 형성

1. David M. Nicholas, *The Growth of the Medieval City: From Late Antiquity to the Early Fourteenth Century*, London and New York: Routledge, 1997, pp. 7~10.

2. 먼저 동로마, 서로마 제국이 무엇인지 다시 정의할 필요가 있다. 본래 하나였던 로마 제국이 규모가 커지자 황제 한 명이 제국 전체를 통치하기가 어려워졌다. 군웅이 할거하는 군인황제 시대를 거치며 로마는 쇠퇴한다. 244년 로마 황제가 된 디오클레티아누스는 거대한 제국을 효율적으로 다스리기 위하여 네 황제가 분할하여 통치하는 체제를 도입한다. 이 체제는 효과적으로 안착하지 못하였고, 그리스도교를 공인한 황제 콘스탄티누스가 324년 다시 제국을 하나로 통일한다. 그러나 그리스도교를 국교로 만든 황제 테오도시우스 1세에 의해 로마는 395년 동로마와 서로마로 완전 분할된다. 서로마 멸망은 395년을 기점으로 나뉜 서로마 제국의 멸망을 뜻한다. 반면 동로마 제국은 1453년 콘스탄티노플 함락 때까지 천 년을 더 유지한다.

3. Guy Halsall, *In Barbarian Migrations and the Roman West, 376~568*, Cambridge: Cambridge University Press, 2007, pp. 131~137.

4. Peter Heather, *Empires and Barbarians: The Fall of Rome and the Birth of Europe*, Oxford: Oxford University·Press, 2010, pp. 333~334.

5. E. S. de Beer, "Gothic: Origin and Diffusion of the Term; The Idea of Style in Architecture", *Journal of the Warburg and Courtauld Institutes*, vol. 11, 1948, p. 143.

6. 차용구, "통합유럽의 중세 유럽적 기원", 〈서양고전학연구〉, 제18집, 2002.12, p. 124.

7. Georges Duby, *The Three Orders: Feudal Society Imagined*, Chicago: Chicago University Press, 1980, p. 29.

8. Simone Roux, *Paris in the Middle Ages*, Jo Ann McNamara, trans., Philadelphia: University of Pennsylvania Press, 2011, p. 47.

9. 출생, 혼인, 사망 호적 기록은 전통적으로 교회가 관리했다. 프랑스의 경우, 1792년 프랑스 민사 등기소가 설립되면서 국가에서 출생, 혼인, 사망 기록 관리권을 넘겨받았다.

10. Jason Glenn, ed., *The Middle Ages in Texts and Texture: Reflections on Medieval Sources*, Toronto: University of Toronto Press, 2011, p. 50.

11. William E. Watson, "The Battle of Tours-Poitiers Revisited", *Providence: Studies in Western Civilization*, vol. 2, no. 1, 1993, pp. 51~68. 서진하는 무슬림 세력과 그리스도교 유럽 사이의 상징적 전투에서 승리한 이후, 이 전투와 카롤루스 마르텔루스는 프랑스와 프랑스인의 정체성을 형성하는 신화적 요소로 자리매김된다. 이와 관련하여 이정민, "721년 툴루즈 전투와 732년 푸아티에 전투: 프랑크를 수호

하다?", 〈통합유럽연구〉, 제11집 제1호, 2020.3, pp. 1~25 참조.

12. 이경구, "로마 교회와 프랑크왕국의 제휴 — 피핀의 쿠데타를 중심으로", 〈서양중세사연구〉, 제8집, 2001.08, pp. 1~20.

13. 이 대관식이 카롤루스의 의지가 반영되었는지, 카롤루스가 원하지 않았음에도 교황이 그로부터 지원을 받기 위해 정치적으로 기획한 것인지 의견이 분분하다. 일면 즉흥적으로 보이는 서로마 제국의 유력 군주와 교황 간의 이 새로운 관계는 동로마 황제 세력과 결별하고, 유럽 지역에 독자 세력을 확보하려는 유럽 군주와 교황의 이해관계가 맞아떨어진 산물이다. 이 때문에 800년을 유럽 중세의 시작으로 보는 주장이 나온 것이다. 이에 대해서는 성백용, "샤를마뉴, 유럽의 아버지", 〈지식의 지평〉, 제17집, 2014.10, pp. 6~10 참조.

14. Walter Ullman, "The Origin of Ottonianum", *Cambridge Historical Journal*, vol. 11, 1953.5, pp. 114~128.

15. 이경구, "오토 3세의 제국 통치이념과 통치정책", 〈전북사학〉, 제18집, 1995, pp. 55~80.

16. Richard E. Sullivan, "What were the Middle Ages?", *The Centennial Review of Arts & Science*, vol. 2, 1958, pp. 167~194.

2. 무너진 서로마
서유럽 선교와 가톨릭화

1. David W. Kling, *A History of Christian Conversion*, New York: Oxford University Press, 2020, pp. 132~133.

2. 중세 유럽 교회가 이혼을 금지했지만 실질적 효력을 지녔는가는 다른 문제이다. 법적으로는 혼인 상태를 유지하지만 동거하지 않는 법적 별거(*divorcium a mensa et thoro*)가 당시에도 있었다. 또 다른 방법은 혼인 자체를 무효로 만드는 것이었다(*divorcium a vinculo*).

3. Shannon McSheffrey, *Marriage, Sex, and Civic Culture in Late Medieval London*, Philadelphia: University of Pennsylvania Press, 2006, pp. 23~25.

4. Diarmaid MacCulloch, *Thomas Cranmer: A Life*, New Haven: Yale University Press, 1996, pp. 41~44.

5. 중세 수녀 공동체인 수녀원의 사회 참여와 당대 남성 수도사들의 비판에 대한 논의는 Stephanie Hollis, *Anglo-Saxon Women and the Church: Sharing a Common Fate*, Woodbridge: Boydell Press, 1992, pp. 213~214 참조.

6. 박준철, "프로테스탄티즘", 《서양의 지적운동 II》, 김영한 엮음, 지식산업사, 1998, pp. 54~55.

7. https://m.hankookilbo.com/News/Read/201802271735501696(2020년 7월 15일 검색). 하지만 프란치스코 교황은 이 주장이 교회 내부에 확산되는 것을 조

중세교회사 다시 읽기

심스러워하는 듯 보인다. https://www.washingtonpost.com/world/europe/pope-francis-backs-away-from-potentially-major-reform-putting-off-decision-on-allowing-married-priests-in-the-amazon/2020/02/12/7586c676-3a1e-11ea-bf30-ad313e4ec754_story.html(2020년 7월 15일 검색).

8. 김정우, "기독교가 서구 법의 발전에 끼친 영향에 관한 소고", 〈법학논총〉, 제24집, 2010, pp. 19~45.

9. 노예제에서 농노제로의 변화에 대한 논의는, Alice Rio, *Slavery After Rome, 500-1100*, Oxford: Oxford University Press, 2017, pp. 1~7.

10. Rio, *Slavery After Rome, 500-1100*, p. 20.

11. 장윤재, "켈트 영성: 창조 안에서 누리는 하나님과의 친교", 〈한국기독교신학논총〉, 제71집 제1호, 2010.10, pp. 184~187.

12. James L. Cox, ed., *Critical Reflections on Indigenous Religions*, New York: Routledge, 2013, p. 72.

13. L. G. Duggan, "Was Art Really the 'Book of the Illiterate'?", *Word and Image*, vol. 5, 1989, pp. 227~251.

14. Hagith Sivan, "Ulfila's Own Conversion", *The Harvard Theological Review*, vol. 89, no. 4, 1996, pp. 373~386.

15. R. P. C. Hanson, *Saint Patrick: His Origins and Career*, Oxford: Clarendon Press, 1968, pp. 106~139.

16. 전사하, "켈트 기독교 영성의 그 현대적 중요성", 〈신학논단〉, 제97집, 2019.9, pp. 195~196.

17. 전사하, "켈트 기독교 영성의 그 현대적 중요성", pp. 197~198.

18. 전사하, "켈트 기독교 영성의 그 현대적 중요성", p. 206.

19. 전사하, "켈트 기독교 영성의 그 현대적 중요성", p. 198.

20. Michel Aaij and Shanno Godlove, eds., *A Companion to Boniface*, Leiden: Brill, 2020, p. 181.

21. Ian Ker, Terrence Merrigan, eds., *The Cambridge Companion to John Henry Newman*, New York: Cambridge University Press, 2009, p. 152.

22. '전통종교'(traditional religion)는 현대 시각으로는 '엘리트' 종교 혹은 국가 종교와 대비되는 개념으로 비춰질 수 있으나 중세에는 이른바 '대중종교'와 같은 개념으로 보아도 무방하다. Eamon Duffy, *The Stripping of the Altars: Traditional Religion in England 1400-1580*, London: Yale University Press, 1992, pp. 2~4 및 275~298 참조.

3. 교황제, 전통을 창조하다
교황제의 형성

1. Heiko Oberman, *The Harvest of Medieval Theology: Gabriel Biel and Late Medieval Nominalism*, Cambridge, Mass.: Harvard University Press, 1963, pp. 361~393.

2. 조찬래, "중세시기 교황절대주의(papal absolutism) 관념에 관한 연구", 〈사회과학연구〉, 제26집 제3호, 2015, pp. 445~464 참조.

3. Walter Ullmann, *A Short History of the Papacy in the Middle Ages*, Methuen: Harpercollins, 1974, p. 163.

4. 조찬래, "중세시기에 교회정부의 변화과정에 관한 연구", 〈사회과학연구〉, 제25집 제1호, 2014, pp. 72~76.

5. A. Edward Siecienski, *The Papacy and the Orthodox: Sources and History of a Debate*, New York: Oxford University Press, 2017, pp. 144~145.

6. A. Fear, J. F. Urbiña and M. Marcos, *The Role of the Bishop in Late Antiquity: Conflict and Compromise*, London: Bloomsbury, 2013, pp. 89~95.

7. Edward Twining, *A History of the Crown Jewels of Europe*, London: B. T. Batsford, 1960, pp. 377~378.

8. 장준철, "교령 Duo sunt에 나타난 두 권력 이론", 〈서양중세사연구〉, 제10집 제1호, 1997, pp. 51~82.

9. 장준철, "교령 Duo sunt에 나타난 두 권력 이론", p. 58.

10. 장준철, "교령 Duo sunt에 나타난 두 권력 이론", p. 59.

11. Joseph Lynch, Phillip C. Adamo, *The Medieval Church: A Brief History*, New York: Routledge, 2014, p. 74.

12. 이경구, "콘스탄티누스 기진장의 작성시기", 〈서양중세사연구〉, 제14집, 2004, pp. 1~36.

13. Pauline Moffitt Watts, "The Donation of Constantine, Cartography, and Papal Plenitudo Potestatis in the Sixteenth Century: A Paper for Salvatore Camporeale", *MLN*, vol. 119, no. 1, *Italian Issue Supplement: Studia Humanitatis: Essays in Honor of Salvatore Camporeale*, 2004.01, pp. S88~S107.

14. 이경구, "콘스탄티누스 기진장의 작성목적", 〈서양중세사연구〉, 제11집, 2003, pp. 27~59.

15. 이경구, "콘스탄티누스 기진장의 작성목적", p. 59.

16. 이경구, "콘스탄티누스 기진장의 작성목적", pp. 31~33.

17. 차용구, "중세의 사료 위조에 대한 심성사적 접근", 〈서양중세사연구〉, 제3집, 1998, pp. 121~148.

18. 로버트 스완슨, 《12세기 르네상스》, 최종원 옮김, 심산출판사, 2009, p. 99.

4. 아래에서 형성되는 힘
켈트 수도회와 베네딕투스 수도회

1. 독일 프로테스탄트 종교개혁과 잉글랜드 국교회 성립 시 수도회 해산이 이루어졌다. 잉글랜드의 경우는 1534년 수장령이 반포된 이듬해였다. 잉글랜드 수도원 해산과 관련하여서는 박흥식, "헨리 8세의 개혁과 수도원 해산", 〈역사학보〉, 제214집, 2012, pp. 271~294 참조.

2. 중세에서 수도원의 변화하는 역할에 대해서는 성백용, "서유럽 중세 수도원 운동의 이념과 수도회 조직들", 〈한국중세사연구〉, 제35집, 2013, pp. 99~137 참조.

3. 켈트 그리스도교는 상대적으로 중요성을 평가받지 못했지만 로마 가톨릭 형성에 기여한 성과가 재평가되고 있다. 이 켈트 전통은 수도원과 관계가 깊다. 이와 관련한 논문으로 최성일, "켈트교회의 영성", 〈신학연구〉, 제73집, 2018.12, pp. 427~456 참조.

4. James Lydon, *The Making of Ireland: From Ancient Times to the Present*, London: Routledge, 1998, p. 1.

5. 최성일, "켈트교회의 영성", pp. 434~435.

6. Hugh Honour and John Fleming, *A World History of Art*, 1st edn. London: Macmillan, 1982 참조.

7. Janet Backhouse, *The Lindisfarne Gospels*. Ithaca, New York: Cornell University Press, 1981, pp. 40~45.

8. F. Donald Logan, *A History of the Church in the Middle Ages*, London: Routledge, 2012, p. 57.

9. Logan, *A History of the Church in the Middle Ages*, p. 58.

10. C. H. Lawrence, *Medieval Monasticism: Forms of Religious Life in Western Europe in the Middle Ages*, London: Routledge, 2000, pp. 66~68.

11. Marcia L. Colish, *Medieval Foundations of the Western Intellectual Tradition, 400–1400*, New Haven: Yale University Press, 1999, pp. 66~75.

12. N. F. Cantor, *The Civilization of the Middle Ages: a completely revised and expanded edition of Medieval history, the life and death of a civilization*, New York: HarperCollins, 1993, p. 189.

13. John, Beckwith, *Early Medieval Art: Carolingian, Ottonian, Romanesque*, London: Thames & Hudson, 1964, pp. 13~17.

14. 에리우게나의 사상에 대해서는 김영철, "요한네스 스코투스 에리우게나의 인간과 자연인식에 대한 소고", 〈대동철학〉, 제20집, 2003.3, pp. 213~229 참조.

15. Logan, *A History of the Church in the Middle Ages*, p. 73.

16. Jeffrey Burton Russell, *A History of Medieval Christianity: Prophecy and Order*, New York: Thomas Y. Crowell Company, 1968, pp. 88~89.

17. Lawrence, *Medieval Monasticism*, pp. 19~20.

18. Lawrence, *Medieval Monasticism*, pp. 23~27.

19. Lawrence, *Medieval Monasticism*, p. 28.

20. Lawrence, *Medieval Monasticism*, p. 30.

21. Julia Barrow, "Ideology of the Tenth-Century English Benedictine 'Reform'", *Challenging the Boundaries of Medieval History: The Legacy of Timothy Reuter*, Patricia Skinner, ed., Belgium: Brepols, 2009, p. 142.

22. George A. Lane, *Christian Spirituality: An Historical Sketch*, Chicago: Loyola University Press, 1984, p. 20.

23. 이서라, 정의준, "영화 〈장미의 이름〉에 나타난 지식과 권력의 속성 탐색", 〈한국콘텐츠학회논문지〉, 제15집 제8호, 2015, pp. 202~203.

24. Carole Straw, *Gregory the Great: Perfection in Imperfection*, Berkeley: University of California Press, 1988, pp. 158~161.

5. 두 외부 세력
비잔틴 제국과 이슬람, 동서 교회 분열

1. 유럽의 형성과 비잔틴, 이슬람 문명에 대한 대표적 연구는 데이비드 리버링 루이스, 《신의 용광로: 유럽을 만든 이슬람 문명, 570~1215》, 이종인 옮김, 책과함께, 2010.

2. Richard Hodges and David Whitehouse, *Mohammed, Charlemagne & the Origins of Europe: Archaeology and the Pirenne Thesis*, New York: Cornell University Press, 1983, p. 4.

3. Howard C. Kee et al., *Christianity: A Social and Cultural History*, New York: Macmillan, 1991, p. 189.

4. 조인형, "유세비우스의 《교회사》 서술에 관한 연구", 〈역사학보〉, 제108집, 1985, pp. 135~171. 이양호, "유세비우스의 《교회사》 연구", 〈신학논단〉, 제18집, 1989, pp. 191~207.

5. Logan, *A History of the Church in the Middle Ages*, p. 30.

6. 조인형, "유세비우스의 《교회사》 서술에 관한 연구", pp. 91~93.

7. 최종원, 《초대교회사 다시 읽기》, 홍성사, 2018, pp. 298~305.

8. Mary Whitby, "Procopius' Buildings Book I: A Panegyrical Perspective", *Antiquité Tardive*, vol. 8, 2000, pp. 45~57.

9. Logan, *A History of the Church in the Middle Ages*, pp. 30~31.

10. Kee et al., *Christianity*, p. 178.

11. Kee et al., *Christianity*, pp. 179~180.

12. Logan, *A History of the Church in the Middle Ages*, p. 33.

13. Kee et al., *Christianity*, p. 182.

14. Logan, *A History of the Church in the Middle Ages*, p. 32.

15. Kee et al., *Christianity*, pp. 182~183.

16. James Allan Evans, *The Emperor Justinian and the Byzantine Empire*, London: Glenwood Press, 2005, pp. 16~20.

17. Logan, *A History of the Church in the Middle Ages*, p. 32.

18. 이노우에 고이치, 《살아남은 로마, 비잔틴 제국》, 이경덕 옮김, 다른세상, 2008, pp. 155~156.

19. 고이치, 《살아남은 로마, 비잔틴 제국》, pp. 103~108.

20. Kee et al., *Christianity*, pp. 193~194.

21. 이정혜, "비잔틴 제국, 성상, 그리고 교회의 이야기", 〈기독교사상〉, 통권 제625호, 2011.1, pp. 171~173.

22. 김산춘, "이콘의 신학", 〈미술사학보〉, 제20집, 2003.8, pp. 5~26.

23. 이정혜, "비잔틴 제국, 성상, 그리고 교회의 이야기", p. 173.

24. 신준형, "비잔틴 성상복구운동(8세기)과 신성로마제국의 대응", 〈서양미술사학회논문집〉, 제24집, 2005, pp. 9~25.

25. 최종원, 《초대교회사 다시 읽기》, pp. 167~169.

26. 포티우스 분열에 대해서는 Francis Dvornik, *The Photian Schism: History and Legend*, Cambridge: Cambridge University Press, 1948 참조.

27. A. Edward Siecienski, *The Filioque: History of a Doctrinal Controversy*, Oxford: Oxford University Press, 2010, pp. 113~119.

6. 세속권력과의 투쟁과 교황권
클뤼니 개혁 운동과 서임권 논쟁

1. Ruth Mazo Karras et al., eds., *Law and the Illicit in Medieval Europe*, Philadelphia: University of Pennsylvania Press, 2008, pp. 183~195.

2. Uta-Renate Blumenthal, *The Investiture Controversy: Church and Monarchy from the Ninth to the Twelfth Century*, Philadelphia: University of Pennsylvania Press, 1988.

3. Eamon Duffy, *Saints & Sinners: A History of the Popes*, New Haven: Yale University Press, 1997, pp. 101~104.

4. John C. Dwyer, *Church history: Twenty centuries of Catholic Christianity*, Mahwah: Paulist Press, 1998, pp. 154~156.

5. Peter Hamish Wilson, *The Holy Roman Empire, 1495-1806*, London: MacMillan Press, 1999, p. 2.

6. Hugh M. Thomas, *The Secular clergy in England, 1066~1216*, Oxford: Oxford University Press, 2014, p. 26.

7. Lawrence, *Medieval Monasticism*, pp. 77~78.

8. Lawrence, *Medieval Monasticism*, pp. 81~83.

9. John Howe, *Before the Gregorian Reform: The Latin Church at the turn of the first millennium*, London: Cornell University Press, 2016, p. 3.

10. Ian Robinson, *The Papal Reform of the Eleventh Century: Lives of Pope Leo IX and Pope Gregory VII*, Manchester: Manchester University Press, 2004, pp. 30~32.

11. Phyllis G. Jestice, *Wayward Monks and the Religious Revolution of the Eleventh Century*, Leiden: Brill, 1997, pp. 210~211.

12. Kathleen G. Cushing, *Papacy and Law in the Gregorian Revolution: The Canonistic Work of Anselm of Lucca*, Oxford: Clarendon Press, 1998, pp. 106~107.

13. I. S. Robinson, "Pope Gregory VII, the Princes and the Pactum 1077 - 1080", *The English Historical Review*, vol. 94, no. 373, 1979.10, p. 725.

14. 서임권에 관한 교황권과 세속권의 입장에 대한 논쟁은 브라이언 타이어니, 시드니 페인터, 《서양중세사: 유럽의 형성과 발전》, 이연규 옮김, 집문당, 1986, pp. 233~235 참조.

15. 페인터, 《서양중세사》, p. 235.

16. N. F. Cantor, *Church, Kingship, and Lay Investiture in England, 1089-1135*, Princeton: Princeton University Press, 1958, pp. 169~170.

17. Harold J. Berman, *Law and Revolution, the Formation of the Western Legal Tradition*, Cambridge, Mass.: Harvard University Press, 1983, pp. 259~260.

18. Robert C. Palmer, *English Law in the Age of the Black Death, 1348- 1381: A Transformation of Governance and Law*, Chapel Hill: University of North Carolina Press, 1993, pp. 32~34.

19. 월터 울만, 《서양 중세 정치사상사》, 박은구, 이희만 옮김, 숭실대학교 출판부, 2000, pp. 156~160.

20. http://news.khan.co.kr/kh_news/khan_art_view.html?art_id=201908282017001 (2020년 7월 15일 검색)

7. 문명의 공존과 충돌
콘비벤시아와 십자군

1. 십자군 원정에 대한 일반적인 평가는 송경근, "중세 유럽의 십자군 전쟁은 원정인가 침략인가?", 〈지중해지역연구〉, 제9집 제1호, 2007.4, pp. 83~106 참조.

2. 송경근, "중세 유럽의 십자군 전쟁은 원정인가 침략인가?", p. 83.

3. 임지훈, 장준갑, "제1차 십자군전쟁 시기 황제 알렉시우스 1세의 역할과 영향", 〈세계 역사와 문화 연구〉, 제31집, 2014.6, pp. 45~46.

4. 서영건, "중세 카스티야 변경 도시와 콘비벤시아", 〈서양중세사연구〉, 제21집, 2008, pp. 149~177.

5. Maya Soifer, "Beyond convivencia: critical reflections on the historiography of interfaith relations in Christian Spain", *Journal of Medieval Iberian Studies*, vol. 1, no. 1, 2009, p. 21.

6. Joseph F. O'callaghan, *A History of Medieval Spain*, New York: Cornell University Press, 1975, p. 145.

7. 주동근, "중세 무슬림 스페인의 종교적 관용에 관한 연구 — 711년부터 8세기 말까지 코르도바의 종교적 관용을 중심으로", 〈한국중동학회논총〉, 제35집 제1호, 2014.06, pp. 157~163.

8. Anwar G. Chejne, *Muslim Spain: Its History and Culture*, Minneapolis: University of Minnesota, 1974, p. 115.

9. Soifer, "Beyond convivencia: critical reflections on the historiography of interfaith relations in Christian Spain", p. 20.

10. Chejne, *Muslim Spain*, p. 111.

11. Maribel Fierro and Julio Samso, *The Formation of al-Andalus Part 2: Language, Religion, Culture and the Sciences*, London: Ashgate Publishing, 1998, p. 8.

12. O'callaghan, *A History of Medieval Spain*, p. 158.

13. Joseph F. O'Callaghan, *Reconquest and Crusade in Medieval Spain*, Philadelphia: University of Pennsylvania Press, 2003, p. 4.

14. Simon Barton, "El Cid, Cluny and the Medieval Spanish Reconquista", *The English Historical Review*, vol. 126, no. 520, 2011.06, pp. 517~543.

15. O'Callaghan, *Reconquest and Crusade in Medieval Spain*, p. 18.

16. O'Callaghan, *Reconquest and Crusade in Medieval Spain*, p. 53.

17. Chejne, *Muslim Spain: Its History and Culture*, p. 124.

18. Chejne, *Muslim Spain: Its History and Culture*, p. 131.

19. 안상준, "1099년 7월 15일 십자군의 예루살렘 정복 — 십자군과 예루살렘에 관한 무슬림의 인식", 〈역사와 세계〉, 제55집, 2019, pp. 240~241.

20. 박동찬, "정의로운 전쟁론에 비추어본 생 루이(Saint Louis, 1214-1270)의 전쟁들", 〈프랑스어문교육〉, 제51집, 2015.12, pp. 400~402.

21. 토머스 F. 매든, 《십자군》, 권영주 옮김, 루비박스, 2005, pp. 31~32.

22. Conor Kostick, *The Social Structure of the First Crusade*, Leiden: Brill, 2008, pp. 243~270.

23. 차용구, "서양 중세의 정의로운 전쟁", 〈역사학보〉, 제216집, 2012, pp. 169~174.

24. Kostick, *The Social Structure of the First Crusade*, pp. 96~105.

25. Robert Chazan, *In the Year 1096*, Philadelphia: The Jewish Publication Society, 1996, p. 120.

26. 흥미롭게도 1097년 유성은 한국과 중국의 천문 기록에도 남아 있다. Kevin Madigan, *Medieval Christianity: A New History*, New Haven: Yale University Press, 2015, p. 112.

27. Anonymous, *The Deeds of the Franks and the other Pilgrims to Jerusalem*, R. Hill, ed. & trans., Oxford: Oxford University Press, 1962, pp. 91~92.

28. P. M. Holt, "Saladin and His Admirers: A Biographical Reassessment", *Bulletin of the School of Oriental and African Studies*, vol. 46, no. 2, 1983, pp. 235~239.

29. 소년십자군은 역사적 기록 연구보다는 수많은 전설과 이야기로 재생산되었다. 소년십자군 역사의 대표적 연구는 D. C. Munro, "The Children's Crusade", *American Historical Review*, vol. 19, 1914, pp. 516~524 참조.

30. Richard Huscroft, *Tales From the Long Twelfth Century: The Rise and Fall of the Angevin Empire*, New Haven: Yale University Press, 2016, pp. 134~136.

31. 이슬람에 대한 유럽인들의 인식 변화는 이종경, "중세 서유럽의 무슬림 인식: 무관심과 적대감, 그리고 이해와 공존", 〈서양사론〉, 제70집, 2001, pp. 67~94 참조.

32. 송경근, "중세 유럽의 십자군 전쟁은 원정인가 침략인가?", p. 91.

33. 송경근, "중세 유럽의 십자군 전쟁은 원정인가 침략인가?", pp. 91~92.

34. 송경근, "중세 유럽의 십자군 전쟁은 원정인가 침략인가?", p. 92.

8. 거인의 어깨에 올라타다
12세기 르네상스와 대학의 탄생

1. 야코프 부르크하르트, 《이탈리아 르네상스의 문화》, 이기숙 옮김, 한길사, 2003.

2. C. H. Haskins, *The Renaissance of the Twelfth Century*, Cambridge, Mass.: Harvard University Press, 1971.

3. Haskins, *The Renaissance of the Twelfth Century*, p. 5.

4. 스완슨, 《12세기 르네상스》, pp. 24~25.

5. 중세 유럽 지적 세계에 끼친 이슬람의 영향은 보편적으로 인정된다. 신종락, "중세 유럽 학문 형성에 영향을 끼친 이슬람 문명", 〈독일어문학〉, 제26집 제3호, 2016, pp. 97~113와 윤용수, "중세 유럽에 대한 이슬람 문명의 영향 연구", 〈지중해지역연구〉, 제7집 제2호, 2005.10, pp. 208~235 참조.

6. 황의갑, 김정하, "이슬람세계-유럽 문명의 지적 교류", 〈한국중동학회논총〉,

7. Dimitri Gutas, *Greek Thought, Arabic Culture: The Graeco-Arabic Translation Movement in Baghdad and Early 'Abbasid Society (2nd-4th/8th-10th centuries)*, London: Routledge, 1998, pp. 56~58.

8. Gutas, *Greek Thought*, p. 88.

9. 단테의 작품에 끼친 이슬람의 영향 관련 논쟁은 Vicente Cantarino, "Dante and Islam: History and Analysis of a Controversy (1965)", *Dante Studies, with the Annual Report of the Dante Society*, vol. 125, 2007, pp. 37~55 참조.

10. 이븐 루시드가 서양 중세 철학에 끼친 영향은 이재경, "아베로에스에서 이븐 루슈드로", 〈철학논집〉, 제52집, 2018.2, pp. 97~122 참조.

11. 스완슨, 《12세기 르네상스》, p. 176.

12. 스완슨, 《12세기 르네상스》, pp. 184~196.

13. A. B. Cobban, *Universities in the Middle Ages*, Liverpool: Liverpool University Press, 1991, pp. 4~7.

14. 이광주, 《대학사: 이념, 제도, 구조》, 민음사, 1997, p. 56.

15. Edward Grant, *God and Reason in the Middle Ages*, Cambridge: Cambridge University Press, 2001, pp. 51~53.

16. John Marenbon, *The Philosophy of Peter Abelard*, Cambridge: Cambridge University Press, 1997, p. 17.

17. 자크 르 고프, 《중세의 지식인들》, 최애리 옮김, 동문선, 1998, p. 73.

18. Cédric Giraud, ed., *A Companion to Twelfth-Century Schools*, Leiden: Brill, 2019, pp. 164~167.

19. 이석우, 《대학의 역사》, 한길사, 1998, pp. 65~71.

20. Walter Rüegg, *A History of the University in Europe*, vol. 1, Cambridge: Cambridge University Press, 1992, p. 17.

21. 르 고프, 《중세의 지식인들》, pp. 58~61.

22. Charles M. Radding, *The origins of medieval jurisprudence*, New Haven: Yale University Press, 1988, p. 33.

23. 이석우, 《대학의 역사》, p. 100.

24. S. C. Ferruolo, *The Origins of the University*, Stanford: Stanford University Press, 1985, pp. 286~287.

25. Ian P. Wei, *Intellectual Culture in Medieval Paris: Theologians and the University, c. 1100~1330*, Cambridge: Cambridge University Press, 2012, pp. 104~105.

26. 이석우, 《대학의 역사》, pp. 259~268.

27. 르 고프, 《중세의 지식인들》, 1998, p. 124.

28. 스완슨, 《12세기 르네상스》, p. 76.

29. 박민아, "C. H. 해스킨스의 '12세기 르네상스론'에 대한 사학사적 검토", 〈한

국사역사학보〉, 30집, 2014.12, pp. 288~323 참조.

30. 르 고프, 《중세의 지식인들》, pp. 235~237.

9. 가장 큰 빛, 가장 짙은 그림자
인노켄티우스 3세와 제4차 라테란 공의회

1. 교황 인노켄티우스 3세와 제4차 라테란 공의회에 대한 개요는 Colin Morris, *The Papal Monarchy: The Western Church from 1050 to 1250*, Oxford: Oxford University Press, 1989, pp. 417~451 참조.

2. Joseph Clayton, *Pope Innocent III and His Times*, Milwaukee: Mediatrix Press, 2016, pp. xi~xii.

3. 13세기의 교황들은 대부분 교회법 학자 출신이었다. William R. Cook and Ronald B. Herzman, *The Medieval World View*, New York: Oxford University Press, 2004, p. 201.

4. Clayton, *Pope Innocent III and His Times*, pp. 85~87.

5. 이 사건의 개요에 대해서는 Joseph Early, *A History of Christianity: An Introductory Survey*, Nashville, B&H Publishing Group, 2015, p. 158 참조.

6. James M. Powell, *Innocent III: Vicar of Christ Or Lord of the World?*, Washington D.C.: Catholic University of America Press, 1994, pp. 153~156.

7. Jessalynn Bird and Damian Smith, eds., *The Fourth Lateran Council and the Crusade Movement: The Impact of the Council of 1215 on Latin Christendom and the East*, Turnhout: Brepols, 2018, pp. 1~3.

8. H. J. Schroeder, ed. and trans., *Disciplinary Decrees of the General Councils*, St. Louis: B. Herder, 1937, p. 238.

9. Schroeder, *Disciplinary Decrees*, p. 252.

10. Lynn A. Martin, *Alcohol, Sex and Gender in Late Medieval and Early Modern Europe*, New York: Palgrave, 2001, p. 78.

11. Schroeder, *Disciplinary Decrees*, p. 256.

12. Paula Rieder, "Insecure Borders", *The Material Culture of Sex Procreation and Marriage in Premodern Europe*, Anne McClanan and Karen Rosoff Encarnacion, eds., New York: Palgrave, 2002, p. 99.

13. Schroeder, *Disciplinary Decrees*, p. 258.

14. Schroeder, *Disciplinary Decrees*, p. 252.

15. William H. Campbell, *The Landscape of Pastoral Care in 13th-Century England*, Cambridge: Cambridge University Press, 2018, pp. 101~102.

16. Schroeder, *Disciplinary Decrees*, p. 289.

17. 스완슨, 《12세기 르네상스》, p. 50.

18. Peter Brooks, *Troubling Confessions: Speaking Guilt in Law and Literature*, Chicago: University of Chicago Press, 2000, pp. 93~96.

19. 13세기 탄압사회 형성에 관한 논의는 R. I. Moore, *The Formation of a Persecuting Society: Power and Deviance in Western Europe, 950–1250*, Oxford: Basil Blackwell, 1987 참조.

20. Schroeder, *Disciplinary Decrees*, p. 2.

21. Mary Catherine Flannery and Katie L. Walter, eds., *The Culture of Inquisition in Medieval England*, Cambridge: Boydell & Brewer, 2013, pp. 1~3.

22. 스완슨, 《12세기 르네상스》, p. 129.

23. 타이어니, 《서양중세사》, p. 360.

10. 종교적 공포와 대중의 욕망이 만나다
연옥과 면벌부

1. 이 장은 최종원, "천국을 향한 약속어음: 중세 유럽 면벌부 이론의 변화 연구", 〈인문연구〉, 제56집, 2009.06, pp. 165~196을 재구성한 것이다.

2. 11세기 말엽 그리스도의 성육신과 수난 사상이 강조되면서 몸으로 표현되는 그리스도에 대한 관심 역시 증가했다. Georges Duby, *The Age of the Cathedrals*, Chicago: University of Chicago Press, 1981, p. 86.

3. Ewert Cousins, "The humanity and the passion of Christ", *Christian Spirituality High Middle Ages and Reformation*, Jill Raitt, ed., New York: Herder & Herder, 1989, pp. 383~384.

4. Logan, *A History of the Church in the Middle Ages*, p. 53.

5. 중세 유럽에서 연극 탄생에 종교의 역할은 지대했다. 미사 자체가 드라마적 성격을 띠기 때문이다. 김현주, "종교 교육 기제로서의 중세 도덕극", 〈종교연구〉, 제76집 제2호, 2016.6, pp. 173~203 참조.

6. Hans Küng, *Women in Christianity*, John Bowden, trans., London: Continuum, 2001, p. 55.

7. 김응종, "아날학파와 역사의 공간화", 〈황해문화〉, 제9집, 1995, pp. 402~403.

8. 자크 르 고프, 《연옥의 탄생》, 최애리 옮김, 문학과지성사, 1995, pp. 342~345.

9. 르 고프, 《연옥의 탄생》, p. 542.

10. 단테, 《신곡》〈연옥편〉, 최현 옮김, 범우사, 1988, p. 264.

11. R. N. Swanson, *Indulgences in Late Medieval England: Passports to Paradise?*, Cambridge: Cambridge University Press, 2007 참조.

12. 서구 중세인들의 죽음관에 대한 국내 연구로 차용구, "필립 아리에스의 죽음

관에 대한 연구: 죽음에 대한 중세인의 태도를 중심으로", 〈서양중세사연구〉, 제23집, 2009, pp. 149~174 참조.

13. Marcus Bull, *Knightly Piety and the Lay Response to the First Cru-sade*, Oxford: Oxford University Press, 1993, pp. 166~171.

14. Nicholas Vincent, "Some Pardoners' Tales: The Earliest English In-dulgences", *Transactions of the Royal Historical Society*, Sixth Series, vol. 12, 2002, pp. 23~58.

15. D. E. Luscombe, ed., *Peter Abelard's Ethics*, Oxford: Clarendon Press, 1971, p. 111.

16. Vincent, "Some Pardoner's Tales", p. 33.

17. Vincent, "Some Pardoner's Tales", p. 33.

18. R. W. Shaffern, "Learned Discussions of Indulgences for the Dead in the Middle Ages", *Church History*, vol. 61, 1992, pp. 367~368.

19. Peter the Chanter, *Summa de sacramentis et animae consiliis*, ed. J. Dugauquier, 3 vols., Analecta mediaevalia Namurcensia, 4, 7, 11, Louvain, 1957, 110, 116~119 (2:195).

20. Bonaventure, "Commentaria in Quatuor," Opera omnia", 10 vols., Quaracchi, 1881~1902, 4:530.

21. V. L. Kennedy, "Robert Courson on Penance", *Mediaeval Studies*, vol. 7, 1945, p. 329.

22. Paul F. Palmer, *Sacraments and Forgiveness*, Westminster, MD: Newman Press, 1959, p. 341.

23. William of Auvergne, "De sacramento ordimis", 13, *Opera monia*, 2 vols, Paris, 1674, 1: 551.

24. Alexander Murray, "Religion among the Poor in Thirteenth-Century France", *Traditio*, vol. 30, 1974, p. 287.

25. "순교자들이 믿음과 교회를 위해 자신들의 피를 흘렸고, 그들은 자신들이 범한 죄 이상의 처벌을 받은 것이다. 이것은 [그리스도]의 피 흘리심에서도 동일하게 일어난 것으로 …… 이 유출된 성혈은 교회의 보물창고 속에 보존되었고, 교회가 이 보고의 열쇠를 소유하고 있다. 그러므로 교회가 원할 경우 교회는 이 상자를 열 수 있고, 신실한 자들에게 경감과 면제를 줌으로서 이 보고를 누구에게든 베풀게 될 것이다."

26. Vincent, "Some Pardoner's Tale", p. 45.

27. Walter H. Principe, "The School Theologians's Views of the Papacy, 1150-1250", *The Religious Roles of the Papacy: Ideals and Realities, 1150-1300*, Christopher Ryan ed., Toronto : Pontifical Institute of Mediaeval Studies, 1989, p. 73.

28. 천국과 지옥을 뺀 세 번째 대안이 있어야 한다는 생각이 민중들 사이에 죽은 영혼에 대한 기도와 귀신 이야기들을 통해 널리 퍼진 이후 연옥 교리가 체계적으로 형성

되었다. 연옥 개념은 교황 인노켄티우스 4세 때인 1254년에 논의되었지만 전체 서방 교회에 연옥이 하나의 교리로 자리 잡은 것은 1437년 피렌체 공의회 때이다.

29. Shaffern, "Learned Discussions", p. 369.

30. Shaffern, "Learned Discussions", p. 370.

31. R. N. Swanson, *Religion and Devotion in Europe, c.1215–c.1515*, Cambridge: Cambridge University Press, 1995, p. 217.

32. Steven Ozment, ed., *The Reformation in Medieval Perspective*, Chicago: Quadrangle Books, 1971, pp. 142~154.

33. Dennis D. Martin, "Popular and Monastic Pastoral Issues in the Later Middle Ages", *Church History*, vol. 56, 1987, p. 320.

34. 최종원, 《텍스트를 넘어 콘텍스트로》, 비아토르, 2019, p. 86.

11. 교권 강화의 반작용
대중 이단과 탁발수도회

1. R. I. Moore, *The Birth of Popular Heresy*, Toronto: University of Toronto Press, 1995, p. 28.

2. Jeffrey Burton Russell, "Summary of Catharist Beliefs", *Religious Dissent in the Middle Ages*, Jeffrey Burton Russell ed., New York: John Wiley & Sons, 1971, p. 57.

3. Leonard George, *Crimes of Perception*, New York: Paragon House, 1995, p. 329.

4. Edward Peters, ed., *Heresy and Authority in Medieval Europe*, Philadelphia: University of Pennsylvania Press, 1980, p. 4.

5. Malcolm Lambert, *Medieval Heresy: Popular Movements from the Gregorian Reform to the Reformation*, Oxford: Blackwell Publishing, 2002, pp. 42~43.

6. 사도적 청빈과 탁발수도회의 등장은 중세 말 중요한 논쟁 중 하나가 되었다. Geoffrey L. Dipple, "Uthred and the Friars: Apostolic Poverty and Clerical Dominion between Fitzralph and Wyclif", *Traditio*, vol. 49, 1994, pp. 235~258.

7. J. H. Arnold, *Belief and Unbelief in Medieval Europe*, London: Hodder Arnold, 2005, p. 196.

8. Lambert, *Medieval Heresy*, pp. 63~67.

9. Peter Biller, "The Cathars of Languedoc and Written Materials", Peter Biller, Anne Hudson, eds., *Heresy and Literacy, 1000–1530*, New York: Cambridge University Press, 1994, p. 63.

10. Peter Biller, "The Cathars of Languedoc", p. 71.

11. Lambert, *Medieval Heresy*, p. 126.

12. Lambert, *Medieval Heresy*, pp. 105~106.

13. Logan, *A History of the Church in the Middle Ages*, p. 207.

14. Jonathan Sumption, *The Albigensian Crusade*, London: Faber and Faber, 1999, pp. 242~243.

15. Leonard George, *Crimes of Perception*, New York: Paragon House, 1995, p. 329.

16. 마을을 순회하며 설교하는 방랑설교자들은 중세 말 이단 운동의 핵심적 전파 통로였다. Lambert, *Medieval Heresy*, p. 48.

17. Mary A. Rouse and Richard H. Rouse, "The Schools and the Waldensians", *Christendom and its Discontents*, Scott L. Waugh and Peter D. Diehl eds., Cambridge: Cambridge University Press, 1996, p. 86.

18. George, *Crimes of Perception*, p. 329.

19. Lambert, *Medieval Heresy*, p. 85.

20. Gabriel Audisio, *The Waldensian Dissent: Persecution and Survival, c. 1170-c. 1570*, Cambridge: Cambridge University Press, 1989, pp. 213~214.

21. 최종원, 《초대교회사 다시 읽기》, p. 206.

22. Lawrence, *Medieval Monasticism*, p. 192.

23. Lawrence, *Medieval Monasticism*, p. 201.

24. Lawrence, *Medieval Monasticism*, p. 195.

25. Michael Cusato et al., *Ordo et Sanctitas: The Franciscan Spiritual Journey in Theology and Hagiography*, Leiden: Brill, 2017, p. 13.

26. Lawrence, *Medieval Monasticism*, p. 197.

27. Cusato, *Ordo et Sanctitas*, pp. 294~295.

28. Cusato, *Ordo et Sanctitas*, p. 310.

29. Lawrence, *Medieval Monasticism*, p. 202.

30. Lawrence, *Medieval Monasticism*, p. 204.

31. Lambert, *Medieval Heresy*, pp. 143~147.

32. 르 고프, 《중세의 지식인들》, pp. 157~161.

33. 르 고프, 《중세의 지식인들》, p. 165.

34. 야콥 슈프랭거, 하인리히 크라머, 《말레우스 말레피카룸: 마녀를 심판하는 망치, 마녀 사냥을 위한 교본》, 이재필 옮김, 우물이있는집, 2016.

12. 가톨릭교회, 분열되다
아비뇽 유수와 교회 대분열

1. 중세 유럽의 흑사병에 대해서는 김병용, "중세 말엽 유럽의 흑사병과 사회적

변화", 〈대구사학〉, 제88집, 2007, pp. 159~182 참조.

2. Logan, *A History of the Church in the Middle Ages*, p. 264.

3. 홍용진, "백년전쟁과 왕국의 개혁, 그리고 정치체에 대한 권리", 〈프랑스사 연구〉, 제34집, 2016, pp. 33~54.

4. Marianne Cecilia Gaposchkin, *The Making of Saint Louis: Kingship, Sanctity, and Crusade in the Later Middle Ages*, Ithaca: Cornell University Press, 2008, pp. 200~201.

5. Debra Julie Birch, *Pilgrimage to Rome in the Middle Ages: Continuity and Change*, Woodbridge: Boydell Press, 1998, p. 198.

6. Peter D. Clarke, *The Interdict in the Thirteenth Century: A Question of Collective Guilt*, Oxford: Oxford University Press, 2007, pp. 127~128.

7. Gaposchkin, *The Making of Saint Louis*, pp. 50~52.

8. Unn Falkeid, *The Avignon Papacy Contested: An Intellectual History from Dante to Catherine of Siena*, Cambridge, Mass.: Harvard University Press, 2017, p. 26.

9. John Arnold, *The Oxford Handbook of Medieval Christianity*, Oxford: Oxford University Press, 2014, pp. 528.

10. 단테, 《신곡》 〈연옥편〉, p. 388.

11. Charles T. Wood, *Joan of Arc and Richard III: Sex, Saints, and Government in the Middle Ages*, Oxford: Oxford University Press, 1991, p. 100.

12. Falkeid, *The Avignon Papacy Contested*, p. 97.

13. Falkeid, *The Avignon Papacy Contested*, pp. 77~78.

14. Falkeid, *The Avignon Papacy Contested*, p. 168.

15. Falkeid, *The Avignon Papacy Contested*, p. 175.

16. 르 고프, 《중세의 지식인들》, p. 218.

17. 이화용, "중세에서 근대로 — 마르실리우스 인민주권론에 관한 하나의 역사적 이해", 〈정치사상연구〉, 제5집, 2001, pp. 55~79 참조.

18. Paul D. L. Avis, *Beyond the Reformation?: Authority, Primacy and Unity in the Conciliar Tradition*, London: T&T Clark, 2006, pp. 76~83.

19. Margaret Harvey, *Solutions to the Schism: A Study of some English attitude 1378~1409*, St. Ottilien: EOS Verlag, 1983, p. 169.

20. E. F. Jacob, *Essays in the Conciliar Epoch*, Manchester: Manchester University Press, 1943, p. 5.

21. J. Canning, *A History of Medieval Political Thought 300–1450*, London: Routledge, 1996, p. 174.

13. 주도하는 세속 권력
콘스탄츠 공의회와 공의회주의

1. Jacob, *Essays in the Conciliar Epoch*, p. 5.

2. Steven Ozment, *The Age of Reform, 1250−1550: An Intellectual and Religious History of Late Medieval and Reformation Europe*, New Haven: Yale University Press, 1980, p. 164.

3. Phillip H. Stump, *The Reforms of the Council of Constance: 1414−1418*, Leiden: Brill, 1994, pp. 15∼16.

4. Ozment, *The Age of Reform*, p. 162.

5. Francis Oakley, *The Conciliarist Tradition: Constitutionalism in the Catholic Church, 1300−1870*, Oxford: Oxford University Press, 2003, pp. 94∼96.

6. Josef Macek, *The Hussite Movement in Bohemia*, London: Lawrence and Wishart, 1965, p. 23.

7. Lambert, *Medieval Heresy*, pp. 317∼318.

8. Lambert, *Medieval Heresy*, pp. 318∼320.

9. Macek, *The Hussite Movement in Bohemia*, p. 23.

10. Logan, *A History of the Church in the Middle Ages*, pp. 304∼311.

11. Lambert, *Medieval Heresy*, p. 332.

12. Louis B. Pascoe, *Jean Gerson: Principles of Church Reform*, Leiden: Brill, 1973, p. 11.

13. Ozment, *The Age of Reform*, pp. 168∼170.

14. Pascoe, *Jean Gerson*, p. 12.

15. Ozment, *The Age of Reform*, p. 172.

16. Ozment, *The Age of Reform*, p. 174.

17. M. Decaluwe, T. M. Izbicki and G. Christianson, *A Companion to the Council of Basel*, Leiden: Brill, 2017, p. 328.

18. Michiel Decaluwe et al., *A Companion to the Council of Basel*, pp. 443∼444.

19. Michiel Decaluwe et al., *A Companion to the Council of Basel*, p. 463.

14. 한 세기 앞선 미완의 종교개혁
위클리프와 롤라드 운동

1. 이 장은 최종원, "위클리프와 옥스퍼드의 롤라드파: 그 지적 정체성 1377-1415", 〈한국 교회사학회지〉, 제22집과 최종원, "1414년 이후 후기 롤라드파 사상의 몇

가지 쟁점 연구", 〈서양중세사연구〉, 제24집에 게재한 논문을 재구성한 것이다.

2. Lambert, *Medieval Heresy*, p. 217.

3. John Wyclif, *De Civili Dominio*, R.L. Poole, ed., London, 1885, p. 1.

4. Wyclif, *De Civili Dominio*, p. 345: "교회나 개인이 재산을 상습적으로 오용한다면 비록 관습에 따라 행해진 것이라 할지라도 왕이나 군주, 세속 주권자들은 그것을 몰수할 수 있다. 만약 성직자들이 교회의 부를 빈곤한 이들과 나누어야 한다는 종교적 목적을 저버리고 자신들의 사치를 위해 낭비한다면 그 재산을 몰수하는 것이 정당하다."

5. Wyclif, *De Civili Dominio*, pp. 8~9.

6. A. Hudson, *Premature Reformation*, Oxford: Clarendon Press, 1988, p. 363.

7. Hudson, *Premature Reformation*, pp. 315~327.

8. Hudson, *Premature Reformation*, p. 315.

9. 위클리프의 영어 성서 번역 참여와 '가난한 설교자들'에 대한 논의는 Hudson, *Premature Reformation*, pp. 23~24와 pp. 62~63 각각 참조. 위클리프는 일생을 옥스퍼드 대학이라는 스콜라학의 경계 안에서 살았으므로, 가난한 설교자들과 같은 대중 설교 운동을 직접 조직화한 것은 아닌 듯하다.

10. R. Rex, *Lollards*, New York: Palgrave, 2002, p. 41.

11. Anthony Kenny, *Wyclif*, Oxford: Oxford University Press, 1985, p. 6. 존 곤트는 리처드 2세의 삼촌으로 섭정 통치를 했으며, 그의 아들이 차기 국왕 헨리 4세로 즉위하였다.

12. John Wyclif, *De Eucharistia Tractatus Maior*, J. Loserth, ed., London, 1892, p. 63.

13. 위클리프는 축성 후에도 빵과 포도주의 실체가 지속된다고 확신했다. 그는 축성된 성체를 '빵과 포도주의 형체를 띤 그리스도의 몸'으로 규정했고, 빵 자체의 본질은 새로운 실체와 지속적으로 공존한다고 보았다. 따라서 축성 후 본원적 요소로서 빵과 포도주가 독립적으로 실재함을 주장했다. 이것은 후일 종교개혁 당시 루터가 주장한 공재설(coexistence) 교리와 맥을 같이한다고 할 수 있다. Ozment, *The Age of Reform*, pp. 332~339 참조.

14. G. Leff, *Heresy in the Later Middle Ages: The Relation of Heterodoxy to Dissent c. 1250-c. 1450*, Manchester: Manchester University Press, 1999, p. 557.

15. Kenny, *Wyclif*, p. 90.

16. Steven Justice, *Writing and Rebellion: England in 1381*, London: University of California Press, 1994, p. 75.

17. 1381년 농민 봉기는 봉건사회의 경제적 위축과 혼란, 사회적 모순을 타파할 뿐 아니라 당시 잉글랜드 교회의 부패와 탐욕에 대한 반감, 즉 반성직주의 성격도 띠었다. 사회적 혼란 속에서 위클리프의 사상은 오도될 가능성을 충분히 보여 주었고, 교회뿐 아니라 국가가 위클리프 사상의 폭발력을 인지하게 된 것이다. 위클리프의 지배론

사상은 '정당하지 못한' 성직자의 재산 몰수를 정당화할 뿐 아니라 '정당하지 못한' 세속 통치자의 소유 또한 몰수하는 '정당한' 백성들의 권리도 정당화한다고 받아들일 수 있기 때문이다. Ozment, *Age of Reform*, p. 166 참조.

18. 위클리프는 존 곤트의 보호 덕분에 루터워스로 안전하게 물러갈 수 있었다. 또 하나의 요인은 교회 대분열 상황이다. 위클리프가 자신의 주장들을 실제로 철회했느냐는 불명확하다. 대학 바깥에서 성찬론 주장을 내세우지 않기로 대주교 커트니에게 약속했기 때문에 커트니는 위클리프가 자신의 주장들을 철회했다고 보았다. 하지만 루터워스에 은거하는 동안에도 위클리프는 화체설 교리를 계속 부정했으므로 논란의 여지가 남는다. 위클리프는 1384년 12월 31일에 죽었다. 파문되지 않았기에 시신은 루터워스 교회당에 장사되었다. 1415년 콘스탄츠 공의회의 공식 파문 결정으로 무덤을 파고 불살라지는 1428년까지 그곳에 안장되어 있었다.

19. Hudson, *Premature Reformation*, p. 86.

20. J. A. F. Thomson, *Transformation in Medieval England, 1370~1529*, London: Routledge, 1983, p. 359.

21. J. Raithby and A. Luders eds., *Statutes of the Realm*, vol. 2, London, 1816, pp. 181~182. 이 두 법안은 헨리 8세 때까지 실질적인 효력을 가지고 있었다.

22. Hudson, *Premature Reformation*, p. 117.

23. 이에 대한 자세한 내용은 최종원, "'경건한 설립자들', 15세기 옥스브리지의 재속 칼리지 설립운동", 〈서양중세사연구〉, 제20집, 2007, pp. 117~152 참조.

24. J. H. Dahmus, "John Wyclif and the English Government", *Speculum*, vol. 35, 1960, pp. 51~68.

25. C. H. Lawrence, "The University in State and Church", *The History of the University of Oxford*, vol. 1, Oxford: Oxford University Press, 1984, p. 103.

26. W. J. Courtenay, "Inquiry and Inquisition: Academic Freedom in Medieval Universities", *Church History*, vol. 58, 1989, pp. 173~174.

27. 14세기 말과 15세기 초반을 볼 때 전반적으로 옥스퍼드 대학은 동시대의 파리 대학에 비해 폭넓은 표현과 사상의 자유가 있었음을 알 수 있다. 교황의 아비뇽 유수 이후 파리 대학에서는 학자들에 대한 통제가 강화되었다. 1345년에서 1365년에 이르는 20년 동안에만 파리 대학에서 7명의 학사들이 이단으로 고발되었다. Courtenay, "Inquiry and Inquisition", pp. 178~179 참조.

28. John Wyclif, *De Eucharistia Tractatus Maior*, Johann Loserth, ed., London, 1892, pp. 317~318.

29. J. A. F. Thomson, *The Later Lollards: 1414-1520*, Oxford: Oxford University Press, 1965, pp. 239~250.

30. Reginald Pecock, *The Repressor of Over Much Blaming of the Clergy*, vol. 1, Chandra Chakravarti Press, 2009, p. 195.

31. Claire Cross, *Church and People, 1450-1660: The Triumph of the Laity in the English Church*, Sussex: HarperCollins, 1976, pp. 9~30.

중세교회사 다시 읽기

32. Thomson, *Later Lollards*, p. 248.

33. Claire Cross, "Great Reasoners in Scripture, The Activities of Women Lollards, 1380–1530", *Studies in Church History*, Subsidia, vol. 1, 1989, p. 360.

34. Cross, "Great Reasoners in Scripture", p. 359.

35. Margaret Aston, "Lollardy and the Reformation: Survival or Revival?" *History*, vol. 49, 1964, p. 154.

36. Fiona Somerset, *Clerical Discourse and Lay Audience in Late Medieval England*, Cambridge: Cambridge University Press, 1998, pp. 3~21.

에필로그
낯설지만 열린 마음으로

1. 르 고프, 《중세의 지식인들》, p. 231.

중세교회 연대표

476년	게르만족 오도아케르에 의한 서로마 멸망
529년	유스티니아누스 1세, 《로마법대전》 반포
529년	베네딕투스, 몬테카시노에 수도회 설립
532년	니카 반란
563년	콜룸바누스, 아이오나에 수도공동체 설립
570년	무함마드 출생
590년	교황 그레고리우스 1세 즉위
597년	초대 캔터베리 대주교 아우구스티누스 잉글랜드 선교
622년	무함마드, 메카에서 메디나로 망명(헤지라)
664년	휘트비 교회회의, 켈트 그리스도교의 로마 가톨릭 수용
726년	동로마 황제 레오 3세 성상파괴 운동 시작
732년	카롤루스 마르텔루스, 투르푸아티에 전투에서 무슬림 격파
754년	피핀의 기증
768년	카롤루스 마그누스 프랑크 왕 즉위
800년	카롤루스 마그누스, 서로마 황제로 대관
827년	무슬림의 시칠리아 정복
843년	베르됭 조약으로 프랑크 왕국 분열
864년	불가리아 그리스 정교 수용
910년	아키텐 공작 기욤 1세, 클뤼니 수도회 설립
962년	오토 1세, 신성로마황제 대관
989년	키예프 공국 블라디미르 1세, 정교회를 국교로 선언
1025년	이븐 시나, 《의학전범》 저술
1054년	동서 교회 분열
1066년	노르망디 공 윌리엄, 잉글랜드 국왕 즉위
1071년	셀주크 튀르크, 만지케르트 전투에서 비잔틴군 격파
1073년	교황 그레고리우스 7세 즉위
1077년	서임권 투쟁, 카노사의 굴욕

1095년	교황 우르바누스 2세, 십자군 소집
1098년	시토회 설립
1099년	제1차 십자군, 예루살렘 탈환
1118년	성전기사단 창설
1122년	보름스 협약 체결
1125년	이르네리우스, 볼로냐에서 로마법 강의
1130년	페트루스 아벨라르두스, 《긍정과 부정》 저술
1140년	그라티아누스, 《교령집》 저술
1208년	교황 인노켄티우스 3세, 알비 십자군 소집
1209년	프란체스코회 설립
1215년	잉글랜드 존 왕, 대헌장 서명
1215년	제4차 라테란 공의회 개최
1216년	도미니크회 교황 공인
1274년	토마스 아퀴나스, 《신학대전》 사후 출간
1299년	오스만 1세, 오스만 튀르크 창건
1309년	교황청의 아비뇽 유수
1310년	단테 《신곡》 출간
1337년	백년전쟁 시작
1347년	흑사병 유럽 상륙
1378년	서방 교회의 분열
1381년	존 위클리프 성서 번역
1414년	콘스탄츠 공의회 개최
1415년	보헤미아 개혁가 얀 후스 화형
1417년	서방 교회 분열 종식
1453년	콘스탄티노플 함락
1492년	레콩키스타 종결

참고문헌

Aaij, Michel and Godlove, Shanno eds., *A Companion to Boniface*, Leiden: Brill, 2020.

Anonymous, *The Deeds of the Franks and the other Pilgrims to Jerusalem*, R. Hill, ed. & trans., Oxford: Oxford University Press, 1962.

Arnold, J. H., *Belief and Unbelief in Medieval Europe*, London: Hodder Arnold, 2005.

Arnold, John, *The Oxford Handbook of Medieval Christianity*, Oxford: Oxford University Press, 2014.

Aston, Margaret, "Lollardy and the Reformation: Survival or Revival?" *History*, vol. 49, 1964, pp. 149~179.

Audisio, Gabriel, *The Waldensian Dissent: Persecution and Survival, c.1170–c.1570*, Cambridge: Cambridge University Press, 1989.

Avis, Paul D. L., *Beyond the Reformation?: Authority, Primacy and Unity in the Conciliar Tradition*, London: T&T Clark, 2006.

Backhouse, Janet, *The Lindisfarne Gospels*, Ithaca, New York: Cornell University Press, 1981.

Barrow, Julia, "Ideology of the Tenth–Century English Benedictine 'Reform'", *Challenging the Boundaries of Medieval History: The Legacy of Timothy Reuter*, Patricia Skinner, ed., Belgium: Brepols, 2009.

Barton, Simon, "El Cid, Cluny and the Medieval Spanish Reconquista", *The English Historical Review*, vol. 126, no. 520, 2011.06, pp. 517~543.

Beckwith, John, *Early Medieval Art: Carolingian, Ottonian, Romanesque*, London: Thames & Hudson, 1964.

Berman, Harold J., *Law and Revolution, the Formation of the Western Legal Tradition*, Cambridge, Mass.: Harvard University Press, 1983.

Biller, Peter, "The Cathars of Languedoc and Written Materials", Peter Biller, Anne Hudson, eds., *Heresy and Literacy, 1000–1530*, New York: Cambridge University Press, 1994.

Birch, Debra Julie, *Pilgrimage to Rome in the Middle Ages: Continuity and Change*, Woodbridge: Boydell Press, 1998.

Bird, Jessalynn and Smith, Damian, eds., *The Fourth Lateran Council and the*

Crusade Movement: The Impact of the Council of 1215 on Latin Christendom and the East, Turnhout: Brepols, 2018.

Blumenthal, Uta-Renate, The Investiture Controversy: Church and Monarchy from the Ninth to the Twelfth Century, Philadelphia: University of
Pennsylvania Press, 1988.

Blumenthal, Uta-Renate, The Investiture Controversy: Church and Monarchy from the Ninth to the Twelfth Century, Philadelphia: University of
Pennsylvania Press, 1988.

Bonaventure, "Commentaria in Quatuor,' Opera omnia", 10 vols., Quaracchi,
1881~1902.

Brooks, Peter, Troubling Confessions: Speaking Guilt in Law and Literature,
Chicago: University of Chicago Press, 2000.

Bull, Marcus, Knightly Piety and the Lay Response to the First Crusade, Oxford: Oxford University Press, 1993.

Bury, J. B., A History of Freedom of Thought, London: Henry Holt & Company, 1913.

Campbell, William H., The Landscape of Pastoral Care in 13th-Century England, Cambridge: Cambridge University Press, 2018.

Canning, J., A History of Medieval Political Thought 300-1450, London:
Routledge, 1996.

Cantarino, Vicente, "Dante and Islam: History and Analysis of a Controversy
(1965)", Dante Studies, with the Annual Report of the Dante Society, vol.
125, 2007, pp. 37~55.

Cantor, N. F., The Civilization of the Middle Ages: a completely revised and
expanded edition of Medieval history, the life and death of a civilization,
New York: HarperCollins, 1993.

Chazan, Robert, In the Year 1096, Philadelphia: The Jewish Publication Society, 1996.

Chejne, Anwar G., Muslim Spain: Its History and Culture, Minneapolis: University of Minnesota, 1974.

Clarke, Peter D., The Interdict in the Thirteenth Century: A Question of Collective Guilt, Oxford: Oxford University Press, 2007.

Clayton, Joseph, Pope Innocent III and His Times, Milwaukee: Mediatrix Press,
2016.

Cobban, A. B., Universities in the Middle Ages, Liverpool: Liverpool University
Press, 1991.

Colish, Marcia L., Medieval Foundations of the Western Intellectual Tradition,
400-1400, New Haven: Yale University Press, 1999.

Cook, William R. and Herzman, Ronald B., *The Medieval World View*, New York: Oxford University Press, 2004.

Courtenay, W. J., "Inquiry and Inquisition: Academic Freedom in Medieval Universities", *Church History*, vol. 58, 1989, pp. 168~181.

Cox, James L., ed., *Critical Reflections on Indigenous Religions*, New York: Routledge, 2013.

Cross, Claire, *Church and People, 1450–1660: The Triumph of the Laity in the English Church*, Sussex: HarperCollins, 1976.

Cross, Claire, "Great Reasoners in Scripture, The Activities of Women Lollards, 1380–1530", *Studies in Church History*, Subsidia, vol. 1, 1989, pp. 359~380.

Cusato, Michael, et al., *Ordo et Sanctitas: The Franciscan Spiritual Journey in Theology and Hagiography*, Leiden: Brill, 2017.

Cushing, Kathleen G., *Papacy and Law in the Gregorian Revolution: The Canonistic Work of Anselm of Lucca*, Oxford: Clarendon Press, 1998.

Dahmus, J. H., "John Wyclif and the English Government", *Speculum*, vol. 35, 1960, pp. 51~68.

De Beer, E. S., "Gothic: Origin and Diffusion of the Term; The Idea of Style in Architecture", *Journal of the Warburg and Courtauld Institutes*, vol. 11, 1948.

Decaluwe, M., Izbicki, T. M. and Christianson, G., *A Companion to the Council of Basel*, Leiden: Brill, 2017.

Dipple, Geoffrey L., "Uthred and the Friars: Apostolic Poverty and Clerical Dominion between Fitzralph and Wyclif", *Traditio*, vol. 49, 1994, pp. 235~258.

Duby, Georges, *The Age of the Cathedrals*, Chicago: University of Chicago Press, 1981.

Duby, Georges, *The Three Orders: Feudal Society Imagined*, Chicago: Chicago University Press, 1980.

Duffy, Eamon, *Saints & Sinners: A History of the Popes*, New Haven: Yale University Press, 1997.

Duffy, Eamon, *The Stripping of the Altars: Traditional Religion in England 1400–1580*, London: Yale University Press, 1992.

Duggan, L. G., "Was Art Really the 'Book of the Illiterate'?", *Word and Image*, vol. 5, 1989, pp. 227~251.

Dvornik, Francis, *The Photian Schism: History and Legend*, Cambridge: Cambridge University Press, 1948.

Dwyer, John C., *Church history: Twenty centuries of Catholic Christianity*,

Mahwah: Paulist Press, 1998.

Early, Joseph, *A History of Christianity: An Introductory Survey*, Nashville: B&H Publishing Group, 2015.

Evans, James Allan, *The Emperor Justinian and the Byzantine Empire*, London: Glenwood Press, 2005.

Ewert Cousins, "The humanity and the passion of Christ", *Christian Spirituality High Middle Ages and Reformation*, Jill Raitt, ed., New York: Herder & Herder, 1989.

Falkeid, Unn, *The Avignon Papacy Contested: An Intellectual History from Dante to Catherine of Siena*, Cambridge, Mass.: Harvard University Press, 2017.

Fear, A., Urbiña J. F. and Marcos, M., *The Role of the Bishop in Late Antiquity: Conflict and Compromise*, London: Bloomsbury, 2013.

Ferruolo, S. C., *The Origins of the University*, Stanford: Stanford University Press, 1985.

Fierro, Maribel and Samso, Julio, *The Formation of al–Andalus Part 2: Language, Religion, Culture and the Sciences*, London: Ashgate Publishing, 1998.

Flannery, Mary Catherine and Walter, Katie L., eds., *The Culture of Inquisition in Medieval England*, Cambridge: Boydell & Brewer, 2013.

Gaposchkin, Marianne Cecilia, *The Making of Saint Louis: Kingship, Sanctity, and Crusade in the Later Middle Ages*, Ithaca: Cornell University Press, 2008.

George, Leonard, *Crimes of Perception*, New York: Paragon House, 1995.

Gilchrist, Roberta, *Contemplation and Action: The Other Monasticism*, London: Leicester University Press, 1995.

Giraud, Cédric, ed., *A Companion to Twelfth–Century Schools*, Leiden: Brill, 2019.

Glenn, Jason, ed., *The Middle Ages in Texts and Texture: Reflections on Medieval Sources*, Toronto: University of Toronto Press, 2011.

Grant, Edward, *God and Reason in the Middle Ages*, Cambridge: Cambridge University Press, 2001.

Gutas, Dimitri, *Greek Thought, Arabic Culture: The Graeco–Arabic Translation Movement in Baghdad and Early 'Abbasid Society (2nd–4th/8th–10th centuries)*, London: Routledge, 1998.

Haigh, Christopher, ed., *The English Reformation Revised*, Cambridge: Cambridge University Press, 1987.

Halsall, Guy, In *Barbarian Migrations and the Roman West, 376–568*, Cam—

bridge: Cambridge University Press, 2007.

Hanson, R. P. C., *Saint Patrick: His Origins and Career*, Oxford: Clarendon Press, 1968.

Harvey, Margaret, *Solutions to the Schism: A Study of some English attitude 1378~1409*, St. Ottilien: EOS Verlag, 1983.

Haskins, C. H., *The Renaissance of the Twelfth Century*, Cambridge, Mass.: Harvard University Press, 1971.

Heather, Peter, *Empires and Barbarians: The Fall of Rome and the Birth of Europe*, Oxford: Oxford University Press, 2010.

Hodges, Richard and Whitehouse David , *Mohammed, Charlemagne & the Origins of Europe: Archaeology and the Pirenne Thesis*, New York: Cornell University Press, 1983.

Hollis, Stephanie, *Anglo-Saxon Women and the Church: Sharing a Common Fate*, Woodbridge: Boydell Press, 1992.

Holt, P. M., "Saladin and His Admirers: A Biographical Reassessment", *Bulletin of the School of Oriental and African Studies*, vol. 46, no. 2, 1983, pp. 235~239.

Honour, Hugh and Fleming, John, *A World History of Art*, 1st edn. London: Macmillan, 1982.

Howe, John, *Before the Gregorian Reform: The Latin Church at the turn of the first millennium*, London: Cornell University Press, 2016.

Hudson, A., *Premature Reformation*, Oxford: Clarendon Press, 1988.

Huscroft, Richard, *Tales From the Long Twelfth Century: The Rise and Fall of the Angevin Empire*, New Haven: Yale University Press, 2016.

Jacob, E. F., *Essays in the Conciliar Epoch*, Manchester: Manchester University Press, 1943.

Jestice, Phyllis G., *Wayward Monks and the Religious Revolution of the Eleventh Century*, Leiden: Brill, 1997.

Justice, Steven, *Writing and Rebellion: England in 1381*, London: University of California Press, 1994.

Karras, Ruth Mazo et al., eds., *Law and the Illicit in Medieval Europe*, Philadelphia: University of Pennsylvania Press, 2008.

Kee, Howard C. et al., *Christianity: A Social and Cultural History*, New York: Macmillan, 1991.

Kennedy, V. L., "Robert Courson on Penance", *Mediaeval Studies*, vol. 7, 1945.

Kenny, Anthony, *Wyclif*, Oxford: Oxford University Press, 1985.

Ker, Ian and Merrigan, Terrence, eds., *The Cambridge Companion to John Henry Newman*, New York: Cambridge University Press, 2009.

Kling, David W., *A History of Christian Conversion*, New York: Oxford University Press, 2020.

Kostick, Conor, *The Social Structure of the First Crusade*, Leiden: Brill, 2008.

Küng, Hans, *Women in Christianity*, John Bowden, trans., London: Continuum, 2001.

Lambert, Malcolm, *Medieval Heresy: Popular Movements from the Gregorian Reform to the Reformation*, Oxford: Blackwell Publishing, 2002.

Lane, George A., *Christian Spirituality: An Historical Sketch*, Chicago: Loyola University Press, 1984.

Lawrence, C. H., *Medieval Monasticism: Forms of Religious Life in Western Europe in the Middle Ages*, London: Routledge, 2000.

Lawrence, C. H., "The University in State and Church", *The History of the University of Oxford*, vol. 1, Oxford: Oxford University Press, 1984.

Leff, G., *Heresy in the Later Middle Ages: The Relation of Heterodoxy to Dissent c. 1250–c. 1450*, Manchester: Manchester University Press, 1999.

Logan, F. Donald, *A History of the Church in the Middle Ages*, London: Routledge, 2013.

Luscombe, D. E., ed., *Peter Abelard's Ethics*, Oxford: Clarendon Press, 1971.

Lydon, James, *The Making of Ireland: From Ancient Times to the Present*, New York: Routledge, 1998.

Lynch, Joseph and Adamo, Phillip C., *The Medieval Church: A Brief History*, New York: Routledge, 2014.

MacCulloch, Diarmaid, *Thomas Cranmer: A Life*, New Haven: Yale University Press, 1996.

Macek, Josef, *The Hussite Movement in Bohemia*, London: Lawrence and Wishart, 1965.

Madigan, Kevin, *Medieval Christianity: A New History*, New Haven: Yale University Press, 2015.

Marenbon, John, *The Philosophy of Peter Abelard*, Cambridge: Cambridge University Press, 1997.

Marshall, Peter, ed., *The Impact of the English Reformation 1500~1640*, New York: Arnold, 1997.

Martin, Dennis D., "Popular and Monastic Pastoral Issues in the Later Middle Ages", *Church History*, vol. 56, 1987, pp. 320~332.

Martin, Lynn A., *Alcohol, Sex and Gender in Late Medieval and Early Modern Europe*, New York: Palgrave, 2001.

McSheffrey, Shannon, *Marriage, Sex, and Civic Culture in Late Medieval London*, Philadelphia: University of Pennsylvania Press, 2006.

Mommsen, Theodore E., "Petrarch's Conception of the 'Dark Ages'", *Speculum*, vol. 17, no. 2, 1942, pp. 226~242.

Moore, R. I., *The Birth of Popular Heresy*, Toronto: University of Toronto Press, 1995.

Moore, R. I., *The Formation of a Persecuting Society: Power and Deviance in Western Europe, 950–1250*, Oxford: Basil Blackwell, 1987.

Morris, Colin, *The Papal Monarchy: The Western Church from 1050 to 1250*, Oxford: Oxford University Press, 1989.

Munro, D. C., "The Children's Crusade", *American Historical Review*, vol. 19, 1914, pp. 516~524.

Murray, Alexander, "Religion among the Poor in Thirteenth–Century France", *Traditio*, vol. 30, 1974, pp. 285~324.

N. F. Cantor, *Church, Kingship, and Lay Investiture in England, 1089–1135*, Princeton: Princeton University Press, 1958.

Nicholas, David M., *The Growth of the Medieval City: From Late Antiquity to the Early Fourteenth Century*, London and New York: Routledge, 1997.

O'callaghan, Joseph F., *A History of Medieval Spain*, New York: Cornell University Press, 1975.

Oakley, Francis, *The Conciliarist Tradition: Constitutionalism in the Catholic Church, 1300–1870*, Oxford: Oxford University Press, 2003.

Oberman, Heiko, *The Harvest of Medieval Theology: Gabriel Biel and Late Medieval Nominalism*, Cambridge, Mass.: Harvard University Press, 1963.

O'Callaghan, Joseph F., *Reconquest and Crusade in Medieval Spain*, Philadelphia: University of Pennsylvania Press, 2003.

Ozment, Steven, *The Age of Reform, 1250–1550: An Intellectual and Religious History of Late Medieval and Reformation Europe*, New Haven: Yale University Press, 1980.

Ozment, Steven, ed., *The Reformation in Medieval Perspective*, Chicago: Quadrangle Books, 1971.

Palmer, Paul F., *Sacraments and Forgiveness*, Westminster, MD: Newman Press, 1959.

Palmer, Robert C., *English Law in the Age of the Black Death, 1348–1381: A Transformation of Governance and Law*, Chapel Hill: University of North Carolina Press, 1993.

Pascoe, Louis B., *Jean Gerson: Principles of Church Reform*, Leiden: Brill, 1973.

Pecock, Reginald, *The Repressor of Over Much Blaming of the Clergy*, vol. 1, Chandra Chakravarti Press, 2009.

Peter the Chanter, *Summa de sacramentis et animae consiliis*, ed. J. Dugauquier, 3 vols., Analecta mediaevalia Namurcensia, 4, 7, 11, Louvain, 1957.

Peters, Edward, ed., *Heresy and Authority in Medieval Europe*, Philadelphia: University of Pennsylvania Press, 1980.

Pirenne, Henry, *Mahommed and Charlemagne*, New York: Dover Publications, 2001.

Powell, James M., *Innocent III: Vicar of Christ Or Lord of the World?*, Washington D.C.: Catholic University of America Press, 1994.

Principe, Walter H., "The School Theologians's Views of the Papacy, 1150–1250", *The Religious Roles of the Papacy: Ideals and Realities, 1150–1300*, Christopher Ryan ed., Toronto : Pontifical Institute of Mediaeval Studies, 1989.

Radding, Charles M., *The Origins of Medieval Jurisprudence*, New Haven: Yale University Press, 1988.

Raithby, J. and Luders, A., eds., *Statutes of the Realm*, vol. 2, London, 1816.

Rex, R., *Lollards*, New York: Palgrave, 2002.

Rieder, Paula, "Insecure Borders", *The Material Culture of Sex Procreation and Marriage in Premodern Europe*, Anne McClanan and Karen Rosoff Encarnacion, eds., New York: Palgrave, 2002.

Rio, Alice, *Slavery After Rome, 500–1100*, Oxford: Oxford University Press, 2017.

Robinson, I. S., "Pope Gregory VII, the Princes and the Pactum 1077 – 1080", *The English Historical Review*, vol. 94, no. 373, 1979.10, pp. 721~756.

Robinson, Ian, *The Papal Reform of the Eleventh Century: Lives of Pope Leo IX and Pope Gregory VII*, Manchester: Manchester University Press, 2004.

Rouse, Mary A. and Rouse, Richard H., "The Schools and the Waldensians", *Christendom and its Discontents*, Scott L. Waugh and Peter D. Diehl eds., Cambridge: Cambridge University Press, 1996.

Roux, Simone, *Paris in the Middle Ages*, Jo Ann McNamara, trans., Philadelphia: University of Pennsylvania Press, 2011.

Rüegg, Walter, *A History of the University in Europe*, vol. 1, Cambridge: Cambridge University Press, 1992.

Russell, Jeffrey Burton, *A History of Medieval Christianity: Prophecy and Order*, New York: Thomas Y. Crowell Company, 1968.

Russell, Jeffrey Burton, "Summary of Catharist Beliefs", *Religious Dissent in the Middle Ages*, Jeffrey Burton Russell ed., New York: John Wiley & Sons, 1971.

Scarisbrick, J. J., *The Reformation and the English People*, Oxford: Basil Blackwell, 1985.

Schroeder, H. J., ed. and trans., *Disciplinary Decrees of the General Councils*, St. Louis: B. Herder, 1937.

Shaffern, R. W., "Learned Discussions of Indulgences for the Dead in the Middle Ages", *Church History*, vol. 61, 1992, pp. 367~368.

Siecienski, A. Edward, *The Filioque: History of a Doctrinal Controversy*, Oxford: Oxford University Press, 2010.

Siecienski, A. Edward, *The Papacy and the Orthodox: Sources and History of a Debate*, New York: Oxford University Press, 2017.

Sivan, Hagith, "Ulfila's Own Conversion", *The Harvard Theological Review*, vol. 89, no. 4, 1996, pp. 373~386.

Soifer, Maya, "Beyond convivencia: critical reflections on the historiography of interfaith relations in Christian Spain", *Journal of Medieval Iberian Studies*, vol. 1, no. 1, 2009, pp. 19~35.

Somerset, Fiona, *Clerical Discourse and Lay Audience in Late Medieval England*, Cambridge: Cambridge University Press, 1998.

Straw, Carole, *Gregory the Great: Perfection in Imperfection*, Berkeley: University of California Press, 1988.

Stump, Phillip, H. *The Reforms of the Council of Constance: 1414-1418*, Leiden: Brill, 1994.

Sullivan, Richard E., "What were the Middle Ages?", *The Centennial Review of Arts & Science*, vol. 2, 1958, pp. 167~194.

Sumption, Jonathan, *The Albigensian Crusade*, London: Faber and Faber, 1999.

Swanson, R. N., *Indulgences in Late Medieval England: Passports to Paradise?*, Cambridge: Cambridge University Press, 2007.

Swanson, R. N., *Religion and Devotion in Europe, c. 1215-c. 1515*, Cambridge: Cambridge University Press, 1995.

Thomas, Hugh M., *The Secular Clergy in England, 1066~1216*, Oxford: Oxford University Press, 2014.

Thomson, J. A. F., *The Later Lollards: 1414-1520*, Oxford: Oxford University Press, 1965.

Thomson, J. A. F., *Transformation in Medieval England, 1370~1529*, London: Routledge, 1983.

Twining, Edward, *A History of the Crown Jewels of Europe*, London: B. T. Batsford, 1960.

Ullman, Walter, "The Origin of Ottonianum", *Cambridge Historical Journal*, vol. 11, 1953.5, pp. 114~128.

Ullmann, Walter, *A Short History of the Papacy in the Middle Ages*, Methuen:
Harpercollins, 1974.

Vincent, Nicholas, "Some Pardoners' Tales: The Earliest English Indulgences",
Transactions of the Royal Historical Society, Sixth Series, vol. 12, 2002,
pp. 23~58.

Watson, William E., "The Battle of Tours-Poitiers Revisited", *Providence:
Studies in Western Civilization*, vol. 2, no. 1, 1993.

Watts, Pauline Moffitt, "The Donation of Constantine, Cartography, and Papal
Plenitudo Potestatis in the Sixteenth Century: A Paper for Salvatore
Camporeale", *MLN*, vol. 119, no. 1, *Italian Issue Supplement: Studia
Humanitatis: Essays in Honor of Salvatore Camporeale*, 2004.01, pp.
S88-S107.

Wei, Ian P., *Intellectual Culture in Medieval Paris: Theologians and the Uni-
versity, c. 1100~1330*, Cambridge: Cambridge University Press, 2012.

Whitby, Mary, "Procopius' Buildings Book I: A Panegyrical Perspective", *An-
tiquité Tardive*, vol. 8, 2000, pp. 45~57.

William of Auvergne, "De sacramento ordimis", 13, *Opera monia*, 2 vols. Paris,
1674.

Wilson, Peter Hamish, *The Holy Roman Empire, 1495 - 1806*, London: Mac-
Millan Press, 1999.

Wood, Charles T., *Joan of Arc and Richard III: Sex, Saints, and Government in
the Middle Ages*, Oxford: Oxford University Press, 1991.

Wyclif, John, *De Civili Dominio*, R.L. Poole, ed., London, 1885.

Wyclif, John, *De Eucharistia Tractatus Maior*, Johann Loserth, ed., London,
1892.

김병용, "중세 말엽 유럽의 흑사병과 사회적 변화", 〈대구사학〉, 제88집, 2007, pp.
159~182.

김산춘, "이콘의 신학", 〈미술사학보〉, 제20집, 2003.8, pp. 5~26.

김영철, "요한네스 스코투스 에리우게나의 인간과 자연인식에 대한 소고", 〈대동철학〉,
제20집, 2003.3, pp. 213~229.

김응종, "아날학파와 역사의 공간화", 〈황해문화〉, 제9집, 1995, pp. 309~405.

김정우, "기독교가 서구 법의 발전에 끼친 영향에 관한 소고", 〈법학논총〉, 제24집,
2010, pp. 19~45.

김현주, "종교 교육 기제로서의 중세 도덕극", 〈종교연구〉, 제76집 제2호, 2016.6, pp.
173~203.

단테, 《신곡》, 최현 옮김, 범우사, 1988.

루이스, 데이비드 리버링, 《신의 용광로: 유럽을 만든 이슬람 문명, 570-1215》, 이종 인 옮김, 책과함께, 2010.

르 고프, 자크, 《연옥의 탄생》, 최애리 옮김, 문학과지성사, 1995.

르 고프, 자크, 《중세의 지식인들》, 최애리 옮김, 동문선, 1998.

박동찬, "정의로운 전쟁론에 비추어본 생 루이(Saint Louis, 1214-1270)의 전쟁들", 〈프랑스어문교육〉, 제51집, 2015.12. pp. 383~408.

박민아, "C. H. 해스킨스의 '12세기 르네상스론'에 대한 사학사적 검토", 〈한국사역사학 보〉, 30집, 2014.12. pp. 288~323.

박준철, "프로테스탄티즘", 《서양의 지적운동 II》, 김영한 엮음, 지식산업사, 1998.

박흥식, "헨리 8세의 개혁과 수도원 해산", 〈역사학보〉, 제214집, 2012. pp. 271~294.

부르크하르트, 야코프, 《이탈리아 르네상스의 문화》, 이기숙 옮김, 한길사, 2003.

서영건, "중세 카스티야 변경 도시와 콘비벤시아", 〈서양중세사연구〉, 제21집, 2008. pp. 149~177.

성백용, "샤를마뉴, 유럽의 아버지", 〈지식의 지평〉, 제17집, 2014.10. pp. 136~149.

성백용, "서유럽 중세 수도원운동의 이념과 수도회 조직들", 〈한국중세사연구〉, 제35 집, 2013. pp. 99~137.

송경근, "중세 유럽의 십자군 전쟁은 원정인가 침략인가?", 〈지중해지역연구〉, 제9집 제 1호, 2007.4. pp. 83~106.

슈프랭거, J., 크라머, H., 《말레우스 말레피카룸: 마녀를 심판하는 망치, 마녀 사냥을 위한 교본》, 이재필 옮김, 우물이있는집, 2016.

스완슨, 로버트, 《12세기 르네상스》, 최종원 옮김, 심산출판사, 2009.

신종락, "중세 유럽 학문 형성에 영향을 끼친 이슬람 문명", 〈독일어문학〉, 제26집 제3 호, 2016. pp. 97~113.

신준형, "비잔틴 성상복구운동(8세기)과 신성로마제국의 대응", 〈서양미술사학회논문 집〉, 제24집, 2005. pp. 9~25.

안상준, "1099년 7월 15일 십자군의 예루살렘 정복 — 십자군과 예루살렘에 관한 무슬 림의 인식", 〈역사와 세계〉, 제55집, 2019. pp. 231~262.

월터 울만, 《서양 중세 정치사상사》, 박은구, 이희만 옮김, 숭실대학교 출판부, 2000.

윤용수, "중세 유럽에 대한 이슬람 문명의 영향 연구", 〈지중해지역연구〉, 제7집 제2호, 2005.10. pp. 208~235.

이경구, "로마 교회와 프랑크왕국의 제휴 — 피핀의 쿠데타를 중심으로", 〈서양중세사 연구〉, 제8집, 2001.08. pp. 1~20.

이경구, "오토 3세의 제국 통치이념과 통치정책", 〈전북사학〉, 제18집, 1995. pp. 157~185.

이경구, "콘스탄티누스 기진장의 작성목적", 〈서양중세사연구〉, 제11집, 2003. pp. 27~59.

이경구, "콘스탄티누스 기진장의 작성시기", 〈서양중세사연구〉, 제14집, 2004. pp. 1~36.

이광주, 《대학사: 이념, 제도, 구조》, 민음사, 1997.

이노우에 고이치, 《살아남은 로마, 비잔틴 제국》, 이경덕 옮김, 다른세상, 2008.

이서라, 정의준, "영화 〈장미의 이름〉에 나타난 지식과 권력의 속성 탐색", 〈한국콘텐츠학회논문지〉, 제15집 제8호, 2015, pp. 194~208.

이석우, 《대학의 역사》, 한길사, 1998.

이양호, "유세비우스의 《교회사》 연구", 〈신학논단〉, 제18집, 1989, pp. 191~207.

이재경, "아베로에스에서 이븐 루슈드로", 〈철학논집〉, 제52집, 2018.2, pp. 97~122.

이정민, "721년 툴루즈 전투와 732년 푸아티에 전투: 프랑크를 수호하다?", 〈통합유럽연구〉, 제11집 제1호, 2020.3, pp. 1~25.

이정혜, "비잔틴 제국, 성상, 그리고 교회의 이야기", 〈기독교사상〉, 통권 제625호, 2011.1, pp. 168~176.

이종경, "중세 서유럽의 무슬림 인식: 무관심과 적대감, 그리고 이해와 공존", 〈서양사론〉, 제70집, 2001, pp. 67~94.

이화용, "중세에서 근대로 — 마르실리우스 인민주권론에 관한 하나의 역사적 이해", 〈정치사상연구〉, 제5집, 2001, pp. 55~79.

임지훈, 장준갑, "제1차 십자군전쟁 시기 황제 알렉시우스 1세의 역할과 영향", 〈세계역사와 문화 연구〉, 제31집, 2014.6, pp. 43~72.

장윤재, "켈트 영성: 창조 안에서 누리는 하나님과의 친교", 〈한국기독교신학논총〉, 제71집 제1호, 2010.10, pp. 184~187.

장준철, "교령 Duo sunt에 나타난 두 권력 이론", 〈서양중세사연구〉, 제10집 제1호, 1997, pp. 51~82.

전사하, "켈트 기독교 영성의 그 현대적 중요성", 〈신학논단〉, 제97집, 2019.9, pp. 195~196.

조인형, "유세비우스의 《교회사》 서술에 관한 연구", 〈역사학보〉, 제108집, 1985, pp. 135~171.

조찬래, "중세시기 교황절대주의(papal absolutism) 관념에 관한 연구", 〈사회과학연구〉, 제26집 제3호, 2015, pp. 445~464.

조찬래, "중세시기에 교회정부의 변화과정에 관한 연구", 〈사회과학연구〉, 제25집 제1호, 2014, pp. 72~76.

주동근, "중세 무슬림 스페인의 종교적 관용에 관한 연구 — 711년부터 8세기 말까지 코르도바의 종교적 관용을 중심으로", 〈한국중동학회논총〉, 제35집 제1호, 2014.06, pp. 157~163.

차용구, "서양 중세의 정의로운 전쟁", 〈역사학보〉, 제216집, 2012, pp. 169~174.

차용구, "중세의 사료 위조에 대한 심성사적 접근", 〈서양중세사연구〉, 제3집, 1998, pp. 121~148.

차용구, "통합유럽의 중세 유럽적 기원", 〈서양고전학연구〉, 제18집, 2002.12, pp. 123~139.

차용구, "필립 아리에스의 죽음관에 대한 연구: 죽음에 대한 중세인의 태도를 중심으로", 〈서양중세사연구〉, 제23집, 2009, pp. 149~174.

최성일, "켈트교회의 영성", 〈신학연구〉, 제73집, 2018.12, pp. 427~456.

최종원, "'경건한 설립자들', 15세기 옥스브리지의 재속 칼리지 설립운동", 〈서양중세사연구〉, 제20집, 2007, pp. 117~152.

최종원, "1414년 이후 후기 롤라드파 사상의 몇 가지 쟁점 연구", 〈서양중세사연구〉, 제24집, 2009, pp. 155~180.

최종원, "위클리프와 옥스퍼드의 롤라드파: 그 지적 정체성 1377-1415", 〈한국 교회사 학회지〉, 제22집, 2008, pp. 1~19.

최종원, "천국을 향한 약속어음: 중세 유럽 면벌부 이론의 변화 연구", 〈인문연구〉, 제56집, 2009.06, pp. 165~196.

최종원, 《초대교회사 다시 읽기》, 홍성사, 2018.

최종원, 《텍스트를 넘어 콘텍스트로》, 비아토르, 2019.

타이어니, B. 페인터, S., 《서양중세사: 유럽의 형성과 발전》, 이연규 옮김, 집문당, 1986.

토머스 F. 매든, 《십자군》, 권영주 옮김, 루비박스, 2005.

홍용진, "백년전쟁과 왕국의 개혁, 그리고 정치체에 대한 권리", 〈프랑스사 연구〉, 제34집, 2016, pp. 33~54.

황의갑, 김정하, "이슬람세계–유럽 문명의 지적 교류", 〈한국중동학회논총〉, 제34집 제4호, 2014.02, pp. 161~181.

http://news.khan.co.kr/kh_news/khan_art_view.html?art_id=201908282017001 (2020년 7월 15일 검색)

https://m.hankookilbo.com/News/Read/201802271735501696(2020년 7월 15일 검색)

https://www.washingtonpost.com/world/europe/pope-francis-backs-away-from-potentially-major-reform-putting-off-decision-on-allowing-married-priests-in-the-amazon/2020/02/12/7586c676-3a1e-11ea-bf30-ad313e4ec754_story.html(2020년 7월 15일 검색)

찾아보기

중세교회사 다시 읽기

The Medieval Church History, Revisited

지은이 최종원
펴낸곳 주식회사 홍성사
펴낸이 정애주
국효숙 김의연 김준표 박혜란 손상범
송민규 오민택 임영주 차길환

2020. 9. 21. 초판 발행   2023. 4. 17. 4쇄 발행

등록번호 제1-499호 1977. 8. 1.
주소 (04084) 서울시 마포구 양화진4길 3   전화 02) 333-5161   팩스 02) 333-5165
홈페이지 hongsungsa.com   이메일 hsbooks@hongsungsa.com
페이스북 facebook.com/hongsungsa
양화진책방 02) 333-5161

• 잘못된 책은 바꿔 드립니다. • 책값은 뒤표지에 있습니다.

ISBN 978-89-365-0371-0 (03900)